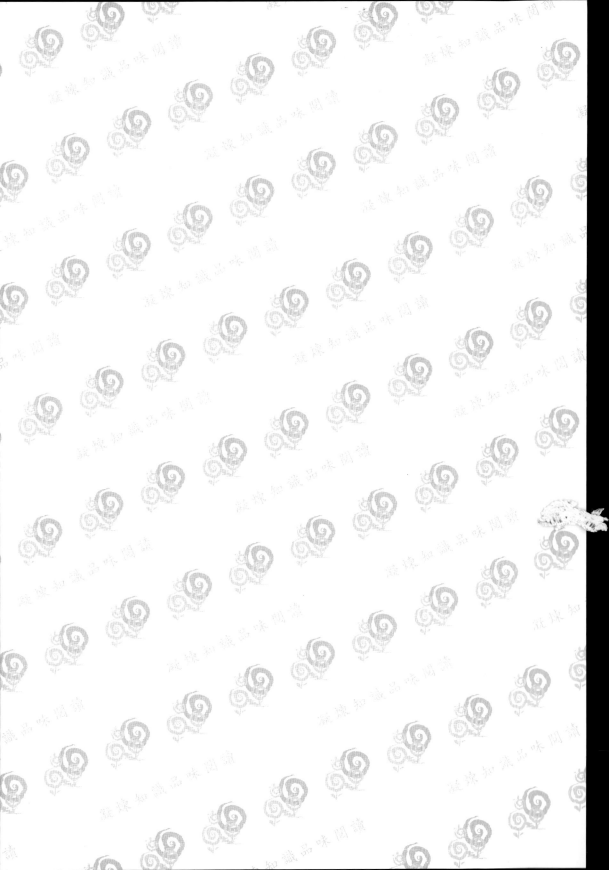

地上權、不動產役權、抵押權之物權法律解析暨登記實務

黃志偉 編著

三版序

　　國有財產法於民國101年01月04日修正，其中第53條規定，「非公用財產類之空屋、空地，並無預定用途，面積未達1650平方公尺者，得由財政部國有財產局辦理標售。面積在1650平方公尺以上者，不得標售。」易言之，公有財產面積在499.125坪以上法有明文規定禁止標售。財政部國有財產局、直轄市（縣）市政府或公營事業，因不得標售499.125坪土地，未來可採用地上權方式活化土地，地上權開紅盤，掀起民間開發熱潮。民國101年10月台北市政府所有世貿二館土地由南山人壽以268.88億元權利金標得50年地上權，超越台北101地上權的交易價，創地上權標售史上最高鋒。地上權除著重在商場、旅館、辦公室商用不動產開發，未來地上權將朝住宅開發方向邁進。金管會於民國101年11月19日對保險業投資不動產祭出7大控管措施，惟一同意保險業得以地上權方式投資公共建設，可見地上權係未來土地開發方式之新主流。

　　財政部國有財產局101年9月13日修訂「國有非公用土地設定地上權作業要點」，同年9月17日又修正「國有非公用土地地上權設定契約書範例」，相關地上權函釋主管機關陸續發布。且土地登記規則因應土地法部分條文於100年6月15日修正，配合地籍清理條例、祭祀公業條例規定、外交部及駐外館處文件證明條例，進行相關修正，筆者為配合法令變動，裨符合地上權、不動產役權、抵押權之時效性、正確性、價值性、使用性，特將本書予以三版修正問世，提供給政府機關經管公有財產之公職人員、公營事業財產管理人員、有意以地上權方式開發土地者及不動產相關業者；如建設公司、建築投資開發業者、不動產財產管理顧問公司、地政士、不動產估價師、律師、不動產經紀人、不動產經紀營業員、學生學習等參考使用不可或缺一本重要必備用書。

　　「地上權、不動產役權、抵押權之物權法律解析暨登記實務」，自民國96年初版、99年9月再版以來，即廣受讀者所青睞，短期間除壹、貳版即銷售完盡，更有再刷紀錄，但仍供不應求，又因配合新法令變動，滿足支持者需求，特再予增修供讀者使用參引。

　　民法物權錯綜複雜，加以個人才疏學淺、謬誤之處諒難避免，尚祈專家、學者、先進賢達不吝指正。

黃志偉

序於台北

民國102年1月

再版序

　　物權為直接支配特定物而享受其利益之權利，其在法律體系中占極重要的地位。筆者有鑒於物權與人民日常生活休戚相關，故有「地上權地役權抵押權之物權法律解析暨登記實務」一書之問世，承蒙讀者厚愛，短期即已售罄，雖再印刷仍無存書。加以民法物權編通則章、所有權章、親屬編及繼承編相繼修正，民國99年2月3日立法院配合法務部推動民法物權編之三階段修正全部完成立法，總統並於99年8月3日修正公布民法物權編（用益物權及占有），其中普通地上權、區分地上權、不動產役權亦已全面修正。土地登記規則亦因應民法用益物權及占有之修正而配套修正，內政部並於99年8月3日與民法修正生效日同時實施。筆者為配合法令變動使法令真正切合需求，並因其再版更符合正確性、有效性、便利性。因民法物權編第五章地役權修正為不動產役權，爰將本書書名改為「地上權不動產役權抵押權之物權法律解析暨登記實務」並將內容予以廣泛適時，增修完備，供讀者使用參引。

　　民法物權編修正條文錯綜複雜，短時間無法窺其全貌，且個人才疏學淺、謬誤之處諒難避免，尚祈專家、學者、先進賢達不吝指正，是所企盼。

黃志偉　謹識
2010年9月

序

　　物權與人民生活休戚相關，物權法之研習，自須將法律理論與實務之人間世事相結合並廣泛運用，理論以實務當驗證，實務以理論作基礎，理論與實務如鳥之兩翼、車之四輪相互為用不可偏廢；是以通曉物權法律之規定與其相關解釋判解，實為重要根基，然實務運作之方法亦不可偏廢。法條主義必須與事實結合，讓讀者利用學到的理論知識，從多元角度之實務方向思考及解決各種社會現象及法律問題。

　　筆者自國立政治大學地政研究所畢業後，除短暫從事地政公務生涯外，在漫長悠悠歲月裡，皆從事不動產理論研究與實務驗證業務，對於物權法運用於實務方面著墨甚深，不同時間、不同場合應邀演講物權相關專題。筆者又忝於國立台北大學不動產與城鄉環境學系及私立中原大學財經法律學系兼任「土地民事爭訟案例分析」、「土地登記」、「土地登記實務」課程教席，對於相關法條、判例、判解、行政函示以案例方式授業學生，以教學相長經驗編著成書，期為有心研究之士，開啟探討之門徑與增加研習方便，並對於實務之運用期望有所助益。

　　又民法擔保物權及物權編施行法總統於民國96年3月28日公布，同年9月28日為施行日，為因應新修正條文，特以專章分別依普通抵押權、最高限額抵押權論述解析以饗讀者之期望。

　　全書之編撰，共分為八章，章名如下：
第一章　地上權法律關係與登記暨其權利價值評估實務
第二章　法定地上權之理論與實務
第三章　區分地上權之理論與實務
第四章　時效取得土地權利與登記實務
第五章　不動產役權之法律關係與登記實務
第六章　抵押權之法律關係暨登記實務
第七章　民法新修正不動產抵押權解析
第八章　承攬人抵押權與登記實務

　　本書之內容，盡量追求完美，但因筆者學淺不敏、能力有限，因此難免有所偏失舛誤疏漏之處，尚祈專家、學者、賢達不吝賜教，實所至願，不勝感激。最後書之問世，對地上權、地役權、抵押權之物權法之宣導、觀念之釐清、實務之運用以及法律教育之普及，能有所貢獻，是所至盼。

黃志偉　謹識
2007年

目錄 | CONTENTS

第一章 | 地上權法律關係與登記暨其權利價值評估實務

壹、地上權之意義與分析

一、地上權意義

民法第832條「稱普通地上權者，謂以在他人土地上下有建築物或其他工作物為目的而使用其土地之權。」同法第841條之1「稱區分地上權者，謂以在他人土地上下之一定空間範圍內設定之地上權。」供給土地之人謂之土地所有人，其權利人，謂之地上權人。蓋社會進步，經濟發達，土地價格日益昂貴，建築物或其他工作物之所有人，有者無法擁有土地所有權，故宜設地上權以應經濟上之需要。地上權有調和地權分配與促進土地利用之效能，為取得在他人土地上建築房屋等之使用權源，地上權人得依法取得地上權。

二、地上權分析

(一) 地上權乃存在於他人土地上下之物權

地上權為不動產物權，係使用他人之土地。如使用自己之土地為所有權之行使，並非地上權，但使用他人土地如係租賃或借貸關係之使用亦非地上權。地上權依法得以對抗第三人，無論土地更換何人，地上權仍舊存在。

我民法上的地上權既為使用他人土地之權，故地上物（建築物或其他工作物）之有無，與地上權存續無關。先有地上物存在，固可設定地上權，無地上物存在，亦無礙於地上權的成立。地上物滅失後，地上權並不消滅，地上權人仍有依原定內容使用土地之權。

(二) 地上權乃以保有建築物或其他工作物為目的之物權

房舍、橋樑、溝渠、池塘、地窖、銅像等皆屬地上權之範圍。地上權之內容，重視土地之使用，故只須以在他人土地上下有建築物，或其他工作物

為目的，而使用其土地即可，不以現有建築物或其他工作物為限。因之，地上物之有無與地上權之存續無關。其範圍除於設定時特約限於地上下或其他一定之範圍外，應與土地所有人使用土地之範圍相同，且土地上空（如建高架道路）或地下（如建隧道）均得設定之。

(三) 地上權係定限物權

地上權乃使用土地之權利，故為用益物權，地上權設定後土地所有權即受限制，亦即地上權乃限制所有權之一種支配權。地上權人申請核發建築執照或領取變更執照免地主同意，地主申請執照時，應經地上權人同意。

(四) 竹木為目的係農育權

民法物權編已增訂第四章之一農育權，修正條文已將永佃權章刪除，另地上權章修正條文第832條亦已刪除「或竹木」，俾地上權之使用目的僅限於有建築物或其他工作物，是民法就用益物權有以建築物或其他工作物為目的之地上權，而對於以農業之使用收益為內容之用益物權則付諸闕如，參酌我國農業政策、資源永續利用及物盡其用之本法物權編修正主軸，增訂本章，以建立完整之用益物權體系，並符實際需要。又此項新設物權係以農業使用及土地保育為其重要內容，且單純之種植竹木，未達森林之程度，亦非農業使用所能涵蓋，爰名為「農育權」，俾求名實相符。

民法第850條之1稱農育權，稱農育權者，謂在他人土地為農作、森林、養殖、畜牧、種植竹木或保育之權。

農育權之期限，不得逾二十年；逾二十年者，縮短為二十年。但以造林、保育為目的或法令另有規定者，不在此限。

貳、地上權之發生原因

地上權之發生與其他不動產物權同，有基於法律行為與基於法律行為以外之原因及法律規定，茲分別說明如下：

一、基於法律行為者

(一) 地上權之設定

地上權係不動產物權之一種，則其設定依契約意定者，自應有書面之合意，依單獨行為例如遺囑而為者，則應有設定地上權之遺囑，經依法登記後（民§758），始生取得地上權之效力。此項登記，依土地法第73條，應於其權利取得後一個月內，由權利人及義務人共同申請登記。地上權之設定，如係就一宗土地內之特定部分為之者，並應先向登記機關申請土地複丈，提出位置圖申請登記（土登§108）。

(二) 因基地租賃所生之地上權設定

租用基地建築房屋之基地租賃，依土地法第102條之規定，應自出租人與承租人於契約成立後2個月內，聲請地上權之登記。關於此種地上權，有下列問題值得注意：

1. 地上權之登記，依法雖應於租賃契約成立後2個月內為之，然此非登記權利之一定期限，僅為訓示規定。自契約成立後，租賃關消滅前，均得聲請為地上權之登記，不因逾2個月之期限而生喪失權利之效果（最高法院67年台上字第1014號，68年台上字第1627號判例）。至租賃關係消滅後，設定地上權之原因關係既已失其存在，自不得再請求出租人補辦地上權登記。

2. 出租人於租賃存續期限內，固負有與承租人同為聲請登記之義務（41台上117），然承租人此項權利因係請求權性質，故仍有第125條消滅時效規定之適用（62台上3012），且其十五年之消滅時效期間，係自租賃契約成立時起算。

3. 基地租賃之當事人，固非當然取得地上權，但如未依土地法第102條規定為地上權之登記，只不過不生地上權之效力而已，並不因此而影響於租賃契約之成立（43台上454），此際自仍可適用基地租賃之有關法律之規定。

4. 地上權之性質：認為土地法第102條至第105條不曰地上權人而稱承租人，不曰地上權設定人而稱出租人，不曰設定地上權而曰租用基地，其未離租賃之性質甚明。而此係為加強承租人之地位而設，除土地法第102條至第

105條規定外，可準用地上權之規定，使其效力與地上權幾乎相等，故學者稱之為準地上權。

5. 民法第422條之1規定租用基地建築房屋者，承租人於契約成立後，得請求出租人為地上權登記。與土地法第102條相互吻合。

(三) 地上權之讓與

地上權人得將其權利讓與他人或設定抵押權，地上權讓與或設定抵押權之約定，非經登記，不得對抗第三人。地上權與其建築物或其他工作物，不得分離而為讓與或設定其他權利（參民§838）。惟此依法律行為而生之物權變動，其讓與須以書面為之，於依法登記後始生取得地上權之效力（參民§758）。

二、基於法律行為以外之原因者

(一) 時效取得

地上權依民法第772條之規定，亦得因時效而取得，惟準用第769條、第770條之結果，於取得時效完成後，僅取得登記請求權，須經登記始能取得地上權人之地位。又地上權標的物之土地，不以他人未登記之土地為限，他人土地已有地上權者，依民法第772條後段增訂，因時效取得在該他人已登記之不動產取得地上權。

(二) 繼承

地上權為財產權之一種，自得為繼承之標的，地上權人死亡時，其地上權即當然由繼承人取得（民§1147、§1148），惟仍須經登記後，方能處分（民§759）。若約定以地上權人之終身為地上權之存續期間者，地上權將因地上權人之死亡即存續期限之屆至而消滅，此際自無繼承可言。

三、基於法律規定取得即法定地上權

(一) 意義

地上權非因法律行為之設定與讓與及法律事實之繼承或時效取得者，參照民法第876條規定，尚有視為已有地上權之設定者，一般稱為法定地上

權。

　　法定地上權，指依法律規定不須經設定登記，而得享有地上權之效力者。民法第876條「設定抵押權時，土地及其土地上之建築物，同屬於一人所有，而僅以土地或僅以建築物為抵押者，於抵押物拍賣時，視為已有地上權之設定，其地租、期間及範圍由當事人協議定之。不能協議者，得聲請法院以判決定之。

　　設定抵押權時，土地及其土地上之建築物，同屬於一人所有，而以土地及建築物為抵押者，如經拍賣，其土地與建築物之拍定人各異時，適用前項之規定。」

(二) 立法理由

1. 於以建築物設定抵押權時，土地業已存在，固無問題，於僅以土地設定抵押權時，建築物是否以當時已存在，始有本條之適用？學說上爭議頗多，參照第866條、第877條規定之意旨，避免拍定後建築物無從利用土地致拆除之結果，有害社會經濟發展，似以肯定說為是，實務上亦採相同見解（最高法院57度台上字第1303號判例）。為杜爭議，爰於第1項、第2項「土地及其土地上之建築物」等文字上增列「設定抵押權時」，以期明確。
2. 依本條所成立之地上權，為法定地上權。其租金若干，期間長短，範圍大小均有待當事人協議定之，現行條文僅規定及於「地租」，似有不足，爰修正當事人協議之事項並及於地上權之期間、範圍，而於不能協議時，則聲請法院以判決定之。

(三) 法定地上權要件

　　基於民法第876條第1項、第2項規定所發生之地上權，是為法定地上權。此項地上權，須以該建築物於土地設定抵押權時業已存在，並具相當之經濟價值為必要。其成立要件分為兩類：

1. 土地或建物分別拍賣

　　(1) 須於設定抵押權當時，土地上已有建築物。
　　(2) 須土地及其土地之建物，與設定抵押權當時，同屬一人所有。

(3) 須僅以土地或僅以建築物為抵押者。

(4) 須僅以其中土地或建築物之一拍賣時。

2. 拍定人各異

(1) 須於設定抵押權當時，土地上已有建築物。

(2) 須土地及其土地之建築物，於設定抵押權當時，同屬於一人所有。

(3) 須依拍賣而實行抵押權。

(4) 須經拍賣結果，土地與建築物之所有人各異。

(四) 視為已有地上權設定

土地及其土地上之建築物，同屬於一人所有，因強制執行之拍賣，其土地與建築物之拍定人各異時，視為已有地上權之設定，其地租、期間及範圍由當事人協議定之；不能協議者，得請求法院以判決定之。其僅以土地或建築物為拍賣時，亦同。

前項地上權，因建築物之滅失而消滅。（民§838-1）。

(五) 徵收取得地上權

需用土地人因興辦第三條規定之事業，需穿越私有土地之上空或地下，得就需用之空間範圍協議取得地上權，協議不成時，準用徵收規定取得地上權。但應擇其損害最少之處所及方法為之。

前項土地因事業之興辦，致不能為相當之使用時，土地所有權人得自施工之日起至完工後一年內，請求需用土地人徵收土地所有權，需用土地人不得拒絕。

前項土地所有權人原設定地上權取得之對價，應在徵收補償地價內扣除之。

地上權徵收補償辦法，由中央目的事業主管機關會同中央主管機關定之。（土徵§57）。

參、地上權之權利

一、使用收益權

地上權係使用他人土地之物權（民§832）。權利人在其設定之目的範圍內，對於該土地，自有使用收益之權。

二、處分權

地上權人得將其權利讓與他人或設定抵押權。但契約另有約定或另有習慣者，不在此限。前項約定，非經登記，不得對抗第三人。地上權與其建築物或其他工作物，不得分離而為讓與或設定其他權利（民§838）。地上權得為設定抵押權之標的物（參民§882）。地上權無支付地租之約定者，地上權人得隨時拋棄其地上權（民§834）。

三、地上物之取回權

地上權消滅時，地上權人得取回其工作物。但應回復土地原狀（民§839 I）。

地上權人不於地上權消滅後一個月內取回其工作物者，工作物歸屬於土地所有人。其有礙於土地之利用者，土地所有人得請求回復原狀。（民§839 II）地上權人取回其工作物前，應通知土地所有人。土地所有人願以時價購買者，地上權人非有正當理由，不得拒絕（民§839 II）。

四、優先購買權

地上權係以建築房屋為其使用之目的者，於基地出賣時，地上權人有依同樣條件優先購買之權（土§104 I）。前項優先購買權人，於接到出賣通知後十日內不表示者，其優先權視為放棄（土§104 II）。出賣人未通知優先購買權人而與第三人訂立買賣契約者，其契約不得對抗優先購買權人（土§104 II）。

五、受補償權

地上權人之工作物為建築物者，如地上權因存續期間屆滿而消滅，地上

權人得於期間屆滿前，定一個月以上之期間，請求土地所有人按該建築物之時價為補償。但契約另有約定者，從其約定（民§840Ⅰ）。土地所有人拒絕地上權人前項補償之請求或於期間內不為確答者，地上權之期間應酌量延長之。地上權人不願延長者，不得請求前項之補償（民§840Ⅱ）。第一項之時價不能協議者，地上權人或土地所有人得聲請法院裁定之。土地所有人不願依裁定之時價補償者，適用前項規定（民§840Ⅲ）。依第二項規定延長期間者，其期間由土地所有人與地上權人協議定之；不能協議者，得請求法院斟酌建築物與土地使用之利益，以判決定之（民§840Ⅳ）。前項期間屆滿後，除經土地所有人與地上權人協議者外，不適用第一項及第二項規定（民§840Ⅴ）。

　　建築物之補償權，其要件有四：
1. 須地上權人之工作物為建築物。
2. 須地上權因存續期間屆滿而消滅。
3. 須契約無特別約定。
4. 須未拒絕土地所有人延長期限之請求。

六、相鄰權

　　地上權人，得占有土地而為使用收益，與土地所有人地位無異，故民法第774條至第798條關於土地所有人相鄰關係之規定，於地上權人間或地上權人與土地所有人間，準用之（參民§800-1）。

肆、地上權之義務

一、支付地租

　　地上權並不以地上權人支付地租為其成立要件，惟既屬使用他人土地之權能，當事人多有約定支付地租之習慣。地上權設定契約有約定支付地租者，地上權人自應負支付地租之義務。地上權所設定之地租額多寡，悉依當事人自由約定，地上權人縱因不可抗力，妨礙其土地之使用，亦不得請求免除或減少租金（民§837）。但地上權未定期限者，遇地價有升降時，得類推適用民法第442條規定，請求法院增、減其租金（司法院院字第986號解釋）。

　　地上權人積欠地租達二年之總額，除另有習慣外，土地所有人得定相當期限催告地上權人支付地租，如地上權人於期限內不為支付，土地所有人得終止地上權。地上權經設定抵押權者，並應同時將該催告之事實通知抵押權人。地租之約定經登記者，地上權讓與時，前地上權人積欠之地租應併同計算。受讓人就前地上權積欠之地租，應與讓與人連帶負清償責任。第一項終止，應向地上權人以意思表示為之（民§836）。土地所有權讓與時，已預付之地租，非經登記，不得對抗第三人（民§836之1）。地上權人應依設定之目的及約定之使用方法，為土地之使用收益；未約定使用方法者，應依土地之性質為之，並均應保持其得永續利用。前項約定之使用方法，非經登記，不得對抗第三人（民§836之2）。地上權人違反前條第一項規定，經土地所有人阻止而仍繼續為之者，土地所有人得終止地上權。地上權經設定抵押權者，並應同時將該阻止之事實通知抵押權人（民§836之3）。

二、先期通知

　　地上權定有期限，而有支付地租之約定者，地上權人得支付未到期之三年分地租後，拋棄其權利。

　　地上權未定有期限，而有支付地租之約定者，地上權人拋棄權利時，應於一年前通知土地所有人，或支付未到期之一年分地租。

　　因不可歸責於地上權人之事由，致土地不能達原來使用之目的時，地上權人於支付前二項地租二分之一後，得拋棄其權利；其因可歸責於土地所有人之事由，致土地不能達原來使用之目的時，地上權人亦得拋棄其權利，並免支付地租。（民§835）

三、回復土地原狀

　　地上權消滅時，地上權人得取回其工作物。但應回復土地原狀。

　　地上權人不於地上權消滅後一個月內取回其工作物者，工作物歸屬於土地所有人。其有礙於土地之利用者，土地所有人得請求回復原狀。地上權人取回其工作物前，應通知土地所有人。土地所有人願以時價購買者，地上權人非有正當理由，不得拒絕（民§839）。

伍、土地所有權人之權利

一、收取地租

　　地租，係地上權人對土地所有人支付之使用土地之報酬，雖非地上權成立之要件，但既經約定支付地租後，土地所有人對地上權人即有收取之權利，地上權人即有支付之義務。

　　支付地租應注意之原則：

1. 關於地租之品類及數額：依當事人之特約所定（民§835-1）。
2. 不得為減免地租之請求：地上權人縱因不可抗力，妨礙其土地之使用，不得請求免除或減少租金（民§837）。
3. 因欠租而終止地上權：地上權人積欠地租達二年之總額者，土地所有人得終止其地上權（民§836 I）。土地所有人為地上權之終止時，應向地上權人以意思表示為之（民§836 II），但須注意：
   (1) 地上權之終止僅具相對效力。
   (2) 地上權之終止不能害及第三人既得權。
   (3) 地上權之終止得依登記而生絕對效力。

二、工作物購買權

　　地上權消滅時，地上權人得取回其工作物。但應回復土地原狀。

　　地上權人不於地上權消滅後一個月內取回其工作物者，工作物歸屬於土地所有人。其有礙於土地之利用者，土地所有人得請求回復原狀。

　　地上權人取回其工作物前，應通知土地所有人。土地所有人願以時價購買者，地上權人非有正當理由，不得拒絕。（民§839）

三、延長地上權期間之請求權

　　地上權人之工作物為建築物者，如地上權因存續期間屆滿而消滅，地上權人得於期間屆滿前，定一個月以上之期間，請求土地所有人按該建築物之時價為補償。但契約另有約定者，從其約定。

　　土地所有人拒絕地上權人前項補償之請求或於期間內不為確答者，地上權之期間應酌量延長之。地上權人不願延長者，不得請求前項之補償。

　　第一項之時價不能協議者，地上權人或土地所有人得聲請法院裁定之。土地所有人不願依裁定之時價補償者，適用前項規定。

　　依第二項規定延長期間者，其期間由土地所有人與地上權人協議定之；不能協議者，得請求法院斟酌建築物與土地使用之利益，以判決定之。

　　前項期間屆滿後，除經土地所有人與地上權人協議者外，不適用第一項及第二項規定（民§840）。

陸、地上權消滅

　　地上權係屬他項權利之一種，經設定登記後發生效力。但是，登記完畢之地上權，可能因為申請人合意之拋棄、混同，或經行使撤銷權，亦或存續期間之屆滿等而得塗銷之。茲將地上權消滅之原因，分別述明如下：

一、存續期間屆滿

　　法律關係定有存續期間者，於期間屆滿時消滅，期滿後，除法律有更新規定外，並不當然發生更新之效果。地上權並無民法第451條之規定，其期間屆滿後自不生當然變更為不定期限之效果，因而應解為定有存續期間之地上權於期限屆滿時，地上權當然消滅（70台上3678）。易言之，地上權之存續期間，如已屆滿，除有民法第840條第2項規定延長地上權之情形外，依同條第1項期限，自該期間屆滿時當然歸於消滅，不因存續期間屆滿而變為不定期限之地上權。

　　地上權之權利存續期間，我國民法並無明文規定，得視當事人約定而定，即使為永久性無限期，亦應認為有效（司法院18年15號解釋參照）。地上權未定有期限者，除地上權人拋棄其權利外，土地所有權人不得任意終止。

　　定有期限之地上權，如因存續期間屆滿而消滅者，得由地上權人或原設定人或其他利害關係人單獨申請塗銷登記（土登§143、§145參照），免檢附地上權人或其繼承人出具之權利拋棄書或塗銷登記同意書或法院確定判決書等文件。惟登記機關於登記完畢後，應將登記結果通知土地權利關係人。他項權利證明書未能提出者，亦應於登記完畢時公告作廢。地上權定有存續期間者，期限屆滿時，即歸消滅（70台上3678）。

二、地上權之拋棄

地上權拋棄之方式，因其有無定期、有無支付地租及不可歸責於地上權人之事由，至土地不能達原來使用之目的，而有不同的規定：

(一) 未定期限亦未支付地租之訂定者

地上權無支付地租之約定者，地上權人得隨時拋棄其權利（民§834）。

(二) 未定期限而有支付地租之訂定者

地上權未定有期限，而有支付地租之約定者，地上權人拋棄權利時，應於一年前通知土地所有人，或支付未到期之一年分地租。（民§835Ⅱ）。

(三) 定有期限且有支付地租之約定者

地上權定有期限，而有支付地租之約定者，地上權人得支付未到期之三年分地租後，拋棄其權利（民§835Ⅰ）。

(四) 土地不能達原來使用目的

因不可歸責於地上權人之事由，致土地不能達原來使用之目的時，地上權人於支付前二項地租二分之一後，得拋棄其權利；其因可歸責於土地所有人之事由，致土地不能達原來使用之目的時，地上權人亦得拋棄其權利，並免支付地租。（民§835Ⅲ）

三、終止

地上權人積欠地租達二年之總額，除另有習慣外，土地所有人得定相當期限催告地上權人支付地租，如地上權人於期限內不為支付，土地所有人得終止地上權。地上權經設定抵押權者，並應同時將該催告之事實通知抵押權人。地租之約定經登記者，地上權讓與時，前地上權人積欠之地租應併同計算。受讓人就前地上權人積欠之地租，應與讓與人連帶負清償責任。第一項終止，應向地上權人以意思表示為之（民§836）。地上權於有上述民法第836條所定情形時，土地所有人雖得撤銷之，而其設定地上權之物權契約，

要無請求解除之可言（21上476）。

建築房屋基地之出租人，以承租人積欠租金額達二年以上為原因，終止租賃契約，仍應依民法第440條第1項規定，定出相當期限催告承租人支付租金，俟承租人於期限內不為支付者，始得終止租賃契約，非謂一有承租人欠租達二年以上之事實，出租人即得隨時終止租賃契約，對於地上權人之保護，不宜較土地承租人為薄。故土地所有人以地上權人積欠地租達二年之總額為原因，依民法第836條第1項規定，撤銷其地上權，仍應類推適用民法第440條第1項之規定，踐行定期催告程序（68台上777）。

四、混同

同一物之所有權及其他物權，歸屬於一人者，其他物權因混同而消滅。但其他物權之存續，於所有人或第三人有法律上之利益者，不在此限（民§762）。亦即，地上權與所有權混同時，地上權消滅，但地上權如設定抵押權者，該地上權人取得土地所有權後，其地上權惟恐影響抵押權之權益，不因混同而歸於消滅。同理，如同一物之地上權人於取得土地所有權後，地上權發生讓與行為或所有權再移轉於第三人者，並非當然發生混同，而得由新所有權人以混同為原因，單獨申辦理地上權塗銷登記。

五、約定消滅事由之發生

當事人設定地上權時，如有約定特定之消滅事由，例如約定於地上物滅失時，地上權消滅或約定有特定事由發生時，土地所有人得終止地上權者，則在此等特約事項發生時，地上權自生消滅之原因或土地所有人得予以終止之，惟此際仍須辦理塗銷地上權登記後，始生消滅之效力，自不待言。又我民法並無地上權之設定不得附有解除條件之明文，且實務上更承認地上權得附解除條件（22上42），則於解除條件成就時，地上權自失效力。惟此種使地上權之存續，繫於將來不確定事項之發生與否，將使地上權人難於安心使用其土地，實有害地上權之安定性，有違其存在之機能，德國地上權條例第11條第1項乃明定予以限制，頗足供參考，是以有認為如所約定之條件違反地上權設定之目的者，例如約定因土地所有人之請求應隨時交還土地者，應解為係屬例文不生效力。又實務上認為設定地上權之物權契約，無請求解除可言（21上476）。

　　地上權未定存續期限者，土地所有人得否隨時終止之？法律對此並未規定，就未定存續期限之權利，義務人是否得隨時終止之，我民法之規定未盡一致（如民§450Ⅱ、§470Ⅱ、§478、§488Ⅱ、§598Ⅰ、§619Ⅱ），但大抵以義務人得隨時終止為原則，蓋當事人間未定存續期限之本意，實含有不受期限拘束之意義存在。99年8月3日修正生效民法第834條「地上權無支付地租之約定者，地上權人得隨時拋棄其權利。」同法第835條第2項「地上權未定有期限，而有支付地租之約定者，地上權人拋棄權利時，應於一年前通知土地所有人，或支付未到期之一年分地租。」已有明文規定。

六、徵收

　　徵收者乃國家為公共事業之需要，對於特定物之所有權或其他物權，施以強制徵收之行政處分。如土地法之土地徵收（土§208至§247，土徵§3至§4）是。地上權標的物之土地，如被徵收時，地上權亦因之而消滅。（地上權人因其他地上權消滅所受之損害，得有補償請求權，自不待言。）又地上權亦得獨立為被徵收之標的，此點我現行土地法雖無明文，但解釋上應作肯定（參照舊土§337）。土地徵收條例第57條規定「需用土地人因興辦第三條規定之事業，需穿越私有土地之上空或地下，得就需用之空間範圍協議取得地上權，協議不成時，準用徵收規定取得地上權。但應擇其損害最少之處所及方法為之。前項土地因事業之興辦，致不能為相當之使用時，土地所有權人得自施工之日起至完工後一年內，請求需用土地人徵收土地所有權，需用土地人不得拒絕。前項土地所有權人原設定地上權取得之對價，應在徵收補償地價內扣除之。地上權徵收補償辦法，由中央目的事業主管機關會同中央主管機關定之。」同法第36條規定，被徵收之土地或建築改良物原設定之他項權利因徵收而消滅。其款額計算，該管直轄市或縣（市）主管機關應通知當事人限期自行協議，再依其協議結果代為清償；協議不成者，其補償費依第26條（徵收補償保管專戶）規定辦理。

七、法院確定判決

　　土地所有權人持法院判決確定證明書申辦地上權塗銷登記，地政機關應予受理。

八、因違反約定使用方法而終止

　　民法第836條之2規定「地上權人應依設定之目的及約定之使用方法，為土地之使用收益；未約定使用方法者，應依土地之性質為之，並均應保持其得永續利用。前項約定之使用方法，非經登記，不得對抗第三人。」民法第836條之3規定「地上權人違反前條第一項規定，經土地所有人阻止而仍繼續為之者，土地所有人得終止地上權。地上權經設定抵押權者，並應同時將該阻止之事實通知抵押權人。」

柒、地上權與土地所有權之差別

一、地上權為定限物權，土地所有權為完全物權

　　所有權於法令範圍內，得自由使用、收益、處分其所有物的支配權；地上權僅為保有建築物或其他工作物而使用土地之權利，範圍較狹。

二、土地所有權為本權，地上權僅為用益物權的一種

　　地上權之效力優於土地所有權。即地上權與土地所有權並存時，地上權優先行使。

三、地上權人對於土地所有權人負有一定之義務，而土地所有權人則無之

　　地上權為他項權利之一種，故為所有權之負擔。

捌、地上權與土地租賃權之異同

一、地上權為物權應經登記生效（民§758）；土地租賃為債權，只要當事人互相表示意思一致，租賃契約即為成立（民§153Ⅰ）。
二、地上權人，不得請求土地所有人為土地之修繕，而承租人則有此請求權（民§429）。
三、地上權人有負擔支付地租之義務者，亦有無償使用（民§835），而承租人則必須為租金之支付（民§421）。

四、地上權人，依約可自由讓與其權利，或以之供債權之擔保，或以土地出租於他人；而承租人則不然，非經出租人之承諾，不得轉租，亦不得以其權利供債權之擔保（民§838、§882、§443）。

五、地上權之存續期間，法律無明文限制；而租賃之期限，則不得逾二十年，租地建屋不在此限（民§449）。

六、地上權人於期間屆滿時，如其工作物為建築物者，得按該建築物之時價請求補償（民§840Ⅰ）；而租賃權人於契約屆滿時，僅有取回其工作物之權（民§431Ⅱ）。

七、地上權人縱因不可抗力妨礙其土地使用，亦不得請求免除或減少租金（民§837）；而租賃權人於租賃關係存續中，因不可歸責之事由，致租賃物一部減少者，得按減少部分，請求減少租金，如就其存餘部分不能達租賃目的者，並得終止契約（民§435）。

八、地上權人積欠地租達二年之總額者，除另有習慣外，土地所有人得終止其地上權（民§836）；在租賃之承租人支付租金有遲延，出租人定相當期限催告，承租人於其期限內不為支付，出租人得終止契約（民§440Ⅰ）。

九、地上權準用相鄰關係之規定（民§800-1），租賃權法無明文。

十、地上權應以書面為之（民§758）租約期限逾一年未訂立書面者，視為不定期限之租賃（民§422）。

玖、地上權之存續期間

　　地上權之存續期間如何，我國民法並無明文規定，應視當事人有無約定而定，而約定又有各種如無限期、無期限、無定期、不定期、不拘年限、年限不拘、未定期限、不定期限、永久存續、永久、二年、五年、十年、三十年、五十年、終身等十多種，蓋尊重私法自治契約自由也，茲分述之：

一、當事人定有期間者

　　地上權之存續期間，如當事人於設定時以契約訂定者，自應從其所定。而此種約定期間之長短，法律上既無限制，自亦應聽諸當事人之自由，縱長逾千載，或短不及年，亦非無效。惟可否訂為「永久」存續？則學者間議論不一，其採否定說者，對於永久地上權之設定，不曰有礙土地之改良，即曰

有害所有權之本質，甚且謂能影響於地租額之公平者亦有之。但在採肯定說者觀之，則此等問題，均難成立，蓋土地之改良，非必限於所有人，即地上權人若其地上權可以永久存續時，自亦當樂於遠圖，而從事改良其土地，其次在所有權社會化之今日，實際上土地所有權已漸變為永久地租徵收權矣，因之地上權縱永久存續，於所有權之本質又有何害？至於所謂能影響地租額公平者，尤不成問題，因當事人自可預定一適當標準，而隨時調整其租額，即不然，亦可依「情事變更」原則予以增減之。基於上述，可知地上權並無不可永久存續之理。但僅以「無期限」字樣登記者，則除有反證外，自應解為不定期。土地登記規則第108條之1「申請地上權或農育權設定登記時，登記機關應於登記簿記明設定之目的及範圍；並依約定記明下列事項：

(一) 存續期間。
(二) 地租及其預付情形。
(三) 權利價值。
(四) 使用方法。
(五) 讓與或設定抵押權之限制。
前項登記，除第五款外，於不動產役權設定登記時準用之。」

二、當事人未定期間者

地上權之存續期間，當事人未訂定者，應從習慣（例如有迄於工作物之自然朽廢，或竹木之採伐期，其地上權存續之習慣）；如無習慣時，則可請求法院酌定之。前大理院民國5年上字第1211號判例有：「建築物，若無習慣，應以當事人訂定時，預計以利用之時期為酌定之標準；工作物則以其種類及一切情形，為酌定之標準」等語，可為酌定時之依據。

日本民法第268條第1項本文規定：「地上權之存續期間，未以設定行為訂定時，除另有習慣外，地上權人得隨時拋棄其權利。」其第2項規定：「地上權人未依前項規定，拋棄其權利時，法院因當事人之請求，斟酌工作物或竹木之種類狀況及其他地上權設定當時之情事，於二十年以上，五十年以下之範圍內，定其存續期間。」可資參酌。

民法第833條之1「地上權未定有期限者，存續期間逾二十年或地上權成立之目的已不存在時，法院得因當事人之請求，斟酌地上權成立之目的、建築物或工作物之種類、性質及利用狀況等情形，定其存續期間或終止其地上權。」

　　民法第833條之2「以公共建設為目的而成立之地上權，未定有期限者，以該建設使用目的完畢時，視為地上權之存續期限。」

拾、地上權之分類

　　地上權依其取得之原因及權利範圍，可分為普通地上權、法定地上權、時效取得地上權及區分地上權等，茲分述如下：

一、普通地上權

　　現行民法物權編地上權章（§832至§841）規定者，皆屬普通地上權之範圍，其取得之原因係基於當事人之「設定」行為，並經地政機關之登記而發生效力。地上權人對於設定範圍內之土地為使用收益可及於土地之上下。因地上權人所取得者為所有權功能中之使用權，其使用土地之範圍，除另有約定外，自應與所有權人相同。民法第773條規定：「土地所有權，除法令有限制外，於其行使有利益之範圍內，及於土地之上下……」。

二、法定地上權——即依法律規定當然發生之地上權。

(一) 民法第876條規定：「設定抵押權時，土地及其土地上之建築物，同屬一人所有，而僅以土地或僅以建築物為抵押者，於抵押物拍賣時，視為已有地上權之設定，其地租、期間及範圍由當事人協議定之；不能協議者，得聲請法院以判決定之。設定抵押權時，土地及其土地上之建築物同屬於一人所有，而以土地及建築物為抵押者，如經拍賣，其土地與建築物之拍定人各異時，適用前項之規定。」民法第876條法定地上權之規定，其立法意旨在於因拍賣致土地與建築物所有人各異時，使建築物所有人視為取得地上權之人，而有使用土地之合法權源。

(二) 民法第838條之1規定：「土地及其土地上之建築物，同屬於一人所有，因強制執行之拍賣，其土地與建築物之拍定人各異時，視為已有地上權之設定，其地租、期間及範圍由當事人協議定之；不能協議者，得請求法院以判決定之。其僅以土地或建築物為拍賣時，亦同。前項地上權，因建築物之滅失而消滅。」

三、時效取得地上權

依民法第772條準用民法第769條及第770條規定以行使地上權之意思，二十年間和平繼續公然在他人地上有建築物或其他工作或竹木者，無論該他人土地已否登記，均得請求登記為地上權人（最高法院60年台上字第1317號及60年台上字第4195號判例），故時效完成得請求登記為地上權。

四、區分地上權

稱區分地上權者，謂以在他人土地上下之一定空間範圍內設定之地上權。（§民841-1）

現行民法對於土地之「特定空間」可否設定地上權缺乏明文規定。然實務上就特定空間設定地上權（如以建築物之某層為標的設定者），內政部曾函釋：為社會發展需要，登記機關予以受理（內政部76年9月19日台（76）內地字第536533號函）。大眾捷運法第19條第1項、第2項規定，大眾捷運系統因工程之必要，得穿越公、私有土地之上空或地下，得就其需用之空間範圍協議取得地上權，協議不成立時，準用徵收規定取得之。另獎勵民間參與交通建設條例第19條規定：「民間機構興建本條例所獎勵之交通建設需穿越公、私有土地之上空或地下，應與該土地管理機關或所有權人就其需用之空間範圍協議取得地上權。其屬公有土地而協議不成時，得由民間機構報請主管機關核轉行政院核定，不受土地法第25條之限制；其屬私有土地而協議不成時，準用徵收規定取得地上權後，租與民間機關使用。」又日本民法第269條之2第1項亦有區分地上權之立法例。參照土地徵收條例第57條規定，需用土地人因興辦第3條規定之事業，需穿越私有土地之上空或地下，得就需用之空間範圍協議取得地上權，協議不成時，準用徵收規定取得地上權。但應擇其損害最少之處所及方法為之。前項土地因事業之興辦致不能為相當之使用時，土地所有權人得自施工之日起至完工後一年內，請求需用土地人徵收土地所有權，需用土地人不得拒絕。前項土地所有權人原設定地上權取得之對價，應在徵收補償地價內扣除之。地上權徵收補償辦法，由中央目的事業主管機關會同中央主管機關定之。

拾壹、地上權設定內政部相關法令解讀

一、地上權不因建築物或其他工作物之滅失而消滅（民法第841條）。

二、基地出賣時，地上權人、典權人或承租人有依同樣條件優先購買之權。
房屋出賣時，基地所有權人有依同樣條件優先購買之權。其順序以登記
之先後定之。

前項優先購買權人，於接到出賣通知後10日內不表示者，其優先權視為
放棄。出賣人未通知優先購買權人而與第三人訂立買賣契約者，其契約
不得對抗優先購買權人。（土地法第104條）

三、共有土地或建築改良物，其處分、變更及設定地上權、農育權、不動產
役權或典權，應以共有人過半數及其應有部分合計過半數之同意行之。
但其應有部分合計逾三分之二者，其人數不予計算。

共有人依前項規定為處分、變更或設定負擔時，應事先以書面通知他共
有人；其不能以書面通知者，應公告之。

第一項共有人，對於他共有人應得之對價或補償，負連帶清償責任。於
為權利變更登記時，並應提出他共有人已為受領或為其提存之證明。其
因而取得不動產物權者，應代他共有人申請登記。

共有人出賣其應有部分時，他共有人得以同一價格共同或單獨優先承
購。

前四項規定，於公同共有準用之。

依法得分割之共有土地或建築改良物，共有人不能自行協議分割者，任
何共有人得申請該管直轄市、縣（市）地政機關調處。不服調處者，應
於接到調處通知後15日內向司法機關訴請處理，屆期不起訴者，依原調
處結果辦理之。（土地法第34條之1）

四、依土地法第34條之1規定，部分共有人就共有土地或建築改良物為處
分、變更及設定 地上權 、農育權、不動產役權或典權，應就共有物之
全部為之。（土地法第34條之1執行要點第1點）

五、共有土地或建物之應有部分為公同共有者，該應有部分之處分、變更及
設定地上權、農育權、不動產役權或典權，得依本法條規定辦理。（土
地法第34條之1執行要點第2點）

六、部分共有人就共有土地全部為處分、變更及設定地上權、農育權、不動
產役權或典權申請登記時，登記申請書及契約書內，應列明全體共有

人，及於登記申請書備註欄記明依土地法第34條之1第1項至第3項規定
辦理。並提出他共有人應得對價或補償已受領或已提存之證明文件。但
其無對價或補償者，免予提出。

依前項申請登記時，契約書及登記申請書上無須他共有人簽名或蓋章。
（土地登記規則第95條）

七、依土地登記規則第27條第9款法定地上權登記，第15款依民法第769條、
第770條或第772條規定因時效完成之登記由權利人單獨申請之（土地登
記規則第27條）。

八、於一宗土地內就其特定部分申請設定地上權、不動產役權、典權或農育
權登記時，應提出位置圖。

因主張時效完成，申請地上權、不動產役權或農育權登記時，應提出占
有範圍位置圖。

前二項位置圖應先向該管登記機關申請土地複丈。（土地登記規則第
108條）。

九、土地總登記後，因主張時效完成申請地上權登記時，應提出以行使地上
權意思而占有之證明文件及占有土地四鄰證明或其他足資證明開始占有
至申請登記時繼續占有事實之文件。

前項登記之申請，經登記機關審查證明無誤應即公告。

公告期間為三十日，並同時通知土地所有權人。

土地所有權人在前項公告期間內，如有異議，依土地法第59條第2項規
定處理。

前四項規定，於因主張時效完成申請不動產役權、農育權登記時準用
之。（土地登記規則第118條）。

十、依本規則登記之土地權利，因權利之拋棄、混同、終止、存續期間屆
滿、債務清償、撤銷權之行使或法院之確定判決等，致權利消滅時，應
申請塗銷登記。

前項因拋棄申請登記時，有以該土地權利為標的物之他項權利者，應檢
附該他項權利人之同意書，同時申請他項權利塗銷登記。

私有土地所有權之拋棄，登記機關應於辦理塗銷登記後，隨即為國有之
登記（土地登記規則第143條參照）。

十一、他項權利塗銷登記除權利終止外，得由他項權利人、原設定人或其他
利害關係人提出第34條第1項所列文件，單獨申請之。

前項單獨申請登記有下列情形之一者，免附第34條第1項第2款、第3款之文件：

(一) 永佃權或不動產役權因存續期間屆滿申請塗銷登記。

(二) 以建物以外之其他工作物為目的之地上權，因存續期間屆滿申請塗銷登記。

(三) 農育權因存續期間屆滿六個月後申請塗銷登記。

(四) 因需役不動產滅失或原使用需役不動產之物權消滅，申請其不動產役權塗銷登記。（土地登記規則第145條）。

十二、申請地上權或農育權設定登記時，登記機關應於登記簿記明設定之目的及範圍；並依約定記明下列事項：

(一) 存續期間。

(二) 地租及其預付情形。

(三) 權利價值。

(四) 使用方法。

(五) 讓與或設定抵押權之限制。

前項登記，除第5款外，於不動產役權設定登記時準用之。（土地登記規則第108條之1）。

十三、一宗土地之一部分設定地上權，經登記完畢，而未測繪其位置圖者，地上權人申請勘測其位置時，應以登記之地上權面積為其範圍，由地上權人會同土地所有權人就實際使用位置領丈認定。土地所有權人拒不會同領丈時，得由地上權人指界，如勘測結果與地上權登記之面積一致，得核發成果圖予地上權人及通知土地所有權人。

土地所有權人或管理人申請勘測地上權位置圖，而地上權人拒不會同領丈時準用前項規定辦理。

第1項土地，所有權人申請土地分割時，如經依法通知地上權人會同勘測，而拒不到場指界領丈，得由土地所有權人單方指界，先測繪地上權位置後，再辦理土地分割，並以書面將複丈結果通知地上權人，如其有異議，應於接到通知書次日起10日內提出，逾期未提出異議，地政事務所即辦理地上權轉載之登記。（辦理土地複丈與建物測量與補充規定第7點）

十四、原住民保留地設定地上權登記，由鄉鎮市區公所填具土地地上權登記申請書件核蓋鄉（鎮、市、區）公所印信，連同審查清冊、（鄉市

區）土地權利審查會議記錄送該管地政事務所辦理登記。（臺灣省簡化原住民保留地各種用地申請案處理程序及授權事項申請作業須知）

十五、地上權登記不以登記時有地上物或租賃關係為要件（內政部57年2月27日台內地字第265231號函）

十六、法院拍賣建築物及其基地，拍定人各異時，房屋所有權人享有法定地上權（內政部67年3月24日台（67）內地字第777236號函）

十七、設定抵押權後，得設定地上權（內政部68年3月16日台內地字第10326號函）

十八、日據時期之建物保存登記，於辦理總登記移載為地上權登記，得申請更正登記（內政部70年09月16日台內地第35635號）。

十九、網球場非建物或工作物或竹木，與地上權要件不符（內政部71年1月15日台內地字第59474號函）。

二十、建物移轉地上權未移轉建物所有人，未享有地上權之效力（內政部72年2月7日台內地字第138351號函）。

二一、地上權興建建物應隨同移轉（內政部73年11月7日台內地字第271260號函）。

二二、地上權具有排他性不得再設定其他用益物權（內政部74年12月28日台內地字第371572號函）。

二三、土地上空仍得設定地上權（內政部76年9月19日台內地字第536533號函）。

二四、山胞使用之省、市、縣有土地，經補編為山地保留地，其權利設定及產權之移轉，仍應按土地法第25條規定辦理（內政部76年12月29日台內地第 559488 號）

二五、住宅區與道路預定地「田」地目得申請以竹木為目的地上權登記（內政部78年3月2日台內地字第673550號函）。

二六、重劃前土地已設定地上權而於重劃後分配土地者，其原設定地上權位置如已無法確定者，宜俟雙方自行協議或循司法途逕確定其位置後再辦理轉載（內政部79年1月15日台（79）內地字第763638號函）

二七、共有土地部分共有人不同意部分設定地上權時，地上權登記應不予准許（內政部79年04月14日台內地第790777號）。

二八、地上權除契約另有訂定外，於存續期間內得讓與他人（內政部80年9月13日台內地字第8071837號函）。

二九、停車場法興建停車場地上權之設定負擔或讓與經主管機關同意（內政部82年1月21日台內地字第8278227號函）。

三〇、高鐵建設得設定空間地上權（內政部85年6月8日台內地字第8505845號函）。

三一、一宗土地之部分已設定地上權，若所有權人死亡且繼承人不明，地上權人申請地上權位置應請地上權人聲請法院選任遺產管理人或財產管理人（內政部85年4月20日台（85）內地字第8503907號函）。

三二、共有土地共有人就其應有部分設定地上權之限制（內政部85年7月9日台內地字第8580121號函）。

三三、金融機構所屬分支機構之經理或主任辦理地上權登記，不宜援用本部規定之本國銀行函送地政事務所備查之委託書暨印鑑卡格式（內政部86年3月20日台內地字第8603190號）。

三四、法定地上權之要件（內政部87年6月15日台內地字第8706371號函）。

三五、大眾捷運工程使用公有道路用地免設定地上權（內政部87年11月2日台內地字第8711304號函）。

三六、興辦大眾捷運系統，奉准徵收土地地上權後，其空間地上權測量得囑託轄區登記機關辦理（內政部88年3月29日台（88）內地字第8803858號函）。

三七、地上權人未為房屋之建築者，無優先購買權之適用（內政部89年6月8日台內地字第8907933號函）。

三八、保護區「雜」地目土地得申辦地上權登記（內政部89年6月30日台內中地字第8910309號函）。

三九、經設定地上權土地出售他人，除檢附放棄優先購買權文件，否則應申請勘查，該基地上確未有房屋之建築（內政部89年9月1日台內地字第8910270號函）。

四〇、地上權既未經執行法院併同建物所有權拍賣與拍定人，拍定人不得單獨申辦地上權移轉登記（內政部91年11月7日台內中地字第0910017025號）。

四一、市有非公用土地依信託法辦理地上權信託登記予受託人，仍應依土地法第25條規定程序辦理（內政部92年2月26日內授中辦地字第0920002187號）。

四二、申辦耕地地上權設定登記，登記機關應不予受理　（內政部92年3月31日內授中辦地字第0920003685號）。

四三、存續期間已屆滿之原住民保留地地上權，不得以其地上權為標的設定抵押權，地上權登記後繼續自行經營或自用滿五年得辦理所有權移轉登記（內政部94年4月29日台內地字第0940064957號）

四四、地上權設定契約書有存續期間屆滿建物歸屬之約定，登記機關將約定事項登載於他項權利部其他登記事項欄（內政部95年3月28日內授中辦地字第0950724996號）

四五、關於設定地上權之公共設施保留地得作為都市計畫容積移轉之送出基地（內政部營建署97年5月1日營署都字第0970021920號）

四六、共有土地設定未定期限地上權者，倘符合地籍清理條例規定得由任一共有人或其任一繼承人依該條規定申請塗銷（內政部98年5月27日台內地字第0980088694號）

四七、無人承認繼承土地標售與地上非屬區分所有建物一併標售，其基地所有權人無專有部分者，有依相同條件優先承買之權利（財政部國有財產局99年1月26日台財產局接字第09900009870號）

四八、土地上已有建物，依土地法第34條之一申請地上權登記，登記機關不予受理（內政部99年2月6日內授中辦地字第0990723781號）

四九、500坪以上國有非公用土地民國99年2月24日起不辦理讓售（財政部99年2月24日台財產管字第0994000321號）

五十、核釋「地籍清理條例」所稱地上權權利人為自然人時，經洽戶政事務所查後結果無地上權人戶籍資料即為住址不詳（內政部99年5月19日台內地字第0990082140號）

五一、有關土地上已有建物，不論土地使用狀態如何，均得向登記機關辦理地上權登記（內政部99年6月24日內授中辦地字第0990045491號）

五二、保險業不得辦理「地上權」抵押擔保放款（行政院金融監督管理委員會99年7月7日金管保財字第09902508140號）

五三、有關為公同共有與分別共有併存之土地分別計算符合土地法第34條之1規定，部分公同共有人行使土地法第34條之1規定時，公同共有人亦應符合第34條之1規定或公同共有合意終止，該公同共有關係變更為分別共有，始有適用（內政部99年7月13日內授中辦地字第0990047172號）

五四、部分共有人依土地法第34條之1規定設定地上權予共有人之一或數人
　　　等登記時，登記機關應予受理（內政部99年8月27日內授中辦地字第
　　　0990725278號）

五五、關於民國45年12月31日以前登記之地上權，未定有期限，其地上權人
　　　死亡無繼承人，且土地上無建築改良物或其他工作物者，土地所有權
　　　人不得類推適用地籍清理條例第29條規定申請塗銷地上權登記（內政
　　　部99年9月8日台內地字第0990178971號）

五六、以種植竹木為現況之原住民保留地不得再申辦地上權登記（內政部99
　　　年9月10日內授中辦地字第09900484231號）

五七、有關45年12月31日以前登記未定期限之地上權，如該地上權人之繼承
　　　人於清查公告後由全體繼承人會同辦竣地上權繼承登記（含分割繼
　　　承）者，因已得確定地上權人並無住所不詳或行蹤不明情形……，土
　　　地登記機關得於辦竣繼承登記時，一併將本條之清查公告註記予以塗
　　　銷。（內政部100年3月21日台內地字第1000057655號函）

五八、部分公同共有人或分別共有人不得依土地法第34條之1規定，就共有
　　　土地或建築改良物全部處分或設定用益物權予同意處分或設定用益物
　　　權之共有人之一或數人（內政部101年2月1日內授中辦地字第
　　　1016650079號令）

拾貳、地上權設定法務部相關法令解讀

一、基地所有權人有協同聲請為地上權（基地租用權依土地法第102條於登
　　記時亦稱地上權）移轉登記之義務。如該所有權人拒不履行此項義
　　務，則應訴請法院判定履行。以地上權為標的抵押權（參照民法第882
　　條）其抵押權人對於該項地上權之塗銷登記即屬有利害關係之第三人，
　　故地上權人拋棄地上權而為塗銷登記時應予注意。（前司法行政部民國
　　41年02月28日台電參字第1345號）

二、國有特種房屋之承購人，僅能依土地法第102條規定為其地上權之登記
　　（行政院民國45年01月09日台字第86號）

三、房屋設定地上權之存續期間屆滿，除有延長地上權情形外，自該期間屆
　　滿時當然歸於消滅，不因存續期間屆滿而變為不定期之地上權。（前司

法行政部民國55年05月10日台函民字第2658號）

四、竹木，係指林木竹類而言。如其目的在定期收穫而施人工於他人之土地，以栽培茶桑、五穀、蔬菜瓜果等植物，則為耕作性質，不屬地上權之範圍，似不能依民法第772條準用第769條之規定，取得地上權。（前司法行政部民國69年05月20日台民司函字第0400號）

五、因時效取得地上權者，必以占有不動產為要件（民法第772條及第832條參照）土地登記規則第113條第1項所謂「其他足資證明開始占有時及申請登記時繼續占有之事實」，戶籍謄本自不失為占有事實之證明文件，遇有爭議時，仍應依實際調查所得為認定事實之依據。（法務部民國80年02月11日法律字第2130號）（土地登記規則第113條修正為第118條）

六、房屋部分層數之買受人係本於其基地共有權，按其應有部分，就共有基地之全部有使用權，不發生就基地之全部或一部設定地上權之問題。（法務部民國70年03月05日法律字第3216號）

七、按地上權係使用他人土地之物權（見民法第832條），如謂土地共有人之一人得因時效而就該土地取得地上權，則該土地之共有關係既無變更，即無異認其可取得「使用自己土地之地上權」，殊與民法關於地上權之規定有違。（法務部民國71年05月21日法律字第5938號）（本解釋為司法院大法官釋字451號解釋違憲）

八、查封係禁止償務人就查封物為移轉、設定負擔或有其他有礙執行效果之行為，並不妨礙第三人於查封前就查封物取得之權利。從而查封前就查封之土地有地上權之第三人，於該土地經查封後，仍得依民法第838條之規定，將地上權讓與他人。（司法院民國75年05月01日秘台廳一字第01269號）

九、地上權人自得將其地上權供為擔保設定抵押權。又參酌民法第838條但書地上權得以特約禁止轉讓之規定，地上權自得以特約禁止設定擔保；約定未經登記，不得對抗第三人。又禁止轉讓之約定能否包括禁止設定抵押之行為，恐有爭議。（法務部民國77年06月03日法律字第9233號）

十、「地上權不可以轉讓」，通常係指地上權人不得將其地上權移轉與當事人以外之第三人而言，如將地上權移轉與土地所有權人，似不在禁止之列。至地上權人不自行使用土地，而基於租賃、借貸或其他法律關係，同意土地所有權人使用該土地，此與上述「地上權不可以轉讓」之約定無關，如法律別無禁止規定，似難否認其效力。（法務部民國79年04月

18日法律字第4994號）

十一、地上權已因期限屆滿而消滅，縱尚未依土地登記規則規定之程序辦理
　　　地上權塗銷登記，原地上權人既已不再享有地上權，自不得依土地法
　　　規定主張優先承買權。（法務部民國79年11月14日法律字第16410
　　　號）

十二、設定他物權或出租予非山胞，將來該非山胞尚須踐行規定之程序，始
　　　可依法取得所有權者（例如：地上權人、承租人依土地法第104條第
　　　1項主張優先購買權），得設定或出租予非山胞。惟於此情形，優先
　　　適用首開規定，非山胞仍不能取得所有權。（法務部民國79年12月13
　　　日法律字第18048號）

十三、他項權利證明書，權利事項註明本號地上權以建築改良物為目的，應
　　　受該使用目的之拘束。（法務部民國80年05月17日法律字第07441
　　　號）

十四、按地上權係以在他人土地上有建築物或其他工作（或竹木）為目的而
　　　使用其土地之權（民法第832條參照）。當事人如有合意並訂立書面
　　　契約設定地上權，即屬合法，受理登記（地政）機關對之尚無實質上
　　　審查權。是以不論該土地目前使用情形之事實狀態如何，似不應影響
　　　其地上權之登記。至嗣後如衍生私權之爭議，可循司法途徑解決。
　　　（法務部民國80年08月26日法律字第12992號）

十五、依民法第838條規定，地上權人得將其地上權讓與受讓人者，僅於該
　　　地上權存續期間內，始有其適用。（法務部民國80年09月06日法律字
　　　第13547號）

十六、「稱地上權者，謂以在他人土地上有建築物，或其他工作物，（或竹
　　　木）為目的而使用其土地之權。」本件設定地上權之契約如約定於他
　　　人土地上設置以供養殖用之工作物（或竹木）為目的而使用，自可准
　　　其設定地上權。（法務部民國81年02月07日法律字第1687號）

十七、按地上權係以在他人土地上有建築物或其他工作物（或竹木）為目
　　　的，而使用其土地之權，當事人依法律行為而設定地上權者，其範圍
　　　不以建築物或其他工作物等本身占用之土地為限，如房屋之庭院，或
　　　屋後之空地等，如在設定之範圍內，不得謂無地上權之存在。（法務
　　　部民國81年06月23日法律字第09188號）

十八、其他工作物係指建築物以外，在土地上空、土地表面與地下之一切設

備而言，例如：池埤、水圳、深水井、堤防、池塘、管筒、橋樑、隧道、高架陸橋、道路、電線桿、鐵塔、銅像、紀念碑、地窖等。「魚池」，如係在池人土地上設置為目的而使用其土地應屬之。（法務部民國81年08月29日法律字第12926號）

十九、中山高速公路汐止五股段拓寬工程，擬採取高架方式穿越某股份有限公司工廠之部分土地上空，所興建之高架橋樑乃屬「其他工作物」之一種，其無償使用○○股份有限公司之土地上空，可無償設定地上權。（法務部民國82年02月01日法律字第02045號）

二○、占有人占有之土地如屬農業發展條例規定所稱之耕地者，因其耕作使用之性質與民法第832條有關地上權成立之規定不符，似仍不得依時效取得地上權。（法務部民國83年04月20日法律字第07828號）

二一、占有人於土地所有權人提起排除侵害之訴後，始申請為地上權登記者，尚不得據其時效取得之事由，對抗土地所有權人而認其並非無權占有。（司法院民國85年03月06日秘台廳民一字第04915號）

二二、高鐵建設以隧道或高架橋方式通過農地地下空間或上空，可容許在該農地上設定空間範圍地上權。（法務部民國85年05月17日法律決字第11886號）

二三、關於因拍賣取得土地上四層房屋頂樓增建部分單獨申辦法定地上權登記，如土地所有人於設定抵押權後，在抵押之土地上增建違建物，似與法定地上權成立要件不合。如該違建物在抵押權設定時已存在，則可否視為已有地上權設定，似以該違建物是否原有合法使用土地之權限而定。（法務部民國88年4月12日法律決字第013752號）

二四、○○○君申辦○○市○○區○○段○○小段○○○地號土地所有權拋棄登記，有損他人利益情事時不准拋棄。（法務部民國88年07月26日法律字第028798號）

二五、占有人主張時效取得地上權時，其二十年或十年占有期間（民法第769條、第770條規定參照）之起算點，應自該土地變更為建地時開始起算。（法務部民國91年05月01日法律字第0910013447號）

二六、○○育樂股份有限公司所有一般農業區農牧用地不得申請設定地上權登記。（法務部民國91年12月05日法律決字第0910046845號）

二七、申請人拋棄公同共有地上權，如因而影響其他公同共有地上權人之權益者，似應得其他公同共有人之同意，始得為之。又拋棄（單獨行

為）為法律行為之一種，自須以意思表示為之，並向地政機關為塗銷
登記始生效力。（法務部民國92年12月11日法律決字第0920048893
號）

二八、不得將預告登記逕行轉載於拍定人取得建物之所有權部其他登記事項
欄。（法務部民國94年11月29日法律決 字第0940040644號）

二九、有關內政部建議相關法規明定「政府機關經辦BOT案之地上權設定登
記，應列冊送交管轄土地登記機關註記」，以保障政府機關權益。如
契約約定建築物於地上權存續期間屆滿後，歸土地所有人無償取得，
此項約定於辦理物權登記後即具物權效力。（法務部民國95年06月14
日法律字第0950019196號）

三〇、地上權為物權，具有對世效力，土地所有權人同意使用之權利屬債
權，僅具相對性，則原土地所有權人同意永久提供該隧道工程穿越使
用，申請撤銷徵收地上權，倘日後該土地所有權移轉或嗣後有其他物
權人出面主張權利，恐有影響工程隧道使用之虞。（法務部民國97年
03月05日法律決字第0960049345號）

三一、分別共有人辦理買賣所有權移轉登記予共有人之一，參照依法務部95
年08月04日法律字第0950700558號函，就處分共有物之人數及應有部
分如已符合土地法規定，即得處分共有物，縱事後原同意處分之共有
人之一承買共有物，而生權利混同之效果，亦不影響原同意處分人數
及應有部分之計算。（法務部民國97年03月12日法律決字第
0970003026號）

三二、土地所有權人一經拋棄而登記為國有者，由國庫原始取得，並原所有
權人對土地之物權負擔全部消滅，但債權方面，因其有相對性，故不
能拘束第三人，因此債權並無消滅之問題。（法務部民國97年09月04
日法律決字第0970027424號）

三三、土地法第34條之1第1項規定旨在兼顧共有人之權益範圍內，排除民法
第819條第2項、第828條第2項規定之適用，以便利不動產所有權之交
易，解決共有不動產之糾紛，促進共有物之利用，增進公共利益。故
依農業發展條例第16條第1項第5款規定之分割耕地終止租約，應無該
條之適用。（法務部民國97年12月16日法律字第0970036778號）

三四、關於本件土地均約定以供建築使用為目的而為地上權設定，縱使其中
土地上已有建物存在，事實上非先就土地上建物為處分，難以達到建

築房屋之目的，而且土地及其建物之共有人雖相同，但土地共有人依土地法規定同意設定地上權，尚無法遽認就拆除建物之處分亦獲同意，因此，該土地難認其設定地上權是否符合民法第832條所規定之要件。（法務部民國98年12月10日法律字第0980045383號）

三五、關於地上權人倘已死亡，其繼承人部分住所或行蹤可知，部分繼承人住所不詳或行蹤不明者，如該可知住所或行蹤之繼承人同意塗銷地上權登記，惟因其餘之繼承人住所不詳或行蹤不明，致無法會同塗銷之情形，則應按地籍清理條例第29條第1項之規定辦理之。（法務部民國99年04月19日法律字第0999007174號）

三六、不論土地目前使用情形之事實狀態如何，似乎不影響其地上權之登記，當事人倘若達成合意而設定地上權，受理地政機關應無須審核土地目前使用情形之事實狀態，而得准予地上權設定登記。（法務部民國99年06月17日法律字第0990700365號）

三七、按民法第832條之規定，地上權雖僅能於他人土地上設定，而不得於自己之土地上設定，但若地上權之所有人有法律上之利益者，而該所有人亦可取得自己土地之地上權。（法務部民國99年07月29日法律字第0999027538號）

三八、合於地籍清理條例第29條第1項規定之地上權，登記機關得依土地所有權人之申請，公告一定期間，期滿無人異議時，即塗銷之；至該條項所稱「權利人住所不詳或行蹤不明」之情形，係由主管機關依前開規定之立法意旨，本於職權審認，其與無人承認繼承之法定程序，要屬二事。（法務部民國99年08月27日法律 字第 0999032639 號）

三九、按民法第833條之2所定「以公共建設為目的而成立之地上權，未定有期限者」，觀其立法意旨係指如大眾捷運、高速鐵路而設者為是，且該條規定僅在補充當事人約定之不足，為期明確，仍以明定存續期間為主，故電力公司與用戶訂定之配電場所用地地上權設定契約書上「權利存續期限」等規定，要與民法適用疑義無涉。（法務部民國99年11月12日法律決 字第0999049259號）

四〇、參照司法院釋字第440號解釋及大眾捷運法第19條第1項等規定，如機場聯外捷運路線工程，確已穿越建物所有人之地下者，該建物所有人享有補償之權利。（法務部民國100年4月6日法律字第1000002626號）

四一、參酌地籍清理條例第29條、地籍清理條例施行細則第24條等規定，係以地上權人住所不詳或行蹤不明，且土地上無建築改良物或其他工作物，外觀上顯然地上權人未行使權利為要件，且似將建築改良物或其他工作物限於地上權人所有，而不包括「建築改良物或其他工作物非地上權人所有」之情形。（法務部民國100年8月23日法律字第1000011646號）

四二、土地徵收條例第36條規定予以補償費者，乃係因國家徵收之財產權而一同歸於消滅之他項權利，如土地抵押權既未因徵收地上權而消滅，即非屬該條所定情形，自無須先行塗銷抵押權後再發放徵收補償費。（法務部民國100年10月28日法律字第1000017013號）

四三、土地法第34條之1規定參照，該條旨在解決因少數共有人不予同意而無從處分共有物之困難，限制少數共有人所有權方式並賦予部分共有人得處分共有物之權，以利不動產所有權交易。（法務部民國101年1月4日法律字第1000023833號）

四四、參照民法第820條規定及學者見解，所稱「共有物之管理」專指保存行為及改良、利用等行為，不包括共有物之處分，又司法實務見解及內政部函釋認為，於共有土地上建築房屋，係屬對共有物之處分，故在共有土地上建築房屋，非屬「共有物之管理」，自無上述規定適用。（法務部民國101年7月24日法律決字第10103105640號）

拾參、地上權設定登記應備文件、登記申請書、契約書及契約書填寫說明等範例

一、地上權設定登記應備文件

項次	名稱	法令依據	備註
1	登記申請書	土地登記規則第34條	如為原住民保留地囑託登記申請書蓋鄉鎮市區公所印信。
2	登記原因證明文件（如地上權移轉或變更契約書）	土地登記規則第34條	以契約書為登記原因證明文件者，應以公定契約書為之。

3	權利書狀	土地登記規則第34條	1.設定登記時應附土地所有權狀。 2.移轉或內容變更登記應附他項權利證明書。
4	申請人身分證明	土地登記規則第34條	
5	委託書	土地法第37條之1土地登記規則第37條	
6	義務人印鑑證明	土地登記規則第41條	
7	第三人同意書及其印鑑證明	土地登記規則第41條、第44條	
8	位置圖	土地登記規則第108條	一宗土地內就其特定部分申請設定者，應先向該管地政事務所申請土地複丈。
9	他共有人受領對價或補償收據或提存之證明文件	土地法第34條之1土地登記規則第95條、土地法第34條之1執行要點第9點之(二)	部分共有人依土地法第34條之1規定，就共有土地申請設定地上權登記時檢附。
10	主管機關核准證明文件	土地登記規則第42條、監督寺廟條例第8條、停車場法第16條	
11	審查清冊	原住民保留地開發管理辦法第9、10、12條、原住民保留地各種用地申請案授權事項及申請作業須知。	原住民得以其自住房屋基地或林地申請原住民保留地設定地上權登記。 申請原住民保留地設定地上權審查清冊應經鄉（鎮、市、區）公所原住民保留地土地權利審查委員會通過。

二、地上權設定土地登記申請書範本、地上權契約書填寫說明及契約書範本

(一) 土地登記申請書範本

收件	日期	年 月 日 時 分	收件 者章	連件序別 （非連件 者免填）	共 件 第 件	登記費	元	合計	元
	字號	字第 號				書狀費	元	收據	字 號
						罰 鍰	元	核算者	

土 地 登 記 申 請 書

(1)受理機關	台中市 □跨所申請	縣 中正 地政事務所	(4)登記原因（選擇打✓一項）	(2)原因發生日期	中華民國 年 月 日
	資料管轄機關	縣 台中市 中正地政事務所			

(3)申請登記事由（選擇打✓一項）

- □ 所有權第一次登記　　□ 第一次登記
- □ 所有權移轉登記　　　□ 買賣 □ 贈與 □ 繼承 □ 分割繼承 □ 拍賣 □ 共有物分割 □
- □ 抵押權登記　　　　　□ 設定 □ 法定 □
- □ 抵押權塗銷登記　　　□ 清償 □ 拋棄 □ 混同 □ 判決塗銷 □
- □ 抵押權內容變更登記　□ 權利價值變更 □ 權利內容等變更 □
- □ 標示變更登記　　　　□ 分割 □ 合併 □ 地目變更 □
- ☑ 地上權登記　　　　　☑ 設定

(5)標示及申請權利內容　詳如　☑契約書　□登記清冊　□複丈結果通知書　□建物測量成果圖 □

(6)附繳證件	1.地上權設定契約書正副本各1份	4.戶口名簿影本1份	7.	份
	2.身分證影本1份	5.印鑑證明1份	8.	份
	3.土地所有權狀1份	6. 份	9.	份

(7)委任關係	本土地登記案之申請委託　黃志偉　代理。　　　複代理。委託人確為登記標的物之權利人或權利關係人並經核對身分無誤，如有虛偽不實，本代理人（複代理人）願負法律責任。	黃志偉印 複代理人印	(8)聯絡方式	聯絡電話 (02)25073887 傳真電話 (02)25076874 電子郵件信箱 Cw3887@ms61.hi-net.net 代理人印

(9)備註				

(10) 申請人	(11) 權利人或義務人	(12) 姓名或名稱	(13) 出生年月日	(14) 統一編號	(15) 住　所										(16) 簽章
					縣市	鄉鎮市區	村里	鄰	街路	段	巷	弄	號	樓	
申請人	權利人	陳○青			詳如契約書										印（印鑑章）
	義務人	李○四			詳如契約書										
	代理人	黃志偉	78.1.17	H123456789	台北市	中山區			長春路				182-1	2	代理人印

本案處理經過情形（以下各欄申請人請勿填寫）	初審	複審	核定	登簿	校簿	書狀列印	校狀	書狀用印
				地價異動	通知領狀	異動通知	交付發狀	歸檔

(二)地上權設定契約書範本

地上權設定契約書

權利人 / 義務人 雙方同意設定(1) ☑普通 □區分 地上權，特訂立本契約：

土地標示	(2)坐落 段	小段	(3)地號	(4)地目	(5)面積(平方公尺)	(6)設定權利範圍	(7)地租
下列土地經 鄉鎮市區							
北屯區	建業		556-00	建	512	全部	每年新台幣12萬元整
		以 下 空白					

(8)權利價值　新台幣240萬元整

(9)存續期間　20年（自民國　年　月　日起至民國　年　月　日止）

(10)設定目的　建築房屋

(11) 預付地租情形	新台幣5萬元整
(12) 使用方法	建築物限於木造
(13) 讓與或設定抵押權之限制	本地上權不得讓與
(14) 申請登記以外之約定事項	1. 地上權因存續期間屆滿消滅時，地上建物無償歸屬土地所有權人。 2. 3. 4.

訂立契約人	(16)權利人或義務人	(17)姓名或名稱	(18)權利範圍	(19)出生年月日	(20)統一編號	(21)住所 縣市	鄉鎮市區	村里	鄰	街路	段	巷弄	號	樓	(22)蓋章
	權利人	陳○育	全部	48.10.15	B1*****378	台中市	北屯區	軍功里	16	軍功路			○	○	印
	義務人	李○四	全部	36.2.28	B1*****543	台中市	北區	明德里	10	太原路	2		○	○	印鑑章
	以下空白														

(15) 簽名或簽證

(23) 立約日期　中華民國　　年　　月　　日

(三) 地上權設定契約書填寫說明

1. 第(1)欄，請依申請之地上權性質勾選普通或區分地上權。如係以在他人土地之上下有建築物或其他工作物為目的而設定者，勾選普通地上權；如係以在他人土地上下之一定空間範圍內設定者，勾選區分地上權。

2. 「土地標示」第(2)(3)(4)(5)欄：應照土地登記資料所載分別填寫。

3. 第(6)「設定權利範圍」：填寫各筆土地設定地上權之範圍，如係以土地內特定部分範圍設定或設定區分地上權者，應填寫面積並附具「地上權位置圖」。

4. 第(7)欄「地租」：按訂立契約人約定填寫。如有地租約定者，將各筆土地每年或每月之地租總額填入；如約定無須支付地租者，填寫「無」字樣；如未有約定者，以斜線劃除。

5. 第(8)欄「權利價值」：將各筆土地地上權價值之總和填入。

6. 第(9)欄「存續期間」：按訂立契約人約定填寫。如地上權定有期限者，將其起迄年月日填入；如約定無期限者，填寫「無」字樣；如未有約定者，以斜線劃除。

7. 第(10)欄「設定目的」：按訂立契約人約定填寫。如：建築房屋、設置○○工作物、公共建設（大眾捷運、高速鐵路）等。

8. 第(11)欄「預付地租情形」：如權利人與義務人有預付地租之情形，應填寫預付地租之總額；如未有預付地租者，填寫「無」字樣。

9. 第(12)欄「使用方法」：按訂立契約人依設定目的約定之使用方法填寫，如：以建築房屋為目的時，約定建築物樓層限制、限於木造或不得將木造建物改為鋼筋水泥建物等。如未有約定者，以斜線劃除。

10. 第(13)欄「讓與或設定抵押權之限制」：按訂立契約人約定填寫。如約定地上權不得讓與他人或設定抵押權者，應填寫「本地上權不得讓與他人」、「本地上權不得設定抵押權」或「本地上權不得讓與及設定抵押權予他人」字樣；如約定無限制者，填寫「無」字樣；如未有約定者，以斜線劃除。

11. 第(14)欄「申請登記以外之約定事項」：本契約所約定之事項，於其他各欄內無法填寫者，均填入本欄。

12. 第(15)欄「簽名或簽證」：申請人親自到場或登記案件由地政士簽證者，申請人、地政士應於本欄簽名或蓋章。

13.「訂立契約人」各欄之填法：

(1)先填「權利人」（即地上權人）及其「姓名或名稱」「權利範圍」「出生年月日」「統一編號」「住所」並「蓋章」，後填「義務人」（即土地所有權人）及其「姓名或名稱」「權利範圍」「出生年月日」「統一編號」「住所」並「蓋章」。

(2)如訂立契約人為法人時，「出生年月日」免填，應於該法人之次欄加填「代表人」及其「姓名」並「蓋章」。

(3)如訂立契約人為未成年人、受監護宣告之人或受輔助宣告之人時，應於該未成年人、受監護宣告之人或受輔助宣告之人之次欄，加填「法定代理人」或「輔助人」及其「姓名」「出生年月日」「統一編號」「住所」並「蓋章」。

(4)「姓名」「出生年月日」「統一編號」「住所」各欄，應照戶籍謄本、戶口名簿、身分證或其他證明文件所載者填寫，如住址有街、路、巷名者，得不填寫里、鄰。

14.第(18)欄「權利範圍」：將權利人所取得之權利範圍及義務人所設定之權利範圍分別填入。

15.第(22)欄「蓋章」：

(1)權利人應蓋用與所填之姓名或名稱相同之印章。

(2)義務人應蓋用與印鑑證明相同或於登記機關設置之土地登記印鑑相同之印章，如親自到場應依土地登記規則第40條規定辦理，或依土地登記規則第41條其他各款規定辦理。

16.第(23)欄「立約日期」：填寫訂立契約之年月日。

三、財政部國有財產局國有非公用土地地上權設定契約書參考範例

(一) 國有非公用土地設定地上權契約書（格式）

　　　　　　　國有財產局101年9月17日台財產局改字第10150005881號函修訂

立契約書人　　　　　　　　　　　（以下簡稱^甲_乙方），茲因甲方管理之國有
非公用土地　　筆由乙方設定地上權事件，訂立「國有非公用土地設定地上
權契約書」（以下簡稱本契約），雙方約定條款如下：

第一條　設定地上權標的

　　　　設定地上權土地標示及面積（亦即「地上權標的」）：

縣市	鄉鎮市區	段	小段	地號	面積（m²）

　　　　前項地上權標的標示及面積，以訂立本契約當時，土地登記謄本所
　　　　載為準；土地使用限制應依本契約、都市計畫法、區域計畫法及相
　　　　關法令規定。

　　　　甲方價購取得地上權標的之毗鄰之私有畸零地者，應於辦竣移轉登記
　　　　之次日起5日內，通知乙方將該畸零地納入契約範圍，變更標的，
　　　　乙方應予同意，並於甲方通知之次日起1個月內，回復是否將畸零
　　　　地建築容積納入樓地板面積。

第二條　地上權存續期間

　　　　地上權存續期間，自中華民國　年　月　日起至中華民國　年　月
　　　　日止，共計　年。

　　　　前項地上權存續期間，乙方不得以任何理由要求延長。

第三條　地上權權金之之給付數額及給付方式

　　　　乙方同意於中華民國　年　月　日前給付甲方地上權權利金新臺幣
　　　　（以下同）　佰　拾　億　仟　佰　拾　萬　仟　佰　拾　元整。

　　　　乙方給付甲方之上開權利金，甲方不負返還之義務，乙方不得以任
　　　　何理由請求甲方返還。

　　　　甲方應於乙方同意將本契約第一條第三項之畸零地建築容積納入總
　　　　樓地板面積之次日起5日內，通知乙方於1個月內，按價購畸零地金

額乘以地上權標的依國有非公用土地設定地上權作業要點第五點評定之市價成數給付權利金，及會同向主管地政機關申請辦理權利內容變更登記。

第四條　地租之給付數額及給付方式

地上權標的之月地租為　佰　拾　萬　仟　佰　拾　元整，乙方應於本契約簽訂之日起，除第1個月之月地租應於本契約簽訂之日繳付外，其他月地租應於每月底前向甲方給付當月之月地租。

前項月地租係按契約簽訂當期土地申報地價　　%計算年地租後，再以其十二分之一計算（四捨五入）。

乙方應依本契約第一條第三項約定，於畸零地辦竣移轉登記之次月起，按甲方價購畸零地當期申報地價及第二項約定之年息率給付地租。

地上權標的，如因更正、分割、重測或重劃等原因致標示有變更時，應自變更登記之次月起，重新計算地租。

申報地價調整時，地租應於申報地價調整之日起隨同調整。

第五條　地上權設定登記

本契約簽訂之日起1個月內，甲乙雙方應會同向主管地政機關申請辦理地上權設定登記及預告登記。但乙方申請貸款繳交權利金者，應於金融機構核准貸款之日起2日內會同甲方辦理登記，惟不得超過本契約簽訂之日起40日。登記事項有應補正者，甲、乙方應就各自辦理事項於補正期間配合辦理，不得延誤。

第六條　地上權標的之點交

雙方應於乙方繳清權利金及簽訂本契約之日起5日內會同點交地上權標的，由甲方將地上權標的以現狀點交乙方，並作成紀錄；其地上物之騰空拆遷補償及植物（如有）之移植或保存等事宜，概由乙方依據相關法令辦理並自行負擔費用。

乙方應於甲方依本契約第一條第三項通知之次日起1個月內，會同就增加之地上權標的辦理現狀點交，並作成紀錄。

第七條　建物第一次登記

乙方於地上權設定登記後，於地上興建建築改良物（以下簡稱「地上建物」）時，應向甲方申請發給土地使用權同意書，依法申請建築執照，於領取建物使用執照之次日起6個月內辦竣第一次登記及

會同甲方辦理預告登記，並將各項工程竣工圖全份送甲方。

第八條　預告登記

依本契約第五條、第七條、第十三條辦理預告登記內容：

(一) 未經預告登記請求權人書面同意，不得辦理下列事項：

　　1.將建物所有權或其土地地上權之一部或全部讓與他人。

　　2.將地上權或地上物辦理信託。

　　3.將地上權或地上建物所有權，供為他項權利之標的。

(二) 地上權消滅時，建物所有權移轉為國有。

第九條　地上權標的使用限制及地上建物之維護

乙方應以自己為起造人於地上權標的上興建地上建物。但經以書面徵得甲方同意者，不在此限。

乙方不得以地上權標的申請容積移出。

乙方應於本契約簽訂之日起2年內，依建築法規定就標得之地上權標的取得建造執照並開工。但須經都市設計審議、與毗鄰私有畸零地協議調整地形或合併使用、申請現有巷道廢止或改道者為3年。

乙方應依本契約設定之目的及約定之使用方法，為土地之使用收益；未約定使用方法者，應依都市計畫或區域計畫及其他法令規定使用，並均應保持其得永續利用。

乙方應依善良管理人之注意義務管理維護地上建物，並投入適當之資本支出，以使地上建物保持良好運作之狀態以及符合其使用之目的。

如有約定使用方法時，甲方得自行或委託專業機構，定期或不定期檢查乙方是否切實遵循本契約約定之使用方法。檢查時應通知乙方於期限內提出帳簿、表冊或其他相關文件供甲方或甲方委託之機構查核；且乙方應即呈交閱覽並為必要之說明，不得拒絕。

第十條　地上權標的申請接受容積移入之處理方式

乙方於地上權存續期間申請以地上權標的作為接受容積移入基地，並依下列方式辦理者，甲方得予同意，並配合出具相關文件：

(一) 移入之容積應無條件贈與為國有，不得請求任何補償。

(二) 辦理容積移轉所需規費及其他各項費用（含代金）均由乙方負擔。

(三) 未能完全使用其獲准移入之容積者，乙方不得申請移轉至其他

土地。

第十一條　得減免地租之事由及減免方式

地上權存續期間，按契約約定收取地租，其建築或使用方式，另有獎勵優惠規定者，得依其規定計收租金。

乙方於本契約簽訂之日起2年，因辦理畸零地調處而無法取得建造執照申報開工時，甲方得依乙方書面申請，改按地上權標的應繳納之地價稅計收地租，最長以6個月為限。

第十二條　地上權標的出租、出借之限制

乙方不得將地上權標的出租或出借供他人建築使用。

乙方將地上權標的或地上物出租或出借他人作非建築使用，其使用存續期間之末日，不得在地上權存續期限末日之後。

第十三條　地上權、地上物所有權轉讓之限制

乙方不得將地上權或地上物之一部或全部轉讓第三人。但於受讓人一併受讓地上權及地上物之全部並承諾繼受本契約之各項權利義務，且於辦理轉讓後之地上權及地上建物所有權之總登記人數未逾一人，並先徵得甲方書面同意者，不在此限。

前項轉讓，應於辦妥地上權設定登記並依第七條約定先辦妥地上建物第一次登記及預告登記後辦理。

乙方死亡（或合併時），其繼受人應於繼受原因事實發生之日起6個月（合併者為1個月）內向甲方申請換約，並向地政機關辦理地上權及地上建物移轉登記。

第十四條　地上權、地上物所有權信託

乙方將地上權或其所有之地上物所有權，辦理信託，應先以書面徵得甲方同意。

經甲方以書面同意乙方將地上權或地上物辦理信託者，乙方應按以下約定辦理：

(一) 信託之受託人（即乙方之受讓人）為兼營信託業務之銀行。但於地上建物興建階段得為建築經理公司、得從事信託業務之金融機構。

(二) 以乙方為信託之委託人及受益人。

(三) 受託人承諾繼受原地上權契約之各項權利義務，並願一併受讓地上權及地上物之全部。

(四) 地上權應連同地上物辦理信託;無地上建物或地上建物未經登記,於乙方承諾地上建物完成建築辦竣第一次登記之次日起3個月內辦理信託登記及預告登記後,得僅就地上權辦理信託。

(五) 僅就地上權辦理信託,並由乙方擔任起造人者,應於地上建物完成建築辦竣第一次登記之次日起3個月內辦理信託登記及預告登記。

(六) 僅就地上權辦理信託,並由兼營信託業務之銀行擔任起造人者,應於領取建物使用執照之次日起6個月內,以信託財產方式,依土地登記規則規定辦竣第一次登記及預告登記。

(七) 僅就地上權辦理信託,並由建築經理公司、得從事信託業務之金融機構擔任建物之起造人及建造執照信託之受託人者,應於領取建物使用執照之次日起6個月內,以信託財產方式,依土地登記規則規定辦竣第一次登記及預告登記,並於第一次登記之次日起3個月內辦理受託人變更登記,將建物信託之受託人變更為乙方之地上權受託人,地上權信託契約與建物信託契約應予合併。

(八) 地上權契約列為信託契約之一部分。

第十五條　地上權、地上建物設定他項權利

乙方將地上權或其所有之地上建物所有權,供為他項權利之標的,應先以書面徵得甲方同意。

經甲方以書面同意乙方將地上權或地上建物辦理抵押權設定者,乙方應按以下約定辦理:

(一) 抵押權人以經政府核准於國內經營金融業務之銀行、信用合作社或保險公司為限。

(二) 地上權應連同地上建物共同擔保辦理抵押權設定;無地上建物或地上建物未經登記,於乙方承諾於地上建物完成建築辦竣第一次登記之次日起3個月內,辦理抵押權設定登記,並就原設定部分,辦理抵押權內容變更登記後,得僅就地上權設定抵押權。

(三) 抵押權契約書約定之擔保債權確定期日及債務清償日期,不得在地上權存續期限末日之後。

(四) 抵押權人應以書面承諾，於地上權消滅後，不論債權是否已獲清償均拋棄其於建物之抵押權。

第十六條　稅費負擔

本契約簽訂後，應繳納之各項稅捐，除地價稅由甲方負擔外，餘均由乙方負擔。

有關本契約衍生之登記規費及其他各項費用（包括但不限於地上權設定登記、地上建物第一次登記、變更登記或將來之登記費用，例如規費、印花稅、經辦地政士費用等），全部由乙方負擔。

前2項之稅捐及費用，除約定由甲方負擔者外，如開徵名義人為甲方時，經甲方通知之日起5日內，乙方均應付清。

第十七條　甲方得終止本契約之事由

甲方於乙方有下列情形之一時，得不經催告終止本契約：

(一) 未於公告之原定繳款期限內繳清權利金。

(二) 違反本契約第十二條約定。

(三) 違反本契約第十三條第一項約定。

(四) 違反本契約第十四條第一項約定。

(五) 違反本契約第十五條第一項約定。

(六) 其他法令規定得終止本標的之地上權。

甲方於乙方（繼承者，指其繼承人）有下列情形之一時，得限期30日以上期限催告乙方履行本契約或改善，逾期仍不予履行或改善時，甲方得終止本契約：

(一) 違反本契約第四條約定遲延給付地租達2年以上總額。

(二) 違反本契約第五條、第七條約定。但不可歸責於乙方者，不在此限。

(三) 乙方或經甲方書面同意之第三人違反法令使用地上物，經主管機關裁罰2次以上仍不改善。

(四) 違反本契約第九條約定。

(五) 違反本契約第十三條第三項約定。

(六) 違反本契約第十四條第二項第四款、第五款、第六款、第七款約定。

(七) 違反本契約第十五條第二項第二款約定。

第十八條　本契約終止後之法律關係

甲方終止本契約後，乙方應依第十九條第二項辦理。

甲方於本契約終止前已得主張之各項權利，並不因終止本契約而受影響。

本契約因第十七條終止或屆期消滅時，乙方已繳交之權利金及地租不予退還，且不得向甲方請求任何補償。但甲方因乙方違反本契約第九條第三項約定，終止本契約者，於乙方拆除騰空地上物後，按乙方繳交之地上權權利金乘以地上權剩餘月數占總月數之比例，退還乙方。

因本契約第十七條第一項第六款約定終止本契約時，如係不可歸責乙方者，甲方應按本契約第二十條補償乙方。

第十九條　地上權消滅後，地上物之處理

地上權屆期消滅前6個月，乙方應會同甲方勘查地上權標的及地上物之使用情形。

地上權消滅後，乙方應於甲方通知之日起1個月內辦理下列事項：

(一) 無需保留地上物者：拆除騰空地上物，返還地上權標的。

(二) 需保留地上物者：

　　1. 非屬應移轉予甲方之資產，乙方應自費清除，否則甲方得視為廢棄物處理，所需費用由乙方負擔。如有損及任何第三者權益之情事，均由乙方負責處理。

　　2. 保持地上物及其附屬設施與設備（包括敷設於地上物之電氣、瓦斯、給水、排水、空氣調節、網路、昇降、消防、防空避難及污物處理等設備）良好運作之原狀，不得拆除或毀損。

　　3. 備妥證件會同甲方辦理地上權塗銷登記、地上建物所有權無償移轉登記國有。

　　4.地上物連同地上權標的點交甲方，點交時如有第三人占用，乙方應負責解決排除之。在未點交甲方前，乙方仍應妥為看管維護，如因怠於看管維護致生損害時，應負賠償責任。

第二十條　補償標準

本契約第十八條第四項之補償項目及計算標準如下：

(一) 地上權之剩餘價值：按乙方繳納之權利金乘以地上權剩餘月數占總月數之比例。

(二) 地上建物之剩餘價值：逐棟（戶）按其重建價格減除折舊後之餘額。但已超過耐用年限者，得依照稅捐稽徵機關提供之當期現值計算。

前項第二款之重建價格由甲方依國有財產計價方式辦理計估。

第二十一條　罰則

本契約簽訂後至地上權存續期間屆滿前，除本契約另有約定外，乙方如有違反本契約之約定，依本條約定處置，乙方不得異議。

乙方逾期繳付地租時，應依下列標準加收違約金：

(一) 逾期繳納未滿1個月者，照欠額加收1%。但逾期2日以內繳納者，免予加收違約金。

(二) 逾期繳納1個月以上，未滿2個月者，照欠額加收2%。

(三) 逾期繳納2個月以上，未滿3個月者，照欠額加收4%。

(四) 依此類推，每逾1個月，加收2%，最高以欠額之30%為限。

乙方有下列情形之一時，每逾1個月，加收1個月租金額之違約金，至多加收10個月。但逾期係因不可歸責於乙方之事由者，不在此限：

(一) 違反本契約第五條約定。

(二) 違反本契約第七條約定。

(三) 違反本契約第十三條第三項約定。

(四) 違反本契約第十四條第二項第四款、第五款、第六款、第七款約定。

(五) 違反本契約第十五條第二項第二款約定。

乙方違反本契約第十九條第二項約定，拆除、毀損或怠於看管維護原有地上物，致甲方權利受損害時，應負損害賠償責任。

乙方違反本契約第十九條第二項約定遲延會同申辦登記或遲延騰空點交時，應自地上權消滅之次日起至地上物處理完成日止按土地當期申報地價年息10%計算使用補償金，並依原約定地

租2倍計算違約金，給付予甲方。甲方如有其他損害，並得請求乙方賠償之。

第二十二條　其他特約條款

甲乙雙方同意本契約應作為地上權設定契約書公定契約之附件，並據以辦理設定登記。

地上權設定登記後，雙方之名稱、地址、電話、法定代理人姓名有變更時，雙方應通知他方，並記載於「變更記事」欄。必要時應會同向主管地政機關辦理變更登記。

本契約之第一條、第三條及第四條所載事項如有變更時，甲方應於「變更記事」欄內記載，並通知乙方。

本契約如有未盡事宜，依中華民國法令規定辦理。

本契約內容有疑義時由甲方解釋之。

第二十三條　管轄法院

因本契約之履行而涉訟時，以臺灣 地方法院為第1審管轄法院。

第二十四條　契約生效

本契約經甲乙雙方簽名蓋章後生效。

第二十五條　契約份數

本契約1式12份，計正本2份、副本10份。甲乙雙方各執正本1份，副本5份。

第二十六條　契約附件

地上權標的之招標公告及投標須知視為本契約之一部分。

立契約書人

甲　方：

法定代理人：

地　址：

電　話：

乙　方：

身分證統一編號：

（或公司執照號碼）

代　表　人：

地　　　址：

電　　　話：

中　華　民　國　　　年　月　日

（本請印在契約背面）			
變　更　記　事			（本欄由招標機關填寫）
項　次	日　期	內　容	記　事　專　用　章

(二) 財政部國有財產局臺灣北區辦事處公告

〇年〇月〇日台財產北處字第1014001〇〇〇〇號

主　旨：公告招標〇年度第2批國有非公用土地設定地上權共1宗，請踴躍參加投標。

依　據：國有非公用土地設定地上權作業要點。

公告事項：

標的物之土地標示、面積、使用分區、權利金底價、及保證金金額：

標號	土地標示	面積（平方公尺）	都市計畫使用分區或非都市土地使用編定（僅供參考）	權利金底價（元）	保證金金額（元）	備　註
1	臺北市大安區龍泉段一小段〇〇〇、〇〇〇-〇地號	359	第三種住宅區	89,644,095	8,965,000	1.地上現為圍牆、搭棚、搭房、綠美化、種植樹木、水泥地（雜物）等使用，按現狀點交。 2.地上樹木倘屬「臺北市樹木保護自治條例」所規定受保護者，應依該條例規定辦理。 3.本案土地目前與第三人訂有認養綠美化契約，期限至101年12月31日，地上權標脫後，本處將依規定終止認養契約。 4.本案地上權存續期間為50年。

						5.本案地上權標的之月地租係按契約簽訂當期土地申報地價3.5%計算年地租後，再以其十二分之一計算（四捨五入）。申報地價調整時，其地租應於申報地價調整之日起隨同調整。 6.不得2人（含）以上共同投標。 7.地上權或地上物之一部或全部不得轉讓第三人。但於受讓人一併受讓地上權及地上物之全部並承諾繼受國有非公用土地設定地上權契約書之各項權利義務，且於辦理轉讓後之地上權及地上建物所有權之總登記人數未逾一人，並經事先書面徵得招標機關書面同意者，不在此限。 8.地上權或其所有之地上建物所有權，供為他項權利之標的，應先以書面徵得招標機關書面同意。

一、投標資格：

（一）凡法律許可在中華民國領域內取得土地權利之國內外公、私法人及

具有行為能力之中華民國人民，均得為投標人，但不得由2人（含）以上共同投標。

(二) 外國人參加投標，應受土地法第17條至第20條之限制。

(三) 大陸地區人民、法人、團體或其他機構，或其於第三地區投資之公司參加投標，應受臺灣地區與大陸地區人民關係條例第69條、大陸地區之營利事業在臺設立分公司或辦事處許可辦法、大陸地區人民來臺投資許可辦法、大陸地區人民在臺灣地區取得設定或移轉不動產物權許可辦法等相關法令之規範。

二、投標方式：請於本公告之日起，在辦公時間內，向本處（地址：臺北市忠孝東路4段290號大陸大樓3樓）全功能服務台洽索投標文件（含投標須知、投標單、國有非公用土地設定地上權契約書、設定地上權土地辦理抵押貸款申請書、金融機構貸款承諾書及授權書），並依照投標須知規定填寫及備妥投標應備文件，郵遞投標。

三、開標日期及地點：訂於中華民國〇年〇月〇日下午2時30分於臺北市忠孝東路四段290號5樓本處會議室當眾開標。當天如因颱風或其他突發事故停止上班，則順延至恢復上班第1日之下午2時30分同地點開標。

四、招標設定地上權土地之都市計畫使用分區或非都市土地使用編定，係依當地縣、市政府或主管機關核發之都市計畫使用分區證明書、政府機關網站公布之使用分區或地政事務所核發之土地登記簿謄本記載。有關土地使用管制、地籍資料，請投標人自行向當地縣、市政府或主管機關、地政機關查詢，並請逕至現場參觀。

五、凡對本招標標的物有權利主張者，應於開標日5日前檢具有關權利憑證正本送招標機關。逾期視為放棄一切權利，不予受理。

六、投標人得標後應繳之全部權利金，應持向招標機關領取之繳款書，按投標須知第十二點及第十三點規定期限前繳清，如因故延後開標，上述應繳價期限亦隨延後開標日數順延之。

七、招標標的物之點交應依投標須知之第十五點及投標須知之「國有非公用土地設定地上權契約書」第六條規定辦理。

八、其他事項詳見投標須知。

九、本公告刊登事項及內容如有增刪變動者，以招標機關門首公告為準。

十、決標後簽訂設定地上權契約時，本公告作為契約之附件。

附註

1. 本處公告資料及開標結果請查詢（網址：http://www.npbnto.gov.tw）
2. 索取本處公告資料請洽語音傳真回覆系統，FAX：（02）27763049

(三) 國有非公用土地招標設定地上權投標須知

財政部國有財產局臺灣北區辦事處招標101年度第2批

一、本批招標設定地上權標的說明：

(一) 招標設定地上權標的之土地標示、面積、使用分區或使用編定種類、權利金底價及保證金金額，詳如附表所示。

(二) 投標人應自行至現場勘查。

(三) 本案標的得否建築使用，應由投標人自行依都市計畫、建築法規評估。

(四) 本案標的地上如有國有建物，日後由地上權人代為拆除。其為已登記建物者，拆除後應辦理消滅登記。相關費用均由地上權人自行負擔。

(五) 本案標的之土地面積，以簽訂國有非公用土地設定地上權契約書時地政機關所記載者為準，如實測面積與登記面積不符時，得標人不得請求廢標。

(六) 本案標的標脫後，如因法令變更其用途或影響其效用者，得標人得請求終止契約。但不得要求任何補償。

(七) 得標人不得以本案標的申請容積移出。

(八) 得標人應自國有非公用土地設定地上權契約書簽訂日起2年內依建築法規定就得標之標的取得建造執照並開工。但須經都市設計審議、與毗鄰私有畸零地協議調整地形或合併使用、申請現有巷道廢止或改道者為3年。

二、公告及開標日期：

本批招標設定地上權標的，已於中華民國101年9月26日在招標機關網站、公告欄及經濟日報、工商時報公告，並訂於101年10月30日下午2時30分於臺北市大安區忠孝東路四段290號5樓當眾開標。當天如因颱風或其他突發事故停止上班，則順延至恢復上班第1日之下午2時30分於同地點開標。

三、投標人資格：
　　(一) 凡法律許可在中華民國領域內取得土地權利之國內外公、私法人及
　　　　具有行為能力之中華民國人民，均得為投標人，但不得由2人
　　　　（含）以上共同投標。
　　(二) 外國人參加投標，應受土地法第17條至第20條之限制。
　　(三) 大陸地區人民、法人、團體或其他機構，或其於第三地區投資之公
　　　　司參加投標，應受臺灣地區與大陸地區人民關係條例第69條、大陸
　　　　地區之營利事業在臺設立分公司或辦事處許可辦法、大陸地區人民
　　　　來臺投資許可辦法、大陸地區人民在臺灣地區取得設定或移轉不動
　　　　產物權許可辦法等相關法令之規範。
四、投標應備文件說明：
　　(一) 投標單：
　　　　1. 投標金額以中文大寫書寫，且不得低於招標底價。
　　　　2. 填妥投標人姓名、身分證統一編號、地址、電話號碼及其代理收
　　　　　 件人之姓名及地址。法人應註明法人名稱、地址、法人統一編
　　　　　 號、法定代理人姓名及其身分證統一編號、地址。外國法人應加
　　　　　 填在台灣地區之送達代收人。
　　(二) 保證金票據。
五、本批招標設定地上權標的之得標人應為「國有非公用土地設定地上權契
　　約書」之乙方，且應登記為得標標的之地上權人。
六、權利金底價、地租、地上權之存續期間：
　　(一) 權利金底價：詳如附表所示，經公開競標後以實際得標金額計收；
　　　　地上權權利金應依國有非公用土地設定地上權契約書第三條約定之
　　　　給付方法繳交。
　　(二) 地租：給付數額及方法依國有非公用土地設定地上權契約書第四條
　　　　之約定繳交。
　　(三) 地上權之存續期間：依國有非公用土地設定地上權契約書第二條之
　　　　約定辦理。
七、投標人應繳保證金及繳交方式：
　　(一) 保證金：金額按權利金底價10%計算（計至千位）。
　　(二) 應繳之保證金，限以下列票據繳交：
　　　　1. 經政府依法核准於國內經營金融業務之銀行、信託投資公司、信

　　用合作社、郵局、農會或漁會之劃線支票（指以上列金融機構為發票人及付款人之劃線支票，受款人應為「財政部國有財產局臺灣北區辦事處」，若受款人非招標機關名義，應經所載受款人背書且票據上不得記載禁止背書轉讓）或保付支票。

　　2. 郵局之匯票。

八、投標人應將填妥之投標單，於用印或簽名後，連同應繳保證金之票據妥予密封，並以掛號函件於開啟信箱前寄達台北光復郵局第36-124號郵政信箱或台北敦南郵局第108-285號郵政信箱。開啟信箱時間：101年10月30日下午1時30分，逾期寄達者，不予受理，由投標人逕洽郵局辦理原件退還。投標人一經投標後，不得撤標。投標採取「通訊投標方式」，開標日現場不收受任何投標文件。

九、投標人可於開標當時到場參觀。

十、開標決標：

　　(一) 由招標機關派員會同監標人員前往郵局，於開標時間前1小時，開啟信箱取回投標函件，於開標時當眾點明拆封，及逐標公布所有投標人及其投標金額，並就各標號最高標價及次高標價者進行審查，經審查有投標無效者，則按標價高低依序遞補審查。

　　(二) 開標進行中，如投標人與招標機關或投標人間發生爭議時，由主持人裁決後宣布之，投標人不得異議。

　　(三) 停止招標一部或全部土地時，由主持人於開標時當場宣布，投標人不得異議。

　　(四) 有下列情形之一者，投標無效：

　　　　1. 未按本須知第四點規定提出各項投標應備文件。

　　　　2. 保證金金額不足或其票據不符本須知第七點規定。

　　　　3. 投標單所填投標金額經塗改未認章、或雖經認章而無法辨識、或低於招標底價、或未以中文大寫。

　　　　4. 投標單所填標的物、姓名或名稱，經認定無法辨識。

　　　　5. 投標單之格式與招標機關公告之格式不符。

　　　　6. 投標人資格不符規定。

　　(五) 決標：以有效投標單之投標金額最高標價者為得標人，次高標價者為次得標人。

　　　　如最高標價有2標以上相同時，應當場由主持人抽籤決定得標人及

　　　　次得標人，次高標價者有2標以上相同時，比照辦理。

十一、保證金票據之處理：

　　(一) 得標人繳交之保證金將自動轉為權利金之一部分。

　　(二) 未得標人除有本須知第十二點第二項其所繳之保證金被沒收之
　　　　情形外，得於宣布開標結束後當場或其後，由投標人親自或由
　　　　其被授權人（需出具被授權人身分證明文件及之「授權
　　　　書」），憑交寄投標單函件之郵局掛號執據及與投標單上相符
　　　　之印章或被授權人親自簽名，無息領回。

十二、投標人得標後應繳之權利金應一次繳清，且應在開標之次日起50日
　　　內，即民國101年12月19日以前，持招標機關繳款書至指定經收銀行
　　　繳清，或依本須知第十三點規定辦理抵押貸款繳交權利金。如因故延
　　　後開標，上述應繳價期限亦隨延後開標日數順延之。

　　　有下列情形之一者，其得標資格應即喪失，並沒收依本須知第七點第
　　　一款規定應繳納之保證金：

　　(一) 得標人放棄得標。

　　(二) 逾期不繳權利金或未繳清權利金。

　　(三) 依投標單所填投標人或代理收件人住址寄送之通知書無法送達或
　　　　被拒收。

　　(四) 得標人未於約定期間內簽訂地上權設定契約書。

　　(五) 投標人資格不符規定。

　　(六) 以偽造或變造之文件投標。

　　(七) 投標人借用或冒用他人名義或證件投標。

　　(八) 其他投標人嚴重違反本須知之情形。

　　　得標人未依第一項規定期限繳交權利金者，由招標機關通知次得標人
　　　按原最高價得標人之得標價取得得標權，並限期繳交權利金。

　　　前項之次得標人應於通知送達之次日起5日內，先繳相當於保證金之
　　　價款，以示願意取得得標權，餘款於該通知送達之次日起50日內一次
　　　繳清。但申請以抵押貸款繳交權利金者，依本須知第十三點規定辦理
　　　（包括應於通知送達之次日起5日內先行繳納3成之決標權利金）。逾
　　　期未繳清，視為放棄得標權，並沒收保證金。

十三、得標人得按下列規定，以標得之地上權向金融機構辦理抵押貸款，於
　　　第十二點第一項規定期限內繳交權利金：

(一) 得標之次日起5日內向招標機關提出申請書，並先行繳納3成之決標權利金（以下簡稱「自備款」，原繳保證金可予充抵）後，應於7日內簽訂「國有非公用土地設定地上權契約書」。

(二) 招標機關依得標人之申請審核同意後，即將本須知及相關附件，連同金融機構應承諾履行事項之金融機構貸款承諾書函送得標人洽貸之金融機構辦理。得標人應洽請金融機構於得標次日起35日內，將核准貸款與否之結果，通知招標機關及得標人。核准貸款者，金融機構應同時將已用印辦理抵押權設定登記之相關文件及金融機構貸款承諾書，送交招標機關辦理登記事宜，並於收悉抵押權他項權利證明書等文件之次日起3日內，將貸款金額撥繳招標機關之國庫專戶。

得標人未依前項規定辦理抵押貸款者，仍應於公告原定繳款期限內繳清權利金。未依限辦理者，由招標機關依前點規定沒收保證金，而得標人繳交之自備款於扣除保證金後無息退還。辦理抵押貸款所需各項費用由得標人負擔。

十四、得標人於繳清權利金後，應於7日內會同招標機關簽訂「國有非公用土地設定地上權契約書」及申辦設定地上權登記等手續。但得標人申請以抵押貸款繳納權利金者，應依前點規定辦理。

辦理地上權設定登記所需各項費用由得標人負擔。

十五、招標機關應按國有非公用土地設定地上權契約書之約定方式，將土地點交予得標人。

十六、招標公告及所有招標之相關文件，視為要約之引誘，但對出價最高之投標人，除別有保留外，應視為要約。

十七、本須知如有印刷錯誤或字跡不清時，應以實貼於招標機關公告欄者為準。

十八、本須知於決標後簽訂設定地上權契約時，作為契約之一部分。

十九、本須知如有未盡事宜，悉依「國有非公用土地設定地上權作業要點」及「國有非公用土地設定地上權契約書」辦理。

附件

授　權　書

有關財政部國有財產局臺灣　　區辦事處招標　　年度第　批國有非公用土
地設定地上權（標的：　　　　　　　　　　　　　）（以下簡稱「本
標案」），本人／本公司（即投標人）茲授權下列受任人全權代理本人／本
公司，依本標案投標須知之規定出席並參加開標程序及取回保證金。
　　　此致
財政部國有財產局臺灣　　區辦事處（　　　　分處）

授權人／公司：
公司代表人：
身分證字號／統一編號：
地　　　址：

受　任　人：
身分證字號：
地　　　址：

中　華　民　國　　　　　年　　　　月　　　　　日

附件

設定地上權土地辦理抵押貸款申請書							
受理機關	財政部國有財產局臺灣　區辦事處（　分處）				申請日期	年　月　日	
申請標的	縣市	鄉鎮市區	段	小段	地號	面積（平方公尺）	
洽貸金融機構		地址		擬貸金額	新臺幣 佰　拾　億 佰　佰　拾 萬　仟　佰 拾　元整	債權存續期間	自民國　年　月　日 至民國　年　月　日 計　年　月　日
申請人承諾事項	於地上建物完成建築辦竣第一次登記之次日起3個月內辦理抵押權設定登記，並就原設定部分辦理抵押權內容變更登記。						

申請人	身分類別	姓名 統一編號	出生日期	住　址	聯絡電話	蓋　章
	申請人		年 月 日		電話： 行動電話：	
	法定代理人		年 月 日		電話： 行動電話：	

填寫說明：

1. 申請人統一編號：自然人指身分證統一編號；非自然人指公司執照、法人登記證之編號或扣繳單位配編統一編號。
2. 申請人若為法人，須填寫法定代理人欄。
3. 申請標的、洽貸金融機構欄位不敷使用時，另以附表填寫。

附件

金融機構貸款承諾書

立承諾書人　　　　　　　茲同意　　　　　　地號國有土地地上權（以下簡稱「本案地上權」）得標人

以本案地上權為擔保辦理抵押貸款新臺幣　億　千　百　拾　萬　千　百　拾　元整，並承諾遵行下列事項：

一、已取得得標人之同意，於辦妥本案地上權第1順位抵押權設定登記，並收到抵押權設定契約書暨他項權利證明書（含地上權他項權利證明書影本）及登記謄本等文件之次日起3日內，將貸款金額全數直接撥付貴處（分處），如有可歸責於立承諾書人之事由致延誤撥款造成損害時，願負一切法律責任。

二、本案地上權之地上建物（以下簡稱「地上建物」）完成建築辦竣第一次登記之次日起3個月內，辦理抵押權設定登記，並就原設定部分，辦理抵押權內容變更登記。

三、立承諾書人於地上權消滅後，不論債權是否已獲清償，均拋棄地上建物之抵押權。

　　　　　此致

財政部國有財產局

臺灣　區辦事處（　　分處）

　　　　　　　立承諾書人：
　　　　　　　代　表　人：
　　　　　　　地　　　址：

中　　華　　民　　國　　　　年　　　　月　　　　日

(四) 投標單

財政部國有財產局臺灣　區辦事處（　分處）招標國有非公用土地設定地上權投標單

標　　號	第　　　　　標		
投標人姓名或名稱		簽章	
身分證統一編號或法人統一編號		出　生年月日	
地　　址		電話號碼	
法定代理人姓名		簽章	
身分證統一編號		出　生年月日	
收件代理人姓名		電話號碼	
地址			
標的	（標的有2筆以上，請填寫第1筆代表） 　　縣市　　鄉鎮市區　段　　小段　　地號等		
權利金投標金額	新臺幣：　佰　拾　億　仟　佰　拾　萬　仟　佰　拾　元整 （請以中文：零、壹、貳、參、肆、伍、陸、柒、捌、玖書寫，塗改處，請認章）		
說明	1.本人願出上開權利金投標金額於上列標的物設定地上權，一切手續悉願依照招標公告及投標須知辦理。 2.附保證金票號：　　　　　　　　　　票據乙紙。 　（發票人：　　　　　　　　　　　　）		
投標日期	中華民國　年 月 日	領回投標保證金票據簽章	

（五）土地登記申請書範例

收件	日期	年 月 日 時 分	收件者章	連件序別 （非連件者免填）		共 件 第 件	登記費	元	合計	元
件	字號	字第 號					書狀費	元	收據	字 號
							罰鍰	元	核算者	

土 地 登 記 申 請 書

(1)受理		縣 中正 地政事務所	跨所申請	資料管 轄機關	台中市 中正地政事務所	(2)原因 發生日期	中華民國 年 月 日
機關		台中市 □跨所申請					

(3)申請登記事由（選擇打✓一項）　(4)登記原因（選擇打✓一項）

- □所有權第一次登記　　　□第一次登記
- □所有權移轉登記　　　　□買賣 □贈與 □繼承 □分割繼承 □拍賣 □共有物分割
- □抵押權登記　　　　　　□設定 □法定
- □抵押權塗銷登記　　　　□清償 □拋棄 □混同 □判決塗銷 □
- □抵押權內容等變更登記　□權利價值變更 □權利內容等變更 □
- □標示變更登記　　　　　□分割 □合併 □地目變更 □
- ☑地上權登記　　　　　　☑設定

(5)標示及申請權利內容 詳如 ☑契約書 □登記清冊 □複丈結果通知書 □建物測量成果圖 □

(6) 附繳 證件	1.地上權設定契約書正副本各1份	4.		7.	
	2.身分證影本1份	5.		8.	
	3.土地所有權狀1份	6.	份	9.	份

(7)委任 關係
本土地登記案之申請委託 黃志偉 代理。　複代理。
委託人確為登記標的物之權利人或權利關係人並經核對身分無誤，如有虛偽不實，本代理人（複代理人）願負法律責任。 代理人印

(8) 聯絡方式	聯絡電話	(02)25073887
	傳真電話	(02)25076874
	電子郵件信箱	Cw3887@ms61.hi-net.net

(9)備註

(10)申請人	(11)權利人或義務人	(12)姓名或名稱	(13)出生年月日	(14)統一編號	(15)住所 縣市	鄉鎮市區	村里	鄰	街路	段	巷弄	號	樓	(16)簽章
	權利人	○○建設事業股份有限公司			詳如契約書									印
	義務人	中華民國			詳如契約書									印
	管理者	財政部國有財產局												
	代理人	黃志偉	78.1.17	H123456789	台北市	中山區			長春路			182-1	2	代理人印

本案處理經過情形（以下各欄申請人請勿填寫）	初審	複審	審查	核定	登簿	校簿	書狀列印	校狀	書狀用印
					地價異動	通知領狀	異動通知	交付發狀	歸檔

(六) 地上權設定契約書填寫範例

地上權設定契約書

下列土地經　權利人／義務人　雙方同意設定 (1) ☑普通／□區分　地上權，特訂立本契約：

土地標示	(2) 坐落			(3) 地號	(4) 地目	(5) 面積（平方公尺）	(6) 設定權利範圍	(7) 地租
	鄉鎮市區	段	小段					
	內湖區	石潭	三	0000-0000	建	1545.49	全部	每月新台幣15萬7769元整
		以下空白						

(8) 權利價值	新台幣3億7566萬6889元整
(9) 存續期間	50年（自民國　年　月　日起至民國　年　月　日止）
(10) 設定目的	建築房屋
(11) 預付地租情形	無
(12) 使用方法	權利人應以自己為起造人於地上權標的上興建地上建物。但經以書面獲得義務人同意者，不在此限。 權利人不得以地上權標的之申請容積移出。 權利人應於本契約簽訂之日起2年內，依建築法規定就標得之地上權標的取得建造執照並開工。但須經都市設計審議，與毗鄰私有畸零地協議調整地形或合併使用，申請現有巷道廢止或改道者為3年。 權利人應依本契約所設定之目的及約定之使用方法，為土地之使用收益；未約定使用方法者，應依都市計畫區域計畫及其他法令規定使用，並均應保持其永續利用。

訂立契約人	(16) 權利人或義務人	(17) 姓名或名稱	(18) 權利範圍	(19) 出生年月日	(20) 統一編號	(21) 住　所									(22) 蓋章
						縣市	鄉鎮市區	村里	鄰	街路	段	巷弄	號	樓	
	權利人	○○建設事業有限公司	全部		○○○○○○○○	台北市	信義區			忠孝東路	○段		○○	○○	印
	義務人	中華民國	全部		空白	空白	白								
	管理者	財政部國有財產局			空白	空白	白								印
	以下	空白	空白												

(23) 立約日期　中華民國　年　月　日

(13) 讓與或設定抵押權之限制

權利人不得將地上權或地上物之一部或全部轉讓第三人。但於受讓人一併受讓地上權及地上物之全部並承諾繼受本契約之各項權利義務，且於辦理轉讓後之地上權及地上建物轉讓，應於辦妥地上權設定登記之總登記人數未逾一人，並徵得甲方書面同意者，不在此限。

前項讓與，應於辦妥地上建物第一次登記及預告登記並依國有非公用土地設定書第七條約定先辦妥地上權設定登記後辦理。權利人死亡（或合併時），其繼受人應於繼受原因事實發生之日起6個月（合併者為1個月）內向義務人申請換約，並向地政機關辦理地上權及地上建物所有權移轉登記。

權利人將地上權或其所有之地上建物所有權，供為他項權利之標的，應先向義務人得義務人同意。

除經土地所有權人事前書面同意外，不得轉讓或設定抵押權予第三人。

(14) 申請登記以外之約定事項

1. 地上權因存續期間屆滿消滅時，地上建物無償歸屬土地所有權人。
2. 地上權因其他原因消滅、終止或拋棄時，權利人所有建物之所有權無償移轉登記予中華民國。
3.
4.

(15) 簽名或簽證

(七) 地上權設定抵押權之土地登記申請書範例

土 地 登 記 申 請 書

收件	日期	年 月 日 時 分		收件	者章	連件序別（非連件者免填）共 件 第 件
	字號	字第 號				

登記費	元	合計	元
書狀費	元	收據	字 號
罰鍰	元	核算者	

(1)受理機關	台北市 縣 中山地政事務所 資料管轄機關 台北市 縣 中山地政事務所	(2)原因發生日期	中華民國 年 月 日

(3)申請登記事由（選擇打✓一項）
- □ 所有權第一次登記
- □ 所有權移轉登記
- ✓ 抵押權設定登記
- □ 抵押權塗銷登記
- □ 抵押權內容變更登記
- □ 標示變更登記

(4)登記原因（選擇打✓一項）
- □ 第一次登記
- □ 買賣 □ 贈與 □ 分割繼承 □ 繼承 □ 拍賣 □ 共有物分割
- ✓ 設定 □ 法定
- □ 清償 □ 拋棄 □ 混同 □ 判決塗銷
- □ 權利價值變更 □ 權利內容等變更
- □ 分割 □ 合併 □ 地目變更

(5)標示及申請權利內容 詳如 ✓契約書 □登記清冊 □複丈結果通知書 □建物測量成果圖 □

(6)附繳證件
1. 設定契約書正副本各1份
2. 土地所有權狀1份
3. 公司設立（變更）登記表影本1份

4.
5.
6.

7. 份
8. 份
9. 份

(7)委任關係
本土地登記案之申請委託 黃志偉 代理。 複代理。
委託人確為登記標的物之權利人或權利關係人並經核對身分無誤，如有虛偽不實，本代理人（複代理人）願負法律責任。 □

(8)聯絡方式
- 聯絡電話 25073887、25066562
- 傳真電話 25076874
- 電子郵件信箱
- 登記助理 ○○○ A123456789 □

(9)備註　本案確依有關法令規定完成處分程序，願負法律責任。如有不實，願負法律責任。

(11)權利人或義務人	(12)姓名或名稱	(13)出生年月日	(14)統一編號	(15)住所	(16)簽章
權利人	○○銀行股份有限公司董事長：○○○		詳如契約書		□□
代理人	○○銀行股份有限公司○○分行經理：○○○		詳如契約書		
義務人兼連帶債務人	○○建設事業股份有限公司董事長○○○		詳如契約書		□□
連帶債務人	○○○				
代理人	黃志偉	75/07/07	H123456789	台北市中山區長春路182之1號2樓	□

(15)住所欄位：縣市　鄉鎮市區　村里　鄰　街路　段　巷弄　號　樓

(10)申請人　本案處理經過情形（以下各欄申請人請勿填寫）

初審	複審	核定	登簿	校簿	通知領狀	書列印	書狀印	校狀	交付發狀
			地價異動			異動通知			

書狀用印　歸檔

(八)地上權設定抵押權之契約書範例

土地、建築改良物抵押權設定契約書

下列	土地 建物	權利人 義務人	雙方同意設定(1)	□普通 ☑最高限額	抵押權，特訂立本契約：

土地標示

(2)坐落	鄉鎮市區	內湖
	段	石潭
	小段	三
(3)地號		○○○○-○○○○
(4)地目		建
(5)面積（平方公尺）		1545.49
(6)設定權利範圍		全部
(7)限定擔保債權金額		新台幣3億6000萬元整
(8)流抵約定		

建物標示

(9)建號		
(10)門牌	鄉鎮市區	
	街 路	
	段 巷 弄	
	號 樓	
(11)建物坐落	段 小段	
	地 號	
(12)總面積（平方公尺）		
(13)附屬建物	用途	
	面積（平方公尺）	
(14)設定權利範圍		
(15)限定擔保債權金額		
(16)流抵約定		

(17)提供擔保權利種類	地上權
(18)擔保債權總金額	新台幣3億1234萬5678元整
(19)擔保債權種類及範圍	擔保債務人對抵押權人現在（包括過去所負現在尚未清償）及將來在本抵押權設定契約書所定最高限額內所負債務之債務，包括借款、透支、貼現、買入光票、墊款、承兌、委任保證、開發信用狀、進出口押匯、票據（係指債務人如擔任他人借款關係人之保證人，則其所保證之債務，於保證前，此保證債務於本行最高限額內，為抵押權擔保範圍，於保證期間，或未獲清償前，應負擔保保責任。）、信用卡契約、應收帳款承購契約、衍生性金融商品交易契約及特約商店契約等15項。
(20)擔保債權確定期日	民國　年　月　日
(21)債務清償日期	依照各個契約約定。
(22)利息（率）	依照各個契約約定。
(23)遲延利息（率）	依照各個契約約定。
(24)違約金	依照各個契約約定。
(25)其他擔保範圍約定	1.取得執行名義之費用。 2.保全抵押物之費用。 3.因債務不履行而發生之損害賠償。 4.因辦理債務人與抵押權人約定之擔保債權種類及範圍所生之手續費用。 5.抵押權人墊付抵押物之保險費用。

(26)申請登記以外之約定事項	(27)權利人或義務人	(28)姓名或名稱	(29)債權額比例	(30)債務額比例	(31)出生年月日	(32)統一編號	(33)住所 縣市	鄉鎮市區	村里	鄰	街路	段	巷弄	號	樓	(34)蓋章
	權利人	○○銀行股份有限公司董事長：○○	1/1			○○○○○○○○	台北市	中山區			南京東路	○		○		□ □
	代理人	○○銀行股份有限公司○○分行經理：○○○					台北市	信義區			○○○路	○		○	○	
	義務人兼連帶債務人	○○建設事業股份有限公司董事長○○○		1/1			台北市	信義區			忠孝東路	○		○	○	□ □
	連帶債務人	○○○														
(35)立約日期	中　華　民　國　　　年　　　月　　　日															

(九) 辦妥地上權設定及地上權抵押後土地謄本

土地登記第二類謄本（地號全部）
內湖區石潭段三小段 О ─0000地號

列印時間：民國101年10月12日17時41分　　　　　　　　　　頁次：1

本謄本係網路申領之電子謄本，由　　自行列印
謄本檢查號：101AC462033REG　　EF5B7140B7AC0D78
3C9AFC9BA6，可至：http://land.hinet.net 查驗本謄本之正確性
中山地政事務所　主　任
中山電謄字第4　33號
資料管轄機關：臺北市中山地政事務所　　　　謄本核發機關：臺北市中山地政事務所

**************　土地標示部　**************

登記日期：民國094年11月10日　　　　　　　登記原因：土地重劃
地　　目：（空白）　　　等則：--　　　　面　積：****1,545.49平方公尺
使用分區：（空白）　　　　　　　　　　使用地類別：（空白）
民國101年01月　公告土地現值：**155,000元／平方公尺
地上建物建號：共0棟
其他登記事項：重劃前：石潭段三小段0　6-0000，0　7-0000，0
　　　　　　　5-0000，0　9-0000，0　0-0000，0　5-0
　　　　　　　000，0　5-0001，0　6-0000，0　0-0000
　　　　　　　，0　0-0002，0　2-0001，0　2-0003，0
　　　　　　　5-0002，0　6-0000，0　6-0001，0　7-
　　　　　　　0001地號

本謄本未申請列印地上建物建號，詳細地上建物建號以登記機關登記爲主

**************　土地所有權部　**************

（0001）登記次序：0001
登記日期：民國094年11月10日　　　　　　　登記原因：土地重劃
原因發生日期：民國094年02月24日
　所有權人：中華民國
　住　　址：（空白）
　管理　者：財政部國有財產局
　住　　址：（空白）
權利範圍：全部 *********1分之1*********
權狀字號：---（空白）字第------號
當期申報地價：099年01月***35,000.0元／平方公尺
前次移轉現值或原規定地價：
094年02月　　******552.0元／平方公尺
歷次取得權利範圍：全部*********1分之1*********
相關他項權利登記次序：0001-000
其他登記事項：申請免繕發權利書狀：辦理公有土地權利登記

************　土地他項權利部　************

（0001）登記次序：0001-000　　　　　　　權利種類：普通地上權
收件年期：民國101年　　　　　　　　　　字號：內湖字第2　90號
登記日期：民國101年09月07日　　　　　　　登記原因：設定
　權利　人：　建設事業股份有限公司
　住　　址：台北市信義區忠孝東路　段　號　樓
權利範圍：全部 ***1分之1***
設定目的：建築房屋
權利價值：新台幣**************375,666,889元正
存續期間：自101年08月08日至151年08月07日
地租：月地租爲新台幣壹拾伍萬柒仟柒佰陸拾玖元整
預付地租情形：無
使用方法：權利人應以自己爲起造人於地上權標的上興建地上建物。但經以書面
　　　　　徵得義務人同意者，不在此限。權利人不得以地上權標的之申請容積移
　　　　　轉。權利人應於本契約簽訂之日起2年內，依建築法規定就標得之地
　　　　　上權標的之取得建造執照並開工。但須經都市設計審議、與毗鄰私有畸
　　　　　零地協議調整地形或合併使用、申請現有巷道廢止或改道者爲3年。
　　　　　權利人應依本契約設定之目的及約定之使用方法，爲土地之使用收益
（續次頁）

土地登記第二類謄本（地號全部）
內湖區石潭段三小段 0　　-0000地號

列印時間：民國101年10月12日17時41分　　　　　　　　　　　　頁次：2

　　　　　；未約定使用方法者，應依都市計畫或區域計畫及其他法令規定使用
　　　　，並均應保持其得永續利用。
　讓與或設定抵押權限制：權利人不得將地上權或地上物之一部或全部轉讓第三人。但於
　　　　　　　　　　　　受讓人一併受讓地上權及地上物之全部並承諾繼受本契約之各
　　　　　　　　　　　　項權利義務，且於辦理轉讓後之地上權及地上建物所有權之總
　　　　　　　　　　　　登記人數未逾一人，並先徵得義務人書面同意者，不在此限。
　　　　　　　　　　　　前項轉讓，應於辦妥地上權設定登記並依國有非公用土地設定
　　　　　　　　　　　　地上權契約書第七條約定先辦妥地上建物第一次登記及預告登
　　　　　　　　　　　　記後辦理。權利人死亡〈或合併時〉，其繼受人應於繼受原因
　　　　　　　　　　　　事實發生之日起6個月〈合併者為1個月〉內向義務人申請換
　　　　　　　　　　　　約，並向地政機關辦理地上權及地上建物移轉登記。權利人將
　　　　　　　　　　　　地上權或其所有之地上建物所有權，供為他項權利之標的，應
　　　　　　　　　　　　先以書面徵得義務人同意。

　權利標的：地上權
　標的登記次序：0001
　設定權利範圍：---.------平方公尺
　　　　　　　　（全部*********1分之1*********）
　證明書字號：101北中字第　　　號
　設定義務人：中華民國〈管理機關：財政部國有財產局〉
　設定他項權利：最高限額抵押權
　設定他項權利登記次序：0003-000
　其他登記事項：（空白）

　（0002）登記次序：0003-000　　　　　　　權利種類：最高限額抵押權
　收件年期：民國101年　　　　　　　　　　　字號：內湖字第2　00號
　登記日期：民國101年09月07日　　　　　　　登記原因：設定
　權 利 人：　商業銀行股份有限公司
　住　　址：台北市中山區南京東路　段　號
　債權額比例：全部 ***1分之1***
　擔保債權總額：新台幣*************360,000,000元正
　擔保債權種類及範圍：擔保債務人對抵押權人現在（包括過去所負現在尚未清償）及將來在
　　　　　　　　　　　本抵押權設定契約書所定最高限額內所負之債權，包括借款、透支、
　　　　　　　　　　　保證（係指債務人如擔任他人借款債務人之保證人，則其所保證之債
　　　　　　　　　　　務，於保證期間，或未償清償前，此保證債務於本行最高限額內，為
　　　　　　　　　　　抵押權擔保範圍。須負擔保責任）、信用卡契約、貼現、買入光票
　　　　　　　　　　　、墊款、承兌、委任保證、開發信用狀、進出口押匯、票據、應收帳
　　　　　　　　　　　款承購契約、衍生性金融商品交易契約、特約商店契約等15項。
　擔保債權確定期日：民國131年9月5日
　清償日期：依照各個契約約定
　利息(率)：依照各個契約約定
　遲延利息(率)：依照各個契約約定
　違 約 金：依照各個契約約定
　其他擔保範圍約定：1．取得執行名義之費用。2．保全抵押物之費用。3．因債務不履
　　　　　　　　　　行而發生之損害賠償。4．因辦理債務人與抵押權人約定之擔保債權
　　　　　　　　　　種類及範圍所生之手續費用。5．抵押權人墊付抵押物之保險費用。
　債務人及債務額比例：　　建設事業股份有限公司、　　、　　債務額比例全部
　權利標的：地上權
　標的登記次序：0001-000
　設定權利範圍：全部 *********1分之1*********
　證明書字號：101北中字第　　號
　設定義務人：　建設事業股份有限公司
　其他登記事項：（空白）
　　　　　　　　　　　　　　〈 本謄本列印完畢 〉

※注意：一、本電子謄本係依電子簽章法規定產製，其所產製為一密文檔與地政事務所核發
　　　　　　紙張謄本具有同等效用。
　　　　二、若經列印成紙本已為解密之明文資料，僅供閱覽。本電子謄本要具文書證明效
　　　　　　力，應上網至　http://land.hinet.net　網站查驗，以上傳電子謄本密文檔
　　　　　　案，或輸入已解密之明文地政電子謄本第一頁的謄本檢查號，查驗謄本之完整
　　　　　　性，以免被竄改，惟本謄本查驗期限為三個月。
　　　　三、前次移轉現值資料，於課徵土地增值稅時，仍應以稅捐稽徵機關核算者為依據。
　　　　　　　　　　　　　　　　（續次頁）

土地登記第二類謄本（地號全部）
內湖區石潭段三小段 O　　-OOOO地號

列印時間：民國101年10月12日17時41分　　　　　　　　　頁次：3

四、國有非公用土地設定地上權作業要點

（財政部令民國99年1月7日台財產改字第09950000020號訂定、民國100年5月18日台財產改字第10050001741號修正、財政部101年5月24日台財產改字第10150002551號令修正、財政部101年9月13日台財產改字第10150005563號令修正）

· 第1點

為加強開發利用國有非公用土地，辦理設定地上權作業，特訂定本要點。

· 第2點

本要點所稱主辦機關為財政部國有財產局；執行機關為財政部國有財產局所屬地區辦事處、分處。

· 第3點

國有非公用土地設定地上權，得依下列方式辦理：

(一) 執行機關公開招標。

(二) 目的事業主管機關併同業務招商公開招標。

(三) 中央目的事業主管機關考量施政需要、業務推動以及公共利益，認定有提供必要者，由主辦機關報經財政部核定後，專案辦理。

· 第4點

設定地上權之存續期間、權利金底價、地租等條件，應提送國有非公用土地設定地上權審議小組（以下簡稱審議小組）評定。但目的事業主管機關併同業務招商公開招標者，由其依個案情形及事業特性訂定，免提送審議小組評定。

前項審議小組，由主辦機關邀集相關機關代表、學者及專家組成；其審議作業方式，由主辦機關定之。

· 第5點

設定地上權之存續期間、權利金底價及地租，由審議小組依下列規定評定：

(一) 存續期間：最長七十年。

(二) 權利金底價：以土地市價之三成至七成計算。

(三) 地租：以土地申報地價年息百分之一至百分之五計算。

前項第二款所稱土地市價，依國有財產計價方式規定辦理查估。

· 第6點

執行機關公開招標設定地上權,依下列程序辦理:

(一) 選列招標設定地上權標的。

(二) 徵詢推動相關產業之中央目的事業主管機關有無結合產業發展需求。

(三) 選定招標設定地上權標的。

(四) 擬具招標設定地上權標的存續期間、權利金占市價成數及地租年息率之建議條件,報經主辦機關提送審議小組評定招標條件。

(五) 公告招標。

(六) 簽訂地上權契約。

・第7點

執行機關辦理招標設定地上權時,其公告期間不得少於一個月,並將地上權契約格式、投標須知提供投標人參考。

・第8點

執行機關於完成開標後,應訂期通知得標人會同簽訂地上權契約及申辦設定地上權登記。

・第9點

執行機關辦理招標設定地上權,得標人如需以標得之地上權向金融機構辦理抵押貸款繳納權利金者,應於得標之次日起五日內向執行機關提出申請,並先行繳納三成之決標權利金後,簽訂地上權契約,其餘權利金,不論是否取得金融機構核准貸款,均應於得標之次日起五十日內繳清。

前項抵押貸款應依第十八點各款規定辦理抵押權設定。

・第10點

目的事業主管機關併同業務招商公開招標設定地上權者,其投標資格、競標方式、存續期間、權利金底價、地租計收基準及地上權契約格式等招標條件,由目的事業主管機關訂定。

目的事業主管機關完成開標後,通知執行機關與得標人簽訂地上權契約及申辦設定地上權登記。

・第11點

專案辦理設定地上權者,其設定地上權對象、存續期間、權利金、地租計收基準及地上權契約格式,由目的事業主管機關訂定。

前項存續期間、權利金、地租計收基準,中央目的事業主管機關應委託二家以上專業機構依第五點規定標準擬定建議書,送請主辦機關提送審議小組評定後,併同地上權契約格式及設定地上權對象,報請財政部核定。

財政部核定後，由執行機關與設定地上權對象簽訂地上權契約及申辦設定地上權登記。

專案設定地上權對象，倘有向金融機構辦理抵押貸款繳納權利金之必要者，應於執行機關通知簽訂契約之次日起五日內提出申請，並準用第九點規定辦理。

‧第12點

地上權契約應包括下列事項：

(一) 雙方當事人。

(二) 設定地上權之土地標示與面積。

(三) 地上權存續期間。

(四) 地上權權利金、地租之給付數額及給付方式。

(五) 建物第一次登記及預告登記。

(六) 土地使用限制。

(七) 經價購取得毗鄰私有畸零地之處理方式。

(八) 地上權人就設定地上權土地申請接受容積移入之處理方式。

(九) 得減免地租之事由及減免方式。

(十) 地上權與地上物之轉讓、信託及設定抵押權之限制。

(十一) 得終止地上權之事由。

(十二) 地上權消滅後地上物之處理。

(十三) 其他。

‧第13點

辦理國有非公用土地設定地上權，應限制地上權人不得將土地出租或出借供他人建築使用。

地上權人將土地或地上物出租或出借他人作非建築使用，其使用存續期間之末日，不得在地上權存續期限末日之後。

‧第14點

設定地上權土地毗鄰之私有畸零地，經執行機關價購取得者，應納入契約範圍，並變更標的，其地租及權利金依下列方式計收：

(一) 地租：按價購取得土地當期申報地價及契約約定之年息率計收。

(二) 權利金：地上權人將該畸零地之建築容積納入總樓地板面積者，按價購取得金額乘以設定地上權土地依第五點評定之市價成數計收。未使用該畸零地建築容積者，免計收。

地上權人因辦理畸零地調處而無法取得建造執照申報開工，執行機關得改按該土地依法應繳納之地價稅計收地租，最長以六個月為限。

・第14點之1
地上權人於地上權存續期間申請以設定地上權土地作為接受容積移入基地，並依下列方式辦理者，執行機關得予同意：
(一) 移入之容積應為無條件贈與，地上權人不得請求任何補償。
(二) 辦理容積移轉所需規費及其他各項費用（含代金）均由地上權人負擔。
(三) 未能完全使用其獲准移入之容積者，地上權人不得申請移轉至其他土地。

・第15點
地上權存續期間，按契約約定收取地租，其建築或使用方式，另有獎勵優惠規定者，得依其規定計收租金。

・第16點
地上權存續期間，執行機關不得同意地上權人將地上權或地上物之一部或全部讓與他人。但經受讓人承諾繼受原地上權契約之各項權利義務，並願一併受讓地上權及地上物之全部者，不在此限。
財政部核定專案辦理設定地上權者，執行機關為前項同意，應先徵得中央目的事業主管機關之同意。

・第17點
地上權人於地上權存續期間申請辦理地上權、地上物信託時，符合下列各款規定者，執行機關得予同意：
(一) 信託之受託人（即地上權之受讓人）為兼營信託業務之銀行。但於地上建物興建階段得為建築經理公司或得從事信託業務之金融機構。
(二) 以地上權人為信託之委託人及受益人。
(三) 受託人承諾繼受原地上權契約之各項權利義務，並願一併受讓地上權及地上物之全部。
(四) 地上權應連同地上建物辦理信託；無地上建物或地上建物未經登記，於地上權人承諾於地上建物完成建築辦竣第一次登記之次日起三個月內辦理信託登記後，得僅就地上權辦理信託。
依前項規定辦理信託者，應將地上權契約列為信託契約之一部分。

・第18點

地上權存續期間，執行機關得依下列規定同意地上權人將地上權、地上建物辦理抵押權設定：

(一) 抵押權人以經政府核准於國內經營金融業務之銀行、信用合作社或保險公司為限。

(二) 地上權應連同地上建物共同擔保辦理抵押權設定；無地上建物或地上建物未經登記，於地上權人承諾於地上建物完成建築辦竣第一次登記之次日起三個月內辦理抵押權設定登記，並就原設定部分辦理抵押權內容變更登記後，得僅就地上權設定抵押權。

(三) 抵押權契約書約定之擔保債權確定期日及債務清償日期，不得在地上權存續期限末日之後。

(四) 抵押權人應承諾，於地上權消滅後，不論債權是否已獲清償均拋棄其於建物之抵押權。

• 第19點

地上權存續期間，有下列情形之一者，執行機關得終止契約：

(一) 得標人以抵押貸款方式繳納權利金時，未於得標之次日起五十日內繳清權利金。

(二) 地上權人或經其同意為使用之第三人未依都市計畫或區域計畫及其他法令規定使用土地。

(三) 地上權人將土地出租或出借供他人建築使用。

(四) 地上權人未經執行機關同意擅將地上權或地上物之一部或全部讓與第三人、辦理信託或設定抵押權。

(五) 地上權人積欠地租金額達二年以上之總額。

(六) 地上權人未於契約簽訂日起二年內取得建造執照並開工。但契約另有約定者，不在此限。

(七) 其他依法令規定或契約約定之終止原因發生。

• 第20點

地上權消滅後，執行機關依下列規定，通知地上權人於一個月內處理地上物：

(一) 地上物尚有使用價值者，其所有權應無償移轉為國有。

(二) 地上物無使用價值者，地上權人應自行拆除地上物。

依前點第七款規定終止地上權契約，如屬不可歸責於地上權人之事由，由執行機關依下列方式計算地上權及地上建物之剩餘價值補償地上權人：

(一) 地上權：依契約約定之權利金乘以地上權剩餘月數占地上權總月數之比例。

(二) 地上建物：逐棟（戶）按其重建價格減除折舊後之餘額。但已超過耐用年限者，得依照稅捐稽徵機關提供之當期現值計算。

地上權因政府機關辦理區段徵收、市地重劃或撥用而消滅者，其地上權及地上物之處理及補償，其他法令另有規定者，從其規定。

地上權人於第一項規定期限內辦理完成者，不計收使用補償金，屆期未辦理者，執行機關應自地上權消滅之次日起至地上物處理完成止，按土地當期申報地價年息百分之十計收使用補償金。

・第21點

本要點規定執行機關公開招標設定地上權之投標須知及地上權契約格式，由主辦機關定之。

拾肆、地上權住宅

（以地上權建物所有權設定抵押權）

政府為促進國有土地之利用，自民國85年9月起加強以出租地上權方式予以建築使用蔚為一種風潮，件數直線上升至88年台灣省即有一萬多件設定地上權，內政部統計89年至98年各縣市地上權登記合計90313件占用益物權登記96.59%，其中97年地上權登記即有14480件，可預見之將來，此類型不動產將陸續增加。又如台北101大樓、台北凱悅大飯店、晶華酒店、美麗信酒店、花園酒店、京站交九用地、太平洋崇光百貨、南京東路華航公司、墾丁福華飯店、凱撒飯店、歐克山莊等皆是地上權之案例，設定地上權方式已儼然成為近年來土地開發利用之重要方式。茲以土地設定地上權方式興建房屋之優缺點說明如下：

一、優點

(一) 移轉時無須繳交土地增值稅。

(二) 每年無須繳交地價稅。

(三) 因無須購買土地，總價格較同地區為低。

二、缺點

(一) 地上權遭終止：民法第836條第1項：「地上權人積欠地租達二年之總額，除另有習慣外，土地所有人得定相當期限催告地上權人支付地租，如地上權人於期限內不為支付，土地所有人得終止地上權。地上權經設定抵押權者，並應同時將該催告之事實通知抵押權人。」

(二) 公有土地每年須按公告地價繳交租金稅率為50/1000遠高於私人取得土地地價稅稅率按土地申報地價自用為2/1000，非自用為10/1000。

(三) 基於國人交易習性（有土斯有財），短期間尚較難接受此類產品，而影響其市場性，且增值性較弱。

(四) 因租賃期限關係，將因使用期限越短越難轉售。若不幸毀損因無所有權，重建不易。

(五) 國有地上權之存續期間只有五十年之最長期間，期滿建物歸國有。

拾伍、地上權權利價值之認定標準

地上權為使用他人土地之權利，故地上權權利價值所指的應是地上權人享有以估價基準日至其存續期間屆滿時，就其權利標的（土地）進行使用之每年所得收益，反映於估價基準日所累積之總價值。

依民法第835條規定，地上權並不以支付地租為其成立之必要條件，但它和租賃權之以支付租金使用他人土地為目的者，又有幾近相似之處，依土地法第102條規定「租用基地建築房屋，應由出租人與承租人於契約成立兩個月內，聲請該管直轄市縣（市）地政機關為地上權之登記。」此即表示本質上屬於債權性質之租賃權仍可以之為地上權登記，因而學說上稱之為「準地上權」；基於兩者皆著重土地之使用收益，依理其年權利價值應相當接近，因此對於地上權年權利價值之認定，實質上自得以近乎租賃價值之標準評估之，故掌握該土地之市場上年租金額，正是推算其權利價值之重要數據。

但是，因為坊間就地上權權利之取得或移轉，依民法第758條須向登記機關辦理地上權設定登記就應登記權利價值，並依權利價值之千分之一繳納

登記費，故於地上權設定契約書權利價值欄中，可能填載一個僅相當於權利金之價額（每年再另支付差額地租）。當令人以為地上權設定或移轉登記時，登記機關登記之權利價值，就是於其權利存續期間內對該土地使用之「全部收益」價值，以致地上權之權利價值與地上權之權利金兩相混淆，模糊不清。

　　蓋地上權人於取得地上權時，通常須支付一筆權利金，此權利金將隨著地上權消滅（如存續期間屆滿、地上權之拋棄、地上權撤銷）而失去，故一般於權利存續期間之經過年期，每年適當攤還該權利金之本金和利息負擔，是可理解的。所以地上權之權利價值，若分年而論，其年權利價值應該是包括地上權人所支付權利金於權利存續期間內分攤於每年之本金和利息部分，再加上每年另行支付之地租額，兩者合計才是地上權人使用土地所生之權利利益總數額。除非係純屬不再另支付地租之地上權關係，則其地上權權利價值之認定標準，或可逕自以權利金為數；換言之，如此情形之地上權年權利價值，即當僅以該權利金分攤於各年之本金和利息之數計之。

拾陸、評估地上權權利價值之要領

　　權利價值之估計，除須先瞭解其權利關係之特性外，也應就該擬估價標的物之附近，將所有影響不動產價格之各項資料，如土地使用、交通運輸、公共設施、社會發展及不動產市場等之現況和其個別條件及一般因素、區域因素，分別進行各種調查與研判，俾掌握合理的土地市場價格或土地正常租金，甚至儘可能蒐集一些與擬估價權利性質相同（如地上權、租賃權）之權利交易實例或設定實例等，並加以分析，以求得可引用來推估標的權利價值之重要依據。

　　一般地上權權利價值之估計，除參考土地正常市價或土地正常租金以外；權利存續期間之長短，也與權利價值大小有密切關係，因為地上權人所能把握者乃是由取得地上權之日起，至該權利存續期間屆滿前所反映之權利價值。再者，因為權利價值大小之衡量是以幣值來反映的，既是市場流通的幣值，就有隨市場資金牽動而須同時斟酌市場流行利率作切合當時確實價值之反應。因此考量市場流行利率之運用，亦是估價所不容忽略的要項。

　　所以，地上權權利價值（總額）應等於估價基準日（即擬估價標的價格

形成之日期），至存續期間屆滿之年期內，所有該地上權各年權利價值反映於估價基準日之總金額。對於地上權年權利價值之認定，常可視同於承租土地使用收益之租金（指市場正常租金）；而土地之市場正常租金又常有以土地正常市價乘以市場流行利率代之。

案例一

地上權權利價值＝Σ地上權每年權利價值分別折成估價基準日之現值

～地上權年權利價值　$\dfrac{(1+r)^n-1}{r(1+r)^n}$

～土地之市場正常租金　$\dfrac{(1+r)^n-1}{r(1+r)n}$

r：市場流行利率　n：存續期間（以年計算）

$\dfrac{(1+r)^n-1}{r(1+r)^n}$：複利年金現價率

但有多數人常將實質之地上權權利價值，於形式上卻分成一部分地上權權利價值以權利金形態支付，另一部分再支付地租之處理方式。此時地上權權利價值之估計，應涵蓋該筆權利金就地上權總存續期間內，每年所應分別攤還之本息數額，再加上地上權人得另行支付之年地租額，兩者之和，為地上權之年權利價值。

地上權年權利價值

＝地上權存續期間權利金分年攤還之本息＋另行支付之年地租額

＝權利金 $\dfrac{(1+r)^n}{r(1+r)^n-1}$ ＋該年得另行支付之地租額

$\dfrac{(1+r)^n}{r(1+r)^n-1}$：本利均等年償還率

註：例如假設年利率為8%，總存續期間以10年間，則現值200萬元之權利金，於未來10年間每年應攤還之本息為

$$2,000,000\times\dfrac{0.08\times(1+0.08)^{10}}{(1+0.08)^{10}-1}=2,000,000元\times0.149029=298.058元$$

案例二

(一) 假設A地土地價格720萬，其租賃權價值為360萬，其價格比率為何？

(二) A與B條件類似且位於同一供需圈內，其土地價格為1,400萬，則其地上權價值為何？

分析：(一)360萬÷750萬＝50%

(二)1,400萬×50%＝700萬

B	A
	720萬

案例三：差額租金比較法

(一) 意義：所謂差額租金比較法，是指地上權人每年在該土地上所獲取之純收益，減除每年交付土地所有權人之租金後，其餘額以收益資本化率還原為地上權價格之方法。

(二) 方式：

(1) 計算土地年總收益。

(2) 計算土地年總費用。

(3) 計算土地年純收益：

土地年總收益 − 土地年總費用 ＝ 土地年純收益

(4) 計算差額，即：

土地年純收益 − 租金 ＝ 差額

並選擇收益資本化率。

(5) 計算地上權權利價值，其公式如下：

$$p = \frac{a[(1+r)^n - 1]}{r(1+r)^n}$$

其中p：代表地上權價格

　　a：代表差額（即標的土地每年純收益扣除地上權租金之餘額）

　　r：代表收益資本化率

　　n：代表地上權賸餘期間

案例四

阿偉為A地之地上權人，A地年總收益為200萬，年總費用為120萬，其地上權賸餘期間為2年，而阿偉支付給所有權人阿月之年租金為40萬，而當

時之收益資本化率為10%，設求地上權權利價值為何？

　　　分析：200萬 − 120萬 = 80萬

　　　　　　80萬 − 40萬 = 40萬

　　　　　　69.4215萬

拾柒、地上權權利價值相關法令援引

一、遺產與贈與稅法施行細則

第30條　預付租金，應就該預付租金額按租期比例計算其賸餘期間之租金額，為其承租權之價額，但付押金者，應按押金額計算之。

第31條　地上權之設定有期限及年租者，其賸餘期間依下列標準估定其價額：

　　　一、賸餘期間在五年以下者，以一年地租額為其價額。

　　　二、賸餘期間超過五年至十年以下者，以一年地租額之二倍為其價額。

　　　三、賸餘期間超過十年至三十年以下者，以一年地租額之三倍為其價額。

　　　四、賸餘期間超過三十年至五十年以下者，以一年地租額之五倍為其價額。

　　　五、賸餘期間超過五十年至一百年以下者，以一年地租額之七倍為其價額。

　　　六、賸餘期間超過一百年者，以一年地租額之十倍為其價額。

　　　地上權之設定，未定有年限者，均以一年地租額之七倍為其價額。但當地另有習慣者，得依其習慣決定其賸餘年限。

　　　地上權之設定，未定有年租者，其年租按申報地價年息百分之四估定之。

　　　地上權之設定一次付租、按年加租或以一定之利益代租金者，應按其設定之期間規定其平均年租後，依第一項規定估定其價額。

二、民國35年10月2日訂定土地登記規則

第101條　聲請為地上權及永佃權登記時，其權利價值不明者，應依下列標準計算後，填入聲請書權利價值欄內，再依法徵收登記費。

　　　　一、地上權權利價值計算標準

　　　　　　(一) 依民法第832條及第835條有支付地租之訂定者，應由與該地面積相同、收益相同之土地，在普通租佃時所得地租內，減去該地上權之約定地租，就其所餘差額，再以通行利率（估定該地價區地價所用利率）除之。

　　　　　　(二) 如未訂定支付地租者，可依由契約或習慣並參酌建築物或其他工作物或竹木之估定價值，求得設定地上權之租金，再依上項方法計算之。

　　　　二、永佃權權利價值計算標準

　　　　　　(一) 由與該地面積相同、收益相同之土地在普通租佃時，所得地租內，減該永佃權之約定租額（或租金）。就其所餘差額，再以通行利率（估定該地價區地價所用利率）除之。

　　　　　　(二) 如有契載價值者，其現時價值與現時所有權權利價值之比率，仍應維持該契載價值與當時所有權權利價值之比率。

三、民國69年1月23日修正土地登記規則

第136條　申請為他項權利登記，其權利價值為實物或外國通用貨幣者，應由申請人按照申請時之價值折算為國幣或當地通行貨幣，填入契約書權利價值欄內，再依法徵收登記費。

　　　　申請為地上權、永佃權、地役權或耕作權之設定或移轉登記，其權利價值不明者，以各該權利標的物之土地申報地價8%為其一年之權利價值，按存續之年期計算。其未定期限者，以十年計算之。

四、民國84年7月12日修正土地登記規則

第140條　申請為他項權利登記，其權利價值為實物或外國通用貨幣者，應由申請人按照申請時之價值折算為新台幣，填入契約書權利價值欄內，再依法計徵登記費。

申請為地上權、永佃權、地役權或耕作權之設定或移轉登記，其權利價值不明者，應請申請人於契約書上自行加註。

五、民國90年9月14日修正土地登記規則

第49條　申請他項權利登記，其權利價值為實物或非現行通用貨幣者，應由申請人按照申請時之價值折算為新台幣，填入申請書適當欄內，再依法計收登記費。

申請地上權、永佃權、地役權或耕作權之設定或移轉登記，其權利價值不明者，應由申請人於申請書適當欄內自行加註，再依法計收登記費。

前二項權利價值低於各該權利標的物之土地申報地價百分之四時，以各該權利標的物之土地申報地價百分之四為其一年之權利價值，按存續之年期計算；未定期限者，以七年計算之價值標準計收登記費。

六、民國92年9月23日修正土地登記規則

第101條　申請耕地所有權移轉登記，除法令另有規定外，應提出農業用地作農業使用證明書。

七、民國95年6月19日修正土地登記規則

第101條　申請耕地所有權移轉登記，除法令另有規定外，應提出農業用地作農業使用證明書或耕地符合土地使用管制規則證明書。

◎農業發展條例第31條及第39條規定，業經總統96年1月10日華總一義字第09600001891號令修正公布，故自96年1月12日起申辦之耕地所有權移轉登記案件，無須再行檢附「農業用地作農業使用證明書」或「耕地符合土地使用管制規定證明書」。（內政部96.01.16內授中辦地字第0960723529號函）

第140條　同一土地經辦理查封、假扣押或假處分登記後，法院或行政執行處再囑託為查封、假扣押或假處分登記時，登記機關應不予受理，並復知法院或行政執行處已辦理登記之日期及案號。

八、民國98年7月23日修正土地登記規則

第143條　依本規則登記之土地權利，因權利之拋棄、混同、存續期間屆滿、債務清償、撤銷權之行使或法院之確定判決等，致權利消滅時，應申請塗銷登記。

前項因拋棄申請登記時，有以該土地權利為標的物之他項權利者，應檢附該他項權利人之同意書，同時申請他項權利塗銷登記；該土地權利無其他法律上之利益者，應由申請人於登記申請書適當欄記明確無其他法律上之受利益人，並簽名。

私有土地所有權之拋棄，登記機關應於辦理塗銷登記後，隨即為國有之登記。

九、民國99年8月3日修正土地登記規則

第31條　建物滅失時，該建物所有權人未於規定期限內申請消滅登記者，得由土地所有權人或其他權利人代位申請；亦得由登記機關查明後逕為辦理消滅登記。

前項建物基地有法定地上權登記者，應同時辦理該地上權塗銷登記；建物為需役不動產者，應同時辦理其供役不動產上之不動產役權塗銷登記。

登記機關於登記完畢後，應將登記結果通知該建物所有權人及他項權利人。建物已辦理限制登記者，並應通知囑託機關或預告登記請求權人。

第49條　申請他項權利登記，其權利價值為實物或非現行通用貨幣者，應由申請人按照申請時之價值折算為新臺幣，填入申請書適當欄內，再依法計收登記費。

申請地上權、永佃權、不動產役權、耕作權或農育權之設定或移轉登記，其權利價值不明者，應由申請人於申請書適當欄內自行加註，再依法計收登記費。

前二項權利價值低於各該權利標的物之土地申報地價或當地稅捐稽徵機關核定之房屋現值百分之四時，以各該權利標的物之土地申報地價或當地稅捐稽徵機關核定之房屋現值百分之四為其一年之權利價值，按存續之年期計算；未定期限者，以七年計算之價值標準計收登記費。

第108-1條　申請地上權或農育權設定登記時，登記機關應於登記簿記明設定之目的及範圍；並依約定記明下列事項：
一、存續期間。
二、地租及其預付情形。
三、權利價值。
四、使用方法。
五、讓與或設定抵押權之限制。
前項登記，除第五款外，於不動產役權設定登記時準用之。

十、民國100年12月12日修正土地登記規則

第27條　下列登記由權利人或登記名義人單獨申請之：
一、土地總登記。
二、建物所有權第一次登記。
三、因繼承取得土地權利之登記。
四、因法院、行政執行處或公正第三人拍定、法院判決確定之登記。
五、標示變更登記。
六、更名或住址變更登記。
七、消滅登記。
八、預告登記或塗銷登記。
九、法定地上權登記。
十、依土地法第十二條第二項規定回復所有權之登記。
十一、依土地法第十七條第二項、第三項、第二十條第三項、第七十三條之一、地籍清理條例第十一條、第三十七條或祭祀公業條例第五十一條規定標售或讓售取得土地之登記。
十二、依土地法第六十九條規定更正之登記。

十三、依土地法第一百三十三條規定取得耕作權或所有權之登記。

十四、依民法第五百十三條第三項規定抵押權之登記。

十五、依民法第七百六十九條、第七百七十條或第七百七十二條規定因時效完成之登記。

十六、依民法第八百二十四條之一第四項規定抵押權之登記。

十七、依民法第八百五十九條之四規定就自己不動產設定不動產役權之登記。

十八、依民法第八百七十條之一規定抵押權人拋棄其抵押權次序之登記。

十九、依民法第九百零六條之一第二項規定抵押權之登記。

二十、依民法第九百十三條第二項、第九百二十三條第二項或第九百二十四條但書規定典權人取得典物所有權之登記。

二十一、依民法第一千一百八十五條規定應屬國庫之登記。

二十二、依直轄市縣（市）不動產糾紛調處委員會設置及調處辦法作成調處結果之登記。

二十三、法人合併之登記。

二十四、其他依法律得單獨申請登記者。

第40條　申請登記時，登記義務人應親自到場，提出國民身分證正本，當場於申請書或登記原因證明文件內簽名，並由登記機關指定人員核符後同時簽證。

前項登記義務人未領有國民身分證者，應提出下列身分證明文件：

一、外國人應提出護照或中華民國居留證。

二、旅外僑民應提出經僑務委員會核發之華僑身分證明書及其他附具照片之身分證明文件。

三、大陸地區人民應提出經行政院設立或指定之機構或委託之民間團體驗證之身分證明文件或臺灣地區長期居留證。

四、香港、澳門居民應提出護照或香港、澳門永久居留資格證明文件。

五、歸化或回復中華民國國籍者，應提出主管機關核發之歸化或回復國籍許可證明文件。

第41條　申請登記時，有下列情形之一者，當事人得免親自到場：

一、依第二十七條第四款規定，得由權利人單獨申請登記。

二、登記原因證明文件及同意書經依法公證、認證。

三、與有前款情形之案件同時連件申請辦理,而登記義務人同一,且其所蓋之印章相同。

四、登記原因證明文件經依法由地政士簽證。

五、登記義務人為無行為能力人或限制行為能力人,其法定代理人已依第三十九條規定辦理並親自到場。

六、登記義務人依土地登記印鑑設置及使用作業要點於土地所在地之登記機關設置土地登記印鑑。

七、外國人或旅外僑民授權第三人辦理土地登記,該授權書經我駐外館處驗證。

八、大陸地區人民或香港、澳門居民授權第三人辦理土地登記,該授權書經行政院設立或指定之機構或委託之民間團體驗證。

九、祭祀公業土地授權管理人處分,該契約書依法經公證或認證。

十、檢附登記原因發生日期前一年以後核發之當事人印鑑證明。

十一、土地合併時,各所有權人合併前後應有部分之價值差額在一平方公尺公告土地現值以下。

十二、建物所有權第一次登記協議書與申請書權利人所蓋印章相符。

十三、依第四十三條第三項規定辦理更正登記所提出之協議書,各共有人更正前後應有部分之價值差額在一平方公尺公告土地現值以下。

十四、依第一百零四條規定以籌備人公推之代表人名義申請登記提出協議書。

十五、其他由中央地政機關規定得免由當事人親自到場。

第42條　申請人為法人者,應提出法人登記證明文件及其代表人之資格證明。其為義務人時,應另提出法人登記機關核發之法人及代表人印鑑證明或其他足資證明之文件,及於登記申請書適當欄記明確依有關法令規定完成處分程序,並蓋章。

前項應提出之文件,於申請人為公司法人者,為法人登記機關核發之設立、變更登記表或其抄錄本、影本。

義務人為財團法人,應提出其主管機關核准或同意備查之證明文件。

第95條　部分共有人就共有土地全部為處分、變更及設定地上權、農育權、不動產役權或典權申請登記時，登記申請書及契約書內，應列明全體共有人，及於登記申請書備註欄記明依土地法第三十四條之一第一項至第三項規定辦理。並提出他共有人應得對價或補償已受領或已提存之證明文件。但其無對價或補償者，免予提出。

　　　　　依前項申請登記時，契約書及登記申請書上無須他共有人簽名或蓋章。

拾捌、銀行辦理以地上權為標的之抵押權授信問題可行性分析

一、銀行辦理以地上權為標的物之抵押權所擔保之授信，得列為銀行法第12條之擔保授信。惟銀行於辦理是項授信業務前，應依說明二訂定相關規定，加強風險評估與控管，並應遵守銀行法第32條及第33條等相關規定。

　　說明：

　　(一) 依台灣省合作金庫88年5月25日（88）合金總審字第10744號函及中華民國銀行商業同業公會全國聯合會89年2月17日全授字0265號函辦理。

　　(二) 銀行辦理以地上權為標的物之抵押權所擔保之授信，得列為銀行法第12條之擔保授信，惟應注意地上權之存續期間、地上權之成本、關於地上權得喪變更之相關法定及約定事項，以及地上權設定抵押權之效力範圍等問題，並應參酌上開因素訂定相關估價方法及授信管理規定，審慎評估與控管風險，務其債權存續期間，抵押標的之價值能涵蓋債權之餘額以符銀行法擔保授信之意旨（財政部89年5月4日台財融第89731055號函）。

二、銀行之授信，以提供地上權為標的物之抵押權為擔保者，宜否列為銀行法第12條之擔保授信意見。

　　(一) 查依民法第838條規定：「地上權人，得將其權利讓與他人。但契約另有訂定或另有習慣者，不在此限。」另依第882條規定：「地上權、永佃權及典權，均得為抵押權之標的物。」；第883條規

定：「本章抵押權之規定，於前條抵押權，及法定抵押權準用
之。」故地上權人除契約另有訂定或另有習慣外，對於地上權得自
由使用、讓與、並在該權利上設定負擔。因此，就法理而言，以提
供地上權為標的物之抵押權為擔保者，似可列為銀行法第12條之擔
保授信；惟就銀行實務操作而言，可能衍生下列問題：

1. 依民法第882條規定，地上權雖得設定抵押權，惟地上權可能因
   地上權人違反其與土地所有人之約定或因其違反法律規定（如民
   法第836條規定，地上權人積欠地租達二年之總額）而遭土地所
   有人撤銷而消滅，抵押標的物如不存在，抵押權自亦隨之消滅，
   造成銀行對擔保物控管之困難。

2. 地上權如有存續期間者，於期限屆滿時，權利消滅，其抵押權亦
   因標的物之不存在而消滅，則銀行雖將借款期限定於屆滿前，惟
   如借款人未予清償，逾地上權存續期間後，銀行之抵押權亦歸消
   滅。

3. 地上權設定抵押權後，始在該土地上營造建築物者，於拍賣地上
   權時，得否準用民法第877條規定將建築物併付拍賣？學者見解
   仍有分歧，依否定說之見解，認不得將建築物併付拍賣，則地上
   權之拍賣恐無人應買。

4. 地上權係屬使用權，其價值及市場性不易確定，實務上亦缺乏客
   觀之鑑價標準，難以計算其真正之價值，以作為授信之依據。

(二) 惟基於考量國內都市化程度提高，土地資源日益稀少，地上權之經
    濟價值亦隨之提升，且近年來政府積極鼓勵民間以BOT模式投入國
    家重大建設（如高鐵、國際金融大樓……等），適度將合法權利納
    入擔保品範圍，可促進國家經濟發展，並拓展銀行授信市場空間。
    但銀行於辦理以提供地上權為擔保之授信業務時，宜本自主經營原
    則視個案審慎評估，加強風險控管，並訂定相關授信管理規定，以
    資規範，僅列下列注意事項供參：

1. 地上權為有期限之權利，放款金額應依地上權估定價高低為基
   準，並訂定相關地上權估價方法。

2. 地租為地上權之成本，必須從地上權的價值中扣除。如土地所有
   人和地上權人同意，可由地上權人一次繳清租金，以避免因積欠
   地租而被撤銷地上權。

3. 設定地上權的契約中是否約定地上權不得設定抵押權，或類似相關不利融資銀行之約定，如有，則以不對其放款為宜。

4. 地上權契約中有無轉讓或使用限制，如有限制，放款金額應酌減。

5. 地上權總存續期間應包括原設定期間加上地上權人可續約期間。

6. 設定地上權之土地如有建築物、工作物或竹木者應一併為抵押權之標的物，俾便於日後擔保品之處分。

7. 放款後待收債權不得高於地上權及其建物於地上權期間屆滿前之殘留價值。

8. 放款最後清償日不得超過地上權的存續期間，並以地上權存續期間屆滿前六年為宜。

9. 對於契約約定地上權撤銷事項應特別注意防範，以保障融資債權。

（中華民國銀行商業同業公會全國聯合會89.02.17全授字第0265號函財政部）

第二章 ┃ 法定地上權之理論與實務

壹、法定地上權之意義

地上權非因法律行為之設定與讓與及法律事實之繼承或時效取得者，參照民法第876條規定，尚有視為已有地上權之設定者，一般稱為法定地上權。

法定地上權，指依法律規定不須經設定登記，而得享有地上權之效力者。民法第876條「設定抵押權時，土地及其土地上之建築物，同屬於一人所有，而僅以土地或僅以建築物為抵押者，於抵押物拍賣時，視為已有地上權之設定，其地租、期間及範圍由當事人協議定之。不能協議者，得聲請法院以判決定之。設定抵押權時，土地及其土地上之建築物，同屬於一人所有，而以土地及建築物為抵押者，如經拍賣，其土地與建築物之拍定人各異時，適用前項之規定。」

貳、法定地上權立法理由

按民法第876條之立法理由有二：其一是社會經濟公益上之理由。蓋民法上建築物與土地係個別獨立之不動產，各得為單獨交易之客體與物權之標的，且建築物性質上不能與土地使用權分離而存在，亦即使用建築物必須使用該建築物之基地，此在建築物與土地不同屬於一人所有時，通常當事人當得經由契約之約定，使建築物取得對土地之利用權，因之並無問題，基於私法自治之原則，法律亦無介入之必要。但若土地或建築物設定抵押權，因建築物所有人於法律上不能在自己土地設立利用權，而其後經強制執行拍賣時，拍定人又無從經由契約等法律行為，使建築物取得土地之利用權，則於拍定後，建築物與土地各異所有人時，勢將造成建築物無從利用土地之結果，建築物則難逃拆除之厄運，此對社會經濟自屬有害。故為使建築物得繼續存在，乃特設民法第876條之規定，以維護社會經濟。

　　其二是基於對抵押權當事人之合理的意思與當事人之預見為基礎，擬制當事人間已有設定地上權之意思。因抵押權設定時建築物已存在於土地上，抵押權設定人即抵押人固係以抵押權實行後，建築物仍得繼續存在於土地之意思設定抵押權，抵押權人亦可認為係以此項前提取得其抵押權。此在以建築物為抵押之情形，對抵押權人自屬有利。於以土地設定抵押權之情形，抵押權人既已預見建築物之存在，亦得以該土地之建築物將繼續存在，作為其抵押物價值之評價基準，因之對抵押權人亦屬無害。故法律以上述合理預見與意思為基礎，擬制當事人有設定地上權之意思，而於拍賣抵押物，致土地與建築物各異其所有人時，以法定地上權之型態將之現實化。

　　簡言之，本條使土地及土地上之建築物，得獨立而為抵押權之標的物。若土地及土地上之建築物，屬於一人所有時，得只以土地或建築物為抵押權之標的物。實行抵押權將拍賣時，拍定人與土地所有人或建築物所有人間之關係，應規定明確，以杜爭執。而拍賣之物為抵押之土地時，其建築物之所有人，視為取得地上權人，仍得以其建築物利用其土地，拍賣之物為抵押之建築物時，其拍定人視為取得地上權人，使得利用其土地。至以土地及建築物抵押於人，而其拍定人各異者亦同，故亦適用此規定。

　　於以建築物設定抵押權時，土地業已存在，固無問題，於僅以土地設定抵押權時，建築物是否以當時已存在，始有本條之適用？學說上爭議頗多，參照第866條、第877條規定之意旨，避免拍定後建築物無從利用土地致拆除之結果，有害社會經濟發展，似以肯定說為是，實務上亦採相同見解（最高法院57年度台上字第1303號判例）。為杜爭議，爰於第1項、第2項「土地及其土地上之建築物」等文字上增列「設定抵押權時」，以期明確。

　　依本條所成立之地上權，為法定地上權。其租金若干，期間長短，範圍大小均有待當事人協議定之，現行條文僅規定及於「地租」，似有不足，爰修正當事人協議之事項並及於地上權之期間、範圍，而於不能協議時，則聲請法院以判決定之。

參、法定地上權之要件

一、須土地及其土地上之建築物，於設定抵押權當時，同屬一人所有

　　苟非二者同屬於一人所有，則無論僅以土地或僅以建築物為抵押，或以土地及建築物為抵押，於拍賣抵押物時，土地上之建築物，可繼續原來利用土地之關係，無庸另行擬制已有地上權之設定。若在設定抵押權當時，土地及其上之建築物，同屬於一人所有，其後將土地或建築物分別讓與他人，或將土地與建築物，一併讓與他人，於拍賣抵押物時，不妨法定地上權之成立。成為問題者，一為親子或夫婦間，就土地及其上之建築物，名義上非同屬於一人所有，但實際上土地上之建築物利用該土地，並無明顯之法律關係存在，依一般社會觀念，常被認為同屬一人所有者。一為土地共有人之一，得他共有人之同意，於共有地上建有房屋，該共有人就共有地與房屋之關係，在法律上與同屬一人所有之意義並不相符。以上二者，有無民法第876條第1項、第2項之適用？如依條文文義嚴格解釋，既非同屬一人所有，則因僅以土地或僅以建築物，或以土地及建築物為抵押之結果，土地與建築物之拍定人各異時，自均無該條各項之適用。但為顧全社會經濟利益，避免拆屋起見，均有視為已有地上權之設定之必要，惟尚無解釋或判例。

二、須於設定抵押權當時，土地上已有建築物

　　依民法第876條第1項、第2項文義觀之，設定抵押權當時，土地上已有建築物存在。否則，既不可能「僅以建築物為抵押」，亦不可能「以土地及建築物為抵押」。因之，於以土地設定抵押權後，始於其上營造建築物者，不成立法定抵押權。僅得將建築物與土地，依第877條之規定，併付拍賣而已。惟依該條規定併付拍賣，須具備「必要時」之要件，倘無必要情形，僅得拍賣土地。結果，仍可能發生土地與建築物各異其所有人情事。從而，事實上同有視為已有地上權設定之必要。不過在第876條條文未經修正前，尚難解為於以土地設定抵押權後，始於其上營造建築物者，亦應成立法定地上權（57台上1303號判例）。

　　至於設定抵押權當時，土地上已有建築物，其後該建築物滅失再行建築

者，如當時僅以土地為抵押，於抵押物拍賣時，不妨視為已有地上權之設定。如當時僅以建築物為抵押，則抵押權因抵押物滅失而消滅（民§881），不生拍賣抵押物而成立法定地上權之問題。分別說明如次：

1. 因土地設定抵押權之際，已有建築物存在，其後雖有改建或因滅失而重建之情形，亦有本條之適用。

   土地抵押時之建築物，其後已滅失，且於實行抵押權前未再重建者，無本條之適用。

   土地設定抵押權時，已開始建築，雖尚未建築完成，然建築之程度如已達可推測該建築物之種類與未來規模之程度時，當係以該土地將有法定地上權存在為評價標準，解為有法定地上權之成立，對抵押權人已不致受害。

2. 建築物業已存在，即為已足，至是否已辦理所有權登記，則非所問。蓋土地設定抵押權時，建築物既已存在，抵押權人自係以此為土地價值之評價，況建築物係因建築完成，由出資建築人取得所有權，本不以登記為要件之故。

3. 建築物以須有相當經濟價值為必要，倘價值無幾，如豬舍，雖予以拆除，於社會經濟無甚影響者，亦無本條之適用（57台上1303）。

三、須經拍賣結果，土地與建築物之各異所有人

　　地上權之成立，以使用他人之土地為必要（民§832）。倘抵押之土地或建築物，或此二者，經拍賣結果，同一所有人時，不生使用他人土地之問題，自無成立法定地上權之可能。

　　關於法定地上權之內容，如使用土地之範圍及存續期間等，法律未設規定。法律有規定者，僅地租而已。蓋土地所有人自行設定之地上權，基於情誼關係，可能無地租之支付。此種法定地上權，由於拍賣抵押物而生，自不宜由建築物所有人，無償使用他人之土地。關於地租期間及範圍由當事人協議定之。不能協議者，得聲請法院以判決定之（民§876Ⅰ）。此項地租，於因拍賣抵押物結果，土地與建築物之所有人各異時（即法定地上權成立時）即應支付，而非於協議成立時或法院判決確定時始負支付之義務。但土地所有人訴請建築物所有人支付地租，其聲明地租起算之時期在法定地上權成立以後者，法院當然僅能依其聲明為判決。

　　關於法定地上權之存續期間，當事人能協議定之者，當然依其協議。不

能協議定之者，法律既未規定得聲請法院定其期限，唯有解為係未定存續期限之地上權。

　　關於法定地上權之建築物使用土地之範圍，如果不能由當事人協議定之，在通常情況，固可依建築物所占基地及原來建築物於必要範圍內使用土地之具體情形定之（如在住宅圍牆內之土地均屬之）。但在土地面積遠較建築物面積為大時，例如廣大農場土地與農場中之房舍，因拍賣抵押物結果，成立法定地上權時，如何決定建築物使用土地之範圍，則不無困難。法律雖未規定得聲請法院定之，惟建築物使用土地之範圍，與地租數額有不可分之關係，故應認為得併請法院定之。

　　民法第876條所定之地上權，係直接由法律規定而成立，非由於強制執行所致，與以地上權為抵押權之標的物（民§882），於拍賣抵押物時，拍定人直接因拍賣（強制執行）而取得地上權之情形有別，不屬於第759條所定「因強制執行於登記前已取得不動產物權者」之範圍。惟依法律之規定而取得不動產物權者（民§923Ⅱ、§924），不以登記為生效要件，則與第759條所定因繼承、強制執行、徵收、法院判決而取得不動產物權之情形相同。

　　關於設定抵押權之當事人間，以特約排除第876條規定之適用者，其效力如何？在我國尚無解釋及判例。學者間就此亦鮮討論。日本判例認法定地上權，係基於公益上之理由而設之強制規定，不得以特約排除此強制規定之適用。日本學者，則有完全否認特約之效力與視僅以土地為抵押或僅以建築物為抵押之不同，而否認或承認特約之效力者。第876條所定法定地上權之當事人，係拍賣抵押物後之建築物所有人及土地所有人。基於地上權無不許拋棄之法理在僅以土地為抵押者（其上有建築物），於拍賣土地時，抵押人與拍定人特約，由抵押人（建築物所有人）拋棄其法定地上權；在僅以建築物為抵押者，於拍賣建築物時，拍定人與抵押人（土地所有人）特約，由拍定人拋棄其法定地上權。似均無禁止之理由。至於日本判例及學說所謂設定抵押權當事人間，排除法定地上權之特約，除於拍賣抵押物時，抵押物由抵押權人拍定或承受外，其特約之當事人與法定地上權之當事人不同，對於法定地上權當事人不生效力，似非違反強制規定之問題。

四、須以土地或建築物為抵押，或以兩者同為抵押

　　民法第876條第1項及第2項規定之文義觀之，甚為明顯，無待贅言。準此以觀，土地或建築物若非為抵押物，則縱因拍賣而各異其所有人，亦無本條之適用。惟在此種情形，我國實務上可依最高法院48年台上字第1457號判例，土地與房屋為各別之不動產，各得單獨為交易之標的，且房屋性質上不能與土地使用權分離而存在，亦即使用房屋必須使用該房屋之地基，故土地及房屋同屬一人，而將土地及房屋分開同時或先後出賣，其間雖無地上權設定，然除有特定情事，可解釋為當事人之真意，限於賣屋而無基地之使用外，均應推斷土地承買人默許房屋承買人繼續使用土地。

五、須拍賣而實行抵押權

　　法定地上權之成立須以依拍賣而實行抵押權為要件，如有抵押權之設定，但抵押權人不利用拍賣之方式而以其他之方式實行抵押權時（民§878），因既已依法律行為為之，則當事人間對建築物在土地之利用權問題自必已有安排，法律無過問之必要。惟此項拍賣不以抵押權人所聲請者為限，一般債權人對抵押物聲請強制執行者，亦包括在內。至以房屋抵押，而一般債權人僅聲請拍賣土地者，因非實行抵押權，自無本條之適用。

六、土地及建築物同屬於一人所有，因強制執行拍定人各異時

　　土地及其土地上之建築物，同屬於一人所有，因強制執行之拍賣，其土地與建築物之拍定人各異時，視為已有地上權之設定，其地租、期間及範圍由當事人協議定之；不能協議者，得請求法院以判決定之。其僅以土地或建築物為拍賣時，亦同。前項地上權，因建築物之滅失而消滅（民§838-1）。立法理由說明如下：

1. 土地及其土地上之建築物，同屬於一人所有，宜將土地及其建築物，併予查封、拍賣，為強制執行法第75條第3項、辦理強制執行事件應行注意事項四十（七）所明定。如未併予拍賣，致土地與其建築物之拍定人各異時，因無從期待當事人依私法自治原則洽定土地使用權，為解決基地使用權問題，自應擬制當事人有設定地上權之意思，以避免建築物被拆除，危及社會經濟利益，爰明定此時視為已有地上權之設定。惟其地租、期間及範圍，宜由當事人協議定之；如不能協議時，始請求法院以判決定之。如

土地及其土地上之建築物同屬一人所有，執行法院僅就土地或建築物拍賣時，依前述同一理由，亦宜使其發生法定地上權之效力，爰增訂第一項。

2. 法定地上權係為維護土地上之建築物之存在而設，而該建築物於當事人協議或法院判決所定期間內滅失時，即無保護之必要（最高法院85年台上字第447號判例參照），爰增訂第2項，以杜爭議。

肆、法定地上權最高法院判例

一、土地與房屋為各別之不動產，各得單獨為交易之標的，且房屋性質上不能與土地使用權分離而存在，亦即使用房屋必須使用該房屋之地基，故土地及房屋同屬一人，而將土地及房屋分開同時或先後出賣，其間雖無地上權設定，然除有特別情事，可解釋為當事人之真意，限於賣屋而無基地之使用外，均應推斷土地承買人默許房屋承買人繼續使用土地。（最高法院48年10月8日（48）台上字第1457號判例）

二、民法第876條第1項之法定地上權，須以該建築物於土地設定抵押時業已存在，並具相當之經濟價值為要件。系爭甲部分房屋，既足認係建築於設定抵押權之後，於抵押權設定當時尚未存在，系爭乙部分豬舍，雖建於設定抵押權之前，但其價值無幾，雖予拆除，於社會經濟亦無甚影響，均不能視為上開法條中，可成立法定地上權之建築物。（最高法院57年5月22日（57）台上字第1303號判例）

三、按民法第876條第1項規定之法定地上權，係為維護特定建築物之存在而發生，則於該建築物滅失時，其法定地上權即應隨之消滅，此與民法第832條所定之地上權，得以約定其存續期限，於約定之地上權存續期限未屆至前，縱地上之工作物或竹木滅失，依同法第841條規定其地上權仍不因而消滅者不同。（最高法院85年台上字第447號判例）

伍、法院裁判案例

一、按土地及其土地上所構築無頂蓋之鋼筋混凝土造養魚池設備同屬一人所有，而僅以土地為抵押，於抵押物拍賣時，該養魚池設備固非屬民法第876條第1項所稱之「土地上建築物」而無該條項法定地上權規定之適

　　用。然該養魚池設備既非土地之構成部分而為繼續附著於土地上具獨立經濟價值之「土地上定著物」，與同法第66條第1項所定之土地應屬並列之各別不動產，分別得單獨為交易之標的，且該附著於土地上具獨立經濟價值之養魚池設備，性質上不能與土地使用權分離而存在，亦即使用養魚池設備必須使用該養魚池之地基，故土地及土地上之養魚池設備同屬一人所有，而將土地及養魚池設備分開同時或先後出賣，其間縱無地上權之設定，亦應推斷土地承買人默許養魚池設備所有人得繼續使用該土地，並應認該養魚池設備所有人對土地承買人有支付相當租金之租賃關係存在，要非無權占有可比。（最高法院91台上字第815號裁判）

二、依土地登記規則第26條第4款規定，因法院拍賣、判決確定取得土地權利之登記得僅由權利人聲請為之。上訴人與中○公司間之上開訴訟，雖經判決駁回中○公司提起之反訴即請求上訴人協同辦理法定地上權登記部分，惟於判決理由中已依當事人之辯論結果，就訴訟標的以外當事人主張之重要爭點即中○公司就其所有之系爭房屋於系爭土地應有部分1267被拍賣時已取得法定地上權為判斷，依通常之情形，除其判斷有顯然違背法令之情形，或當事人已提出新訴訟資料，足以推翻原判斷之情形外，應解為在同一當事人就與該重要爭點有關提起之他訴訟，法院及當事人對該重要爭點之法律關係，皆不得任作相反之判斷或主張，以符民事訴訟上之誠信原則（最高法院84年度台上字第2530號判決參照）。從而被上訴人依上開判決理由之判斷，准由中○公司單獨聲請登記法定地上權，即無故意過失可言。被上訴人並無故意過失可言。被上訴人並無故意過失侵害上訴人權利之行為，上訴人亦未受有損害，上訴人依國家賠償法之規定請求被上訴人賠償，即屬無據，不應准許。（台灣高等法院86年台上字第1號裁判）

三、以法定地上權或因原告默許其繼續使用土地而有權占有於系爭土地，於土地所有人即原告應給付相當之代價，就法定地上權而言為地租，就原告默許被告繼續使用土地之部分，應認其法律性質屬租賃。（台灣桃園地方法院86年訴字第292號）

陸、法定地上權之行政釋示

一、法院拍賣建築物及其基地，拍定人各異時，房屋所有權人享有法定地上權

按土地及其地上之建築物，同屬於一人所有，而僅以土地或僅以建築物為抵押者，於抵押物拍賣時，視為已有地上權之設定。土地及其土地上之建築物同屬於一人所有，而以土地及建築物為抵押者，如經拍賣，其土地與建築物之拍定人各異時，適用前項之規定。為民法第876條所明定。本案抵押權人拍買承受該建築物，並經訴訟判決確定對該建築物基地為設定地上權登記，縱嗣後該基地另拍賣移轉予第三人，參照最高法院61年度台上字第1590號民事判決理由中為「……至系爭農地縱令在繫屬後由執行法院實施拍賣，業經第三人拍定，但依法對該第三人仍有效力……」意旨，房屋所有權人申辦地上權設定登記時，該管地政機關應予受理。（內政部67年3月24日台內地字第777236號函）

二、法定地上權須其建築物於土地設定抵押時業已存在為要件

1. 按民法第876條第1項所稱土地及其土地上之建築物同屬一人，而僅以土地或僅以建築物為抵押者，於抵押物拍賣時，視為已有地上權之設定。其地租由當事人協議定之，協議不諧時，得聲請法院定之。此項規定之法定地上權，依最高法院57年台上字第1303號判例意旨，須其建築物於土地設定抵押時業已存在為要件。其合於此規定要件者，即屬依法律規定而取得之物權，不待登記即已取得其地上權。又最高法院48年台上字第1457號判例及73年第5次民事法庭會議決議認：房屋性質上不能與土地使用分離而存在，亦即使用房屋必須使用該房屋之基地。故土地及房屋同屬一人，而將土地及房屋分開同時或先後出賣，其間無地上權設定，然除有特別情事，可解釋為當事人之真意，限於賣屋而無基地之使用外，均應推斷土地承買人默許房屋承買人繼續使用土地。其使用法律關係之性質，則屬租賃，至其租金之數額，如當事人間不能協議決定時，當亦可訴請法院判決之。
2. 土地共有人楊○○於本年3月5日以其土地應有部分為張○○設定抵押權，嗣於同年11月27日始在該共有土地上完成七層樓之建築物，並就其中六樓

部分於72年6月1日辦畢所有權第一次登記後，連同基地應有部分出售與中綸實業股份有限公司。惟除建築物部分已於73年12月15日辦理所有權移轉登記與該公司外，基地部分則未辦理所有權移轉。迨75年9月10日其土地應有部分，為楊○○之債權人聲請法院查封拍賣，並於76年7月30日由王義輝拍定取得所有權。則該案取得建築物所有權之中綸公司，對於嗣後取得基地所有權之王義輝等，究應否取得首開之法定地上權或租賃權，即屬實體上私權爭執。嗣彼雙方之爭執既經法院民事判決確定，確認中綸公司對於王義輝等之基地依法定地上權，且不須他造協同即可單獨申辦地上權登記，則除他造當事人對該確定判決不服循再審程序救濟外，其間之私權爭執應即終結。至於就共有土地之應有部分上得否設定地上權，雖尚無判例、解釋可循，惟本院29年院字第2010號解釋認土地應有部分得為典權之客體，而最高法院最近之見解亦認得為出租（最高法院77年台上字第413號判決參照）。則同為以使用收益為內容之地上權似亦不妨為同一之認定。至於登記之技術，貴部67年8月1日台內字第797097號函曾有闡釋。可否比照前案辦理，應屬貴部職掌卓裁之範圍。（司法部79年3月26日（79）秘台廳(一)字第1363號函）

三、債務人在無權占有之土地上建屋，嗣該房屋經法院拍賣不能認拍定人已取得該土地之地上權

按土地及房屋同屬一人所有，而將土地及房屋分開同時或先後出賣，其間雖無地上權設定，然除有特別情事，可解釋為當事人之真意限於賣屋而無基地之使用外，固應推斷土地承買人默許房屋承買人繼續使用土地；但若係在無權占有之土地上建造房屋，其後房屋出賣與他人時，即不能謂土地所有人已知他人在其所有土地上蓋有房屋，而於該房屋拍賣時未有所主張，即認為已容忍地上建物之存在而默許拍定人繼續使用其土地，最高法院著有48年台上字第1457號及64年台上字第110號判例可循。來函所示案例，係執行債務人在無權占有之土地上建造房屋，嗣該房屋經法院拍賣。按諸上開判例意旨，尚不能認土地所有權人已默許拍定人繼續使用其土地，更不能認拍定人已取得該土地之地上權。（司法院81.1.29（81）秘台廳(一)第00801號函）

四、關於陳○○君因拍賣取得坐落新○市思○路1110地號土地上四層房屋頂樓增建部分（未登記建物），單獨申辦法定地上權登記疑義乙案，復如說明二

1. 復內政部88年1月13日台（88）內地字第8713671號函。
2. 案經轉准司法院秘書長88年4月6日（88）秘台廳民2字第03639號函略以：「一、按土地及其土地上之建築物，同屬一人所有，而僅以土地或僅以建築物為抵押者，於抵押物拍賣時，視為已有地上權之設定；或以土地及建築物為抵押者，如經拍賣，其土地與建築物之拍定人各異時，亦視為已有地上權設定，民法第876條定有明文。故必須土地及建築物於設定抵押權時已同時存在，始有上開規定之適用（最高法院57年台上字第1303號判例參照），如土地所有人於設定抵押權後，在抵押之土地上增建違建物，似與前述法定地上權成立要件不合，僅生同法第877條所定之問題。如該違建物在抵押權設定時已存在，則可否視為已有地上權設定，似以該違建物是否原有合法使用土地之權限而定（最高法院64年台上字第110號判例參照）。二、以上意見僅供參考，如有具體事件涉訟時，應由承辦法官依職權認定之，至於本件申請登記應否准許，係屬地政機關職權，宜由其自行決定之。」（法務部88年4月12日法律決字第13752號函）

五、台北市政函為黃○○先生陳請釋明土地及其上建物同屬一人所有，同時或先後分次讓與受讓人同一人或相異之人時，應否切結未訂立租賃契約疑義乙案，復請查照

1. 復台北市政府91年9月30日91府地籍字第0118867號函。
2. 案經本部函准法務部91年10月30日法律決字0910041496號函略以：「按『土地及其土地上之房屋同屬一人所有，而僅將土地或僅將房屋所有權讓與他人，或將土地及房屋同時或先後讓與相異之人時，土地受讓人或房屋受讓人與讓與人間或房屋受讓人與土地受讓人間，推定在房屋得使用期限內，有租賃關係。其期限不受第449條第1項規定之限制。』為民法第425條之1所明定。上開規定係法律推定之不確定期限租賃關係，其立法意旨在於房屋與土地異其所有人時，因房屋性質上不能與土地分離而存在，故除有特別約定外，應推斷土地受讓人默許房屋受讓人繼續使用土地，但應

支付相當代價，該法律關係之性質，當屬租賃。……學者認為當事人間之不確定期限租賃關係，在法無明文相關法律效果及法律性質相類似之情形下，應『類推適用』民法及土地法關於基地租賃之規定，例如民法第426條之2及土地法第104條等規定（林誠二著，〈法律推定租賃關係〉，月旦法學雜誌第81期，頁10至頁11參照）。……」。另64年7月24日修正公布之土地法第104條第1項規定，其修正理由謂：「地上權人、典權人或承租人，乃係房屋出賣時之直接占有人，對其有直接占領關係。倘因該房屋之出售而解除彼此既存之法律關係時，上開權利人若不能以同一價格優先承購，顯屬不公，故本條明文規定，賦與上開權利人優先購買權，俾使基地與其地上之房屋合歸一人所有，土地之利用與其所有權併於同一主體，以求其所有權之完整，使其法律關係單純化，並藉以充分發揮土地之利用價值，盡經濟上之效用，並杜當事人間之紛爭。」（參照法務部89年5月18日法89律字第014411號函）。故為使基地與基地上之房屋合歸一人所有，以盡經濟上之效用及杜當事人間之紛爭，得「類推適用」土地法第104條及民法第426條之2有關基地租賃優先承買權之規定。

3. 本案土地及其上建物原同屬一人所有，同時或先後讓與相異之人，致其土地與其上建物非同屬同一人所有者，推定其土地與其上建物所有人間已具有租賃關係。故於嗣後再行出售予他人時，其相互間已享有優先承購權，如優先購買權人放棄其優先購買權者，則應依土地登記規則第97條第2項後段規定：「優先購買權人如已放棄或視為放棄其優先購買者，申請人應檢附優先購買權人放棄其優先購買權之證明文件，或出賣人已通知優先購買權人之證件並切結優先購買權人接到出賣通知後逾期不表示優先購買，如有不實，願負法律責任字樣。」辦理○貴轄地政事務所受理本案於審查時要求申請人補正切結「本件土地及建物無訂立租賃契約」，核有未當，應請改進。

4. 本部67年12月20日台（67）內地字第814435號函、71年1月10日台（71）內地字第65347號函及77年12月30日台（77）內地字第663417號函應予廢止。（內政部91年12月6日台內中地字第0910017524號函）

柒、法定地上權問題研究

一、土地及土地上建築物同屬於一人所有而僅以土地上建物出賣與第三人，應推定買賣契約成立對房屋出賣人已同意設定地上權

【問題】土地及土地上建築物同屬於一人所有而僅以土地上之建築物出賣與第三人，經移轉占有之後土地所有人能否請求該第三人返還土地並賠償損害？

【結論】應推定買賣契約成立對房屋出賣人已同意設定地上權（參照民§876）。（司法行政部民事法律問題彙編434）

二、所有權人土地上之房屋，即使未辦理登記，後該屋之買受人，對土地所有權人仍得主張地上權

【問題】甲在自有之土地上建築房屋一棟，土地已登記，房屋未登記。嗣因乏款使用，將土地連同地上房屋一併出賣與乙，並將土地房屋同時點交與乙使用，土地部分亦已辦畢所有權轉移登記。復因甲另欠丙債務未能清償，丙於取得執行名義後聲請法院強制執行，將甲已出賣與乙尚未辦理登記之房屋予以查封拍賣，由丁以最高價應買，此時丁買得之房屋在乙之土地上得主張如何權利？

【結論】得比照民法第876條第2項規定，認丁之房屋在乙之土地上有地上權存在。（司法行政部民事法律問題彙編435）

三、買受建地時上有地上物後，不得再請求拆屋還地

【問題】某甲有建地一筆，地上建有房屋，嗣因負債，經債權人聲請法院將某甲建地查封拍賣，由某丙得標，嗣某丙以某甲久不向其租地，又拒不付租，乃以某甲無權占有建地訴求某甲拆屋還地，問原告之訴有無理由？

【結論】丙買受系爭建地時，既明知地上建有房屋而仍予買受，足認其已默許甲繼續使用土地，丙不得請求拆屋還地。（司法行政部民事法律問題彙編437）

四、土地設定抵押權後，再將土地上未辦保存登記之房屋出賣與第三人，後經抵押權人聲請法院拍賣土地，土地買受人不可請求第三人拆屋還地？（因房屋有法定地上權之存在）

【問題】某甲將所有土地設定抵押之後，又因需款救急，再將該地上未辦保存登記之房屋出賣與某乙，嗣因無法償還借款，土地被抵押債權人聲請法院拍賣，由某丙買得，某丙於取得土地所有權後可否請求某乙拆屋還地？

【結論】依民法第876條第1項規定土地及其土地上之建築物同屬於一人所有，而僅以土地或僅以建築物為抵押者，於抵押物拍賣時，視為已有地上權之設定。本題房屋為未辦保存登記之房屋，事後某甲雖再出賣於某乙，但乙對此房屋僅有事實上之處分權在，法律上其所有權仍屬原始建造人甲所有，甲對土地拍定人丙，依上述規定，自有法定地上權之存在，乙依買賣關係，因甲之交付房屋，而占用系爭基地，可依民法第242條之規定代位甲行使法定地上權主張有權占有，丙自不得訴請乙拆屋還地。（司法院民事法律問題研究(二)第62則）

五、土地及建物設定抵押後，抵押權人僅聲請拍賣建物，法院應予准許

【問題】甲向乙銀行借款新台幣50萬元，並以其所有土地供擔保，為乙銀行設定抵押權登記。嗣甲復向丙借款新台幣60萬元，以所有上開土地及地上建物供擔保，為丙設定土地第二順位，及建物第一順位抵押權登記，茲丙之債權屆清償期，因甲行方不明，而未獲清償，丙以拍賣土地已無實益，遂僅取得准許拍賣房屋之裁定，聲請法院拍賣房屋，執行法院應否准許？

【結論】按抵押權人於債權已屆清償期，而未受清償者，得聲請法院拍賣抵押物，就其賣得價金而受清償；又強制執行，依執行名義為之，分別為民法第873條第1項、強制執行法第4條第1項所明定，從而執行法院應依抵押權人之聲請，就其所提出之執行名義即拍賣抵押物裁定內所載之標的物為強制執行。辦理強制執行事件應行注意事項第39條(六)所謂「建築物及其基地同屬債務人所有者，宜將建築物及

其基地併予查封、拍賣」，係指對人之執行名義所為之強制執行（金錢債權之強制執行）而言，與依拍賣抵押物裁定（對物之執行名義）就特定之抵押物為強制執行之情形不同；縱為避免建築物及基地因分別查封、拍賣而減少價額，於權宜上，本件乙銀行之債權如已屆清償期，執行法院宜將該事由通知乙銀行，查詢是否就土地實行抵押權，或通知丙補提土地部分之拍賣抵押物裁定，以便土地與房屋得一併查封、拍賣，然若乙銀行及丙不欲就土地部分實行抵押權時，執行法院尚不得據此駁回丙強制執行之聲請。（司法院民事法律問題研究(二)第49則）

六、房屋為土地共有人之一人單獨所有而分別拍定時，土地拍定人僅得向房屋拍定人請求租金，而無法定地上權之關係

【問題】甲、乙共有一地，經分管後，甲在分管地內建造房屋乙棟，嗣以其應有部分設定抵押與丙，甲因經商失敗，欠債未還，經法院查封拍賣其應有部分及房屋之結果，其應有土地部分為丁所拍定，房屋為戊所拍定，此時戊對於該房屋基地有無法定地上權？

【結論】參照最高法院48年台上字第1457號判例辦理。（高院57年法律座談會彙編民事類提案第18號）

七、房屋與土地分別出售，如無特約不成立法定地上權，但土地所有人得請求租金

【問題】某甲以所有土地及地上房屋分別出售與某乙、某丙，各別取得所有權登記完畢，並無地上權之設定，該某乙、某丙究有何種法律關係，請公決案。

【結論】某乙對某丙有請求給付租金之權利。參見最高法院63年度台上字第737號民事判決：「……已經最高法院48年度台上字第1457號著有判例。訴外人蔡張寬既原為訟爭地共有人之一，而得其他共有人之同意在該地上蓋房屋，則該共有人或以後繼受應有部分之共有人對於使用該地之上訴人，固有容許其房屋存在之義務，然對被上訴人亦有請求給付租金之權利，其見解並無不合。」（高院63年法律座談會彙編民事類提案第22號）

八、房屋之共有人對土地之拍賣，無優先購買權

【問題】甲向乙借款新台幣10萬元，提供其所有坐落某處之土地一筆，設定
　　　　抵押權為擔保，經登記完畢。惟該土地上另有甲與丙、丁共有之未
　　　　辦保存登記之房屋一棟，甲、丙、丁之應有部分各為三分之一。嗣
　　　　甲欠乙之借款屆清償期未予清償，乙取得拍賣甲所有上開抵押土地
　　　　之裁定後，聲請法院執行拍賣拍定。問甲對該土地有無依同樣條件
　　　　優先購買權？

【結論】甲無依同樣條件優先購買權。理由為民法第876條第1項所規定之法
　　　　定地上權，必須土地及其土地上建物全部均同屬於一人所有。顯示
　　　　拍定土地上之房屋一棟，並非全部為甲所有，甲僅有應有部分三分
　　　　之一，與上開法條規定法定地上權要件不合。又甲為債權人，其因
　　　　無款清償借款，始被乙聲請拍賣抵押物，亦不應再認甲有依同樣條
　　　　件優先購買權，以免延緩執行程序之終結。（高院70年法律座談會
　　　　彙編民事執行類提案第15號）

九、房屋及土地所有權各別，就房屋或土地出賣時，如無其他關係，並無優先購買權

【問題】房屋與基地同屬一人所有，先後或同時出賣予二人所有，嗣後房屋
　　　　或基地所有權人出售其房屋或基地，未出售之一方可否主張優先承
　　　　購？

【結論】租賃契約除基於買賣不破租賃之原則，由法律明文規定：出租人於
　　　　租賃物交付後，縱將其所有權讓與第三人，其租賃契約，對於受讓
　　　　人仍繼續存在外，必須本於當事人之合意始可成立租賃契約，至於
　　　　非土地所有權人而得使用土地者，非僅基於租賃關係，如使用借
　　　　貸、典權人、地上權人等均是，故甲說未陳明若何法律依據即認房
　　　　屋與基地同屬一人所有，先後或同時出賣予二人時，應認房屋買受
　　　　人有權繼續使用基地而成立租賃關係，尚有可議，乙說亦有相同之
　　　　缺點，房屋與基地同屬一人所有，先後或同時出賣予二人時，除有
　　　　民法第876條之情形應視為已有地上權之設定外，其當事人間之法
　　　　律關係必須本於當事人之意思，如當事人間未有任何協議，則基於
　　　　最高法院48年台上字第1457號判例之意旨僅基地所有權人有容忍房

屋所有人使用基地之義務，尚難認當事人間有租賃或地上權之法律
關係，故房屋或基地之所有權人出售其房屋或基地時，未出售之一
方不得主張優先承購。（高院71年法律座談會彙編民事類提案第18
號）

十、就應有部分及其共有土地上之單獨所有房屋為抵押物拍賣時，共有人對土地之優先購買權不得對抗拍定人

【問題】甲在其與乙共有之土地某特定部分建屋一棟，使用土地面積未逾其
　　　　應有部分（持分）面積，而以土地持分為人設定抵押權，抵押之土
　　　　地持分連同房屋經執行法院拍賣，由丙一併拍定。乙對丙起訴，主
　　　　張其為抵押土地持分之共有人，求為確認其對抵押土地持分有優先
　　　　承購權存在。丙抗辯主張其為該土地持分之法定地上權人，依法對
　　　　該土地持分有優先購買權，且其優先購買權，有物權效力，優先於
　　　　土地共有人之優先承購權，即乙不得對其主張優先承購權。丙之抗
　　　　辯能否成立？

【結論】甲在與乙共有之土地上建屋一棟，使用土地之面積並未逾其應有部
　　　　分，如已經共有人同意，本有使用土地之權，嗣甲僅以土地持分為
　　　　他人設定抵押權，如僅就土地拍賣時，依民法第876條第1項規定，
　　　　對於房屋而言，視為已有地上權之設定，茲土地及房屋一併拍賣，
　　　　由丙一併拍定，依民法第762條規定，同一物之所有權及其他物權
　　　　歸屬於一人者，其他物權因混同而消滅，但其他物權之存續，於所
　　　　有人或第三人有法律上之利益者，不在此限，故丙就拍定房屋而
　　　　言，尚可本於其法定地上權，主張土地法第104條對於基地優先購
　　　　買權對世之效力，殊不應因其對於土地亦已拍賣，反而不得主張，
　　　　是則土地共有人乙即無復得依土地法第34條之1第4項規定僅就土地
　　　　部分請求優先承購之餘地。本院司法業務研究會第一期所研究法律
　　　　問題，僅就並未設定地押權之土地持分與地上房屋同時拍賣，土地
　　　　共有人對於土地及房屋有無優先購買權而為研究，並未涉及土地已
　　　　設定抵押權及民法第876條別規定問題（民事法律問題彙編第二輯
　　　　頁476、頁479），與本件情形既有不同，結論即難一致。（高院73
　　　　年法律座談會彙編民事類提案第34號）

十一、依民法第876條規定取得法定地上權之人，得請求土地所有權人協同辦理地上權登記

【問題】依民法第876條規定取得法定地上權之人，有無請求土地所有權人協同辦理地上權地上權登記之權？

【結論】肯定說：理由1.依民法第876條規定取得之地上權，於登記前即已生效，惟非經登記不得處分，且未經登記，有損害第三人之虞，自有登記之必要。此項登記不屬土地登記規則第26條所定，得單獨聲請登記事項，依同規則第25條之規定，應由權利人（即地上權人）及義務人（即土地所有權人）會同申請登記。2.因法院所為分割共有不動產之判決致不動產物權變更者，原不動產共有人有請求共有人協同辦理分割登記之權（參司法院72年2月22日廳民1字第0119號函）。基於同一法理，法定地上權人應有權請求土地所有權人協同辦理法定地上權登記。3.權利人有無請求義務人會同辦理土地登記之權利，不以法律明文規定者為限，苟依法律規定之精神，認有會同辦理土地登記之必要，亦應認權利人有請求義務人會同辦理土地登記之權（如土地共有人之一死亡，他共有人為分割其共有土地，有請求已死亡之共有人之繼承人辦理繼承登記之權）。依首揭說明，宜解為法定地上權人有請求土地所有權人會同辦理地上權登記之權。（高院79年法律座談會彙編民事類提案第24號）

十二、共有人一人經其他共有人同意，於共有地上建造房屋，嗣以土地應有部分為他人設定抵押，如僅就土地單獨拍賣時，對房屋而言，應視為已有法定地上權之設定

【問題】甲在與乙共有之土地上建屋一棟，使用土地之面積並未逾其應有部分，且經合法登記，嗣甲又以其土地之應有部分，向銀行設定抵押權，擔保借款，惟屆期無力償還，經銀行行使抵押權，拍賣抵押物，其土地之應有部分由丙拍定而買受。乙、丙成為土地之共有人，就土地辦理分割，甲所有房屋所占用之土地，分歸乙取得，乙是否得主張甲為無權占有，請求拆屋交地？

【結論】甲之房屋對於基地有法定地上權存在，乙不得主張甲為無權占有，請求拆屋交地。依民法第876條第1項規定，土地及其土地上建築物

同屬於一人所有，而僅以土地或僅以建築物為抵押者，於抵押物拍賣時，視為已有地上權之設定。在實務上認為：甲在與乙共有之土地上建屋一棟，使用土地之面積並未逾其應有部分，如已經乙之同意，本有使用該土地之權，嗣甲僅以土地應有部分為他人設定抵押權，如土地及房屋一併拍賣，由丙一併拍定，丙可依民法第762條但書之規定，主張其房屋就土地有法定地上權存在，而排除乙為土地之共有人，依土地法第34條之1第4項之優先承買權（見民事法律問題研究彙編第四輯第39則，司法院第一廳74年3月4日（74）廳民1字第135號函）。題示情形，僅土地之應有部分設定抵押權，而被抵押權人行使抵押權，予以拍賣，甲仍擁有房屋之所有權，甲之房屋所占用之基地，對甲而言，自有法律上之利益。又甲之房屋，既為合法之建築物，足見甲於建屋時，曾得乙之同意，不論甲乙間就原共有土地之使用有何種約定，乙就甲之建築物，於共有土地上，應有在原有利用權範圍內，仍繼續利用基地之預見。惟甲就土地之應有部分既經拍賣而由丙拍定，取得共有，甲已非土地之共有人，甲、乙間原有之共有土地利用關係，自隨之失其依據。甲、乙間原有之約定，如解為因甲之土地應有部分被拍賣，原有房屋就土地之約定利用關係轉化為法定地上權，乙反而可依此請求甲支付租金，對乙而言，較繼續原有之約定利用關係為有利。故應認甲之房屋，就所占用之基地，有法定地上權存在，乙雖因分割而取得單獨所有權，仍不得以甲無權占有而請求拆屋交地。（因甲已非共有土地之共有人，自無民法第825條所定瑕疵擔保責任之適用）（高院81年法律座談會彙編民事類提案第17號）

十三、法定地上權對基地優先承買權之物權效力，優先於具有債權效力之優先承買權

【問題】甲在其與乙共有之土地上建屋一棟（使用之土地，未逾其應有部分），並以其土地之應有部分，向他人設定抵押。嗣因無力償還，經執行法院拍賣，由丙一併拍定。惟乙則出面對丙主張其對被拍賣共有土地之應有部分有優先承買權，是否有理？

【結論】本題甲在共有地上建造之房屋，如已經共有人乙同意，本有使用該

土地之權限，縱事後將土地應有部分為他人設定抵押，經法院將房屋及土地應有部分一併拍賣由丙拍定，依民法第876條第1項規定，該土地應有部分亦應視同已為丙設定地上權。且該法定地上權之存續於丙有法律上之利益，自不因為拍定取得土地應有部分致混同而消滅（民§762但書）。故丙就拍定之房屋而言，尚可本於法定地上權，主張其有土地法第104條基地優先承買權之對世效力（物權效力），而優先於乙依同法第34條之1第4項所定僅具債權效力之優先承買權，乙自不得再援依該法主張其有優先承買權。（高院81年法律座談會彙編民事類提案第28號）

捌、司法院對法定地上權實務問題函釋

一、甲向乙借款新台幣10萬元，提供其所有坐落某處之土地一筆，設定抵押權為擔保，經登記完畢。惟該土地上另有甲與丙、丁共有之未辦保存登記之房屋一棟，甲、丙、丁之應有部分各為三分之一。嗣甲欠乙之借款屆清償期未予清償，乙取得拍賣甲所有上開抵押土地之裁定後，聲請法院執行拍賣拍定。問甲對該土地有無依同樣條件優先購買權？

民國70年8月31日（70）廳民2字第0635號函復台高院

乙說：甲無依同樣條件優先購買權，理由為民法第876條第1項所規定之法定地上權，必須土地及其土地上建物全部均同屬於一人所有。題示拍定土地上之房屋一棟，並非全部為甲所有，甲僅有應有部分三分之一，與上開法條規定法定地上權要件不合。又甲為債務人，其因無款清償借款，始被乙聲請拍賣抵押物，亦不應再認甲有依同樣條件優先購買權，以免延緩執行程序之終結。

二、甲在其與乙共有之土地某特定部分建屋一棟，使用土地面積未逾其應有部分（持分）面積，而以土地持分為人設定抵押權，抵押之土地持分連同房屋經執行法院拍賣，由丙一併拍定，乙對丙起訴，主張其為抵押土地持分之共有人，求為確認其對抵押土地持分有優先承購權存在。丙抗辯主張其為該土地持分之法定地上權人，依法對該土地持分有優先購買權，且其優先購買權，有物權效力，優先於土地共有人之優先承購權，即乙不得對其主張優先承購權，丙之抗辯能否成立？

(一) 甲在與乙共有之土地上建屋一棟，使用土地之面積並未逾其應有部分，如已經共有人同意，本有使用該土地之權，嗣甲僅以土地持分為他人設定抵押權，如僅就土地拍賣時，依民法第876條第1項規定，對於房屋而言，視為已有地上權之設定，茲土地及房屋一併拍賣，由丙一併拍定，依民法第762條規定，同一物之所有權及其他物權歸屬於一人者，其他物權因混同而消滅，但其他物權之存續，於所有人或第三人有法律上利益者，不在此限，故丙就拍定房屋而言，尚可本於其法定地上權，主張土地法第104條對於基地優先購買權對世之效力，殊不應因其對於土地亦已拍定，反而不得主張，是則土地共有人乙即無復得依土地法第34條之1第4項規定僅就土地部分請求優先承購之餘地。本院司法業務研究會第一期所研究法律問題，僅就並未設定抵押權之土地持分與地上房屋同時拍賣，土地共有人對於土地及房屋有優先購買權而為研究，並未涉及土地已設定抵押權及民法第876條特別規定問題（民事法律問題彙編第二輯頁476、頁479），與本件情形既有不同，結論即難一致。本件仍以甲說之結論為當。（民國74年3月4日（74）廳民1字第135號函復台高院）

甲說：（肯定說）供抵押之土地持分與地上房屋，同屬於甲所有，經法院一併拍賣由丙拍定，依民法第876條第1項規定，該土地持分視為已為房屋拍定人即丙設定地上權。縱然拍定土地持分者亦為丙，但依上情形，該土地持分抵押權之存續，於丙有法律上利益，不因混同而消滅。再丙其時縱僅拍定房屋而尚未取得其所有權（共有人表示優先承購，多於執行法院拍賣當場為之，是時拍定人不及取得執行法院發給

權利移轉證書）於其法定地上權之取得無影響，蓋依同上法條關於法定地上權之取得之規定，僅以土地房屋「拍定」為已足。且丙拍定房屋並無爭執，無論任何情形，執行法院終須發給其權利移轉證書而使其取得所有權，因而丙拍定房屋得以對抗基地共有人即乙優先承購權主張之地上權取得，不應因執行法院權利移轉證書發給之遲早而有不同。又拍賣標的物僅為抵押之共有土地應有部分，而房屋卻占用共有土地特定部分，二者不盡相符，但房屋占用土地面積，未逾抵押土地持分面積，依民法第831條準用第818條規定，房屋對土地非無權占有。而法律所謂「土地及土地上之建物同屬一人所有」應包括共有在內，故甲單獨所有房屋共有其基地仍不失為土地及土地上建物同屬於一人所有，應認為丙取得地上權之範圍為該土地甲之持分全部。按乙以共有人資格主張對於該土地甲之持分優先承購權，須甲出賣該土地持分之買賣契約成立，就本題情形，須俟丙向執行法院拍定後始得為之，丙拍定該土地持分，同時拍定地上房屋，對土地持分已取得法定地上權，依法亦有優先購買該土地持分之權利。且其此項優先購買權，依土地法第104條第2項規定，有對世效力，優於乙依同法第34條之1第4項之優先承購權，故乙不得對丙主張其權利。

三、依民法第876條規定取得地上權之人，有無請求土地所有權人協同辦理地上權登記之權？

依民法第876條所規定之地上權係基於法律規定而取得之物權，與因時效而取得之地上權，僅得請求所有人登記為權利人，在性質上未盡相同，且該地上權登記，依土地登記規則第25條規定應由權利人及義務人會同申請，非屬同規則第26條各款所列得單獨申請登記之事項。是本款情形，研討結果，採乙說核無不合。（民國81年2月27日（81）廳民1字第02696號函復台高院）

附：

乙說：肯定說：理由　依民法第876條規定取得之地上權，於登記前即已生效，惟非經登記不得處分，且未經登記，有損害第三人之虞，自有登記之必要。此項登記不屬土地登記規則第26條所定，得單獨聲請登記事項，依同規則第25條之規定，應由權利人（即地上權人）及義務人

（即土地所有權人）會同申請登記。(一)因法院所為分割共有不動產之判決致不動產物權變更者，原不動產共有人有請求他共有人協同辦理分割登記之權（參司法院72年2月22日廳民1字第0119號函）。基於同一法理，法定地上權人應有權請求土地所有權人協同辦理法定地上權登記。(二)權利人有無請求義務人會同辦理土地登記之權利，不以法律明文規定者為限，苟依法律規定之精神，認有會同辦理土地登記之必要，亦應認權利人有請求義務人會同辦理土地登記之權（如土地共有人之一死亡，他共有人為分割其共有土地，有請求已死亡之共有人之繼承人辦理繼承登記之權）。依首揭說明，宜解為法定地上權人有請求土地所有權人會同辦理地上權登記之權。

四、甲在與乙共有之土地上建屋一棟，使用土地之面積並未逾其應有部分，且經合法登記。嗣甲又以其土地之應有部分，向銀行設定抵押權，擔保借款，惟屆期無力清償，經銀行行使抵押權，拍賣抵押物，其土地之應有部分由丙拍定而買受。乙、丙成為土地之共有人，就土地辦理分割，甲所有房屋所占用之土地，分歸乙取得，乙得否得主張甲為無權占有，請求拆屋交地？

共有人一人經其他共有人同意，於共有地上建造房屋，嗣以土地應有部分為人設定抵押，如僅就土地單獨拍賣時，對房屋而言，依民法第876條第1項規定，應視為已有法定地上權之設定（本院74年3月4日（74）廳民1字第135號函採同見解）。本題共有土地既經拍賣而為乙丙二人共有，該共有土地縱經分割而由乙取得甲房屋所占用之土地，因甲已非共有土地之共有人，自無民法第825條所定瑕疵擔保責任之適用，則甲房屋對乙分得土地，基於物權追及之效力，應視為已有法定地上權存在。研討意見甲乙兩說，自以甲說為當。（民國82年7月23日（83）廳民1字第13700號函復台高院）

附：

甲說：甲之房屋對於基地有法定地上權存在，乙不得主張甲為無權占有，請求拆屋交地：依民法第876條第1項規定，土地及其土地上建築物同屬於一人所有，而僅以土地或僅以建築物為抵押者，於抵押物拍賣時，視為已有地上權之設定。在實務上認為：甲在與乙共有之土地上建屋

一棟，使用土地之面積並未逾其應有部分，如已經乙之同意，本有使用該土地之權，嗣甲僅以土地應有部分為他人設定抵押權，如土地及房屋一併拍賣，由丙一併拍定，丙可依民法第762條但書之規定，主張其房屋就土地有法定地上權存在，而排除乙為土地之共有人，依土地法第34條之1第4項之優先承買權（見民事法律問題研究彙編第四輯第39則，司法院第一廳民國74年3月4日（74）廳民1字第135號函）題示情形，僅土地之應有部分設定抵押權，而被抵押權人行使抵押權，予以拍賣，甲仍擁有房屋之所有權，甲之房屋所占有之基地，對甲而言，自有法律上之利益。又甲之房屋，既為合法之建築物，足見甲於建屋時，曾得乙之同意，不論甲乙間就原共有土地之使用有何種約定，乙就甲之建築物，於共有土地上，應有在原有利用權範圍內，仍繼續利用基地之預見。惟甲就土地之應有部分既經拍賣而由丙拍定，取得共有，甲已非土地之共有人，甲、乙間原有之共有土地利用關係，自隨之失其依據。甲、乙間原有之約定，如解為因甲之土地應有部分被拍賣，原有房屋就土地之約定利用關係轉化為法定地上權，乙反而可依此請求甲支付租金，對乙而言，較繼續原有之約定利用關係為有利。故應認甲之房屋，就所占用之基地，有法定地上權存在，乙雖因分割而取得單獨所有權，仍不得以甲為無權占有而請求拆屋交地。

五、甲在其與乙共有土地上建屋乙棟（使用之土地，未逾其應有部分），並以其土地之應有部分，向他人設定抵押。嗣因無力償債，經執行法院拍賣，由丙一併拍定。惟乙則出面對丙主張其對被拍賣共有土地之應有部分有優先承買權，是否有理？

本題甲在共有地上建造之房屋，如已經共有人乙同意，本有使用該土地之權限，縱事後將土地應有部分為他人設定抵押，經法院將房屋及土地應有部分一併拍賣由丙拍定，依民法第876條第1項規定，該土地應有部分亦應視同已為丙設定地上權。且該法定地上權之存續於丙有法律上之利益，自不因為拍定取得土地應有部分致混同而消滅（民§762但書）。故丙就拍定之房屋而言，尚可本於法定地上權，主張其有土地法第104條基地優先承買權之

對世效力（物權效力），而優先於乙依同法第34條之1第4項所定僅具債權效力之優先承買權，乙自不得再援依該法主張其有優先承買權，研討結果採乙說，尚無不合。（民國82年7月23日（82）廳民1字第13700號函復台高院）

附：

乙說：甲僅以土地持分為他人設定抵押權，如僅就土地拍賣時，依民法第876條第1項規定，對於房屋而言，視為有已有地上權之設定，茲土地及房屋一併拍賣，由丙一併拍定，依民法第762條規定，同一物之所有權及其他物權歸屬於一人者，其他物權因混同而消滅，但其他物權之存續，於所有人或第三人有法律上之利益者，不在此限，故丙就拍定房屋而言，尚可本於其法定地上權，主張土地法第104條對於基地優先購買權對世之效力，殊不應因其對於土地亦已拍定，反而不得主張，是則土地共有人乙即無復得依土地法第34條之1第4項規定僅就土地部分主張優先承買權利（高院歷年法律座談會彙編上冊第716頁，司法院一廳74民1字第135號函）。此說固可祛甲說之弊端，惟本件實例，是否與民法第876條第1項規定相符，尚有爭議。

六、某甲以在他人土地上有建築物為目的，占有使用某乙之土地（於使用時並未約定地租），並以使用地上權之意思，善意、和平、繼續占有使用達十年以上，嗣因時效完成，經登記取得地上權（他項權利證明書地租欄空白），某乙得否請求地上權人某甲支付地租？

按因時效取得而登記為地上權者，土地所有人並未喪失其所有權，依法仍應承受稅捐等負擔。為平衡雙方權益，參照民法第876條之法理，當事人如就地租事項有所爭議，應由法院裁判之（司法院大法官會議釋字第291號解釋暨其理由書參照），本題土地所有人得否請求地上權人支付地租之例，研討結論認應參照上開解釋意旨及民法第835條之規定採乙說，以求平衡，自無不合。惟地上權本有償與無償地上權之別，因時效而取得地上權者亦無不同，故於受理個案時，應依具體情形，本於衡平原則妥適決定之。（民國83年12月14日（83）廳民1字第22562號函復台高院）

附：

乙說：按地上權固有有償與無償之分，於無償之地上權，地上權人無支付地

租之義務，惟此應係指地上權與土地所有權人雙方合意而設定之地上權而言；蓋土地所有權人既已同意設定無償地上權，但不得再請求地租。但因時效完成而取得地上權及民法第876條所規定之地上權，均非地上權人與土地所有權人合意設定之地上權，而係依法律規定取得之地上權，地上權人與土地所有權人間，自無就地上權之有償或無償為合意表示之機會，因此不能即謂因時效完成而取得之地上權係無償之地上權。又按土地有相當財產價值，除土地所有人同意無償提供他人使用或法律另有規定可無償使用者外，使用他人土地應支付相當代價，此為社會通念；是以依時效取得之地上權，若於客觀上當事人間並未約定係無償使用並經登記後，土地所有人自得請求地上權人給付地租，蓋所有人既未喪失所有權，而須承受稅捐負擔，若尚須忍受地上權人永久無償使用土地，自不符合公平正義之原則；至於租金額，則可準用民法第876條第1項之規定解決。

七、甲在城市擁有土地一筆，在其上建造房屋一棟，該將房屋先行出售予乙，並已辦畢所有權移轉登記，房屋亦已交付乙使用，且無特別情事，可解釋甲之真意僅止於賣屋而無使用基地之意思，嗣甲又將土地出售予丙，並已辦畢所有權移轉登記。茲因丙認乙使用其土地應支付相當代價，經與乙協議不成，丙未經訴請法院核定租金數額，卻直接起訴請乙給付租金得否准許？乙是否得於甲出賣土地予丙時主張優先購買權？

本題A小題訴請給付租金部分，乙丙間就使用基地之租金額協議未成、參照最高法院73年5月8日第5次民事庭會議決議意旨，丙本應類推適用民法第876條之規定，提起核定租金之形成之訴，於未經法院為核定租金前應無直接訴請乙給付租金之請求權，研討結論從審查意見採乙說，固無不合。惟為顧及訴訟之經濟，丙逕為給付租金之請求，依其聲明及陳述，若有一併請求核定租金與給付租金之真意者，審判長自得依民事訴訟法第199條之規定行使闡明權，令當事人敘明或補充後准許之。至B小題得否主張優先購買權部分，因涉及最高法院53年台抗字第570號判例、73年5月8日第5次民事庭會議決議、80年台上字第1998號判決及82年台上字第1694號判決先後不同之見

解，經本院函請該院研究後，已於83年8月16日第11次民事庭會議作成決議，認土地所有人出賣房屋時已約定或依客觀情形，足認買方除應支付買房價金外，並應另行支付賣方房屋使用土地之相當對價時，性質上係屬租賃，當有土地法第104條第1項規定之適用，故本B小題宜依該決議意旨斷之。（民國83年12月14日（83）廳民1字第22562號函復台高院）

審意意見：

(一) 討論意見A，甲說所引最高法院81年台上字第665號判決，係裁定之誤。

(二) 討論意見A、B，似均應以乙說為當。

第三章 | 區分地上權之理論與實務

壹、前言

　　土地上所容納的人口越來越多，由於人口密度的提高，土地資源有限，土地利用強度更加立體化與密集化，緣此現代都市土地的利用，乃逐漸向上或向下發展之趨勢，更由於都市土地利用的結果，空間權等之土地利用觀念，乃應運而生，都市中之建築型態，由一般式建築趨向地面之上空及地下，形成垂直式的立體發展，例如台北市捷運之地下街，台灣高鐵系統，或一筆土地上之空中架設陸橋、走廊等等土地利用方式之變更。地上權係以他人土地上有建築物或其他工作物或竹木為目的，而使用土地之權，其設定對象不以地面為限（參閱鄭玉波教授著，《民法物權》，頁159），亦即土地上仍得設定地上權（史尚寬著，《物權法論》，頁172，所謂立體的疊設之地上權）。

　　民國70年代末期因大眾捷運系統用地取得方式所引發的爭議，經過學者專家的研究討論，提出了所謂的「區分地上權」概念的擬議，而直接創設了「區分地上權」制度，以便利大眾捷運系統興建所需之空間權利，即大眾捷運法第19條之規定，這也是我國法律中首先直接明確訂定「區分地上權」概念的法條，隨後在獎勵民間參與交通建設條例第19條亦採相同的理念。至此，我國土地使用朝向立體的土地立法始在法律體系中取得權源依據。區分地上權為極佳之立體分層使用權利制度，除了捷運系統工程非常適合利用外，類似的高架和地下工程建設也可適用，為因應社會需要，確立「區分地上權」之制度並予以法制化是潮流所趨。

貳、區分地上權之意義

　　我國民法第832條規定：「稱地上權者，謂以在他人土地上下有建築物，或其他工作物為目的而使用其土地之權。」

　　土地所有權除法令有限制外，及於土地之上下，土地之上下存在於使用土地之範圍，但我國民法第841條之1區分地上權之意義為，以在他人土地上下之一定空間範圍內設定之地上權。而學者專家依其研究各持不同見解，茲分別列舉之：

一、「地下或空間，得定其上下範圍，以有工作物為目的，而為地上權之標的」（楊與齡，1987）。

二、「就同一土地上空及地下分層設定多數不相牴觸之地上權」（陳銘祥，1987）。

三、「即在他人土地上以建築物或竹木或其他工作物為目的，而多階層使用土地之權」（陳世坦，1987）。

四、「在地下或空間之一定上下範圍內，以有建築物或其他工作物為目的之權利」（邱萬金，1989）。

五、「在地面上下，或上空實際可利用之一定空間範圍內，以建築物或其他工作物為目的，得設定分層地上權」（蘇志超，1990）。

六、「以在他人土地之空中或地下以建築物或其他工作為目的而使用其空間之權」（溫豐文，1992）。

七、「指在他人土地上下之一定空間範圍內以有建築物或其他工作物為目的而使用其土地空間之權利」（吳佩君，2001）。

　　綜上所述，可歸納出區分地上權之意義必須著眼在設定之範圍，係在土地上空或地下一定水平空間上下範圍內成立之地上權。

　　依我國民法之規定，土地所有權之行使及於土地之上下，即因土地所有權之範圍包括地表、地上、地下三部分，土地所有人對自己之所有權，自不能以地表為限，而是具有土地上下垂直的支配能力。而這種土地所有權的範圍概念，乃繼受羅馬法土地所有權之概念而來，大陸法系國家如日本民法第207條，德國民法第905條，法國民法第552條均有類似規定；然而法律制度常常會伴隨歷史及當時社會經濟狀況變革而改變，土地空間權理論之發展亦是如此。隨著時代的改變，社經環境的變遷，科技的發展促使土地立體利用日趨頻繁而傳統以地表為中心的所有權理論已無法適應時代趨勢，因為土地立體使用的結果，使得離開地表之地下或空中橫切水平斷層發生了使用價值，而這種水平斷層的空間，既有了獨立的經濟使用價值，就必須賦予土地法之權利，即由傳統上及於地表上下垂直縱向的土地所有權與利用之法理，轉換為地表之上空或地下橫切區分水平所有權與利用之法理。

　　總之區分地上權最貼切之定義係指在他人土地上之空中或地下之建築物，或其他工作物為目的，而使用其空間範圍之權。

參、學者對區分地上權不同名稱之表述

　　區分地上權之名稱相當紛亂，因缺乏法律條文定其名稱，中、日方面亦各自有其表述，首先參考日本民法之情形，依日本民法第269條之2規定：「地下或空間，得定其上下範圍，以有工作物為目的，而為地上權之標的」，條文中並未對此權利有定義性之解釋或名稱，因此學者們對此之稱謂亦相當分歧，有稱之為部分地上權，制限（限制之意）地上權、區分地上權、空中權、地中權、地下權等等。惟部分地上權，制限地上權或空中權、地中權、地下權等名稱，因無法將地上權之空間權利充分地表示，或令人誤解地上權的範圍僅及於土地的「部分」與「平面」上，故較不妥適。然而參依其民法第269條之2的規定，一般通說為顯示此種以土地立體的區分空間部分為對象所設定之權利性質，故仍多以「區分地上權」稱之。

　　而我國迄今亦無統一之名稱，學者對此名稱，目前亦極為紛亂，有稱之立體的疊設地上權者（史尚寬，1987）、分層地上權者（楊與齡，1987）、區分地上權者（蘇永欽，1987；陳銘祥，1987；邱萬金，1989）、空間地上權者（溫豐文，1988；吳佩君，2001）、分層區分地上權者（蘇志超，1997）等等。依此種地上權權利係為促進土地立體空間之利用，而將土地垂直空間予以水平分層區隔之空間權利。而稱分層地上權、分層區分地上權及立體疊設地上權者，雖有顯示出水平分層區隔之立體使用觀念，但缺乏空間權利之明確顯示。而稱區分地上權者，應多係直接引用日本民法第269條之2規定而來，並兼借用我國民法第799條有關建築物區分所有之觀念及公寓大廈管理條例區分所有權之規定。而稱空間地上權者，認為此權利是在他人土地之空中或地中享有之地上權，為空間權之一環。

　　就此項地上權的基本內容而言，以「空間地上權」之名稱較能顯示其性質與特性，且將來若全面發展空間法體系時，此名稱亦較能與之連結。惟鑑於學理上之見解尚未趨於一致，且目前民法物權編修正草案條文中亦未予以定義式之規定，而僅於說明理由中使用「區分地上權」之名稱，故在空間法體系未全面建立時，暫以草案中「區分地上權」稱之。

肆、區分地上權外國立法例及國內現行法規

　　有關區分地上權制度之確立，在國外透過立法者不乏其例，例如：日本民法第269條之2，「地上或空間，得定其上下範圍，以有工作物為目的，而為地上權之標的」。

　　德國民法第1012條規定，「土地得為他人之利益而設定負擔，使其取得在土地上或下享有建築物之權利」。

　　瑞士民法第779條規定，「土地得負擔役權，而使權利人享有在地上或地下建造或保有建築物之權利」。

　　德、瑞之立法例雖皆明示地上權人可以在土地上或土地下為建築之權利，但卻未明確的定其空間範圍可成立地上權，與日本法例有異，故尚似非屬明確之區分地上權立法例。而日本因其條文明確地指出可以在土地上空或地下，定其上下空間範圍而成立數地上權，是故，區分地上權之立法例以日本民法第269條之2之規定為區分地上權概念典型之立法例相互吻合。

　　我國在現行法律體制上，關於土地上下區分空間之分層使用，並無明確的法律依據。按現行民法第832條規定：「稱地上權者，謂以在他人土地上有建築物，或其工作物為目的而使用其土地之權。」同法第841條之1規定：「稱區分地上權者，謂以在他人土地上下之一定空間範圍內設定之地上權。」第773條規定：「土地所有權，除法令有限制外，於其行使有利益之範圍內，及於土地之上下。」

　　關於區分地上權觀念導入實務，首見於內政部70年6月4日台內地字第11801號函：「地上權係以在他人土地上有建築物或其他工作物或竹木為目的，而使用土地之權，其設定對象，不以地面為限」，亦即土地之上仍得設定地上權，故以往有關之公共設施及重大建設所需占有的地上或地下空間，即透過單獨立法尋求法律依據，如電業法第51條、自來水法第52條、鐵路法第17條、電信法第32條、下水道法第14條、共同管道法第14條、促進民間參與公共建設法第18條等。

　　現行民法對於土地之「特定空間」可設定地上權明文規定。實務上就特定空間設定地上權（如以建築物之某層為標的設定者），內政部曾函釋：為社會發展需要，登記機關予以受理（內政部76年9月19日台（76）內地字第536533號函）。大眾捷運法第19條第1項、第2項規定，大眾捷運系統因工程之必要，得穿越公、私有土地之上空或地下，得就其需用之空間範圍協議取

得地上權，協議不成立時，準用徵收規定取得之。另獎勵民間參與交通建設條例第19條規定：「民間機構興建本條例所獎勵之交通建設需穿越公、私有土地之上空或地下，應與該土地管理機關或所有權人就其需用之空間範圍協議取得地上權。其屬公有土地而協議不成時，得由民間機構報請主管機關核轉行政院核定，不受土地法第25條之限制；其屬私有土地而協議不成時，準用徵收規定取得地上權後，租與民間機關使用」。又日本民法第269條之2第1項亦有區分地上權之立法例。因此為應社會發展之實際需要，修正草案已增訂第841條之1規定地上權得在他人土地上下之一定空間範圍內設定之。俟完成法定程序，一般民眾申辦區分地上登記，即有明確之法源。參照土地徵收條例第57條規定，需要土地人因興辦第3條規定之事業，需穿越私有土地之上空或地下，得就需要之空間範圍協議取得地上權，協議不成時，準用徵收規定取得地上權。但應擇其損害最少之處所及方法為之。前項土地因事業之興辦致不能為相當之使用時，土地所有權人得自施工之日起至完工後一年內，請求需要土地人徵收土地所有權，需用土地人不得拒絕。前項土地所有權人原設定地上權取得之對價，應在徵收補償地價內扣除之。地上權徵收補償辦法，由中央目的事業主管機關會同中央主管機關定之。

伍、區分地上權登記實務

我國土地登記規定對地上權登記有關規定分別列於土地登記規則第4條、第49條、第87條、第88條、第95條、第96條、第108條等條文中，但對於區分地上權登記之規定，因欠缺法律上規定之要件，付之闕如並無明確規範。但在實務運作解決問題上內政部分別以70年6月4日台內地字第11801號函、85年6月8日台內地字第8505845號函及87年9月15日台內地字第879641號函地上權之設定範圍不以地面為限，高鐵建設以隧道或高架橋方式通過農地，得設定空間範圍地上權。最高法院74年度台上字第379號判決略以：「地上權，固以在他人土地上有建築物或其他工作物或竹木為目的，而使用其土地之權，惟所謂在他人土地上有建築物，並非單指建築物與土地直接接觸者而言。凡以在他人土地上有建築物為目的而使用其土地者，不論建築物係直接或間接的與土地接觸，均得設定地上權。」茲以測量及登記方面說明之。

一、測量實務方面依內政部87年9月15日台8796413號函規定其辦理方式有下列二種方式

1. 由當事人設立一固定參考點並妥為保存，作為設定空間範圍相對之基準，地政機關應於相關位置上註明參考點，若有建物，得以該建物之某樓層或其上方特定空間之範圍為標的。
2. 高程之註記，以公尺為單位，至小數以下第二位。目前台灣地區之高程係以基隆之平均平面為準，但因海平面會有異動，其在實務上較不易執行，故實務上由設定人自己選定一個基準點來作高程估測較便利。如目前台北捷運南港線之區分地上權測量，即以自設之樁號參考點為準。

二、登記實務方面

　　我國現行地政機關對於區分地上權設定之記載例，並未做一全面性之規範，在日本關於區分地上權之登記標示，包含登記原因、目的、範圍、地租、支付日期、特約地上權人等項目。而我國目前實務上仍沿用普通地上權之記載欄位登記，如目前台北捷運南港線之區分地上權登記，僅於其他登記事項欄內敘明「本件地上權設定於特定空間範圍，其範圍詳位置圖」，其餘記載欄位同普通地上權之記載方式。由於區分地上權尚未完成立法程序，因此在登記上尚未將區分地上權與普通地上權區分。

　　區分地上權是存在於土地上一定空間範圍內之地上權，有別於傳統之普通地上權，所以其設置目的有特殊性質存在，具有一定的權利義務關係，依我國民法第758條規定：「不動產物權，依法律行為而取得、喪失及變更者，非經登記不生效力。」另土地法第43條規定：「依本法所為之登記，有絕對效力。」因此土地登記如不能落實，則不動產物權即缺乏保障。因區分地上權為空間權利，其測量登記作業較為複雜，與現行之普通地上權之登記事項在登記內容和性質規範上多有不同，故有必要針對其特性設計一套符合實情且合理可行的登記制度，以達到區分地上權設定之目的。因此可增訂土地登記規則第108條之1加以規定此一特定空間上設定地上權之登記方式，或於現行登記規定下，於未盡事項以行政命令統一登載格式，如增列高度、深度、層樓、形式、特約事項等欄位配合。

陸、我國區分地上權相關法律條文及相關函釋

一、相關法律規定

1. 電業法第51條規定：電業於必要時得在地下、水底、私有林地或他人房屋上之空間，或無建築物之土地上設置線路……（民國36年12月10日制定，民國54年5月21日修正）
2. 自來水法第52條規定：自來水事業於必要時，得在公私土地下埋設水管或其他設備……（民國55年11月17日制定，民國86年5月21日修正）
3. 鐵路法第17條規定：……前項輸電系統之線路，得於空中、地下、水底擇宜建設，免付地價或租費……（民國47年1月3日制定，民國67年7月26日修正）
4. 下水道法第14條規定：下水道機構因工程上之必要，得在公私有土地下埋設管渠或其他設備……（民國73年12月21日制定）
5. 電信法第32條規定：第一類電信事業或公設專用電信設置機關之架空地下，水底線路……（民國47年10月23日制定，民國88年11月3日修正）
6. 大眾捷運法第19條規定：大眾捷運系統因工程上之必要，需穿越公、私有土地之上空或地下，……必要時主管機關得就其需用之空間範圍協議取得……（民國77年7月1日制定，民國86年5月28日修正）
7. 獎勵民間參與交通建設條例第19條規定：民間機關興建本條例所獎勵之交通建設需穿越公、私有土地之上空或地下，應與該土地管理機關或所有權人就其需用之空間範圍協議取得地上權……（民國83年12月5日制定）
8. 促進民間參與公共建設法第18條規定：民間機關興建本條例所獎勵之交通建設，需穿越公、私有土地之上空或地下，應與該土地管理機關或所有權人就其需用之空間範圍協議取得地上權……（民國89年2月9日制定）
9. 土地徵收條例第57條規定：需用土地人因興辦第3條規定之事業，需穿越私有土地之上空或地下，得就需用之空間範圍協議取得地上權，協議不成時，準用徵收規定取得地上權……（民國89年2月2日制定）
10. 共同管道法第14條規定：……如因工程之必要，得穿越公、私有土地之上空、地下或附著於建築物、工作物……（民國89年6月4日制定）

二、民法物權編有關區分地上權增訂條文（99.8.3施行）

(一) 區分地上權之意義

第841條之1：稱區分地上權者，謂以在他人土地上下之一定空間範圍內設定
之地上權。

(二) 區分地上權之相鄰關係

第841條之2：區分地上權人得與其設定之土地上下有使用、收益權利之人，
約定相互間使用收益之限制。其約定未經土地所有人同意者，
於使用收益權消滅時，土地所有人不受該約定之拘束。
前項約定，非經登記，不得對抗第三人。

(三) 區分地上權之期間工作物為建築物法院延長應斟酌第三人利益

第841條之3：法院依第840條第4項定區分地上權之期間，足以影響第三人之
權利者，應併斟酌該第三人之利益。

(四) 區分地上權期間屆滿以時價補償或延長期間

第841條之4：區分地上權於適用第840條規定，以時價補償或延長期間，足
以影響第三人之權利時，應對該第三人為相當之補償。補償之
數額以協議定之，不能協議時，得聲請法院裁定之。

(五) 區分地上權與其他物權同時存在

第841條之5：同一土地有區分地上權與以使用收益為目的之物權同時存在
者，其後設定物權之權利行使，不得妨害先設定之物權。

(六) 區分地上權準用關於普通地上權之規定

1. 未定期限之處理

第833條之1：地上權未定有期限者，存續期間逾二十年或地上權成立之
目的已不存在時，法院得因當事人之請求，斟酌地上權成
立之目的、建築物或工作物之種類、性質及利用狀況等情
形，定其存續期間或終止其地上權。

第833條之2：以公共建設為目的而成立之地上權，未定有期限者，以該
建設使用目的完畢時，視為地上權之存續期限。

2. 拋棄地上權

第834條：地上權無支付地租之約定者，地上權人得隨時拋棄其權利。

第835條：地上權定有期限，而有支付地租之約定者，地上權人得支付未
到期之三年分地租後，拋棄其權利。

地上權未定有期限，而有支付地租之約定者，地上權人拋棄權
利時，應於一年前通知土地所有人，或支付未到期之一年分地
租。

因不可歸責於地上權人之事由，致土地不能達原來使用之目的
時，地上權人於支付前二項地租二分之一後，得拋棄其權利；
其因可歸責於土地所有人之事由，致土地不能達原來使用之目
的時，地上權人亦得拋棄其權利，並免支付地租。

3. 地租之增減

第835條之1：地上權設定後，因土地價值之昇降，依原定地租給付顯失
公平者，當事人得請求法院增減之。

未定有地租之地上權，如因土地之負擔增加，非當時所得
預料，仍無償使用顯失公平者，土地所有人得請求法院酌
定其地租。

4. 終止地上權

第836條：地上權人積欠地租達二年之總額，除另有習慣外，土地所有人
得定相當期限催告地上權人支付地租，如地上權人於期限內不
為支付，土地所有人得終止地上權。地上權經設定抵押權者，
並應同時將該催告之事實通知抵押權人。

地租之約定經登記者，地上權讓與時，前地上權人積欠之地租
應併同計算。受讓人就前地上權人積欠之地租，應與讓與人連
帶負清償責任。

第一項終止，應向地上權人以意思表示為之。

第836條之3：地上權人違反前條第一項規定，經土地所有人阻止而仍繼續為之者，土地所有人得終止地上權。地上權經設定抵押權者，並應同時將該阻止之事實通知抵押權人。

5. 地租減免請求之限制

第837條：地上權人，縱因不可抗力，妨礙其土地之使用，不得請求免除或減少租金。

6. 地上權人之處分權

第838條：地上權人得將其權利讓與他人或設定抵押權。但契約另有約定或另有習慣者，不在此限。

前項約定，非經登記，不得對抗第三人。

地上權與其建築物或其他工作物，不得分離而為讓與或設定其他權利。

7. 地上權消滅之法律效果

第839條：地上權消滅時，地上權人得取回其工作物。但應回復土地原狀。

地上權人不於地上權消滅後一個月內取回其工作物者，工作物歸屬於土地所有人。其有礙於土地之利用者，土地所有人得請求回復原狀。

地上權人取回其工作物前，應通知土地所有人。土地所有人願以時價購買者，地上權人非有正當理由，不得拒絕。

第840條：地上權人之工作物為建築物者，如地上權因存續期間屆滿而消滅，地上權人得於期間屆滿前，定一個月以上之期間，請求土地所有人按該建築物之時價為補償。但契約另有約定者，從其約定。

土地所有人拒絕地上權人前項補償之請求或於期間內不為確答者，地上權之期間應酌量延長之。地上權人不願延長者，不得請求前項之補償。

第一項之時價不能協議者，地上權人或土地所有人得聲請法院

裁定之。土地所有人不願依裁定之時價補償者，適用前項規定。

依第二項規定延長期間者，其期間由土地所有人與地上權人協議定之；不能協議者，得請求法院斟酌建築物與土地使用之利益，以判決定之。

前項期間屆滿後，除經土地所有人與地上權人協議者外，不適用第一項及第二項規定。

8. 地上權不因建築物或其他工作物而消滅。（民§841）

三、土地登記規則區分地上權增訂條文（99.8.3施行）

(一) 土地部分設定用益物權應附位置圖

於一宗土地內就其特定部分申請設定地上權、不動產役權、典權或農育權登記時，應提出位置圖。

因主張時效完成，申請地上權、不動產役權或農育權登記時，應提出占有範圍位置圖。

前二項位置圖應先向該管登記機關申請土地複丈。（土登§108）

(二) 地上權登記登記簿記明設定目的、範圍、約定事項

申請地上權或農育權設定登記時，登記機關應於登記簿記明設定之目的及範圍；並依約定記明下列事項：

1. 存續期間。
2. 地租及其預付情形。
3. 權利價值。
4. 使用方法。
5. 讓與或設定抵押權之限制。

前項登記，除第五款外，於不動產役權設定登記時準用之。（土登§108-1）

(三) 不動產役權登記得由需役不動產之地上權人會同供役不動產所有權人申請之

不動產役權設定登記得由需役不動產之所有權人、地上權人、永佃權人、典權人、農育權人、耕作權人或承租人會同供役不動產所有權人申請之。

申請登記權利人為需役不動產承租人者，應檢附租賃關係證明文件。

前項以地上權、永佃權、典權、農育權、耕作權或租賃關係使用需役不動產而設定不動產役權者，其不動產役權存續期間，不得逾原使用需役不動產權利之期限。

第一項使用需役不動產之物權申請塗銷登記時，應同時申請其供役不動產上之不動產役權塗銷登記。（土登§108-2）

(四) 土地使用收益限制登記

區分地上權人與設定之土地上下有使用、收益權利之人，就相互間使用收益限制之約定事項申請登記時，登記機關應於該區分地上權及與其有使用收益限制之物權其他登記事項欄記明收件年月日字號及使用收益限制內容詳土地使用收益限制約定專簿。

前項約定經土地所有權人同意者，登記機關並應於土地所有權部其他登記事項欄辦理登記；其登記方式準用前項規定。（土登§155-2）

(五) 土地使用收益限制約定專簿

登記機關依前二條規定辦理登記後，應就其約定、決定或法院裁定之文件複印裝訂成共有物使用管理專簿或土地使用收益限制約定專簿，提供閱覽或申請複印，並準用土地法第79條之2規定計收閱覽費或複印工本費。（土登§155-3）

(六) 土地使用收益限制約定專簿登記之變更

依第155條之1或第155條之2規定登記之內容，於登記後有變更或塗銷者，申請人應檢附登記申請書、變更或同意塗銷之文件向登記機關提出申請。

前項申請為變更登記者，登記機關應將收件年月日字號、變更事項及變

更年月日，於登記簿標示部或該區分地上權及與其有使用收益限制之物權所有權部或他項權利部其他登記事項欄註明；申請為塗銷登記者，應將原登記之註記塗銷。

　　前項登記完畢後，登記機關應將登記申請書件複印併入共有物使用管理專簿或土地使用收益限制約定專簿。（土登§155-4）

四、相關函釋部分

1. 按地上權係以在他人土地上有建築物或其他工作物或竹木為目的，而使用土地之權，其設定對象不以地面為限（參閱鄭玉波著《民法物權》第159頁）。亦即土地之上仍得設定地上權（史尚寬著《物權法論》第172頁所謂立體的疊設之地上權）；本案基地所有權屬於一、二層建築物所有權人，則三、四層建築物所有權人廖○○君仍得於一、二層建物上空申請設定地上權；惟其地上權位置，應為該第三、四層建物於基地上之投影範圍，而權利範圍則為該第二層建物上方，第三、四層建物所占之空間。（內政部70年6月4日台內地字第11801號函）

2. 案經本部邀同行政院公共工程委員會、交通部高速鐵路工程局、國道新建工程局、台北市政府捷運工程局、省市政府地政、工務等相關機關及學者專家會商獲致結論如下：

   (1) 有關空間地上權之設定，係屬私權事項，其空間範圍應依雙方當事人之約定，地政機關於辦理該項測繪工作時，平面位置部分應依地籍測量實施規則第231條規定辦理；對於空間位置部分，為因應不同需求及便利地政機關作業，以簡政便民，採下列二種方式辦理：

   (2) 一般人民申辦案件，由當事人設立一固定參考點並應妥為保存，作為設定空間範圍高程之相對基準，地政機關應於土地複丈圖及他項權利位置圖上註明該參考點，以供將來複丈之參考；如設定空間範圍已有建物，得以該建物之某樓層或其上方特定空間之範圍為標的設定空間地上權。

   (3) 大型公共建設之申請案件，由工程單位提供參考點並應在工程設計圖說上註明該參考點資料，作為設定空間範圍高程之相對基準，供地政機關於土地複丈圖及他項權利位置圖上註記。

   (4) 高程之註記，以公尺為單位，至小數以下第二位。

(5) 測量規費依「土地複丈費及建築改良物測量費之收費標準」之「土地他項權利位置之測量費」項目計費，不另加收。（內政部87年9月15日台內地字第8796413號函）

3. 非都市土地上空、地面或地下之立體使用，如僅係穿越之線路，而無構造物或設施者，除其定著於地面之基座應依土地使用管制相關規定辦理外，無須辦理土地之容許或變更編定手續。如有構造物或設施者，應由目的事業主管機關會同直轄市或縣（市）使用地主管機關及地政主管機關審認後，依下列方式辦理：

(1) 如該使用未改變地面使用狀況，且不影響使用地編定功能，除其定著於地面之基座應依土地使用管制相關規定辦理外，無須辦理土地之容許或變更編定手續。

(2) 如該使用已改變地面使用狀況或影響原編定功能，即應依規定辦理土地之容許或變更編定手續。（內政部92年7月7日內授中辦地字第83055號函）

4. 大眾捷運系統工程使用土地上空或地下處理及審核辦法（交通部92年8月1日交路發字第92B00058號令，內政部台內地字第920072607號令會銜修正）有關空間地上權部分第2條。

(1) 大眾捷運系統主管機關於確定捷運工程需穿越公、私有土地之上空或地下時，應將穿越部分使用之空間範圍，以適當之圖說公告之。前項穿越部分之空間範圍，穿越土地之上空者，以捷運工程構造物之外緣加六公尺為使用邊界；穿越土地之地下者，以捷運工程構造物之外緣加三公尺為使用邊界。但捷運工程構造物之外緣在本法第18條規定之公共使用土地內者，以捷運工程構造物之外緣為使用邊界。

(2) 第5條需地機構應將確定使用之空間範圍及界線之劃分，測繪於捷運系統改良物之平面圖、立面圖及剖面圖上。剖面圖應加測高程，其基準自平均海面為零公尺起算，並自水準點引測之。

(3) 第7條大眾捷運系統工程穿越之空間範圍有設定地上權之必要者，需地機構應通知土地所有人或管理人及他項權利人進行協議設定地上權；如經通知未參與協議、協議不成立或未於協議成立後約定期限內辦理設定地上權者，即視為協議不成立。

(4) 第8條依前條協議不成立者，需地機構應報請主管機關徵收地上權。前項擬徵收之穿越部分，已依都市計畫程序註明捷運系統工程穿越於計

畫圖上者，都市計畫主管機關應核發無妨礙都市計畫證明文件；未依都市計畫程序辦理者，由都市計畫主管機關會同有關機關現地勘查有無妨礙都市計畫，並將會勘紀錄連同徵收計畫書一併報核。

(5) 第9條大眾捷運系統工程穿越之空間範圍無設定地上權之必要者，應由需地機構通知土地所有人或管理人領取補償費同時副知他項權利人，並列冊送交管轄土地登記機關，於土地登記部標示部註明「捷運系統工程穿越地」。依前項規定應領補償費，而未於通知期限內具領者，需地機構應再限期通知一次，仍不具領者，提存法院。

(6) 第10條地上權之補償第11條及第12條情形者外，應依下列規定辦理：

一、穿越土地之上空為：

公告土地現值總額×穿越地上高度補償率（如附表一）＝ 地上權補償費

二、穿越土地之下方為：

公告土地現值總額×穿越地下深度補償率（如附表二）＝ 地上權補償費

需穿越同一土地之上空及地下者，不適用本辦法之規定。

第一項補償之土地屬私有者，應比照當地直轄市或縣（市）政府徵收土地之加成補償標準補償之。

附表一　穿越地上高度補償率表

捷運工程構造物之下緣距地表高度	地上權補償率
0公尺－未滿9公尺	70%
9公尺－未滿15公尺	50%
15公尺－未滿21公尺	30%
21公尺－未滿30公尺	15%
30公尺以上	10%

註一：

(1) 捷運工程構造物之下緣距地表高度係以需地機構依第5條測繪之縱剖面圖上，於軌道中心線處自地表起算至捷運工程構造物最下緣之高度為準。

(2) 於同一筆土地內捷運工程構造物之最下緣穿越不同補償率之高度時，應分別計算補償。

(3) 在同一剖面上穿越地上高度跨越表內二種以上高度者，以補償率較高者計算補償。

附表二　穿越地下深度補償率表

捷運工程構造物之上緣距地表之深度	地上權補償率
0公尺以上－未滿13公尺	50%
13公尺－未滿16公尺	40%
16公尺－未滿20公尺	30%
20公尺－未滿24公尺	20%

第四章 │ 時效取得土地權利與登記實務

壹、時效取得所有權、地上權之意義、要件與登記實務

一、前言

　　各國民事法規對於請求權之行使大部分皆有時效之規定，使權利狀態不至永不確定，以保護交易安全，並維持社會秩序。時效分為取得時效與消滅時效，我國採德國立法例，於民法總則第6章第125條至第147條規定消滅時效，於物權編第2章第768條至第772條規定取得時效。物權編第1章758條至第759條之1規定不動產登記制度，另土地法總則編、地籍編及土地登記規則對於不動產登記有更詳細之規定。不動產所有權與地上權等六種他項權利為土地登記規則第4條規定應登記之土地權利，其得、喪、變更應經登記機關完成登記，始生公信力。不動產登記請求權亦為請求權之一種，同樣為時效所規範之客體。

　　稱所有權者，所有人，於法令限制之範圍內，得自由使用、收益、處分其所有物，並排除他人之干涉為民法第765條所明定。占有人依民法第769條、第770條規定得請求登記為所有人。

　　稱普通地上權者，係以在他人土地上下有建築物或其他工作物為目的而使用其土地之權，為民法第832條所明定，因其本質為使用他人之土地，故又稱為「用益物權」。目的則在調劑土地之「所有」與土地之「使用」，以期地盡其利，地利共享而達國富民均之境界。

　　地上權之取得原因，有基於法律之行為者，如設定（§民758、166-1）、讓與（§民838）、基地租賃（§民422-1、§土102）。非依法律行為如繼承（§民1147）、法定地上權（§民876、838-1、927）、徵收（§土徵57）及基於法律事實之時效取得，乃是賦予無權利人得因一定時間

內繼續行使某種權利，得以取得其權利之制度。由於近年來，土地之價值不斷之高漲，故占有土地者向地政機關請求時效登記並依程序訴請法院依時效取得地上權之案件日益增多，在法令未盡完備之情形下，產生許多爭議之問題。

　　內政部為辦理時效取得登記程序有所依循，乃於土地登記規則第118條有一般性規定，並於93年發布修正「時效取得地上權登記審查要點」共十八點據以施行，但被司法院大法官以釋字291、350、408、451號計四次予以解釋，更可見時效取得之複雜性、爭議性、學理性、實務性與重要性。

　　本書就時效取得之意義、存在理由、不宜存在原因予以分析比較，不得申請時效取得各種情形分析、時效取得之構成要件與地上權時效取得之準用之探討研究及不動產取得時效相關條文不合理之修正建議，最後將取得時效登記相關問題一併提出淺見，以就教於學者專家並請不吝賜正。

二、時效及取得時效之意義

　　「時效」即於一定時間內，由於一定事實狀態之繼續而發生一定法律效果之法律事實者。故時效係一定事實之繼續為其成立要件，且此項事實狀態之繼續，必須經過一定期間始能發生法律上一定效果。時效可分為兩種，第一為取得權利之原因謂之「取得時效」，第二為喪失權利之原因謂之「消滅時效」。時效制度之存在為世界各國法律所規定。取得時效生財產權取得效果，民法物權編第768條至第772條規定。消滅時效發生請求權消滅之效果，民法總則篇第6章規定。關於消滅時效之結果德、日民法不同，德國民法之規定，僅喪失其權利之請求權，日本民法之規定權利本身喪失，我國民法從德國制，規定請求權若干年不行使而消滅，蓋期確保交易之安全，維持社會之秩序[1]。

　　「取得時效」之意義：取得時效者，係指經過一定期間繼續占有他人之物而取得所有權或經過一定期間，事實上繼續行使所有權以外之財產權者即取得其權利之制度。性質上係為一種法律事實，故無須有法律行為而取得權利之意思，但應有事實行為之意思，依法律規定而取得權利者為原始取得。取得時效乃係一定事實狀態若能永續存在，社會必覺其為正當而信賴之，如此將既成事實狀態予以推翻必與社會生活之狀態違背，為求社會法律安定

1　黃志偉，不動產取得時效登記實務，83年再版，頁14至15。

計，不得不對於永續的一定事實狀態加以承認與尊重。何況永續之事實狀態，究否與真實權利關係相一致，卻因年代久遠，取證困難，無法判斷不如就事論事，而將此永續的事實狀態，加以承認反而更接近真實，縱有真實之權利人存在，但以其怠於行使權利，終將使權利置於「法律不保護權利睡眠之人」之權利狀態。時效規定各國立法例不同，在法、日民法二者將消滅時效與取得時效併列於總則中，德國民法消滅時效列於總則中，取得時效列於物權編各有不同沿革。取得時效在西元前即存在列於羅馬十二銅表法，而消滅時效則始於羅馬末記裁判官之命令，約西元420年即有。

　　然取得時效與消滅時效存在理由，亦有認有所差異者，有認取得時效重在新秩序之維持，而消滅時效重在舊秩序之否認，蓋時效取得，站在時效取得之立場，是「從無到有」，時效消滅對權利人之立場觀之，是「從有到無」[2]。

　　時效取得是「從無到有」，緣此時效取得人，似乎是原本為「無權利人」，但此之「無權利」，不可與寓有違法評價之「非法權利」劃上等號，蓋在以「時間」及「客觀上行使一定之權利」資為權利之證明場合。時效取得人，係時效之規定而原始取得權利之人，而不是從「非法權利人」躍升為「合法權利人」，至經合法受讓者，因時隔久遠，無法備證以證其權利，後改以時效取得主張權利者，自更非「非法權利人」[3]。

三、取得時效之性質、要件、中斷及效力

(一) 取得時效之性質

1. 取得時效係一般法律事實，不是法律行為。史尚寬等教授皆認為無完全行為能力之人亦不妨礙其因時效而取得權利，此觀之民法第941條及第1110條參照禁治產人仍得由法定代理人代理占有而取得權利自明。
2. 取得時效既係依法律規定而取得權利，故應解釋為原始取得。53台上2149號，占有乃對於物有事實上管領能力之一種狀態，占有人主張時效之利者必其占有並未間斷，始得就占有開始之日連續計算，故後占有人以前占有人之占有時間合併計算者，亦必後占有人為前占有人之合法繼承人或繼受人。

2　蘇永欽主編，民法物權爭議問題研究，頁95，李太正著，取得時效與消滅時效。
3　同註2，頁101。

3. 權利之取得，係依法有權利取得者方可取得。如土地法第14條公共交通道路等不得為私有土地，土地法第17條外國人不得取得林、漁、牧等土地，並不可因時效而取得權利。

4. 取得時效分為動產取得時效與不動產取得時效茲分列如下：

   (1) 動產之取得時效：民法第768條：「以所有之意思，十年間和平、公然、占有、繼續、他人之動產者，取得其所有權。」本條為注重社會公益，使動產所有權之狀態不至久不確定。民法第768之1條：「以所有之意思，五年間和平、公然、繼續占有他人之動產，而其占有之始為善意並無過失者，取得其所有權。」

   (2) 不動產一般之取得長期時效：民法第769條：「以所有之意思，二十年間和平、公然、繼續、占有他人未登記之不動產者，得請求登記為所有人。」

   (3) 不動產特別之短期取得時效：民法第770條：「以所有之意思，十年間和平繼續占有他人未登記之不動產者，而其占有之始為善意並無過失者，得請求登記為所有人。」

   (4) 所有權以外財產權取得時效之準用：民法第772條：「前五條之規定，於所有權以外財產之取得、準用之。於已登記之不動產，亦同。」

(二) 取得時效之要件

取得時效之要件依法應具備「一定之占有事實狀態」，「一定之期間」，「他人未登記之不動產」三項茲分別說明如下：

1. 一定之占有事實狀態

占有依民法第940條規定指對於物有事實上管領能力，占有事實須為自主占有及和平繼續占有。

   (1) 自主占有

     「自主占有」係指以所有之意思而占有，故占有依其所由發生之事實之性質。無所有之意思，非有民法第945條所定，變為以其所有之意思而占有之情事，其所有權之取得時效不能開始進行如對其占有之人表示所有之意思時起，為以所有之意思而占有，其因新事實變為以所有之意思而占有者亦同，例如某甲拾得一物後，雖占有

之初無為自己所有之意思，但後將此物轉賣或贈與變為己所有之意思而占有。如其新事實變為以所有意思占有者亦同，如運送人因贈與契約取得運送物之所有權是也。[4]自主占有是占有人內心的意識形態，一般不須向他人表明，如依占有性質若本來無所有意思者，如承租權等占有，即不具備以所有意思之占有，當然不生所有權取得時效問題。但占有人如主張今後以所有之意思而占有者，例如承租人向出租人表白，不再以承租人之地位而占有使用其物，即表示表白時起變為自主占有。又通常內心意識難以舉證，所以法律設有推定，以所有之意思前後兩時繼續占有，此乃民法第944條所規定也。

(2) 和平、公然、繼續、占有

「和平占有」係指非以暴行脅迫非法手段，而取得或維持其占有者而言。占有不動產物無法以隱秘方式為之，其占有當然公然占有，至於其占有之初是否善意或過失則非所問。

「繼續占有」係指連續不間斷占有而言，因繼續之狀態難以舉證，故法律設有推定為繼續占有之規定，民法第944條占有人推定以其所有之意思、善意、和平及公然占有者，經證明前後兩時占有者推定前後兩時之間繼續占有，占有人以所有之意思、善意、和平公然占有者為常例，法律之推定取常例不取變例以保護占有人之利益，故推定前後兩時占有為常例不繼續占有為變例，占有人於其占有繼續與否不負舉證之責任以保護其利益（民律草案§1276理由）[5]。

2. 一定之期間

時效之基礎在於時之經過，期間對於時效占非常重要地位，故非達一定期間，則時效無由完成，此一定期間法有明文規定，在動產時效完成為五年，不動產一般時效請求權為二十年，特別時效請求權為十年兩種。時效而取得不動產所有權，影響真正權利人之利益甚鉅，其取得時效之期間不宜失之太短，以免真正之權利人，因短期之疏忽而喪失其不動產之所有權或他項權利。特別取得時效另應具備占有之始善意無過失。所謂：「善意」指無權

4　黃宗樂，六法全書，保成文化公司，81年，頁852。

5　同註4，頁851。

利之人，不知其無權利而誤信自己為有權利之人者，即自信或誤信有權利占有其物，對於他人所有一節不知情。（大理院4年上字第1148號判例參照）「無過失」，係指善意占有人已付出相當注意，仍不知對其他無權利而言。占有是否善意，民法第944條有推定規定，避免舉證困難。而對於無過失一項法律則無推定之設，因之占有人如主張其占有為無過失時，學者較主張仍應負舉證之責，不過，過失之有無，自應就各個具體情形判斷之，例如對於不動產之交易而不調查土地建物登記簿謄本、都市計畫情形、土地增值稅之多少等或對於交易相對人之代理權是否有欠缺或有無瑕疵未予查證，一般均認為有過失也。

「善意並無過失」於占有之始具備即可，其後繼續占有者，若變為惡意或有過失對於所總經過十年期間並不因此因素變為二十年。至於主張以一般取得時效（即二十年）完成，縱令占有之始為惡意或雖善意而有過失亦得請求登記為所有人。（26年上字第442號判例）

3. 時效取得所有權以他人未登記之不動產

土地法第43條規定：「依本法所為之登記有絕對效力。」已登記之不動產受土地法、民法等有關法律之保護，如占有他人已登記之不動產則不能因時效而取得所有權，縱然所有權經不法移轉而有民法無效或得撤銷之原因者，真正權利人仍得提起塗銷之訴（司法院28年字第1919號解釋）。另所有權回復請求權防止侵害請求權等均不因時效而消滅（大法官會議釋字107及164號解釋）[6]。

占有人占有他人未登記之不動產，行使其權利，推定其適法有此權利（民§943參照）。如甲有間未經登記之房屋，乙在甲不在時遷入居住多時，並以所有人地位，分租與第三人使用，如乙據以請求登記該房屋為自己所有，提起確認房屋所有權存在之訴時，究竟由何人負舉證責任？台灣高等法院研究意見：按確認之訴，非原告有即受確認判決之法律利益者，不得提起。本件乙占有房屋而行使其權利，如甲未爭執其權利，則當事人法律上之地位並不因此而居於不安之狀態，則該當事人並不因此而有受侵害之危險，亦即無受確認判決之法律利益，無保護之必要，不得提起確認之訴。如甲爭執其權利，對甲提起確認所有權存在之訴，除甲有反證外，依最高法院29年

6　保成編輯委員會，司法院大法官會議解釋整編，頁10、17。

上字第378號判例意旨，自無庸舉證。研討結論採甲說尚無不合（71年9月2日（71）廳民1字第639號函台高院）。甲說：乙毋庸負舉證責任，按民法第943條規定，占有人於占有物上行使其權利，推定其適法有此權利。又民事訴訟法第281條規定，法律上推定之事實，無反證者，無庸舉證。參照最高法院29年上字第378號判例所載：「確認土地所有權存在之訴，原告就所有權存在之事實，固有舉證之責任，原告如為占有該土地而行使所有權之人，應依民法第943條推定其適法有所有權者，依民事訴訟法第281條之規定，除被告有反證外，原告即無庸舉證。」之意旨，乙得據以請求登記該房屋為自己所有，提起確認所有權存在之訴[7]。

　　他人不動產，係指非自己所有但不以私人者為限，雖為公家所有但非公用者亦有取得時效之適用（33年院2670號解釋）反之政府或其他公法人機關若以政府或公法人所有之意思，占有人民私有不動產仍有取得時效之適用（34年院字第2926號解釋）。

　　院字第2699號民國33年6月21日解釋：共有係數人按其應有部分，對於一物所有權之狀態。各共有人既各按其應有部分而有獨立之所有權。則其中一人對於他共有人應有部分，自不得謂非他人之物。公同共有係數人基於公同關係而共有一物之狀態，各公同共有人既無獨立之所有權，其中一人對於該物，亦不得謂非他人之物，故共有人或公同共有人中之一人，對於共有物或公同共有物，皆得依民法關於取得時效之規定，取得單獨所有權。惟共有人或公同共有物，依其所由發生之事實之性質，無所有之意思者（例如受全體之委託而保管時），非依民法第945條之規定，變為以所有之意思而占有，取得時效不完成，此因前述最高法院判例與此見解有異者，應予變更[8]。上列解釋共有人中之一人單獨占有其他共有人之應有部分，可解為他人之不動產取得時效所有權，但共有人之一對於共有物可否主張時效取得，23上2291號有相反解釋不能取得時效存在，如共有人依協議分管而分別占有特定部分當然無取得時效之適用。

　　所謂：「未登記」，係指該土地未經地政機關於土地登記簿為所有權歸屬之登記而言，苟經登記則登記是否屬實即非所問（最高法院64年台上字第334號判決）。學者認為未登記之不動產應包括下列三種情形：

7　同註4，頁851。
8　同註4，頁682。

　　於土地總登記時未為登記：其土地所有人不得由登記簿而認知，例如，登記為已解散或不存在之公司所有；不動產雖已於登記簿中登記，然依法取得所有權人則未為登記；如繼承人未向地政機關辦理繼承登記，向法院拍賣得標之不動產未向地政機關辦理登記，典權人因除斥期間完成取得所有權未登記，上列三者可解釋為未登記之不動產，如此方可鼓勵勤奮與土地充分利用及健全地籍與事實合一。但目前實務上因登記依法有絕對效力，自不能在罹於時效而為人取得，不然法律豈不自相矛盾，且民法第765條規定所有人於法令限制之範圍內，得自由使用、收益、處分其所有權，並排除他人之干涉。民法第767條所有人對無權占有或侵奪其所有物者，得請求返還之。對於妨害其所有權者，得請求除去之。有妨害其所有權之虞者，得請求防止之。故已登記有所有權人之不動產，不能因時效取得而變為他人之所有權。

4. 時效取得地上權不以他人未登記土地為限

　　所有權以外財產權取得時效，實務上見諸於土地於他項權利之「地上權」及「不動產役權」，惟須依法請求登記為他項權利人（地上權人或不動產役權人）後，始能本於該項法律關係對所有人有所請求，且土地所有權人並無協同辦理該他項權利登記之義務。

(1) 地上權為土地他項權利，其登記必須於辦理土地所有權登記同時或以民法第772條準用取得時效之規定，聲請為地上權登記時，並不以未登記之土地為限（60台上1317判例）。

(2) 未登記之土地無法聲請為取得地上權之登記，故依民法第772條準用同法第769條及第770條主張依時效而取得地上權時，顯然不以占有他人未登記之土地為必要。苟以行使地上權意思，二十年間和平繼續公然在他人地上有建築物或其他工作物或竹木者，無論該他人土地已否登記，均得請求登記為地上權人（60台上4195判例）。

5. 占有人須以行使地上權之意思而占有

　　依民法第769條、第770條規定，因時效而取得不動產所有權，須具備以所有之意思占有他人未登記之不動產達二十年或十年為要件。如非以所有之意思而占有，其時效期間即無從進行。所謂以所有權之意思而占有，即係占有人與所有人對於所有物支配相同之意思而支配不動產之占有，即自主占有

而言。如主張時效取得地上權或地役權，則須以行使地上權或地役權之意思而占有，否則時效期間亦無從進行。

(1) 所有權取得時效之第一要件，須為以所有意思而占有，故占有依其所由發生之事時之性質，無所有之意思者，非有民法第945條所定，變更以所有之意思而占有之情事，其所有權之取得時效，不能開始進行（26上876判例）。

(2) 地上權為一物權，主張取得時效之第一要件須為以行使地上權之意思而占有，若依其所由發生之事時之性質，無行使地上權之意思者，非有變為以行使地上權之意思而占有之情事，其取得時效，不能開始進行。上訴人占有系爭土地之始，即係基於承租人之意思而非基於行使地上權之意思，嗣後亦非有民法第945條所定變為以地上權之意思而占有，自不能本於民法第772條準用同法第769條之規定，請求登記為地上權人（64台上2552判例）。

(3) 土地總登記後，因主張時效完成申請地上權登記時，應提出以行使地上權意思而占有之證明文件及占有土地四鄰證明或其他足資證明開始占有至申請登記時繼續占有事實之文件。（§土登118第1項）

(4) 占有土地建築房屋，有以無權占有之意思，有以所有之意思，有以租賃或借貸之意思為之，非必皆以行使地上權之意思而占有，故主張以行使地上權之意思而占有者，應負舉證責任。（最高法院84年台上748判決）

(5) 苟占有人於占有之始，即有於他人土地上有建築物、工作物、竹木之目的而使用土地，占有後確有建造房屋或工作物或竹木等情事，自與單純之占有使用土地有別，則依該占有所由發生之事實之性質，自難謂占有人於占有之始無行使地上權之意思。（最高法院85年台上609判決）

6. 他人土地上須原無地上權存在

(1) 同一土地上不能有相同之地上權，故土地登記規則第108條規定，於一宗土地特定部分設定地上權，應申請勘測位置圖，以確定地上權之位置及避免重複設定。

(2) 占有人就土地之全部或一部申請時效取得地上權登記時，應先就占有範圍申請測繪位置圖。（時效取得地上權登記審查要點第2點）

(3) 地上權以占有標的物為內容之定限物權，其有獨占性及排他性，故倘同一土地範圍內已存在他人設定之地上權，登記機關無從受理重疊部分地上權登記。（96.8.29內政部960136010號函）

7. 開始占有時及申請登記時繼續占有之事實

占有人主張時效之利益，必有其占有並未間斷，始得就占有開始之日連續計算。如申請人提出具備建築改良物所有權狀，建物登記簿謄本及房屋稅繳納通知書等。土地登記規則第118條規定土地總登記後，因主張時效完成申請地上權登記時，應提出行使地上權意思而占有之證明文件及占有土地四鄰證明或其他足資證明開始占有至申請登記時繼續占有事實之文件。

8. 地上權係使用他人之土地

(1) 普通地上權

係以他人土地上下有建築物或其他工作物為目的而使用其土地之權（民§832）。只須以在他人土地上有建築物，或其他工作物為目的，而使用其土地即可，不以現有工作物為限。地上權人使用土地之範圍，不以建築物或其他工作物等本身占有之土地為限，其週圍之土地，如房屋之庭院等，如在設定範圍內，不得謂無地上權之存在。

(2) 區分地上權

稱區分地上權者，謂以在他人土地上下之一定空間範圍內設定之地上權。（民§841-1）

(三) 取得時效之中斷

取得時效進行中，因有一定事實發生而使已進行之期間全歸無效謂之「時效中斷」。中斷之時效，應於中斷事由之終止時，重新起算，其中斷前已經過之期間並不算入。依修正後民法第771條規定取得時效中斷之原因有四：

1. 占有人變為不以所有意思而占有：易言之，自主占有變為他主占有。例如，占有人承認所有人之所有權而由其代為管領即為取得時效中斷，至於變更之事實認定由主張時效中斷之人負舉證之責，如果係他主占有變為自主占有，除有變更其主觀之意思外，並對於其占有人表示以所有之意思而為占有，自此項表示之通知達到對方時，始生他主占有變為自主占有之效力。

2. 變為非和平或非公然占有：占有他人不動產須和平、公然、占有不得以隱秘之方式為之，必然、公然、占有，始有對占有加以保護之必要。

3. 占有人自行中止占有：如拋棄占有物，但依民法第147條時效期間不得預先拋棄時效之利益（26號渝上字第353號）時效完成後拋棄時效之利益顯非法之所禁。時效以與公益有關，故不許預先訂立拋棄因時效而可受利益之契約，且法律所定期間，當事人不得以法律行為加長或縮短。故凡以法律行為約定，將來時效完成時，自願拋棄其因時效完成之利益者，其約定無效，實為保全公益計。

4. 非基於自己之意思而喪失其占有：所謂侵奪，係指非基於占有人之意思，而被他人奪取喪失占有而言，民法第964條占有，因占有人喪失其對於物之事實上管領能力而消滅，但其管領力僅一時不能實行者，不在此限。如占有人因遺忘或洪水因素有不能管領其占有之事實，仍不能為占有消滅之原因，占有人對於占有標的物事實上之管領力，除真正所有權人得對之提起返還所有權之訴外，非他人所能干涉（18年抗字第101號），且占有僅占有人對於物有事實上管領力為已足，不以物置於一定處所，或標示為何人占有為生效條件，苟對於物無事實上管理能力者，縱令置於一定處所，並標示為何人占有，亦不能認其占有之事實。（53年台上字第861號）占有被侵奪，指占有對於物之管領力被他人奪取以全然喪失管領能力而言，若非由於奪取而喪失，而係由占有人交付者縱交付係被詐欺、恐嚇所致，亦難為占有被侵奪。侵奪占有，須有外表可見之積極行為始可，直接占有人與間接占有人均可行使此權利。

5. 準用消滅時效之中斷事由：我國民法並無規定消滅時效中斷事由，準用於取得時效，惟學者通說均採肯定見解，時效未完成前，原所有權人已提出返還占有物之請求或起訴或其他情事，使占有人不能保持和平善意，繼續占有或不能以所有意思占有其時效即告中斷。民法第771條增訂第2項，依民法第767條規定起訴請求占有人返還占有物者，占有人之所有權取得時效亦因而中斷。

以上任一原因發生，時效即行中斷，已進行之期間全部無效，須另行取得時效之要件，始得重新起算（民§137）。

(四) 取得時效之效力

65年台上字第1709號，民法物權編施行前，占有他人之不動產而具備民法第769條、第770條之條件者，依民法物權編施行第7條之規定，僅自民法施行之日起，取得請求登記為所有人或他物權人之請求權而已，並非當然取得該不動產之所有權或他項物權。而因取得時效完成而取得權利，乃原始取得。故一經完成，原權利人之權利，即歸消滅或損失。在訴訟上，雖未經占有人援用，法院亦得據以裁判（29上字1003號）。但不動產之登記具有絕對之效力，故不動產已登記者，不因時效占有而取得（釋107號），未登記者，占有人於取得時效完成後，亦僅得請求登記為所有人。如原所有人先於占有人登記完畢者，占有人仍不能對之主張取得時效，並訴請塗銷其登記，亦不得向其請求移轉所有權（52台上2007號）。但如依法取得時效，並向地政機關辦妥登記時，所取得之所有權或他項物權應受法律之保護，其效力與該物權相同[9]。例如享有地上權者，申請建築時不須土地所有人同意，內政部64年5月16日台內營字第630541號函，認為地上權既經依法設定或取得並辦妥登記，則依民法第832條規定稱「地上權者，謂以在他人土地上有建築物，或其他工作物，或竹木為目的而使用其土地之權」，顯然已具備使用該項土地建造房屋之權利，毋須再徵求土地所有權人出具使用權證明文件為必要。故地上權人於設定地上權登記後，只須提出其他上權之證明文件，即可申請就該基地建築房屋，不必再取得土地所有權人之土地使用同意書，故依時效取得不動產權利自應受法律保護。

四、時效取得制度存在之理由

(一) 社會安定之要求

社會秩序之安定，為法律制度之目的，時效取得係依法律之規定而取得權利，僅以事實上行使權利之一定事實狀態，並經過一定之期間為已足，性質上為法律事實，非法律行為。社會上某種事實狀態，若繼續一定期間後，必發生相當之影響力，一般人亦信賴此一現狀，亦即產生公信力，於是形成一種新社會秩序，一旦要加以推翻，勢將造成社會不安與混亂，此與法律在

9　姚瑞光，民法物權，頁66；鄭玉波，民法物權，頁71；史尚寬，物權法論，頁76之附註；謝在全，民法物權上冊，頁178。

維持共同生活的和平秩序之目的相違背。

(二) 便利舉證之要求

在「訴訟經濟」原則下，為避免訴訟上舉證之困難，且訴訟曠日費時，徒增困擾，因此，以時效代替證據，明確劃分權利歸屬，使法律關係早日確定，當事人也無庸興訟以減少訟累[10]。

(三) 事實狀態之要求

從法律經濟學角度觀點，有權利人長期不行使權利；無權利人卻積極行使權利。原權利人其所以長期不行使權利且能安於現狀，大多是該權利對他並無重大利害關係，久而久之，有權利人與無權利人之實質利害關係即日益減少，法律比較兩者之利益及對權利之實質利害，與其保護有權利人不如保護無權利人（取得權利人），更符合公平之旨。因有權利人對於該權利之得失變得並不重要[11]。

(四) 舊秩序之否定

權利之價值在於實現，權利擁有者長期不行使，等於放棄權利，自不須加以保護，因此時效制度等於對權利不行使之一種消極限制。「法律幫助勤勉人，不幫助睡眠人」，權利人在權利上睡眠，不值得法律加以保護，而基於權利社會化之觀念，為促進公益，法律亦可使權利人一定期間內行使權利，否則將受法律制裁，如平均地權條例第26條私有空地逾期未建，加徵空地稅二倍至五倍或照價收買。同法第26條之1農業用地閒置不用，加徵荒地稅一倍至三倍，滿三年仍不使用，得照價收買。

(五) 增進公共利益而設

民法第768條至第772條關於因時效而取得所有權或其他財產權之規定，乃為促使原權利人善盡積極利用其財產之社會責任，並尊重長期占有之既成秩序，以增進公共利益而設。此項依法律規定而取得之財產權，應為憲法所

10　施啟揚，民法總則，82年12月，頁340。
11　張清溪、許家棟、吳敏聰，經濟學，80年8月，頁102。

保障[12]。且近世交通便利，權利人易於行使權利，人與人間交易頻繁，為注重公益起見，使不動產所有權的狀態，不至久不確定[13]。

(六) 參諸外國立法例

日本民法第162條規定，不問占有者為動產或不動產，一律以公然占有為必要。韓國民法第245條，關於不動產所有權取得時效之規定，明定必須公然占有。瑞士民法，原則上以未登記為限。德國民法第937條規定自主占有，時效期間為十年。韓國民法第246條規定，占有之始善意並無過失者為五年，否則為十年。我國參酌外國立法例而有時效制度之立法[14]。

五、時效取得制度不宜存在之原因

(一) 人民之財產權應予保障

憲法規定：憲法第2章人民之權利義務，第15條規定，人民之財產權應予保障。又憲法第13章基本國策，第3節國民經濟，第143條土地政策，第1項規定，「中華民國領土內之土地，屬於國民全體。人民依法取得之土地所有權，應受法律之保障與限制。」可知我國憲法於人民財產權之一般性保障外，尤其重視土地所有權之保障。就本件而論，聲請人向地政機關聲請登記其占用鄰人土地為有地上權，案經駁回，沒有取得地上權，即無憲法所規定財產權之可言，然本解釋著眼於占有人，而忽視土地所有權人，置土地所有權人之財產權於不論，而認占有人有其地上權之財產權，使違章建築非法占用他人私有土地可以合法化，顯與憲法規定相違，殊失公平[15, 16, 17, 18, 19]。

---

12 大法官第291號解釋理由書。

13 史尚寬，物權法編，頁171。

14 法務部，民法物權編條文修正草案，86年，頁64-65。

15 李鐘聲，大法官釋字第291號解釋不同意見書。

16 黃右昌，民法物權註解，頁104、頁105、頁108。

17 蘇永欽，立法院第4屆第3會期司法委員會民法物權編修正草案，公聽會發言紀錄，立法院公報，頁154。

18 行政法院88年8月27日判字第3349號判決。

19 內政部70年3月21日台內地字第5074號函。

(二) 土地法第43條土地登記之公信力

1. 我國現行土地登記制度參考德、瑞立法例，土地登記之公信力，土地法第43條明文規定：「依本法所為之登記有絕對效力」。司法院大法官釋字第107號解釋闡明時效不適用於已登記不動產，「已登記不動產所有人之回復請求權，無民法第125條消滅時效規定之適用」。理由書云：「查民法第769條、第770條，僅對於占有他人未登記之不動產者許其得請求登記為所有人，而關於已登記之不動產，則無相同之規定，足見已登記之不動產，不適用關於取得時效之規定」，自屬當然解釋。

2. 司法院民國28年9月15日院字第1919號解釋土地法（舊土地法）第36條（現行土地法第43條）所謂登記有絕對效力，係為保護第三人起見，將登記事項賦予絕對真實之公信力，故第三人信賴登記而取得土地權利時，不因登記原因之無效或撤銷而被追奪；惟此項規定，並非於保護交易安全之必要限度外，剝奪真正之權利，如在第三人信賴登記而取得土地權利之前，真正權利人仍得對於登記名義人主張登記原因之無效或撤銷，提起塗銷登記之訴，並得依土地法施行法第28條（舊土地施行法）向主管地政機關，聲請為異議登記（現行土地法第75條之1，改由法院囑託登記機關辦理假處分登記）。

　　由上列解釋知我國土地法第43條規定登記有絕對效力，係為保護第三人起見，將登記事項賦與絕對真實之公信力，真正權利人，在已有第三人取得權利之新登記後，不得為塗銷登記之請求，而改採損害賠償途徑救濟。

(三) 已登記不動產所有權之存在狀態已因登記而確定

　　民法第768條，專就動產之取得時效，設以規定。第769條、第770條，則就不動產之取得時效，設以規定。其於動產之取得時效，即因動產之存在狀態，常由占有而推知，故定明具備占有之要件，即取得其所有權，並定占有之時間，須歷五年。而於不動產之取得時效，則因不動產之取得，須經登記，發生效力，其已登記之不動產所有權之存在狀態，已因登記而確定，雖其所有物為他人所占有，自不得使占有人因時效而取得該不動產之所有權，其未登記之不動產，占有人雖可因時效而取得所有權，惟未經登記，究難生效。故特定明占有他人之不動產，以未登記者為限，並定明具備要件者，得請求登記為所有人，與第768條之規定，顯有區別。又於「準用」之範圍

云：所有權以外之取得，準用所有權取得時效之規定，準用者，準用動產之規定乎？抑準用不動產之規定乎？學說上解為當視權利應否登記為斷，即應登記之權利，準用關於不動產所有權取得時效之規定，如係不以登記為要件之權利，則準用關於動產所有權之規定。所有權以外之財產權，如地上權、地役權、典權及抵押權等，應為登記之權利，準用關於不動產所有權取得時效之規定。

(四) 尚未完成登記應屬國有之土地

1. 國有財產法第19條規定，尚未完成登記應屬國有之土地，除公用財產依前條規定辦理外，得由財政部國有財產局或其屬分支機構囑託該管直轄市、縣（市）地政機關辦理國有登記；必要時得分期、分區辦理。
2. 同法第1條規定：國有財產之取得……依本法之規定；本法未規定者，適用其他法律。
3. 土地法第10條規定：中華民國領域內之土地，屬於中華民國人民全體，其經人民依法取得所有權者，為私有土地。私有土地所有權消滅者，為國有土地。
4. 土地法第41條規定：交通水利用地，如道路、溝渠、水道、湖泊、港灣、海岸、堤堰、沙漠、雪山等土地，應免予編號登記，依法仍為國有土地。既然尚未完成登記，應屬國有土地，權屬已確定，時效取得所有權將無所附麗。

(五) 時效取得土地所有權之登記應於登記期限內，否則喪失其權利

1. 土地法第54條規定，和平繼續占有之土地，依民法第769條或第770條之規定，得請求登記為所有人者，應於登記期限內，經土地四鄰證明，聲請為土地所有權之登記。
2. 同法第60條規定，合法占有土地人，未於登記期限內聲請登記，亦未於公告期間內，提出異議者，喪失其占有之權利。
3. 最高法院50年台上字第142號判例，「上訴人於台灣省光復時，縱以已具備民法第769條之要件，自光復之日起得請求登記為所有人，然上訴人未依土地法第54條聲請為所有權之登記，亦未於公告期間內提出異議，依同法第60條之規定，亦已喪失其占有之權利，何能請求塗銷被上訴人之登

記，及確認其所有權存在」。

4. 土地法第57條規定，逾登記期限無人聲請登記之土地或經聲請而逾期未補繳證明文件者，其土地視為無主土地，由該管市縣地政機關公告之，公告期滿，無人提出異議，即為國有土地之登記。

(六) 取得時效立法法理不明確不正當

取得時效，在開始立法時其法理就不明確，到底我們取得時效是基於什麼樣的正當性，讓一個非權利人可以取得權利。

這部分向來有兩種看法，一個是因為他的努力，所以給他這個權利，另一種看法則是並非在實體上他值得取得這個權利，而是因為權利不明確，也就是所謂的訴訟法說、實體法說。

可是我們的規定既不是前者、也不是後者，如果我們是採實體法說，我們的要求是只要占有就可以，但是占有算是什麼貢獻。如果我們是採訴訟法說，我們又去區分善意跟惡意，這裡有非常不明確的地方。

尤其是不動產有一個完整的登記制度以後，為什麼對於已經登記的土地，可以因為取得時效的規定而獲得地上權，增加諸多的糾紛。從憲法上來看，我認為這對財產權而言，是一個不合比例的侵害，明明已經登記了所有人的資料，這是他的權利，並沒有任何權利不明確，為什麼長期占有使用就可以取得地上權，而所有權卻又不可以取得。

最高法院所創造出的這個例子，大法官也支持，可是在法理上我認為是站不住腳的。如果要採實體法說，因為他在權利上睡眠，因此，不管登不登記或是善意、惡意，只要所有權利在睡眠的人都要得到懲罰。我覺得此部分不只是把實務合理、實定化，應該從法理上再去思考，到底在今天取得時效的制度是否還有必要。

在很多國家中，取得時效已經是一個過時的東西，特別是在不動產方面。動產方面它還有相當的意義，因為動產缺乏公示的工具。而在不動產方面就靠登記來建立財產權的秩序，如果增加一個登記還可以取得時效，這只是製造社會的糾紛與增加很多的訴訟，並沒有什麼合理性與正義可言。或許我們可能習慣這種制度，可是我們缺乏這樣的思考，這點是否有一個大幅更張的必要？

六、不得申請時效取得之各種情形分析

　　內政部93年8月20日台內授中辦地字第0930725800號函修正時效取得地上權登記審查要點其中第3點：「占有人有下列情形之一者，不得申請時效取得地上權登記：
1. 占有之土地屬土地法第14條第1項規定不得私有之土地。
2. 占有土地供墳墓使用者。
3. 使用違反土地使用管制法令者。
4. 占有土地屬農業發展條例第3條第11款所稱耕地。
　　茲分述之：

(一) 占有之土地屬土地法第14條第1項規定不得私有之土地

　　即1.海岸一定限度內之土地。2.天然形成之湖澤而為公共需用者，及其沿岸一定限度內之土地。3.可通運之水道及沿岸一定限度內之土地。4.城鎮區域內水道湖澤及其沿岸一定限度內之土地。5.公共交通道路。6.泉地。7.瀑布地。8.公共需用之水源地。9.名勝古蹟。10.其他法律禁止私有之土地。
　　前項土地已成為私有者，得依法徵收之。
　　此等土地既然不得私有，不得為不動產所有權時效取得之標的物，乃法律所明訂，堪稱允當。
　　土地法第14條第1項第10款規定，依其他法律禁止私有之土地，不得為私人所有，亦不得為地上權取得時效之客體（最高法院72年度台上字第5040號判決意旨、司法院民事廳（82）廳民1字第13700號函意見）。而該條所謂之「法律」亦包括省縣基於其自治事項所訂定之自治法規（憲法第109條第2項、第110條第2項均明白規定省縣就省縣財產之經營及處分有各自之立法權）。而「台北市市有財產管理規則」係台北市政府為統一管理市有財產而制定，經台北市議會修正通過及行政院核定或備查後，由台北市政府公布生效，即屬上開之自治法規。該規則第4條規定，公用財產包括公務用財產（台北市政府所屬機關、學校、醫院、救濟院等供辦公室作業及宿舍等使用之財產）、公共用財產（直接供公共使用之財產）、事業用財產（市營事業機構使用之財產）：又第21條復規定，管理機關對於公用財產不得為任何處分、設定負擔或擅為收益。是此，如依台北市市有財產管理規則列為公用財

產者，自不得移轉為私人所有或為地上權時效取得之客體，否則將使其公用目的喪失。

(二) 占有土地供墳墓使用者

民法第832條所稱地上權者，係以在他人土地上有建築物，或其他工作物，或竹木為目的，而使用其土地之權而言，墳墓非屬建築物或工作物，登記機關應不予受理。

(三) 使用違反土地使用管制法令者

違反土地使用管制法令之使用不得時效取得地上權，其理由分述之：

1. 按土地法第82條規定，凡編為某種使用地之土地，不得供其他用途之用。但經該管市縣地政機關核准，得為他種使用者，不在此限。又時效取得地上權登記審查要點第1點規定，「占有人申請時效取得地上權登記，應合於民法有關時效取得之規定……」第3點規定，「占有人有下列情形之一者，不得申請時效取得地上權登記：(1) ……(3) 使用違反土地使用管制法令者。」地籍測量實施規則第121條規定：「登記機關受理複丈案件，收件後經審查有下列各款情形之一者，應以書面敘明法令依據或理由駁回之：一、……二、依法不應受理者。……」
2. 司法院大法官釋字第408號解釋：「……土地法第82條前段規定，凡編為某種使用地之土地，不得供其他用途之使用。占有土地屬農業發展條例第3條第11款所稱之耕地者，性質上既不適於設定地上權，內政部於中華民國93年8月20日以台內受中辦地字第0930725800號函修正時效取得地上權登記審查要點第3點第4款規定占有人占有上開耕地者，不得申請時效取得地上權登記，與憲法保障人民財產權之意旨，尚無牴觸。」
3. 為配合都市計畫土地使用管制，申請該項地上權設定登記時，應由申請人檢附該管市縣（市）都市計畫主管機關認定不違反上開都市計畫法規定之證明文件以憑辦理[20, 21, 22, 23, 24]。

---

20 內政部78年3月2日台內地字第673550號函。
21 司法院院字第2177號解釋。
22 司法院院字第2670號解釋。
23 最高法院72年台上字第5040號判決。
24 謝在全，民法物權論上冊，86年9月版，頁191至頁192參照。

(四) 占有土地屬農業發展條例第3條第11款所稱之耕地，不得以時效取得地上權

　　耕地：指合於下列規定之土地：依區域計畫法劃定為特定農業區、一般農業區、山坡地保育區、森林區之農牧用地。

　　對於此點規定是否牴觸憲法保障人民財產權之意旨，經司法院大法官85年7月5日釋字第408號解釋尚無牴觸，解釋文如下：民法第832條規定，稱地上權者，謂以在他人土地上有建築物，或其他工作物，或竹木為目的而使用其土地之權。故設定地上權之土地，以適於建築房屋或設置其他工作物或種植竹林者為限。其因時效取得地上權而請求登記者亦同。土地法第82條前段規定，凡編為某種使用地之土地，不得供其他用途之使用。占有土地屬農業發展條例第3條第11款所稱之耕地者，性質上既不適於設定地上權，內政部於中華民國93年8月20日以台內授中辦地字第0930725800號函訂頒時效取得地上權登記審查要點第3點第4款規定占有人占有上開耕地者，不得申請時效取得地上權登記，與憲法保障人民財產權之意旨，尚無牴觸。

(五) 公有土地得否為取得時效標的之限制

1. 我國司法實務見解：「公有土地……其所（有）權屬於國家。國家為公法人，占有公法人之土地，自屬民法第769條、第770條所謂占有他人之不動產。故公有土地，除土地法第8條（即現行土§14）所定不得私有者外，亦有取得時效之適用」。

2. 公有土地供公用者，在廢止公用關係後，得為取得時效之標的，城壕一部分淤成平地，經人民占有建造房屋，歷數十年者，應認為公用早已廢止，如人民之占有，具備民法第769條或第770條之條件者，自得請求登記為所有人。

3. 公有公用物或公有公共用物，具有不融通性，不適用民法上取得時效之規定。又在通常情形公物如失去公用之形態（如城壕淤為平地），不復具有公物之性質，故不妨認為已經廢止公用，得為取得時效之標的。然例外的，其中如經政府依土地法編定之公用道路或水溝，縱因人為或自然因素失去其公用之形態，在奉准廢止而變更為非公用地以前，難謂已生廢止公用之效力，仍無民法取得時效規定之適用。

4. 公物者係指由國家或公共團體等行政主體，直接將之供公共目的使用之

物，如將之供行政主體自己使用者，為公有公用物；如將之供公眾使用者，為公有公共用物。公物因係供公共目的使用，如完全可作為取得時效之客體，則公物目的將無法實現，自非所宜，惟時效取得之目的在於圖法律關係與社會生活之安定，乃承認一定之繼續事實狀態為權利關係，不因客體為公物或私物而有別，故公物在特定情形下，應可為時效取得之客體。

(六) 台北市政府地政處研商申請人主張因時效完成申請地上權位置勘測及登記，曾獲致結論謂第一、二課審查申請時效取得地上權登記案件，除應依內政部訂頒「時效取得地上權登記審查要點」規定辦理外，有下列情形之一者，不得辦理勘測及登記

1. 主張占有之不動產，並非基於行使地上權之意思而占有者，如基於租用、使用借貸而占有等（最高法院64年台上字第2551號判決參照）。
2. 於申請地上權登記時，已無繼續占有之事實者。
3. 占有土地之地上建物已由土地所有權人向法院訴請拆屋還地，進入司法程序者；或業經法院判決確定應拆屋還地者。
4. 占有之土地位於都市計畫農業區、保護區之「田」、「旱」地目耕地。
5. 占有之土地屬於都市計畫公共設施用地者。
6. 占有之不動產公有公用物或公有公共物（最高法院72年台上字第5040號判決）。
7. 占有之土地，具有公眾通行權或公用地投權之道路用地。
8. 占有之土地位於水利法規定公告為尋常洪水位行水區域範圍內土地。
9. 占有之土地經公告劃定為水道治理計畫用地範圍內之土地，並依水利法規定限制使用者。
10.占有之土地屬流失辦峻消滅登記，嗣因政府投資直接或間接施工，而使其浮覆或回復原狀者。
11.占有之土地屬依法免於編號登記之土地，如水利用地、排水溝、交通用地、堤防用地……（最高法院65年台上字第2558號判例參照）[25, 26]。

25　台北市政府地政處82年8月12日北市地一字第26849號函。
26　法務部88年12月23日法88律字第046845號函。

(七) 占有人不得主張因時效而取得永佃權

　　按法律規定必須支付一定對價方能成立之權利，如永佃權是否因時效而取得？學者有不同之見解：

1. 肯定說：謂承租人占有土地，依民法第966條、第945條規定，對於出租人表示此為永佃權人而使用土地之意思時，得有永佃權取得時效之進行（史尚寬著，《物權法論》，76年1月6日，頁194參照）。

2. 否定說：謂永佃權、租賃權均以支付租金為成立之要件，故不可能因時效而取得。且若原有租約存在，不因承租人單方表示此後以永佃權人資格而使用土地之意思而當然終止，則該承租人何能以承租人及永佃權人雙重資格而使用同一土地（姚瑞光著《民法物權論》，64年4月4版，頁166參照）。若承租人向出租人以意思表示欲以永佃權資格使用土地，經出租人同意後，因可聲請為永佃權人，此乃因當事人之同意而設定，非基於時效而取得。故通說認以支付對價始能成立之權利，不能因時效而取得（謝在全著，《民法物權論》（上）冊，78年12月初版，頁187參照）。另行政法院77年度判字第482號裁判要旨略以：「永佃權之成立應以支付佃租為要件，如占有人未支付佃租，則以永佃權成立要件不符，自不得主張因時效取得永佃權。」及內政部於76年5月28日台內地字第504001號函亦採相同見解。準此，本件似採否定說為宜。

(八) 一宗土地得就其特定部分申請時效取得地上權、不動產役權、典權或農育權登記

　　於一宗土地內就其特定部分申請設定地上權、不動產役權、典權或農育權登記時，應提出位置圖。

　　因主張時效完成，申請地上權、不動產役權或農育權登記時，應提出占有範圍位置圖。

　　前二項位置圖應先向該管登記機關申請土地複丈。（土登§108）

　　修正說明：

　　農育權係為農作、森林、養殖、畜牧、種植竹木或保育等目的而使用他人土地之用益物權，且不以支付租金為其成立之要件，又參照一般通說認為，僅以支付對價始能成立之權利，不能因時效而取得，故農育權應得依民法第772條規定準用第769條至第771條規定，因時效完成申請該權利登記，

爰於第2項增列農育權。

七、時效取得之構成要件與地上權時效取得之準用分析

以所有之意思，二十年間和平、公然、繼續占有他人未登記之不動產者，得請求登記為所有人。

以所有之意思，十年間和平、公然、繼續占有他人未登記之不動產，而其占有之始為善意並無過失者，得請求登記為所有人。

占有人自行中止占有，或變為不以所有之意思而占有，變為非和平或非公然占有，非基於自己之意思而喪失其占有，其所有權之取得時效中斷。但依民法第949條及第962條之規定，回復其占有者，不在此限。

前5條之規定，於所有權以外財產權之取得，準用之。分別為民法第769條、第770條、第771條、第772條所明定。

法律設「準用」的規定，旨在簡化條文，避免重覆，是一項不可或欠的立法技術。德國民法第一草案準用規定甚多，頗受批評，現行德國民法略為減少。我國民法準用規定雖較精簡，但亦屬不少，準用係德文「Entsprechende Anwendung」的翻譯，乃指「相當的適用」而言，至於是否「相當」，應就準用與被準用者的構成要件，依其規範功能及體系關聯上的地位，互相比較觀察，以認定在何種程度應對被準用者賦予相當的法律效果。

民法上大部分「準用規定」在適用時多不生疑問，少數尚有爭論，關於民法第772條規定的準用，史尚寬先生及姚瑞光先生均認為是極為困難的問題。地上權屬於民法第772條所稱的財產權，係判例學說的一致見解。有爭議的是如何準用民法第769條至第771條關於不動產所有權時效取得的規定[27]。

依此規定所有權時效取得之構成要件與地上權時效取得之準用分述如下：

(一) 以所有之意思占有及分析

占有依民法第940條規定指對於物事實上管領能力，占有事實須為自主占有及和平繼續占有。自主占有：

27　王澤鑑，民法學說與判例研究(七)，頁218至頁219。

　　「自主占有」係指以所有之意思而占有，故占有依其所由發生之事實之性質。無所有之意思，非有民法第945條所定，變為以其所有之意思而占有之情事，其所有權之取得時效不能開始進行，如對其占有之人表示所有之意思時起，為以所有之意思而占有，其因新事實變為以所有之意思而占有者亦同。自主占有是占有人內心的意識形態，一般不須向他人表明，如依占有性質若本來無所有意思者，如承租權等占有，即不具備以所有意思之占有，當然不生所有權取得時效問題。但占有人如主張今後以所有之意思而占有者，例如承租人向出租人表白，不再以承租人之地位而占有使用其物，即表示表白時起變為自主占有。又通常內心意識難以舉證，所以法律設有推定，以所有之意思前後兩時繼續占有，此乃民法第944條所由規定也。

　　所謂以所有之意思，非為法律行為之意思，更無須為取得所有權之意思，僅須為自己占有其物，且事實上對於占有物具有與所有人為相同支配之地位為已足。至其占有究為不知為無所有權而誤信為有所有權之善意占有，抑或是明知無權占有而為占有之惡意占有，占有之始，是否合法，均非法律所問。民法第945條規定，占有，依其所由發生之事實性質，無所有之意思者，其占有人對於使其占有之人表示所有之意思時起，為以所有之意思而占有。其因新事實變為以所有之意思占有者亦同。

　　不動產所有權的時效取得，須以所有之意思占有他人之不動產，此項要件「準用於地上權」時，其時效取得須占有人在主觀上有以行使地上權的意思，在客觀上有在他人土地上建築房屋，其他工作物或竹木而使用他人土地。易言之，其無行使地上權意思時，不能時效取得地上權。關於此點，最高法院64年台上字第2551號判例謂：「地上權為一種物權，主張取得時效之第一要件須為以行使地上權之意思而占有，若依其所由之事實之性質，無行使地上權之意思者，非有變為以行使地上權之意思而占有之情事，其取得時效，不能開始進行。上訴人占有系爭土地之始，即係基於承租人之意思，而非基於行使地上權之意思，嗣後亦非有民法第945條所定變為以地上權意思而占有，自不能本於民法第772條準用同法第769條之規定，請求登記為地上權人。」

(二) 和平、公然、繼續占有及民法第769條、第770條分析

　　「和平占有」係指非以暴行脅迫非法手段，而取得或維持其占有者而

言。占有不動產無法以隱秘方式為之，其占有當然公然占有，至其占有之初是否善意或過失則非所問。

　　繼續占有，是指連續不間斷占有而言，因繼續之狀態難以舉證，故法律設有推定為繼續占有之規定，民法第944條占有人推定以其所有之意思、善意、和平及公然占有者，經證明前後兩時占有者推定前後兩時之間繼續占有，占有人以所有之意思、善意、和平公然占有者為常例，法律之推定取常例不取變例以保護占有人之利益，故推定前後兩次占有為常例不繼續占有為變例[28]。

　　不動產所有權之時效取得，須為和平、公然、繼續占有他人之物，在特別取得時效（民§770條），尚須其占有之始為善意並無過失。此項要件「準用於地上權」時，其時效取得，亦須出於和平、繼續之占有，自不待言。須注意的是，我民法規定（公然占有）為動產所有權取得時效之要件，而於不動產則無明文，因而發生爭論，學說上有認為應類推適用動產所有權取得時效的要件，就地上權時效取得言，最高法院在結論上亦採肯定見解（參照60年台上字第4195號判例）。在他人土地上有建築物，其他工作物或竹木，多屬於公然，但於相鄰之土地下，暗闢地窖，而行使地上權（例如建造車庫或儲藏室），亦屬可能，列入公然的要件，應有必要[29]。

　　民法物權編部分條文修正草案刻正進行中，其中第769條、第770條和平繼續占有加列和平「公然」繼續占有，立法說明記載，「公然占有」是否為要件之一，則付闕如。惟學者通說以為占有他人不動產，不可以隱秘之方式為之，必須公然占有，始有對占有加以保護之必要。又參諸外國立法例：如日本民法第162條、韓國民法第245條，關於不動產所有權取得時效之規定，均明定必須公然占有。況我國民法第768條關於因時效取得動產所有權，亦以「公然」為要件。爰予修正，增列「公然占有」為不動產所有權取得時效之要件，多數學者既已認為「公然」應予列入自亦有其必要性。

(三) 須經過一定之期間及分析

　　時效之基礎在於時效之經過，期間對於時效占非常重要地位，故非達一定期間，則時效無由完成，此一定期間法有明文規定，在動產時效完成為五

28　同註1，頁22至頁23。
29　參閱梅仲協，民法要義，頁386。

年,不動產一般時效請求權為二十年,特別時效請求權為十年兩種。因時效而取得不動產所有權,影響真正權利人之利益甚鉅,其取得時效之期間不宜失之太短,以免真正之權利人,因短期之疏忽而喪失其不動產之所有權或他項權利。特別取得時效另應具備占有之始善意無過失。所謂:「善意」即不知其占有係無權利之謂[30]。「無過失」,係指善意占有人已付出相當注意,仍不知對其他無權利而言。占有是否善意,民法第944條有推定規定,避免舉證困難。而對於無過失一項法律則無推定之設,因之占有人如主張其占有為無過失時,學者較主張仍應負舉證之責,不過,過失之有無,自應就各個具體情形判斷之,例如對於不動產之交易而不調查土地建物登記簿謄本、都市計畫情形、土地增值稅之多少,或對於交易相對人之代理權是否有欠缺或有無瑕疵未予查證,一般均認為有過失也。

　　「善意並無過失」於占有之始具備即可,其後繼續占有者,若變為惡意或有過失對於所經過十年期間並不因此因素變為二十年。至於主張以一般取得時效(即二十年)完成,縱令占有之始為惡意或雖善意而有過失亦得請求登記為所有人[31]。

(四) 須占有他人未登記之不動產及民法第772條分析

1. 民法第769條、第770條規定時效取得所有權以他人未登記之動產為限,土地法第43條規定:「依本法所為之登記有絕對效力。」已登記不動產受土地法、民法等有關法律之保護,如占有他人已登記之不動產則不能因時效而取得所有權,縱然所有權不法移轉而有民法無效或得撤銷之原因者,真正權利人仍得提起塗銷之訴(司法院28年字第1919號解釋)。另大法官會議釋字107及164解釋,所有權回復請求權、防止侵害請求權等均不因時效而消滅。
故對於已登記之土地,如允許占有人因時效取得其權利或於其所有權取得限制物權,則徒增登記與法律事實之不一致,顯與不動產之公示主義相反。然而學者中亦有認為時效取得不應以他人未登記土地為限者[32]。
至於未登記土地之認定,依據最高法院64年台上字第334號判決認為「所

---

30 鄭玉波,民法物權,88年2月版,頁68。
31 最高法院26年上字第442號判例。
32 謝哲勝,不動產所有權取得時效之客體立法政策之探討,法律評論9、10期,83年10月,頁2。

謂未登錄土地，指該土地未經地政機關，關於土地登記簿為所有權歸屬之登記而言，苟經登記，則其登記是否屬實，及登記名義人是否確有其人，或其人之生死，暨現在何處，均非所問。」由此可知，在實務上對於未登記土地之認定，係採法律條文之保守解釋，從而使民法第769條規定之時效取得很難實現，是值得檢討之處。

2. 至於時效取得地上權登記之要件是否以占有他人未登記土地為要件？

　　茲以已登記不動產仍得為時效取得地上權之判例說明如下：

(1) 最高法院60年台上字第1317號判例認為：「地上權為土地他項權利，其登記必須於辦理土地所有權登記同時或以後為之，如土地未經辦理所有權登記，即無從為地上權之登記。故依據民法第772條準用取得時效之規定，聲請為地上權之登記時，並不以未登記之土地為限。」

(2) 60年台上字第4195號判例再度肯定此項見解，認為：「未登記之土地無法聲請為取得地上權之登記，故依民法第772條準用同法第769條及770條主張依時效而取得地上權時，顯然不以占有他人未登記之土地為必要。苟以行使地上權之意思，二十年間和平繼續公然在他人土地上有建築物或其他工作物或竹木者，無論該他人土地已否登記，均得請求登記為地上權人。」

(3) 關於地役權的時效取得，最高法院54年台上字第698號判例曾認為：「地役權係以他人土地之利用為其目的，而得直接支配該土地之一種不動產物權，性質上僅為限制他人土地所有權之作用，而存在於他人所有土地之上，故有繼續並表見利用他人土地之情形，即可因時效而取得地役權，並不以他人所有未經登記之土地為限。」

3. 依修正後民法第772條規定「前五條之規定，於所有權以外財產權之取得，準用之。於已登記之不動產，亦同。」前項規定，於已登記之不動產，亦同。最高法院60年度台上字第4195號判例，時效取得地上權，不以他人未登記之土地為限之意旨，為杜爭議，民法修法後已明定對於已登記之不動產，亦得準用。上述立法將判例列於法條內文又是一具體例證。

4. 「未登記」之定義修正草案中仍無明文規定，有主張應採擴大解釋同瑞士立法例，包括自始未登記，及雖有登記但無法由登記簿上確知誰為真正權利人者，例如：登記為公司，但登記已解散、被繼承人死亡後尚未辦繼承登記之土地、國庫依民法第1185條取得無人繼承之財產、典權人依民法第923條第2項、第924條之規定已取得典物之所有權、拍定人依強制執行法

第98條規定已取得拍定不動產之所有權,而尚未辦理登記者而言[33]。惟另有採縮小解釋,認吾國民法無如瑞士民法之相同規定,是否得以瑞士民法為據,作擴張解釋,不無疑問,且吾國不動產物權之取得時效效力,僅取得「登記請求權」,得否據此,訴請塗銷他人原有之登記,更屬有疑,且恐將與釋字第107號、第164號解釋所揭櫫之已登記不動產物之回復請求權不罹於消滅時效之原則有違,而認為此之「未登記」,應僅限於自始未經地政機關就所有權之歸屬有所登記而言。民法第772條修正增列於已登記之不動產準用所有權以外財產權之取得。

八、時效取得效力之分析

(一) 不動產取得時效完成,僅得請求登記為所有權人(民§769、§770)亦即占有人雖於完成時效後得請求登記為所有權人但並不當然取得土地之所有權,必須經過法定之程序及完成登記後,使能取得所有權。地上權因準用所有權時效取得之規定,故基本上,仍應界定為因時效而取得聲請地上權登記之權利。爰參最高法院69年3月4日69年度第5次民事庭會議決議:「因時效而取得地上權登記請求權者,不過有此請求權而已,在未依法登記為地上權人以前,仍不得據以對抗土地所有權人而認其並非無權占有。」

(二) 於民法物權編施行後,取得時效已完成,然土地登記機關尚未設立者,依民法物權編施行法第8條之規定,占有人於得請求登記之日,視為所有人[34]。

(三) 民法物權編施行前,取得時效已完成者,依民法物權編施行法第7條之規定,僅自民法施行之日起,取得請求登記為所有人之請求權而已,並非當然取得該不動產之所有權(65台上1709)。且此項占有人如未依土地法第54條聲請為所有權登記,亦未於公告期間內提出異議,依同法第60條之規定,即喪失其占有之權利,不能請求塗銷他人之所有權登記[35]。

(四) 占有人時效完成後,在未經登記為所有人以前,原所有人如已登記完

33　史尚寬,物權法編,頁69;姚瑞光,民法物權編,頁65。

34　謝在全,民法物權上冊,86年9月版,頁178。

35　最高法院50年台上字第142號判例。

畢，因與取得時效之客體須為他人未登記之不動產要件已有不合，故占
有人即不能對之主張取得時效，亦不得請求塗銷原所有人之所有權登
記[36]。

(五) 依取得時效完成而取得所有權，乃非基於他人既存之權利而取得，性質
上屬於原始取得，原所有權於占有人取得所有權時，即歸於消滅，該物
上原有之物上負擔亦同歸消滅，例如動產上有動產抵押權存在之情形即
然[37]。

(六) 因取得時效完成而取得他人之物之所有權，是否尚有不當得利規定之適
用？通說與實務上均謂此係基於法律之規定，即有法律上原因而受益，
自無不當得利之問題[38]。

(七) 占有人依民法第769條、第770條規定，取得所有權時，其未經登記之原
所有權即行消滅[39]。

(八) 占有人時效完成並辦妥登記後，即享有民法物權編所有權及他項物權所
有之一切權利，如係地上權依法辦妥登記，依法已具有使用該項土地建
築房屋之權利，毋須再行徵求土地所有權人出具使用權利證明文件為必
要，即可申請建築執照。

(九) 最高法院80年6月4日80年度第2次民事庭會議決議，占有人因時效取得
地上權登記請求權，以已具備時效取得地上權之要件，向該管地政機關
請求為地上權登記，如經地政機關受理，則受訴法院應就占有人是否具
備時效取得地上權之要件，為實體上裁判。不得以地上權尚未登記而遽
認占有人為無權占有，最高法院69年3月4日，69年度第5次民事庭會議
應予補充。

九、不動產時效取得登記問題之探討

(一) 行使地上權意思而占有應負舉證責任之探討

地上權為一種物權，主張取得時效之第一要件須為以行使地上權之意思
而占有，若依其所由發生之事實之性質，無行使地上權之意思者，非有變為

36　最高法院54年1月26日，54年度第1次民刑庭總會會議決議(五)。
37　謝在全，民法物權法編，86年9月版，頁180。
38　最高法院47年台上字第303號判例。
39　最高法院71年台上字第140號判決。

以行使地上權之意思而占有之情事，其取得時效，不能開始進行。上訴人占有系爭土地之始，即係基於承租人之意思而非基於行使地上權之意思，嗣後亦非有民法第945條所定變為以地上權之意思而占有，自不能本於民法第772條準用同法第769條之規定，請求登記為地上權人[40]。

占有土地建築房屋，有以無權占有之意思為之，有以所有之意思為之，非必行使地上權之意思而占有。故上述人如主張以行使地上權之意思而占有訟爭土地，應負舉證之責[41]。

依時效取得地上權者，須其主觀上有以行使地上權之意思，在客觀上有在他人土地上建築房屋、其他工作物或竹木而使用他人土地。關於此點，主張時效取得之人，應負舉證責任。至於善意、和平、公然及無過失占有，法律設有推定，即占有人推定其為善意、和平及公然占有；經證明前後兩時為占有者，推定前後兩時之間繼續占有（民§944）。故關於時效中斷之事由，應由土地所有人負舉證責任。

時效取得所有權民法第944條明文予以推定，占有人只要能證明占有之事實，而土地所有權人無法舉出相反之證明，或舉出之證明無可採即可推定占有人之占有事實，民事訴訟法第281條：「法律上推定之事實無反證者，無庸舉證。」故占有人只須證明其占有之事實，係自主、和平、繼續、善意而公然及無過失占有，除利害關係人提出反證外，占有人均無須舉證。準此以觀，土地所有權人如果土地被他人占有，達一定期間以後，如對主張占有時效完成取得土地地上權人，無法提出有力之反證時，比照時效取得所有權，地上權申請人之主張即得成立。若占有人尚須對占有，係以行使地上權之意思負舉證責任，則民法第10章占有之規定形同虛設，時效取得所有權以外之財產權之準用法律規定更形同具文。

按地上權為一種物權，主張取得時效之第一要件，依最高法院64年台上字第2552號判例，須為以行使地上權之意思為占有，又行使地上權之意思，依民法第944條第1項之規定不在推定之列。又「當事人主張有利於己之事實者，就其事實有舉證之責任。」民事訴訟法第277條定有明文。因此是否以行使地上權之意思，須由占有人之原告負舉證之責。

而行使地上權之意思乃內心狀態，占有人舉證十分困難，致使辦妥時效

---

40 最高法院64年台上字第2552號判例。
41 參閱最高法院64年台上字第220號判決。

取得地上權登記案件如鳳毛麟角，枉費立法之用心。又時效取得所有權以未登記土地為限，未登記土地依國有財產法第19條規定為國有土地，時效取得所有權更是少之又少。

(二) 一定期間認定之探討

依民法第769條長期時效二十年和平、公然、繼續占有他人未登記之不動產者，得請求登記為所有人。民法第770條短期時效十年占有之始為善意並無過失。二者法律規定不同，但審查要點第10點：「占有人占有時效之期間悉依其主張，無論二十年或十年，均予受理。」以行政命令變更民法之規定，有欠妥當，且無論十年、二十年之區別限制未予界定，更是含混不清。而民法占有之始善意並無過失，占有人既係主張以所有占有，足見其所有人已確係所有土地為他人所有，即無從推定其係善意不知情，善意占有即不知其占有係無權利之謂[42]。無過失，法律並無推定之設，依慣例由占有人負舉證之責，所謂無過失係指善意占有。雖加以相當注意，仍不知其無所有權而言。民法第772條地上權之時效取得準用之，其占有時間如何決定，值得討論。

關於占有時間之合併計算，「審查要點」第10點設有如下規定：「占有人主張與其前占有人之占有時間合併計算者，須為前占有人之繼承人或繼受人。前項所稱繼受人指因法律行為或法律規定而承受前占有人之特定權利義務者。」此項要點係參照民法第947條而規定，即：「占有之繼承人或受讓人，得就自己之占有，或將自己之占有與其前占有人之占有合併，而為主張。合併前占有人之占有而為主張者，並應承繼其瑕疵。」

(三) 四鄰之探討

依據土地登記規則第118條第1項之規定：「土地總登記後，因主張時效完成申請地上權登記時，應提出以行使地上權意思而占有之證明文件占有土地四鄰證明或其他足資證明開始占有至申請登記實際繼續占有事實之文件。」考其立法之理由，係因民法第769條至第770條中已規定因合法占有得申請取得不動產權利之登記，但應如何登記之程序卻未規定，故在此條文中予以明列。惟其中所謂「四鄰」應如何認定？

42　同註24。

　　審查要點第6點：「占有土地四鄰之證明人，於占有人占有時及申請登記時，須繼續為該占有地附近土地之使用人、所有人或房屋居住者。」內政部70年3月26日台內地字第3496號函：「土地登記規則第113條（現修正為118條）第1項之『四鄰』，係指占有地附近土地之使用人或所有人或房屋居住者。」

　　占有地附近之範圍如何，在實務解釋上居住於同一村莊內，似均可視為占有地附近之範圍。某地政事務所因為時效取得地上權登記案，為了「四鄰」證明人還被監察院移送辦理，可見應將「四鄰」二字應予明文化，俾雙方辦案時有所遵循，不要再予模稜兩可之文句，徒增困擾。

　　又法院判決時，常引用「證明書上證明人之地與系爭房屋門牌無任何相鄰之關係，是其證明顯有欠缺」判決占有人敗訴，且目前工商社會人際關係疏離，而證人之資格依上述說明復受極為嚴格之限制，必須占有人占有時證人即設籍迄至占有人申請登記長達二十年以上何其困難。最高法院53年台上字第2673號判例可供參酌：「證人為不可代替之證據方法，如果確係在場聞見待證事實，而其證述又非虛偽者，縱令證人與當事人有親屬、親戚或其他利害關係，其證言亦非不可採信。」

(四) 占有人占有之始，須有意思能力之探討

　　內政部93年8月20日修正公布「時效取得地上權登記審查要點」，其中第4點規定：「占有人占有之始，須有意思能力。」且內政部於85年1月9日台8417214號函修正為「占有人占有之始，須有意思能力。如為占有之移轉，具有權利能力者得為占有之主體。」其理由有下列二點：

1. 時效取得係直接基於法律規定，非屬法律行為，為國內外學者的通說[43]。實務上亦同此見解，最高法院69年台上字第471號判決謂：「按時效者，係以於一定期間內，一定事實狀態之繼續，為其成立要素之法律事實，亦即發生法律現象之原因（又因其為法律效力之原因，故可稱為法律要件），並非法律行為，是上訴人在尚未依法請求登記為地上權人之前，自不能本於地上權之法律關係對抗上訴人」可資參照。

2. 時效取得既非法律行為，解釋上當然不需要有行為能力，僅須有意思能

---

43 謝在全，民法物權論上冊，86年9月版，頁173；史尚寬，物權法編，頁76；姚瑞光，民法物權編，頁60。

力，即為已足，限制行為能力人或無行為能力人有意思能力者，亦可主張時效取得。

(五) 土地使用限制之探討

　　地上權之標的為土地，土地所有權人必須善盡利用土地，始克增進公共利益。占有人使用他人之土地，如有違土地使用限制法令，與公共利益不符，影響社會公平正義之原則，尤其十年占有他人私有土地者，如該占有之始，即違背土地使用管制法令，其占有顯屬惡意並有過失，與民法第770條占有之始為善意並無過失之要件不符，請求為登記所有人應不予准許。我國土地登記制度之實行，政府定位為行政措施之一環，為了配合其他政策之推行，而對登記之申請予以限制。如為保護農地有農業發展條例第31條耕地之使用及違規處罰，應依據區域計畫法令規定，其所有權之移轉登記依據土地法及民法規定辦理。

　　申請移轉登記須繳清土地增值稅、契稅、遺產或贈與稅、欠稅完稅等之限制，以配合政府之財稅措施。國民住宅條例規定政府興建之國民住宅，其承購人居住滿一年後，經主管機關同意出售與具有購買國民住宅之資格者為限。建物所有權第一次登記時，應提出合法建物之證明文件，以防止違章建築之產生。如以上述原因推論審查要點第3點之訂定，有其特殊之任務意義。惟第3點之規定，關係占有人或土地所有權人之權利義務甚大，有違中央法規標準法第5條應以法律定之的規定，如法律未制定者，加速立法，又未完備者，予以增訂或修正以避免爭議，維護法律之安定可行。

貳、時效取得司法相關判解

一、時效取得登記相關判解

(一) 縱令占有之始為惡意或雖係善意而有過失，亦得依民法第769條請求登記為所有人。（最高法院26上字442判例）

(二) 公同共有人中之一人以單獨所有之意思占有公同共有之不動產，有民法第769條之適用。（最高法院32上字110判例）

(三) 占有之始係基於共有關係，如嗣後變更為獨有之意思，仍有民法第769

條、第770條之適用。（最高法院32上字826判例）

(四) 時效取得地上權，不以未登記之土地為限。（最高法院60台上字1317判例）

(五) 占有人因時效取得不動產所有權或他項權利時，得單獨聲請地政機關為所有權或他項權利之登記，不得訴請原所有權人協同辦理（土登§118）：68.08.21議、最高法院68台上字2994判例、最高法院68台上字3308判例、最高法院69台上1443裁判、70台上381、2193、院72.03.14（72）院台廳(一)1913、72台上1811、72.12.07（72）院台廳(一)7294、74.08.01（74）院台廳4394、77台上2279。

(六) 土地所有人固不負擔同意占有人登記為地上權人之義務，惟如占有人依土地登記法第118條、土地法59條訴請土地所有人容忍其辦理地上權登記，則此項容忍不作為義務與同意作為義務，係屬兩事：77台上2279、70台上1619、71台上140。

(七) 已登記之不動產、無消滅時效之適用。其登記應係指依五國法令所為之登記而言（司法院大法官會議釋字第107號解釋）。

(八) 雖因時效而取得地上權或地役權登記請求權，惟在未登記為地上權或地役權人以前，仍不得謂已有地上權或地役權存在，據以對抗土地所有人，而謂非無權占有：69.03.04議、70台上308、71台上1791、2381、72台上4282、院72.03.14（72）院台廳(一)1913、69台上471、69台上1443、69台上3289、73台上4359。

(九) 占有人因時效而取得地上權登記請求權者，其請求登記，如經地政機關受理，則受訴法院即應就占有人是否具備時效取得地上權之要件，為實體上裁判，不得遽以其係無權占有處理，69.03.04議應予補充：80.06.04議、80台上1212、1348、1527、82台上647、84台上390、85台高院暨所屬地院。

(十) 占有人因時效取得地上權登記請求權者，土地所有人有容忍占有人辦理地上權登記之義務：77台上2279（司法院公報9卷4期第143頁）。

(十一) 不得以占有人未登記為地上權人前，尚未取得地上權為由，駁回請求登記：83台上3252判例。

(十二) 在未依法請求登記為地役權人前，不能本於地役權之法律關係向供役地所有人有所請求：84台上2550。

(十三) 公用地役權係指土地供公眾通行已歷數十年之久，因時效完成而有公

用地役關係存在之情形而言，非以登記為成立要件，且係公法關係，不得依民訴程序請求法院裁判：80台上1515。

二、一般時效取得問題

(一) 占有人得合併自己與其前占有人之占有計算取得時效：71台上3544。
(二) 取得時效之占有，限於權利能力者之占有，始得主張之：71台上3544。
(三) 取得時效完成後，除有拋棄時效利益之意思外，無時效中斷問題：80台上536、86台上680。
(四) 請求權人必須證明占有之事實及本於所有之意思而占有：73台上4439。

三、公有土地取得問題

(一) 水利用地（排水溝、堤防用地），依法免於編號登記（土§2、41），無從因時效完成而取得及請求登記其地上權：65台上2558判例、79台上30。
(二) 公有公用物或公有公共用物，無取得時效之適用：72台上5040。其在通常情形，如已失去公用型態，不復具有公物性質，則得為取得時效之標的，惟經政府依土地法編定的公用道路與水溝，則未奉准廢止而變更為非公用土地前，仍無取得時效之適用：72台上5040。
(三) 公有土地，除土地法所定不得私有者外，亦有取得時效之適用：30院2177。
(四) 公有土地在廢止公用後，得為取得時效之標的：33院2670。
(五) 國有土地，除土地法第14條所定不得私有及供公用者外，得為地上權取得時效之客體：82宜蘭地院。

四、不能依時效取得情形

(一) 國有財產雖由各機關分別使用收益，但其所有權仍同屬國庫。各機關彼此占有之事實，不適用民法上關於因占有而取得權利之規定。（最高法院35上字616判例）
(二) 因親屬關係占有房屋並非以所有之意思而占有，不得主張時效取得。（最高法院44上字1613判例）（92年1月14日廢止）
(三) 非基於行使地上權之意思而占有，自不能主張時效取得地上權。（最高

法院64台上字2552號判例）

(四) 民法第769、770條之土地，苟經登記，則不論登記是否屬實，登記名義人是否確有其人，或其人之生死，暨現在何處，均不能依時效取得所有權：64台上334（司法院公報18卷11期）

(五) 已經登記之土地，不能主張取得時效：85.06.19（85）院台廳民(一)10741。

(六) 以他人所有之意思而占有，係他主占有，非自主占有，時效期間即無從進行：81台上285（司法院公報34卷6期42頁）。

(七) 經登記之不動產，不因所有人未行使物上權利而喪失不動產所有權：84台上1475。

(八) 時效取得地上權登記審查要點第3點，占有人占有土地有下列情形之一者，不得申請時效取得地上權登記：

1. 屬土地法第14條第1項規定不得私有之土地。

2. 供墳墓使用者。

3. 使用違反土地使用管制法令者。

4. 屬農業發展條例第3條第11款所稱之耕地。

5. 其他法律規定不得主張時效取得者。

五、時效取得地上權

(一) 時效取得性質上係由一方單獨聲請地政機關為所有權登記，無從以原所有權人為被告，訴請法院予以准許（最高法院68台上1584判例、68台上3308判例）

(二) 非以取得地上權之意思占用系爭土地，難依時效取得地上權：69台上3289、81.10.06（81）台廳(一)16537、85台上652。

(三) 承租土地建築居住雖已達二十年以上，惟既係以行使租賃權之意思而占有該土地，自不得主張依時效取得地上權：70花蓮高分院、69台上694。

(四) 以行使地上權之意思而占有之時起，取得地上權時效方開始進行：84台上748（司法院公報院報37卷12期第58頁）

(五) 占有之始即有於他人土地上有建築物等之目的而使用土地，占有後確有建造房屋等，難謂占有之始無行使地上權之意思：85台上609。

(六) 所謂以行使地上權之意思，係指以在他人土地上有建築物或其他工作物或竹木為目的使用其土地之意思：86台上295。

(七) 主張以行使地上權之意思而占有者，應負舉證責任：84台上748。

(八) 因取得時效，聲請為地上權之登記，不以未登記之土地為限：60台上1317判例、4195判例、81.10.06（81）院公廳(一)16537、86.12.06（86）院台廳民(一)25131。

(九) 共有人或公同共有人之一人或數人，以在他人土地行使地上權之意思占有共有或公同共有之土地者，得依民法第772條準用769、770取得之規定，請求登記為地上權人：87釋451（司法院公報40卷5期第13頁）。

(十) 地上權取得時效之中斷係依民法第772條、第771條前，惟若占有他人地上建物係公同共有，而約定由其中部分公同共有人使用，則其他共有人雖遷離，仍係間接占有人，並不構成取得時效中斷：87台上2277（司法院公報41卷4期第65頁）。

(十一) 占有土地屬農業發展條例第3條所稱之耕地者，性質上不適於設定地上權（土§82前段），故不得申請時效取得地上權登記：內政部93.08.20內授中辦地字第0930725800函頒時效取得地上權登記審查要點第3點第4款、85釋408。

參、時效取得地上權參考問題

一、時效取得地上權登記審查要點究係行政規則或係法規命令？

二、耕地可否主張時效完成地上權？

三、地租交付與否與行使地上權有否關係？

四、行使地上權之意思占有由誰負舉證責任，申請人如何舉證？

五、占有時係住宅用地申請時效取得登記時已被規劃為學校用地可否時效取得地上權？

六、土地經限制登記或移轉他人者，可否申請時效取得地上權？

七、公有土地得否為占有時效之標的？

八、占有權利四鄰證明如何認定？

九、占有物為建物可否為時效取得之客體？

十、以公有宿舍擴建部分占有公有土地得否時效取得地上權？

十一、占有人因時效取得地上權登記請求權已向地政機關請求登記，如經收件受理；所有權人提出異議，地政機關如何處理？

十二、以建物為目的使用土地者，應否提出合法建物證明文件？

十三、共有人在他人土地上行使地上權之意思占有共有土地得否請求登記為地上權人？

十四、水利用地（排水溝、堤防用地）行水區土地得否時效取得？

十五、未依法登記為公有或私有之林地，是否適用關於取得時效之規定？

十六、占有人占有鄰地所有權人一平方公尺之土地為梁柱使用，興建樓房已達二十年申請時效取得地上權登記，地政機關應如何處理？

十七、國防部總政治作戰局配住員工房舍，但員工於四週空地上加蓋違章建物或其他工作物，員工可否時效取得？

十八、公務員以自有資金於配住土地上興建職員宿舍，可否時效取得？

十九、大樓地下室安全支稱工程施作人施作之鋼筋工作物全數遭掩埋於地下，施作人以土地之下被鋼筋等工作物占用為由，占有人行使地上權意思申請時效取得可否准許？

二十、因無法辦理繼承登記，以繼承人親屬身分而占有房屋使用二十年以上，占有人可否主張時效取得？

二十一、占有人種植之竹木，行使地上權為目的占有土地二十年以上，可否時效取得地上權？

二十二、占有人於阿里山未登記之林班地上興建房屋二十年以上，可否時效取得所有權？

二十三、產權未定之土地，可否時效取得所有權？

二十四、時效取得申請案件登記機關審查中或公告期間，土地所有權人提出已對申請人之占有向法院提起拆屋還地訴訟或確定判決文件聲明異議時，登記機關得否以涉及私權爭執為由駁回登記申請？

二十五、占有之土地，所有權人為祭祀公業、寺廟或神明會，其管理人死亡或不明者，登記機關應否通知土地所有權人或管理人？

二十六、土地已為他人同意設定地上權登記後，占有人已依民法第769條、第770條、第772條規定時效完成，向登記機關申請登記時，登記機關如何處理？

二十七、以建築物為占有土地標的，建物業已天災倒塌滅失，占有時效經證明確於申請登記時即已完成，登記機關處理方式為何？

二十八、已依所有權時效取得完成者，嗣後改變以承買之意思或以行使地上權之意思而占有原業經完成之取得時效法律效果，登記機關應否准許公告？

二十九、申請時效取得地上權登記，其占有範圍如何界定？

三十、占有人時效取得可否以土地所有權人為被告，訴由法院逕行判決予以登記？

三十一、土地所有權人得否向法院申請假處分不准占有人申請時效取得？

三十二、占有之土地所有權人為信徒眾多之神明會，僅其中之一信徒於公告期間提出異議，登記機關如何處理？

三十三、祭祀公業、神明會管理人已死亡，登記機關得否要求土地所有權人先辦妥新管理人變更備查後，再由占有人申請時效取得地上權登記？

三十四、占有人申請時效取得地上權登記，只要符合民法、土地登記規則、地籍測量實施規則、時效取得地上權登記審查要點之規定，登記機關是否准予公告？

三十五、時效取得地上權登記審查要點第16點續予審查及第13點私權爭執駁回之規定，二者之位階為何？

三十六、申請時效取得所有權、占有人應否舉證行使所有權之意思而占有？

三十七、對於事實上有管領能力為占有人，民法第940條有明文規定，戶籍謄本是否為占有唯一證明文件？

三十八、私法人得否主張時效取得地上權？

三十九、因時效取得而申請複丈，地政機關應否實質審查？

四十、都市計畫主要計畫住宅區已公布。但細部計畫逾三十年仍未公布，占有人已占有土地數十年，興建房屋可否時效取得地上權登記？

四十一、不動產糾紛調處對申請登記案件不利申請人之裁處時，申請人得否訴願？申請人不服調處如何處理？又調處結果送登記機關後，登記機關可否駁回？申請人可否訴願？

四十二、建物第一層、第二層為他人所有，建物第三層所有權人主張時效取得地上權申請登記，他項權利位置圖已加註特定空間範圍並測定絕對高程，地政事務所應否准予受理公告？

四十三、時效取得地上權案件，經地政事務所公告期滿或公告期間土地所有權人提出異議，地政事務所未移送糾紛調處會前土地所有權人先行

　　　　　申請地上權設定登記，地政事務所應否受理？

四十四、土地所有權人如訴請地上權登記不符單獨登記之要件，法院判決確定塗銷無效之地上權登記，占有人於該訴訟土地所有權人起訴繫屬中以因時效取得地上權聲請抗辯，法院是否仍應對占有人是否具備時效取得地上權之要件為實體之審究？

四十五、時效取得地上權登記依法公告三十日，並同時通知土地所有權人，但如通知未合法送達土地所有權人，地政事務所後續作業如何處理？

肆、時效取得地上權相關爭訟案例參考

一、最高法院民事判例60年度台上字第4195號
二、最高法院民事判例64年度台上字第2552號
三、最高法院民事判例68年度台上字第3308號
四、最高法院民事判例83年度台上字第3252號
五、最高法院民事裁判84年台上字第405號
六、最高法院民事裁判85年台上字第829號
七、最高法院民事裁判86年度台上字第2464號
八、最高法院民事裁判86年度台上第3140號
九、最高法院民事裁判87年度台上字第1284號
十、最高法院民事裁判89年台上字第1555號
十一、最高法院民事裁判89年度台上字第2247號
十二、最高法院民事裁判91年度台上字第949號
十三、最高法院80年度第2次民事庭會議
十四、最高行政法院行政判例81年判字第1796號
十五、最高行政法院89年判字第2761判決
十六、最高行政法院91年判字第112號判決
十七、最高行政法院91年判字第935號判決
十八、最高行政法院94年判字第01705號判決
十九、台灣高等法院台南分院民事裁判88年度上字第31號
二十、台灣高雄地方法院民事裁判98年重訴字第187號

第五章 │ 不動產役權之法律關係與登記實務

壹、不動產役權之意義與分析

一、不動產役權意義及立法理由

(一) 民法第851條規定:「稱不動產役權者,謂以他人不動產供自己不動產通行、汲水、採光、眺望、電信或其他以特定便宜之用為目的之權。」

(二) 不動產役權之修正立法理由:

1. 地役權之現行規定係以供役地供需役地便宜之用為內容。惟隨社會之進步,不動產役權之內容變化多端,具有多樣性,現行規定僅限於土地之利用關係已難滿足實際需要。為發揮不動產役權之功能,促進土地及其定著物之利用價值,爰將「土地」修正為「不動產」。

2. 不動產役權係以他人之不動產承受一定負擔以提高自己不動產利用價值之物權,具有以有限成本實現提升不動產資源利用效率之重要社會功能,然因原規定「便宜」一詞過於抽象及概括,不僅致社會未能充分利用,且登記上又僅以「地役權」登記之,而無便宜之具體內容,無從發揮公示之目的,爰明文例示不動產役權之便宜類型,以利社會之運用,並便於地政機關為便宜具體內容之登記。又法文所稱「通行、汲水」係積極不動產役權便宜類型之例示,凡不動產役權人得於供役不動產為一定行為者,均屬之;至「採光、眺望」則為消極不動產役權便宜類型之例示,凡供役不動產所有人對需役不動產負有一定不作為之義務,均屬之。至「其他以特定便宜之用為目的」,則除上述二種類型以外之其他類型,例如「電信」依其態樣可能是積極或消極,或二者兼具,均依其特定之目的定其便宜之具體內容。不動產役權便宜之具體內容屬不動產役權之核心部分,基於物權之公示原則以及為保護交易之安全,地政機關自應配合辦理登記,併予指明。

二、不動產役權分析

(一) 不動產役權者使用他人不動產之物權

　　不動產役權之成立，以有兩不動產之存在為必要，享有不動產役權之不動產，謂之「需役不動產」，供其使用之不動產，稱為「供役不動產」，供役不動產僅以不動產為限，而不動產原則上又須為他人所有，於自己不動產上不須自設不動產役權，此觀於上述法條之文義，即不難明瞭，惟不動產役權制度之精神，不在調節不動產之「所有」，而在調節不動產之「利用」，故雖屬同一人所有之甲乙兩不動產，但現已異其占有人時（如甲不動產自用，乙不動產出典；或甲不動產典於張三，乙不動產典於李四），如有必要，亦無不可設定不動產役權，足見他人「不動產」一語，實不宜過於拘泥文義，而嚴格解釋為非他人所有之不動產則不可之規定。

　　不動產役權，僅以有需役不動產及供役不動產為必要，並不問該二不動產之所有人是否相同。雖就條文文字「他人不動產」、「自己不動產」而言，二不動產異其所有人，為合理之解釋。但不動產役權重在此不動產供彼不動產便宜之用，只須彼不動產有利用此不動產之需要，經當事人合意，即可設定不動產役權。就條文文字嚴格解釋，致礙不動產便宜之利用，殊無必要。在通常情形，需役不動產與供役不動產，固多異其所有人，但若不動產所有人有多筆不動產，其中一筆或數筆，出典（設定地上權或農育權亦同）於他人，其典權人如更有以出典人所有之其他不動產，供自己有典權之不動產便宜之用之需要，經雙方合意，設定不動產役權，似無不可之理。從而，就不動產役權重在此不動產供彼不動產便宜之用之點言之，凡得準用相鄰關係之地上權人、農育權人、典權人（民§832、§850-1、§911），均得為不動產役權之主體，不以不動產所有人相異者為限，始得設定不動產役權。又需役不動產與供役不動產，不以相鄰接為必要，與相鄰關係之情形相同。

(二) 不動產役權者用他不動產供己不動產便宜之物權

　　不動產役權須有需役不動產與供役不動產之存在，「供役不動產」即供「需役不動產」便宜之不動產，而其所供之便宜須歸「需役不動產」所享受，此兩者為不動產役權必不可缺之要件。換言之，「供役不動產」如不能供需役不動產之便宜，固不須設定，即其所供之便宜，非為需役不動產所享受，而為特定人所享受時，亦非屬不動產役權之問題，至於所謂「便宜」

者，究其內容為何，此點法無限制，一任當事人自由訂定，但須於不違背強行法規及公序良俗之範圍內為之，茲就一般情形，列舉「便宜」之內容為：

1. 以供役不動產供使用者，如通行不動產役權；
2. 以供役不動產供收益者，如取土不動產役權；
3. 避免相鄰關係之任意規定者；蓋依相鄰關係之規定，輒使某地負有某種義務，例如依民法第777條之規定，不動產所有人不得設置屋簷使雨水直注於鄰地，因此不動產所有人，即負有不得設簷之義務，現設該人欲免除上述義務，則於鄰地上設定一直注雨水之不動產役權即可，此種不動產役權即係避免相鄰關係之規定者，惟相鄰關係之規定，原有「任意」與「強行」之分，其任意規定固能依此方式而避免，但強行規定（如袋地通行）則無法避免。

　　禁止供役不動產為某種使用者；如禁建高大樓房，以免妨礙眺望是。其次需役與供役兩不動產，通常固定毗連，然不以此為限，縱甲乙兩不動產並不相鄰，而乙不動產於事實上居於可供甲不動產便宜之地位時，縱屬隔不動產，亦可設定不動產役權，不過此種情形究屬少數。至於不動產役權之有償、無償、有期、無期，法亦無規定，任由當事人定之。總之，不動產役權，乃以他人不動產供自己不動產便宜之用之權。因不動產役權之作用，乃在調節不動產之「利用」關係，而非以調節不動產之「所有」關係為目的，故所謂「他人不動產」，通說認為供役不動產與需役不動產雖同屬一人所有，但二不動產之占有利用人不同者，如有必要，亦可設定不動產役權，不宜就條文文字嚴格解釋，致妨礙不動產利用價值之增加。至於所謂「便宜」，乃指便利相宜而言，此種利益不以具有經濟上價值者為限，其具有精神上之價值者，亦無不可。又需役不動產與供役不動產不以毗連者為限，縱不鄰接，而供役不動產在事實上可供需役不動產利用上之便宜者，亦可設定不動產役權，如引水不動產役權是。

三、不動產役權相關名詞定義

(一) 供役不動產

　　相對於「需役不動產」。指負擔不動產役權之土地，亦即供人利用之不動產。供役不動產不僅須為不動產且限於他人之不動產，因於自己不動產上，自己得為任何之使用，除有特殊情形，否則無設定不動產役權之必要。

惟不動產役權重在調節不動產之利用，因此學者通說認為雖同屬一人所有之二筆不動產，而使用人各異時，只有他筆不動產有供此筆不動產便宜之用之必要，仍可設定不動產役權，以利不動產役權機能之發揮，增加不動產之利用。

(二) 需役不動產

相對於「供役不動產」。係指不動產役權所附著之不動產，亦即享受方便、利益之不動產。需役不動產所受之方便、利益，不以財產上之價值為限，精神上之受益，亦無不可。

(三) 普通不動產役權

不動產所有權人為供自己不動產之便宜以提升經濟效能，須利用他人不動產時，得洽請各該不動產所有權人設定地役權。以一宗不動產所有權之全部（即為不動產之全部）設定者，稱為普通不動產役權，不動產役權人得就該供役不動產之全部行使權利，並得於供役不動產設置工作物，亦有維持其設置之義務（民§855）。

(四) 特定部分不動產役權

登記實務上得於一宗不動產之特定部分設定不動產役權，稱為特定部分不動產役權。不動產役權人僅得就該部分行使其權利，並為必要之行為。

(五) 時效取得不動產役權

不動產役權不以支付地租或對價為成立之要件。不動產役權因時效而取得者，以繼續並表見者為限（民§852第1項）。地役權性質上僅為限制他人土地所有權之作用，而存在於他人土地之上，故有繼續並表見利用他人土地之情形，即可因時效而取得地役權，並不以他人所有未經登記之土地為限（54台上698）。如僅繼續而非表見，或僅表見而非繼續，均不能因時效取得地役權（內部70.11.25台內地字第50958號）。

(六) 公用不動產役權

土地實際供公眾通行數十年之道路之用，自應認為已有公用地役關係之

存在（行政法院46年判39號判例）。原告所有土地，在二十餘年前，既已成為農路，供公眾通行，自應認為已因時效完成而有公用地役關係存在（行政法院61判字第435判例）。行政機關基於公法關係處理公眾通行道路地役權事宜，應依循上開判例辦理，由於公用地役權之權利人為不特定之眾人，勿須辦理地役權登記（行政院65.11.20台65內字第9900號函）。

(七) 不動產役權設定登記

普通不動產役權與特定部分不動產役權通常由當事人以契約行為設定之。設定不動產役權應依法辦理登記，非經登記不生效力。不動產役權設定登記應由地役權人（需役不動產所有權人）會同義務人（供役不動產所有權人）檢具土地登記規則第34條規定之登記申請書、登記原因證明文件、所有權狀、申請人身分證明等，向轄區登記機關申請登記。

(八) 時效取得不動產役權登記

土地總登記後，占有人依民法第772條規定，主張時效完成，向該管登記機關申辦時效取得不動產役權所為之登記。

(九) 不動產役權移轉登記

不動產役權不得由需役不動產分離而為讓與（民§853）。故不動產役權移轉時，應與需役不動產之所有權一併移轉。不動產役權移轉登記，應由不動產役權人與受讓人會同檢具土地登記規則第34條應備文件，向該管登記機關申請。

(十) 不動產役權內容變更登記

已登記之不動產役權因設定權利範圍、地租、權利價值、權利存續期限等發生變更時，應由不動產役權人會同供役不動產所有權人向轄區登記機關申辦不動產役權內容變更登記。

(十一) 不動產役權塗銷登記

不動產役權因權利之拋棄（不動產役權人拋棄地役權）、混同（不動產役權人取得供役不動產所有權）、不動產役權存續期限屆滿及法院判決（或

宣告）致不動產役權消滅時，應辦理不動產役權塗銷登記。不動產役權塗銷登記，得由不動產役權人、供役不動產所有權人或其他利害關係人，提出土地登記規則第34條規定之應備文件，申請登記（土登§26、§27）

(十二) 公用、私用不動產役權

1. 公用不動產役權：因公法而發生。例如：公用通行權。
2. 私用不動產役權：依民法所成立之不動產役權而言，學說上尚無此項名稱，不過為與公用不動產役權對稱，暫賦予此項名稱。

(十三) 積極、消極不動產役權

1. 積極不動產役權：不動產役權人得於供役不動產上為一定行為為內容之不動產役權。例如：排水、通行、採土不動產役權。
2. 消極不動產役權：供役不動產所有人在供役不動產上負有一定不作為之義務。例如：採光、眺望、禁止氣響干擾。

(十四) 繼續、非繼續不動產役權

1. 繼續不動產役權：權利內容之實現，在時間上能繼續無間。例如：築有道路之通行不動產役權、裝設水管之汲水不動產役權、陽台得突入供役不動產之不動產役權等。
2. 非繼續不動產役權：指權利內容之實現，每次均以有不動產役權人之行為為必要。例如：未開設道路之通行不動產役權、未裝設引水設施之汲水不動產役權等，此種不動產役權大抵無固定之設施。

(十五) 表見、非表見不動產役權

1. 表見不動產役權：不動產役權之存在，有外形事實為表現，能自外部認識而言。例如：通行、地面汲水與地面排水之不動產役權。
2. 非表見不動產役權：不動產役權之存在，無外形事實為表現，不能自外部認識而言。例如：埋設涵管之汲水、排水不動產役權、眺望、採光等消極不動產役權。

(十六) 街市不動產役權

相對於「田野不動產役」。指需不動產役為建築物或不動產役權人行使地役權時，對供役不動產所有人限制其為一定作為或不作為而言。例如觀望不動產役權，不動產役權人可限制供役不動產所有人不得設置超過一定高度之建築物即屬之。此外，街市不動產役權尚有通水不動產役權、通光不動產役權、通管不動產役權、污坑不動產役權、引煙不動產役權等。

1. 眺望不動產役權：「街市不動產役權」之一種。乃指不動產役權人為得眺望之利，而限制不動產役權所有人不得設置超過一定高度之建築物或於一定距離內建築之權。
2. 採光不動產役權：「街市不動產役權」之一種。乃不動產役權人有限制供役不動產不得遮斷需役不動產所需光線之權利。
3. 通管不動產役權：「街市不動產役權」之一種。指不動產役權人為謀需役不動產便宜之用，得於供役不動產之地上或地下設立管線之權利。
4. 通水不動產役權：「街市不動產役權」之一種。指為供灌溉或其他必要用途，不動產役權人得引導自己屋舍之簷水至他人之住屋或土地，或引導他人住屋之簷水至自己屋舍或土地之權利。
5. 引煙不動產役權：「街市不動產役權」之一種。指不動產役權人得使其屋舍之燻煙經過供役不動產或其地上之建築物之謂。
6. 污坑不動產役權：「街市不動產役權」之一種。即不動產役權人得禁止他人於土地上設置污坑或其他類似之物接近其土地或建築物之權利。

(十七) 田野不動產役權

相對於「街市不動產役權」。指關於土地之不動產役權。由於田野不動產役權之權利人得於供役不動產上為一定行為，供役不動產所有人負有容忍該一定行為之義務，因此，田野不動產役權亦稱為「積極不動產役權」。例如通行不動產役權，即不動產役權人得於供役不動產上通行之權利。此外，尚有排水不動產役權、採土不動產役權、畜牧不動產役權、汲水不動產役權、引水不動產役權等。

1. 飲水不動產役權：「田野不動產役權」之一種。乃指不動產役權人之牲畜得在供役不動產飲水之權利也。
2. 汲水不動產役權：「田野不動產役權」之一種。指不動產役權人得在他人

不動產上汲取井水或水資源之權利。

3. 引水不動產役權:「田野不動產役權」之一種。乃不動產役權人於地上或地下設立水道,引用供役不動產之水或藉由供役不動產引用其他不動產之水以增加需役不動產利益之權利。

4. 放水不動產役權:「田野不動產役權」之一種。即不動產役權人得於供役不動產上設水道,以利自己不動產之水之排放的權利。

5. 畜牧不動產役權:「田野不動產役權」之一種。係指不動產役權人得於供役不動產上飼養、牧放牲畜之權利。

貳、不動產役權之特性

不動產役權係在供役不動產上存有負擔,以提高需役不動產價值之權利;易言之,乃為需役不動產之便宜而存在,且為供役不動產上不可分之負擔,茲將不動產役權之特性分述如次:

一、不動產役權的從屬性

(一) 從屬性

不動產役權的從屬性,指不動產役權係從屬於需役不動產的所有權而存在,與需役不動產同其命運,不動產役權從屬於需役不動產的處分,需役不動產所有人將該地讓與他人時,縱未明言不動產役權是否轉移,應認其不動產役權亦當然隨同需役不動產移轉於受讓人。需役不動產所有人就該不動產設定抵押權時,抵押權之效力當然及於不動產役權(從權利,民§862 I)。於需役不動產設定地上權等時,除有特別約定外,其地上權人等得行使不動產役權。

(二) 讓與分離或為其他權利標的物之禁止

民法第853條規定:「不動產役權不得由需役不動產分離而為讓與,或為其他權利之標的物。」此係從消極方面規範不動產役權的從屬性,分述如下:

1. 不動產役權不得由需役地分離而為讓與,此包括三種情況:

(1) 需役不動產所有人不得自己保留需役不動產所有權,而僅以不動產役

權讓與他人。違反之者，不動產役權的讓與無效，受讓人不能取得不動產役權，不動產役權仍為需役不動產而存在。

(2) 不得僅將需役不動產所有權讓與他人，而自己保留不動產役權。違反之者，不動產役權違反其從屬性應歸於消滅。當事人讓與需役不動產所有權，而未特別約定自己保留不動產役權者，其不動產役權應隨同移轉。

(3) 不得以需役不動產所有權與不動產役權讓與不同之人。違反之者，不動產役權讓與無效，受讓人不能取得不動產役權。不動產役權因無需役不動產存在而消滅。

2. 不動產役權不得由需役不動產分離而為其他權利之標的物：民法第882條規定：「地上權、農育權及典權，均得為抵押權之標的物。」現行民法未設不動產役權得為其他權利標的物的規定。當事人約定以不動產役權為抵押權之標的者，應屬無效。不動產役權依法不得出租他人。

二、不動產役權不可分性

　　不動產役權不可分性者，指不動產役權的取得、消滅或享有應為全部，不得分割為數部分或僅為一部分而存在。不可分性旨在確保不動產役權之設定目的，使其得為需役不動產的全部而利用供役不動產的全部。此主要涉及時效取得不動產役權，共有人得否按其應有部分拋棄不動產役權，及需役不動產或供役不動產分割的問題。我民法僅設第856條規定，茲說明如次：

(一) 需役不動產為共有者，各共有人之應有部分，無從取得不動產役權。若共有人中之一因時效而取得不動產役權者，他共有人亦一同取得。供役不動產為共有者，各共有人之應有部分，無從設定不動產役權。已就共有地設定不動產役權之負擔者，各共有人就不動產役權之負擔，為全部的，而非各按其應有部分負擔一部。

(二) 需役不動產為共有者，各共有人無從就其應有部分，使已存在之不動產役權一部分消滅。若共有人中之一人，就其應有部分為消滅不動產役權之行為（如拋棄）者，其行為不生效力。供役不動產為共有者，各共有人亦無從就其應有部分，除去不動產役權之負擔。

(三) 不動產役權設定後，需役不動產或供役不動產成為共有時，不動產役權非因分割的而由需役不動產各共有人分別享有，亦非供役不動產共有人

分別負擔。

(四) 需役不動產經分割者，其不動產役權為各部分之利益，仍為存續（民§856）。例如甲乙共有之需役不動產，曾為共有不動產之便宜，與供役不動產所有人丙，設定得通行於丙不動產之不動產役權。嗣甲乙分割共有不動產，其不動產役權為甲乙分得部分之利益，仍為存續。即甲乙仍全部的（非按分得部分）行使其不動產役權，得通行於丙不動產是。但不動產役權之行使，依其性質，只關於需役不動產之一部分者，僅就該部分仍為存續（民§856但書）。例如上例甲乙之不動產役權，若係需役不動產屋簷之雨水，得直注於丙之供役不動產者，經甲乙分割共有地之結果，乙未分得有該屋簷之不動產，僅甲分得有該屋簷之不動產，則不動產役權僅就甲分得部分之不動產仍為存續是。

(五) 供役不動產經分割者，不動產役權就其各部分仍為存續（民§857）。例如上述通行不動產役權之例，供役不動產如為丙丁二人共有，經分割共有不動產，各取得一部分，甲乙之不動產役權，就丙丁分得部分，仍為存續。即甲乙仍得通行於丙丁分得之不動產是。但不動產役權之行使，依其性質，只關於供役不動產之一部分者，僅對於該部分，仍為存續（民§857但書）。例如上述需役不動產屋簷之雨水，得直注於供役不動產之例，供役不動產如為丙丁二人共有，經分割結果，丁分得部分，無受需役不動產屋簷雨水直注之可能，僅丙分得部分，受需役不動產屋簷雨水之直注者，則不動產役權僅對於丙分得部分之土地，仍為存續。

三、不動產役權相容性

(一) 不動產役權不具排他性，地上可同時存在數個不動產役權，亦可與其他物權並存，民法第851條之1規定：「同一不動產上有不動產役權與以使用收益為目的之物權同時存在者，其後設定物權之權利行使，不得妨害先設定之物權。」

(二) 不動產役權人行使權利得為必要之附隨行為，民法第854條規定：「不動產役權人因行使或維持其權利，得為必要之附隨行為。但應擇於供役不動產損害最少之處所及方法為之。」

(三) 供役不動產所有人得使用設置物，民法第855條規定：「不動產役權人

因行使權利而為設置者，有維持其設置之義務；其設置由供役不動產所有人提供者，亦同。供役不動產所有人於無礙不動產役權行使之範圍內，得使用前項之設置，並應按其受益之程度，分擔維持其設置之費用。」

參、不動產役權之種類

一、公用地役權與私有地役權：地役權依其是否依公法而發生為標準，可區分為公用地役權與私有地役權。公法實務上認為土地如成為通路，供公眾通行，既已數十年之久，自應認為已因時效完成而有公用地役關係存在。此項通路之土地，即已成為他有公物中之公共用物，所有人雖仍有所有權，但其所有權之行使應受限制，不得違反供公眾通行之目的（行政法院45年判字第8號、57年判字第32號判例），然此項通路，必須已闢成為道路，故近鄰人通行土地自然成路之場合，應認係非繼續性，則不得因時效而取得地役權（行政法院61年判字第469號判決），此種不動產役權即為通說所稱之公用不動產役權。至私有不動產役權則是指依民法所成立之不動產役權而言，學說上尚無此項名稱，不過為與公用不動產役權相對稱，乃暫付予此項名稱而已。

二、繼續不動產役權與非繼續不動產役權：不動產役權依權利行使或內容實現之時間是否有繼續性為標準，可分為繼續不動產役權或非繼續不動產役權。前者係指權利內容之實現，不必每次有不動產役權人之行為，而在時間上能繼續無間之不動產役權而言，例如築有道路之通行不動產役權，裝設水管之汲水不動產役權、陽台得突入供役不動產之不動產役權與其他消極不動產役權均屬之。後者係指權利內容之實現，每次均以有不動產役權人之行為為必要之不動產役權而言。此種不動產役權大抵無固定之設施，例如未開設道路之通行不動產役權，未裝設引水設施之汲水不動產役權，未裝置設備之取土不動產役權均屬之。此種分類之實益，在於不動產役權能否因時效而取得有關（民§852）。

三、表見不動產役權與非表見不動產役權：不動產役權依其權利之存在是否表現於外為標準，可區分為表見不動產役權與非表見不動產役權。前者係指不動產役權之存在，有外形事實為表現，能自外部認識者而言，例

如通行、地面汲水與地面排水之不動產役權屬之。後者係指不動產役權
之存在，無外形事實為表現，不能自外部認識而言，例如埋設涵管之汲
水、排水不動產役權，眺望、採光等消極不動產役權屬之。此種分類之
實益，亦在與不動產役權能否因時效取得有關（民§852）。

四、田野不動產役權與街市地役權：田野不動產役權乃關於土地之不動產役
權，例如排水、通行等不動產役權是，街市不動產役權則係指關於建築
物之不動產役權，例如眺望、採光或禁止於一定距離內為放煙及其他煩
擾音響之不動產役權。依不動產役權之內容為分類，羅馬法上有之，其
實依現代不動產役權之機能，若依不動產役權之內容為分類，將是不勝
枚舉，難以盡數，在此不過舉其較為顯著之例，以供舉一反三、觸類旁
通。

五、積極不動產役權與消極不動產役權：積極不動產役權係指不動產役權人
得於供役不動產上為一定行為為內容之不動產役權，因不動產役權人得
為一定之行為，又稱為作為不動產役權，此際供役不動產所有人負有容
忍該一定行為之義務。通行、排水、採土不動產役權均屬此類。消極不
動產役權係指以供役不動產所有人在供役不動產上不得為一定行為為內
容之不動產役權，因供役不動產所有人負有一定不作為之義務，而非單
純之容忍義務，故又稱為不作為不動產役權。採光，眺望、禁止氣響干
擾之不動產役權均屬之。此係以不動產役權人所享有之不動產役權內容
或供役不動產所有人所負之義務，而為區分。

肆、不動產役權取得原因

不動產役權之取得，有基於法律行為者，有基於法律行為以外之原因
者，茲分述如次：

一、基於法律行為者

(一) 不動產役權之設定

有設定地役權合意之書面即意定地役權，例如通行地役權，乃係因設定
行為而取得，其通行於他人之土地，是否出於必要情形，則在所不問（最高
法院19年上字第794號）。或有設定不動產役權之遺囑，經依法登記後，即
取得不動產役權。

(二) 讓與

不動產役權雖不得由需役不動產分離而為讓與（民§853），但需役不動產所有人將需役不動產連同不動產役權一併讓與者，受讓人即因而取得不動產役權。但須經依法登記，始生效力。

二、基於法律行為以外之原因者

(一) 繼承

不動產役權為財產權，當然得依民法第1148條因繼承而取得。於繼承開始時，繼承人即取得被繼承人之不動產役權，不待登記即生效力（民§759），惟非經登記，不得連同需役不動產一併讓與而已（民§759、§853）

(二) 取得時效

不動產役權係財產權，得依民法第772條準用第769條、第770條之規定，因時效而取得。惟如前款所述，不動產役權之行使，有非繼續者，有非表見者。非繼續之不動產役權，其利用人之行為，不過偶然為之。供役不動產所有人所受損害甚微，往往因情面關係，加以容忍。非表見之不動產役權，其利用人之行為，無外形的事實存在，不能由外部認識。供役不動產所有人，無從對之主張權利。若均許因時效而取得不動產役權，對於供役不動產所有人，極不公平。故依我民法規定，此兩種不動產役權，均不能因時效而取得。其能因時效而取得者，以繼續並表見者為限（民§852）。僅繼續而非表見，如埋設筒管於地下而引水之不動產役權，或僅表見而非繼續，如不設道路而通行之不動產役權，均不能因時效而取得。上述之築路通行、陽台突出等不動產役權，均屬於繼續並表見者，如合於第769條、第770條規定之要件，即因時效而取得不動產役權。惟該二條所規定之「他人未登記之不動產」，則以「他人之不動產」為已足。即：以行使地役權之意思，二十年間或十年間（指行使之始為善意並無過失者而言），和平、繼續、表見以他人不動產供自己不動產便宜之用者，得請求登記為不動產役權人。

伍、不動產役權人、供役不動產所有權人之權利與義務

一、不動產役權人之權利

(一) 供役不動產之使用權

不動產役權既以利用他人土地供自己便宜之用之權，不動產役權人就供役不動產，在其目的範圍內，自有使用供役不動產之權利。至使用之方法、範圍，則應依不動產役權之內容而定。

(二) 必要行為權

依民法第854條規定：「不動產役權人因行使或維持其權利，得為必要之附隨行為。但應擇於供役不動產損害最少之處所及方法為之。」依民法第855條：「不動產役權人因行使權利而為設置者，有維持其設置之義務；其設置由供役不動產所有人提供者，亦同。供役不動產所有人於無礙不動產役權行使之範圍內，得使用前項之設置，並應按其受益之程度，分擔維持其設置之費用。」之意旨推之，亦得為必要之設置。

惟所謂「必要之行為」，係指為達到地役權之目的或實現其權利內容，所需之「必要附隨行為」，例如：為達排水之目的而開鑿溝渠，為維持通行而築路。此種附隨行為要以行使或維持其權利所必要者為限，且地役權人為此項必要附隨行為之際，更應選擇供役地損害最少之處所及方法為之，以期於增加需役地之價值中，不致過分消滅供役地之效用。

(三) 行使處所或方法之變更權

民法第855之1條規定：「供役不動產所有人或不動產役權人因行使不動產役權之處所或方法有變更之必要，而不甚妨礙不動產役權人或供役不動產所有人權利之行使者，得以自己之費用，請求變更之。」

(四) 不動產役權之優先效力權

民法第851條之1規定：「同一不動產上有不動產役權與以使用收益為目

的之物權同時存在者，其後設定物權之權利行使，不得妨害先設定之物權。」

(五) 物上請求權

不動產役權人於設定目的範圍內，可使用供役不動產，對供役不動產有直接支配之權能，故民法第767條之規定，於所有權以外之物權，準用之。

二、不動產役權人之義務

(一) 維持設置義務

「不動產役權人因行使權利而為設置者，有維持其設置之義務；其設置由供役不動產所有人提供者，亦同。供役不動產所有人於無礙不動產役權行使之範圍內，得使用前項之設置，並應按其受益之程度，分擔維持其設置之費用。」（民§855）。

(二) 支付償金義務

不動產役權有支付償金約定者，不動產役權人有支付之義務。

(三) 不動產役權消滅時，回復土地原狀

不動產役權消滅時，不動產役權人所為之設置，準用第839條規定。（民§859之1）

地上權消滅時，地上權人得取回其工作物。但應回復土地原狀。地上權人不於地上權消滅後一個月內取回其工作物者，工作物歸屬於土地所有人。其有礙於土地之利用者，土地所有人得請求回復原狀。地上權人取回其工作物前，應通知土地所有人。土地所有人願以時價購買者，地上權人非有正當理由，不得拒絕。（民§839）

三、供役不動產所有權人之權利義務

(一) 容忍及不作為義務

不動產役權係以供役不動產、供需役不動產便宜之用，故在不動產役權設定之後，供役不動產所有人於不動產役權目的範圍內，即有容忍及不作為之義務，不負為積極行為之義務。

(二) 使用不動產役權人之設置及費用分擔

「不動產役權人因行使權利而為設置者，有維持其設置之義務；其設置由供役不動產所有人提供者，亦同。供役不動產所有人於無礙不動產役權行使之範圍內，得使用前項之設置，並應按其受益之程度，分擔維持其設置之費用。」（民§855）

(三) 供役地使用處所與方法變更之請求權

供役不動產所有人或不動產役權人因行使不動產役權之處所或方法有變更之必要，而不甚妨礙不動產役權人或供役不動產所有人權利之行使者，得以自己之費用，請求變更之。（民§855-1）

(四) 對價及其調整請求權

不動產役權設定後，因土地價值之昇降，依原定地租給付顯失公平者，當事人得請求法院增減之。

未定有地租之地上權，如因土地之負擔增加，非當時所得預料，仍無償使用顯失公平者，土地所有人得請求法院酌定其地租。（民§859-1準用民§835-1）

陸、不動產役權之消滅

不動產役權為不動產物權之一，則不動產物權之一般消滅原因自亦有其適用，茲將有關不動產役權消滅事由列明如次：

一、土地滅失

土地滅失，在一般以土地為標的物之物權，均以之為消滅之原因，本非不動產役權所特有，但不動產役權畢竟不同，因不動產役權不僅因其標的物之土地（供役不動產）之滅失而消滅，且亦隨不動產役權人自己土地（需役不動產）之滅失而消滅。又供役不動產雖非全部滅失，但事實上已不能再供原定之便宜（例如汲水不動產役權之水源枯竭）時，不動產役權亦應隨之而消滅。民法第859條第2項規定，不動產役權因需役不動產滅失或不堪使用而

消滅。土地登記規則第145條第2項第4款因需役不動產滅失或原使用需役不動產之物權消滅，申請其不動產役權塗銷登記，單獨申請之。

二、土地徵收

國家機關因徵收而取得土地者，乃屬原始取得性質，故在該土地之所有權與其負擔均歸於消滅，供役不動產被徵收時，不動產役權自難逃消滅之命運。土地徵收條例第36條被徵收之土地或建築改良物原設定之他項權利因徵收而消滅。

三、存續期間之屆滿與約定消滅事由之發生

地役權定有存續期限者，於期限屆滿時自構成消滅之原因。而當事人約定以特定事由之發生為地役權消滅原因者，於該特定事由發生時，地役權自亦歸於消滅，例如地役權之設定附有解除條件者是（院1958）。又例如約定供役不動產上之井水，每日出水量不達若干噸時，汲水不動產役權消滅者，該事由一旦發生，汲水不動產役權即歸消滅。

四、法院之宣告

不動產役權之全部或一部無存續之必要時，法院因供役不動產所有人之請求，得就其無存續必要之部分，宣告不動產役權消滅。不動產役權因需役不動產滅失或不堪使用而消滅（民§859）。所謂無存續之必要，係指不動產役權繼續存在，無可供或不能供不動產役權人土地便宜之用之情形而言。例如需役不動產滅失，便宜利用之廢止（不汲水、不通行、不放牧），設定目的不能達到（無水可汲）等是。至於設定不動產役權時，有無必要，則與不動產役權無存續之必要無關。又例如工廠散煙不動產役權，工廠已改為運動場，則該原不動產役權雖尚未屆滿其存續期間，然已無存續之必要，此時若需役不動產人同意消滅其不動產役權時，自無問題，否則供役不動產所有人亦可聲請法院為不動產役權消滅之宣告（民§859）以維護其利益。

五、拋棄

無償之不動產役權，無論是有期限或無期限，基於民法第764條財產權應得隨時拋棄之法理，不動產役權既為財產權，法律又無禁止拋棄之規定，

不動產役權人自得隨時拋棄之。拋棄民法第859條之2準用同法834條規定，不動產役權無支付地租之約定，不動產役權人得隨時拋棄其權利。不動產役權之拋棄民法第859條之2準用民法第835條之規定，不動產役權定有期限，而有支付地租之約定者，不動產役權人得支付未到期之三年分地租後，拋棄其權利。不動產役權未定有期限，而有支付地租之約定者，不動產役權人拋棄權利時，應於一年前通知土地所有人，或支付未到期之一年分地租。因不可歸責於不動產役權人之事由，致土地不能達原來使用之目的時，不動產役權人於支付前二項地租二分之一後，得拋棄其權利；其因可歸責於土地所有人之事由，致土地不能達原來使用之目的時，不動產役權人亦得拋棄其權利，並免支付地租。

六、混同

不動產役權取得後，需役不動產與供役不動產同歸一人所有時，不動產役權因混同而消滅，但需役不動產或供役不動產為第三人權利之客體，致其存續於所有人或第三人有法律上之利益者，則例外不動產不消滅（民§762）。又基於不動產役權之不可分性，就供役不動產或需役不動產共有人中之一所生之混同，不動產役權不因之而消滅。

七、土地重劃

因土地重劃致不動產役權消滅者，其情形有二：

(一) 農地重劃土地上所存之地役權，於重劃後仍存在於原有土地上。但因重劃致設定地役權之目的已不存在者，其役權視為消滅，地役權人得向土地所有權人請求相當之補償（農重§32 I）。此項請求權之行使，應自重劃分配確定之日起，二個月內為之（農重§32Ⅲ）。因重劃致地役權人不能享受與從前相同之利益者，得於保存其利益之限度內設定地役權（農重§32Ⅱ）。

(二) 都市土地，地役權因市地重劃致不能達其設定目的者，該權利視為消滅。地役權人得向土地所有權人請求相當之補償。此項請求權之行使，應於重劃分配結果確定之次日起二個月內為之（平均地權條例§64 I、§65）。

八、終止不動產役權

(一) 欠租終止（民§859之2準用民§836）

地上權人積欠地租達二年之總額，除另有習慣外，土地所有人得定相當期限催告地上權人支付地租，如地上權人於期限內不為支付，土地所有人得終止地上權。地上權經設定抵押權者，並應同時將該催告之事實通知抵押權人。

地租之約定經登記者，地上權讓與時，前地上權人積欠之地租應併同計算。受讓人就前地上權人積欠之地租，應與讓與人連帶負清償責任。

第一項終止，應向地上權人以意思表示為之。（民§836）

(二) 違法約定使用方法之終止

地上權人違反前條第一項規定，經土地所有人阻止而仍繼續為之者，土地所有人得終止地上權。地上權經設定抵押權者，並應同時將該阻止之事實通知抵押權人。（民§836-3）

九、使用收益為目的之物權或租賃關係消滅

基於以使用收益為目的之物權或租賃關係而使用需役不動產者，亦得為該不動產設定不動產役權。前項不動產役權，因以使用收益為目的之物權或租賃關係之消滅而消滅。（民§859-3）

柒、不動產役權取得時效

一、前言

各國民事法規對於請求權之行使大部分皆有時效之規定，使權利狀態不至永不確定，以保護交易安全，並維持社會秩序。時效分為取得時效與消滅時效，我國採德國立法例，於民法總則第6章第125條至第147條規定消滅時效，於物權編第2章第768條至第772條規定取得時效。物權編第1章第758條至第760條規定不動產登記制度，另土地法總則編、地籍編及土地登記規則對於不動產登記有更詳細之規定。不動產所有權與地上權等六種他項權利為

土地登記規則第4條規定應登記之土地權利，其取得、設定、移轉、喪失或變更應經登記機關完成登記，始生公信力。不動產登記請求權亦為請求權之一種，同樣為時效所規範之客體。

　　稱所有權者，所有人，於法令限制之範圍內，得自由使用、收益、處分其所有權，並排除他人之干涉為民法第765條所明定。占有人依民法第769條、第770條規定得請求登記為所有人，依民法第772條規定時效完成得請求登記不動產役權。

二、時效及取得時效之意義

　　「時效」者於一定時間內，由於一定事實狀態之繼續而發生一定法律效果之法律事實者。故時效係一定事實之繼續為其成立要件，且此項事實狀態之繼續，必須經過一定期間始能發生法律上一定效果。時效可分為兩種，第一為取得權利之原因謂之「取其時效」，第二為喪失權利之原因謂之「消滅時效」。時效制度之存在為世界各國法律所規定。取得時效生財產權取得效果，民法物權篇第768條至第772條規定之。消滅時效發生請求權消滅之效果，民法總則篇第6章規定。關於消滅時效之結果德、日民法不同，德國民法之規定，僅喪失其權利之請求權；日本民法之規定權利本身喪失，我國民法從德國制，規定請求權若干年不行使而消滅，蓋期確保交易之安全，維持社會之秩序。時效存在之理由乃以若有一定事實狀態之持續與正常權利不一致時，權利人得藉法律之力以回復原有之狀態。然而此狀態經長久時間而為社會所公認或信賴注意加以否決實有害交易之安全。

　　「取得時效」之意義：取得時效者，係指經過一定期間繼續占有他人之物，而取得所有權或經過一定期間，事實上繼續行使所有權以外之財產權者即取得其權利之制度。性質上係為一般法律事實，故無須有法律行為而取得權利之意思，亦不必有完全之行為能力，但應有事實行為之意思，依法律規定而取得權利者為原始取得。故取得時效乃係一定事實狀態若能永續存在，社會必覺其為正常而信賴之，如此將既成事實狀態予以推翻必與社會生活之狀態違背，為求社會法律安定計，不得不對於永續的一定事實狀態加以承認與尊重。何況永續之事實狀態，究否與真實權利關係相一致，卻因年代久遠，取證困難，無法判斷不如就事論事，而將此永續的事實狀態，加以承認反而更接近事實，縱有真實之權利人存在，但以其怠於行使權利，終將使權

利置於「法律不保護權利睡眠之人」之權利狀態。時效規定各國立法例不同，在法、日民法二者將消滅時效與取得時效併列於總則中，德國民法消滅時效列於總則中，取得時效列於物權篇各有不同沿革。取得時效在西元前即存在列於羅馬十二銅表法，而消滅時效則始於羅馬末記判例中，約西元420年即有。然取得時效與消滅時效存在理由，亦有認有所差異者，有認取得時效重在新秩序之維持，而消滅時效重在舊秩序之否認，蓋時效取得，站在時效取得之立場，是「從無而有」，時效消滅對權利人之立場觀之，是「從有到無」。

時效取得是「從無到有」，緣此時效取得人，似乎是原本為「無權利人」，但此之「無權利」，不可與寓有違法評價之「非法權利」劃上等號，蓋在以「時間」及「客觀上行使一定之權利」資為權利之證明場合。時效取得人，係時效之規定而原始取得權利之人，而不是從「非法權利人」躍升為「合法權利人」，至經合法受讓人，因時隔久遠，無法備證以證其權利，後改以時效取得主張權利者，自更非「非法權利人」。

三、民法物權編時效取得制度存在之理由

(一) 社會安定之要求

社會秩序之安定，為法律制度之目的，時效取得係依法律之規定而取得權利，僅以事實上行使權利之一定事實狀態，並經過一定之期間為已足，性質上為法律事實，非法律行為。社會上某種事實狀態，若繼續一定期間後，必發生相當之影響力，一般人亦信賴此一現狀，亦即產生公信力，於是形成一種新社會秩序，一旦要加以推翻，勢將造成社會不安與混亂，此與法律在維持共同生活之和平秩序之目的相違背。

(二) 便利舉證之要求

在「訴訟經濟」原則下，為避免訴訟上舉證之困難，且訴訟曠日費時，徒增困擾，因此，以時效代替證據，明確劃分權利歸屬，使法律關係早日確定，當事人也無庸興訟以減少訟累。

(三) 事實狀態之要求

從法律經濟學角度觀點，有權利人長期不行使權利；無權利人卻積極行

使權利。原權利人其所以長期不行使權利且能安於現狀，大多是該權利對他並無重大利害關係，久而久之，有權利人與無權利人之實質利害關係即日益減少，法律比較兩者之利益及對權利之實質利害，與其保護有權利人不如保護無權利人（取得權利人），更符合公平之旨。因有權利人對於該權利之得失變得並不重要。

(四) 舊秩序之否定

權利之價值在於實現，權利擁有者長期不行使，等於放棄權利，自不須加以保護，因此時效制度等於對權利不行使之一種消極制度。「法律幫助勤勉人，不幫助睡眠人」，權利人在權利上睡眠，法律不值得加以保護，而基於權利社會化之觀念，為促進公益，法律亦可使權利人一定期間內行使權利，否則將受法律制裁，如平均地權條例第26條私有空地逾期未建，加徵空地稅2倍至5倍或照價收買。同法第26條之1農業用地閒置不用。加徵荒地稅1至3倍。滿三年仍不使用，得照價收買。

(五) 增進公共利益而設

民法第768條至第772條關於因時效而取得所有權或其他財產權之規定，乃為促使原權利人善盡積極利用其財產之社會責任，並尊重長期占有之既成秩序，以增進公共利益而設。此項依法律規定而取得之財產權，應為憲法所保障。且近世交通便利，權利人易於行使權利，人與人間交易頻繁，為注重公益起見，使不動產所有權的狀態，不至久不確定。

(六) 參諸外國立法例

日本民法第162條規定，不問占有者為動產或不動產，一律以公然占有為必要。韓國民法第245條，關於不動產所有權取得時效之規定，明定必須公然占有。瑞士民法，原則上以未登記為限。德國民法第937條規定自主占有，時效期間為十年。韓國民法第246條規定，占有之始善意並無過失者為五年，否則為十年。我國參酌外國立法例而有時效制度之立法。

四、不動產役權取得時效之要件

占有人以取得不動產役權之意思，和平繼續占有他人之土地，於時效完

成後，得依民法第772條準用第769條、第770條之規定取得不動產役權，權利人單獨向登記機關申請不動產役權請求登記。民法第852條規定：「不動產役權因時效而取得者，以繼續並表見者為限。前項情形，需役不動產為共有者，共有人中一人之行為，或對於共有人中一人之行為，為他共有人之利益，亦生效力。向行使不動產役權取得時效之各共有人為中斷時效之行為者，對全體共有人發生效力。」如僅繼續而非表見，如埋設筒管於地下而引水之地役權，或僅表見而非繼續，如不設道路而通行之不動產役權，均不能因時效而取得（參閱姚瑞光教授著，《民法物權論》，頁188）。不繼續之不動產役權或不表見之不動產役權，不得因時效而取得。係因不繼續之不動產役權，其供役地之所有權人所受妨害很小，有時不動產役之成立，初非有成立之原因，乃由供役人寬容允許而已，若因此而推定有地役權，殊非妥當。又表見之不動產役，其供役不動產之所有人，多年並不拒絕，推定其為既已設定，固屬無妨。至不表見之不動產役，則無此推定之基礎，故不得時效取得之。

　　總之不動產役權取得時效係指依第772條準用第769條、第770條之規定與第852條規定之結果，可知不動產役權取得時效之要件應為以行使不動產役權之意思，二十年間，和平、繼續、公然表見以他人不動產供自己土地便宜之用者，得請求登記為不動產役權人。（如其占有之始為善意並無過失，其期間為十年）。就此定義，尚有下列各點參照地上權取得時效之規定予以闡明觀念將更為清晰。

(一) 地役權係以他人土地之利用為其目的，而得直接支配該土地之一種不動產物權，性質上僅為限制他人土地所有權之作用，而存在於他人所有土地之上，故有繼續並表見利用他人土地之情形，即可因時效而取得地役權，並不以他人所有未登記之土地為限（54台上698），此與地上權之取得時效同（60台上4195）。

(二) 因時效而取得地役權，僅得請求登記為地役權人，並非當然取得地役權，故在未依法請求登記為地役權人時，自不能本於地役權之法律關係，而向供役地所有人有所請求（60台上1677）；易言之，不得主張有占有正當權源以對抗土地所有人之物上請求權，或者在其設施被拆除後，請求供役地所有人回復原狀（63台上1235）。

(三) 依占有事實完成時效而取得地役權者，雖可請求地政機關登記為地役權人，但供役地所有人並無協同請求登記之義務（68台上2994），此與地

上權之取得時效同，故該占有人惟有比照土地登記規則第118條之規定，單獨檢附證件，請求登記為不動產役權人。

(四) 通行不動產役權之因時效而取得，為符合繼續之要件，自以在供役不動產上開設道路為必要，惟此項道路是否必須為主張時效取得之人所開設，非無爭議。日本實務上認為該道路之開設，須由需役不動產所有人所為者，始足當之。然學者對此多持異論，蓋道路究係由何人開設，與取得時效之立法旨趣無關，是以僅須伴有以占有供役不動產為內容之不動產役權存在，即已符合不動產役權時效取得之繼續要件，蓋此際需役不動產所有人對供役不動產已有支配關係存在之故。準此以觀，由需役不動產所有人自行開設道路之情形言，固已符合上述要件，如係就他人所開設之道路，而以自己之費用或勞力，加以維持或管理，以供自己通行之用時，需役不動產所有人顯已藉該道路之設備，以其基地作為供役不動產而置於自己實力支配之下，從而表現占有之型態，是則承認其得因時效而取得通行不動產役權，自屬無妨，道路究係何人所開設，應非所問。

五、不動產役權取得時效登記實務

(一) 法令依據

1. 依土地登記規則第118條第5項規定，因主張時效完成申請不動產役權登記，準用前四項規定。故申請時效完成取得不動產役權登記，經登記機關審查證明無誤，準用同條第2項、第3項、第4項規定公告三十日，並通知土地所有權人。土地所有權人在公告期間如有異議，應依土地法第59條第2項規定辦理，並應依直轄市縣（市）不動產糾紛調處委員會設置及調處辦法規定之程序予以調處。

2. 土地登記規則對於時效取得不動產役權並無特別規定，惟因與時效取得地上權之性質相同，故內政部頒「時效取得地上權登記審查要點」規定之事項，大部分均可準用於時效取得不動產役權登記。例如第3點規定占有人有下列情形之一者，不得申請時效取得地上權登記，(1) 占有之土地屬土地法第14條第1項規定不得私有之土地。(2) 占有土地屬農業發展條例第3條第11款所稱之耕地。(3) 占有土地供墳墓使用者。(4) 使用違反土地使用管制法令者。均準用於時效取得不動產役權登記。

3. 民法第769條規定：「以所有之意思，二十年間和平、公然、繼續占有他人未登記之不動產者，得請求登記為所有人。」同法第770條規定：「以所有之意思，十年間和平、公然、繼續占有他人未登記之不動產，而其占有之始為善意並無過失者，得請求登記為所有人。」因此他項權利時效取得依同法第772條規定準用上述民法規定，自應有不同之占用期間，即一般情形占有之期間須滿二十年，須占有之始為善意並無過失者，始得適用短期時效十年。惟內政部頒「時效取得地上權登記審查要點」第11點規定：「占有人占有時效之期間悉依其主張，無論二十年或十年，均予受理。」因一般情況占有人均瞭解占有之土地為他人之土地（即惡意），只能準用二十年長期時效。故主張準用十年之短期時效者，占有人應就占有之始為善意並無過失負舉證責任。

(二) 登記之申請

　　時效取得不動產役權登記乃指土地總登記後，占有人依民法第772條規定，主張時效完成向該管登記機關申辦時效取得不動產役權所為之登記。

　　「時效取得不動產役權登記」依土地登記規則第27條第15款之規定，係由權利人單獨向轄區地政事務所申請登記，毋須土地所有權人會同辦理。蓋因此種登記並未有所謂登記義務人存在，僅權利人單獨申請即可。至登記申請之文件，比照土地登記規則第34條、第118條第1項及內政部函頒之時效取得地上權登記審查要點第6、7、8、11點之規定，如下列：1.登記申請書。2.登記原因證明文件（即該規則第118條第1項之文件，四鄰證明或其他足資證明之文件）。3.申請人身分證明。4.關於符合時效取得不動產役權要件之聲明書。5.其他。

(三) 測繪不動產役權位置

　　依土地登記規則第108條規定，主張時效完成取得不動產役權者，申請人應先行單獨申請測繪占有不動產役權位置圖。

(四) 審查

　　依土地登記規則第118條第2項、第3項規定，地政事務所收件後，經審查無誤，應即公告並同時通知土地所有權人或管理者。倘登記案件內容有疑義或瑕疵者，則應依土地登記規則第56條、第57條規定，分別予以補正或駁

回。此外，參照時效取得地上權登記審查要點第11點之規定：「占有人之占有時效悉依其主張，無論二十年或十年，均予受理。」該規定或參照民法第944條規定之意旨。申言之，占有人（申請人）既已依法推定其占有為善意，除非另有反證，否則不得推翻占有人善意之主張，且均予受理。應解為受理後倘案件中另有關於占有時效的疑義，登記機關仍可要求申請人補正，而非不予審查之意。

(五) 公告

依土地登記規則第118條第2項之規定，公告期間為三十日。

(六) 公告期間異議之處理

依土地登記規則第118條第4項之規定：「土地所有權人在前項公告期間內，如有異議，依土地法第59條第2項規定處理。」依該項規定說明如下：

1. 提出異議之方式：土地所有權人向地政機關提出異議應依土地法第59條第1項規定，以書面提出，並應附具證明文件。
2. 處理方式：土地所有權人提出異議後而產生的土地權利爭執，應由該管直轄市或縣（市）地政機關予以調處，不服調處者，應於接到調處通知後十五天內，向司法機關訴請處理，逾期不起訴者，依原調處結果辦理之。
3. 調處之時機：應俟公告期滿再行調處。
4. 調處程序：登記機關調處土地權利爭執事件，應依下列規定辦理：
   (1) 訂期以書面通知當事人舉行調處。
   (2) 調處時，先由當事人試行協議。
   (3) 協議成立者，以其協議為調處結果，並作成書面紀錄，經當場朗讀後，由當事人及調處人員簽名或蓋章達成協議之調處，其調處紀錄應以書面通知當事人及登記機關，登記機關應即依調處結果辦理，並通知當事人。
   (4) 未達成協議或當事人任何一方經二次通知不到場者，登記機關應依登記申請案所附證明文件及當事人陳述意見，予以裁處，作成調處結果。
   (5) 依前款規定所為之裁處，應作成調處結果通知書通知當事人，當事人不服調處結果，應於接到通知書後十五日內，以相對人為被告，訴請司法機關裁判，並於起訴之日起三日內將司法機關收文證明及訴狀繕

本送登記機關，逾期不起訴者或經法院駁回或撤回其訴者，經當事人檢具相關證明文件以書面陳報該管轄市、縣（市）政府，依調處結果辦理之。

(6) 當事人於前款規定期間內起訴者，登記機關應將登記申請案駁回並通知異議人。前項調處紀錄及調處結果通知書之格式，由中央地政機關定之。（直轄市縣（市）不動產糾紛調處委員會設置及調處辦法§13、§17、§18、§19、§20參照）。

六、不動產役權登記實務

不動產役權通常由當事人以契約行為設定之。設定不動產役權應依法辦理登記，非經登記不生效力。不動產役權設定登記應由不動產役權人（需役不動產所有權人）會同義務人（供役不動產所有權人）檢具土地登記規則第34條規定之登記申請書、登記原因證明文件、所有權狀、申請人身分證明等，向轄區登記機關申請登記。

(一) 不動產役權設定契約書填寫說明：

其中登記原因證明文件即不動產役權設定契約書，應確實依內政部訂頒之格式填寫。其重要欄位之填寫方法說明如下：

1. 「供役不動產土地、建物標示」第(1)(2)(3)(4)(6)(7)(8)(9)欄：應照供役不動產土地、建物登記資料所載分別填寫。第(9)欄「總面積」係指層次及附屬建物面積總和。

2. 「需役不動產土地、建物標示」第(11)(12)(13)(14)(16)(17)(18)(19)欄：應照需役不動產土地、建物登記資料所載分別填寫。第(19)欄「總面積」係指層次及附屬建物面積總和。

3. 第(5)(10)欄「設定權利範圍」：填寫各筆土地、建物設定不動產役權之範圍。如係以土地或建物內之特定部分範圍設定者，應填寫面積並附具「不動產役權位置圖」。

4. 第(15)(20)欄「使用需役不動產權利關係」：按各筆資料所使用需役不動產權利關係（如所有權、地上權、永佃權、典權、農育權、耕作權或租賃權）分別填入。

5. 第(21)欄「權利價值」：將各筆土地、建物之不動產役權價值之總和填入。

6. 第(22)欄「存續期間」：按訂立契約人約定填寫。如不動產役權定有期限

者，將其起迄年月日填入，但以需役所有權以外之用益物權或租賃關係設定不動產役權者，約定之期限不得逾該用益物權或租賃權之期限；如約定無期限者，填寫「無」字樣；如未有約定者，以斜線劃除。

7. 第(23)欄「設定目的」：按訂立契約人約定填寫。如：通行、汲水、採光、眺望、電信等。

8. 第(24)欄「地租」：按訂立契約人約定填寫。如有地租約定者，將各筆土地每年或每月之地租總額填入；如約定無須支付地租者，填寫「無」字樣；如未有約定者，以斜線劃除。

9. 第(25)欄「預付地租情形」：如權利人與義務人有預付地租之情形，應填寫預付地租之總額；如未有預付地租者，填寫「無」字樣。

10. 第(26)欄「使用方法」：按訂立契約人依設定目的約定之使用方法填寫，如：以汲水為目的時，約定埋設水管深度、寬度等。如未有約定者，以斜線劃除。

11. 第(27)欄「申請登記以外之約定事項」：填寫其他本契約所約定之事項，於其他各欄內無法填寫者，均填入本欄。

12. 第(28)欄「簽名或簽證」：申請人親自到場或登記案件由地政士簽證者，申請人、地政士應於本欄簽名或蓋章。

13. 「訂立契約人」各欄之填法：

(1) 先填「權利人」（即不動產役權人，為需役不動產所有權人、地上權人、典權人、農育權人、耕作權人或承租人）及其「姓名或名稱」「權利範圍」「出生年月日」「統一編號」「住所」並「蓋章」，後填「義務人」（即供役不動產所有權人）及其「姓名或名稱」「權利範圍」「出生年月日」「統一編號」「住所」並「蓋章」。

(2) 如訂立契約人為法人時，「出生年月日」免填，應於該法人之次欄加填「代表人」及其「姓名」並「蓋章」。

(3) 如訂立契約人為未成年人、受監護宣告之人或受輔助宣告之人時，應於該未成年人、受監護宣告之人或受輔助宣告之人之次欄，加填「法定代理人」或「輔助人」及其「姓名」「出生年月日」「統一編號」「住所」並「蓋章」。

(4) 「姓名」「出生年月日」「統一編號」「住所」各欄，應照戶籍謄本、戶口名簿、身分證或其他證明文件所載者填寫，如住址有街、路、巷名者，得不填寫里、鄰。

14.第(31)「權利範圍」：將權利人所取得之權利範圍及義務人所設定之權利範圍分別填入。

15.第(35)「蓋章」：

(1) 權利人應蓋用與所填之姓名或名稱相同之印章。

(2)義務人應蓋用與印鑑證明相同或於登記機關設置之土地登記印鑑相同之印章，如親自到場應依土地登記規則第40條規定辦理，或依土地登記規則第41條其他各款規定辦理。

16.第(36)欄「立約日期」：填寫訂立契約之年月日。

17.不動產役權登記注意事項：

(1) 土地登記規則第109條規定，不動產役權設定登記時，應於供役不動產登記簿之他項權利部辦理登記，並於其他登記事項欄記明需役不動產之地、建號及使用需役不動產之權利關係；同時於需役不動產登記簿之標示部其他登記事項欄記明供役不動產之地、建號。

前項登記，需役不動產屬於他登記機關管轄者，供役不動產所在地之登記機關應於登記完畢後，通知他登記機關辦理登記。

(2) 土地登記規則第108條之1規定，申請地上權或農育權設定登記時，登記機關應於登記簿記明設定之目的及範圍；並依約定記明下列事項：

一、存續期間。

二、地租及其預付情形。

三、權利價值。

四、使用方法。

五、讓與或設定抵押權之限制。

前項登記，除第五款外，於不動產役權設定登記時準用之。

(3) 土地登記規則第108條之2規定，不動產役權設定登記得由需役不動產之所有權人、地上權人、永佃權人、典權人、農育權人、耕作權人或承租人會同供役不動產所有權人申請之。

申請登記權利人為需役不動產承租人者，應檢附租賃關係證明文件。

前項以地上權、永佃權、典權、農育權、耕作權或租賃關係使用需役不動產而設定不動產役權者，其不動產役權存續期間，不得逾原使用需役不動產權利之期限。

第一項使用需役不動產之物權申請塗銷登記時，應同時申請其供役不動產上之不動產役權塗銷登記。

(二) 不動產役權設定契約書

不動產役權設定契約書

下列土地建物　經 權利人／義務人　雙方同意設定不動產役權，特訂立本契約：

供役不動產標示

土地標示

(1)坐落 鄉鎮市區	段	小段	(2)地號	(3)地目	(4)面積（平方公尺）	(5)設定權利範圍
北區	中清		253	道	155	全部

建物標示

(6)建號	(7)門牌 街路	段巷弄	號樓	(8)建物坐落 鄉鎮市區	段	小段	地號	(9)總面積（平方公尺）	(10)設定權利範圍
以	空	白		以下空白					

需役不動產標示

土地標示

(11)坐落 鄉鎮市區	段	小段	(12)地號	(13)地目	(14)面積（平方公尺）	(15)使用需役不動產權利關係
北區	中清		255	建	78	地上權

建物標示

(16)建號	(17)門牌 街路	段巷弄	號樓	(18)建物坐落 鄉鎮市區	段	小段	地號	(19)總面積（平方公尺）	(20)使用需役不動產權利關係
以	空	白		以下空白					

(21) 權利價值	新台幣90萬元整													
(22) 存續期間	15年（自民國　年　月　日起至民國　年　月　日止）													
(23) 設定目的	供通行使用													
(24) 地租	每年新台幣6萬元整													
(25) 預付地租情形	新台幣1萬元整													
(26) 使用方法	禁止車輛進出													
(27) 申請登記以外之約定事項	1. 2. 3. 4.													(28) 簽名或簽證

訂立契約人 (29) 權利人或義務人	(30) 姓名或名稱	(31) 權利範圍	(32) 出生年月日	(33) 統一編號	(34) 住所									(35) 蓋章
					縣市	鄉鎮市區	村里	鄰	街路	段	巷弄	號	樓	
權利人	王○男	全部	52.1.3	A1*****496	台中市	北區	長青	10	漢口路	3		○	○	印
義務人	林○明	全部	56.5.1	B1*****299	台中市	北區	長青	10	漢口路	3		○	○	印鑑章
	以下空白													

(36) 立約日期	中　華　民　國　　年　　月　　日

（三）不動產役權設定清冊

不動產役權設定清冊　　申請人　林○明　簽章　印

	(1) 坐落 鄉鎮市區	段	小段	(2) 地號	(3) 地目	(4) 面積（平方公尺）	(5) 設定權利範圍
供役不動產標示　土地標示	北區	中清	以下空	25	建	155	全部

	(6) 建號	(7) 門牌 鄉鎮市區	街路	段巷弄	號樓	(8) 建物坐落 段	小段	地號	(9) 總面積（平方公尺）	(10) 設定權利範圍
供役不動產標示　建物標示	以下空白									

	(11) 坐落 鄉鎮市區	段	小段	(12) 地號	(13) 地目	(14) 面積（平方公尺）
需役不動產標示　土地標示	北區	中清	以下空	26	建	160

	(15) 建號	(16) 門牌 鄉鎮市區	街路	段巷弄	號樓	(17) 建物坐落 段	小段	地號	(18) 總面積（平方公尺）
需役不動產標示　建物標示	以下空白								

(19) 權利價值	新台幣50萬元整
(20) 存續期間	15年（自民國　年　月　日起至民國　年　月　日止）
(21) 設定目的	供採光使用
(22) 使用方法	房屋之建築不得逾兩層並應為斜頂式
(23) 申請登記以外之其他事項	
(24) 設定日期	中　華　民　國　　年　　月　　日

(四) 不動產役權移轉登記

　　不動產役權不得由需役不動產分離而為讓與（民§853）。故不動產役權移轉時，應與需役不動產之所有權一併移轉。不動產役權移轉登記，應由不動產役權人與受讓人會同檢具土地登記規則第34條文件，向該管登記機關申辦。其中他項權利移轉契約書、土地標示、原設定權利範圍、原設定權利價值、權利種類、存續期限、原權利總價值及申請登記以外之約定事項各欄，均依原設定內容填寫，移轉原因欄填「讓與」。訂立契約人欄，權利人填受讓人（新不動產役權人），義務人填讓與人（原不動產役權人）。不動產役權移轉登記，應於不動產役權存續期限內辦理。期滿後權利已消滅，或已無存在之必要經供役地所有權人聲請法院宣告不動產役權消滅，均不得再辦理移轉登記。

(五) 不動產役權內容變更登記

　　已登記之不動產役權因設定權利範圍、利息、地租、權利存續期限、使用方法等發生變更時，應由不動產役權人會同供役不動產所有權人向轄區登記機關申辦不動產役權內容變更登記，其登記原因證明文件即「他項權利內容變更契約書」，其中「變更內容」欄，應載明變更前、後之內容，其餘各欄則依規定填寫。

(六) 不動產役權塗銷登記

　　不動產役權因權利之拋棄（不動產役權人拋棄不動產役權）、混同（不動產役權人取得供役不動產所有權）、不動產役權存續期限屆滿及法院判決（或宣告）致不動產役權消滅時，應辦理不動產役權塗銷登記。不動產役權塗銷登記，得由不動產役權人，供役不動產所有權人或其他利害關係人，提出土地登記規則第34條規定之文件，單獨申請（土登§145）。登記機關於登記完畢後，應即依土地登記規則第69條規定通知登記義務人。

捌、既成巷道問題之探討

一、巷道通行問題

(一) 最高法院在文山區保儀路與忠順街交叉叉口新建職務宿舍，因興建圍牆阻斷原本可通行的防火巷道，遭到附近三百多名居民的嚴重抗議。

最高法院新建職務宿舍於88年向建管處申請核准，設計之初以忠順街作為正門出入口，和附近住戶的出入方向不同，為與鄰居的建築一致，建物本身與鄰居的房子平行，但在緊鄰隔壁公寓的地界邊緣築起一道呈垂直的水泥牆，切斷原本可以直通忠順街的通路，使得雙向的防火巷變成死巷。此巷道寬度只有二點五公尺，消防車無法進入，台北市政府表示，一旦發生火警，確實會增加搶救難度和時間。

最高法院宿舍是依法申請建照，建管處也是依法核發，因為建築技術規則於72年修訂，已將防火巷改為防火間隔，最高法院依法不須留防火巷，圍牆也是在當初申請建照的範圍內，不過市府願意代為協調，尋求妥善的解決方法。

(二) 羅斯福路3段244巷5弄巷道，自台電大樓於民國71年興建完成時，就是開放通行的既成道路，不過台電在86年4月以公文向中正區公所指稱，因該通道為私有土地，但民眾隨意停放車輛阻塞交通並妨礙進出情形嚴重，因此在每天下班時間後及例假日，台電以鐵鍊及「禁止通車」、「請勿停車」等告示牌放置在巷道兩側入口封閉巷道，阻止車輛通行。

不管既成巷道是否已經徵收，民眾如於公眾通行的巷道設置圍籬、舊汽車、花盆等移動式路障，警方均視為路霸依法清除，對於圍籬等固定障礙物，警方亦將函請工務局建管處拆除，同時依據道路交通管理處罰條例第82條規定，對違規人處以新台幣1,200元至2,400元的罰鍰。財政局也表示，既成巷道屬「公共地役權」的問題，與既成巷道是否徵收屬不同問題。

二、既成道路分析

(一) 既成道路的定義

1. 既成道路係指供公眾通行，具有公用地役關係之私有既存道路。依據立法

院擬具的「私有既成道路徵收補償處理條例草案」第3條,明訂私有既成道路之定義:本條例所稱私有既成道路係指私有土地供公眾通行使用,依法應由政府徵收而未予徵收,具有成立公用地役關係之道路,但不包括依建築法及民法等規定,提供土地作為公眾通行之道路。台北市依據自治條例訂定「台北市處理私有既成道路補償自治條例草案」第2條所稱本市既成道路,係指經發布為都市計畫道路用地,依法應由市政府徵收而未予徵收,其所有權仍為私有者,但不包括依建築法及民法等之規定,提供土地作為公眾通行之非都市計畫道路。

2. 建築法第48條規定:「直轄市、縣(市)(局)主管建築機關,應指定已經公告道路之境界線為建築線。但都市細部計畫規定須退縮建築時,從其規定。前項以外之現有巷道,直轄市、縣(市)(局)主管建築機關,有必要時得另定建築線;其辦法於建築管理規則中定之」。

台灣省建築管理規則第4條:「本規則所稱現有巷道包括下列情形:

(1) 供公眾通行,具有公用地役關係之巷道。

(2) 私設通路經土地所有權人出具供公眾通行同意書或捐獻土地為道路使用,經依法完成土地移轉登記手續者。

(3) 本法73年11月7日修正公布前,曾指定建築線之現有巷道,經縣市主管建築機關認定之巷道應由縣市主管機關就其寬度、使用性質、使用期間、通行情形及公益上需要認定之。」(79.03.08修正,即現行規定)。

復按台灣省建築管理規定第4條修正理由:「配合建築法第48條第2項之修正,將『既成巷路』改稱『現有巷道』並參照內政部75年3月19日台(75)內營字第378352號函示,規定其內容。……」由此可知,既成道路在建築法上原稱「既成巷路」,現行改稱「現有巷道」。

高雄市建築管理規則第3條:「本規則所稱現有巷道,為供公眾通行,自建築基地通至鄰近計畫道路之路段,其最小寬度為二‧五公尺,並符合下列規定之一者:

(1) 供公眾通行具有公用地役關係之巷道。

(2) 私設通路經土地所有權人,出具土地使用權同意書或捐獻土地,供公眾通行,並依法完成土地登記手續者。

(3) 曾經建築主管機關指定建築線有案之現有巷道。

建築基地與都市計畫道路間夾有具公用地役關係之現有巷道,得以現

有巷道之邊界線作為建築線,並納入都市計畫道路。」(78.06.26修正)。

(二) 以既成道路的成因予以分析其類型

內政部地政司提出分六大類:

1. 既成道路形成於日據時期已長期供公眾通行。按前台灣省公路局於民國57年訂定「台灣省公路局興辦工程收購用地須知」第27條條文略示,日據時期,本省開闢之公路用地佔用民地,均未給予補償,……黃杰主席在省府55年度第35次首長會議指示:「日據時期,公路佔有民地,概不補償。」可知此類既成道路有其一定歷史背景因素。

2. 光復後所開闢的道路而未辦理徵收。

3. 人民建築房屋時為通行的必要,自行留設道路,為公眾通行使用。按大法官釋字第400號解釋,依建築法規及民法等規定,提供土地作為公眾通行之道路,與因時效而形成之既成道路不同,應非屬該解釋文之解釋範圍,故是否應納入徵收補償範圍,仍有疑慮。

4. 政府未依法定程序先行辦理徵收,即於私有土地開闢道路,此類既成道路之開闢未受到人民之抗爭,因為其可能為此而受有土地增值利益。

5. 人民捐贈土地予政府闢建道路,但未辦理所有權移轉,幾代繼承之後,後代子孫可能不知或因地價上漲而不承認,形成既成道路存於私有地之情形。

6. 政府闢路之前,已為協議補償,但未辦理所有權移轉登記。因涉私權買賣行為,移轉登記所需文件,例如,買賣契約書、價購領款清冊、印鑑證明、身分證明文件及土地先行使用同意書等文件缺漏,或承辦機關疏失未辦移轉登記、土地所有權人領款後拒不履行義務等因素,推拖延宕至今,形成具有公用地役關係之私有既成道路。

(三) 既成道路之要件

1. 以供通行為目的之道路:現有巷道係以供通行為目的,其通行之狀態須為繼續、表現、和平及公然之方法為之。非供通行之空地固不得視為現有巷道,縱偶有通行事實,如非繼續、和平、公然亦不得視為現有巷道。

2. 須係供公眾通行之道路:所稱供公眾通行,及指供多數不特定之人通行之

意，至供特定人通行者，則非現有巷道。

3. 歷久通行之道路：供公眾通行如歷數十年，則因時效完成始得認有公用地役關係而為現有巷道，類推民法因時效取得之不動產物權者，應有二十年期間，時效完成。惟若通行之始，善意無過失不知無通行權者，似得於十年時效完成，取得公用地役關係。

至於依法開闢之都市計畫道路，乃自始供公眾通行之公用財產，非屬此之現有巷道，而現有巷道亦與基地內連帶使建築物間之類似通路，或基地內建築物之出入口至建築線之私設通路，均有不同。惟後二者若具備現有巷道之條件，仍為現有巷道，而負供公眾通行之義務。

4. 已供公眾通行道路因時效完成認為有公用地役關係之存在，勿須辦理登記（行政院65年11月26日台65內字第9900號函）

(四) 既成道路之效力

1. 既成道路不得違反供公眾通行目的而為使用，並不得變更現狀，占用或破壞，不論土地所有權人或第三人皆然。而任何人均有通行之權利。

2. 主管道路機關得為必要之改善維護，亦得埋設地下物，勿須徵購其土地，但若有地上物遭損害時，應予補償。

3. 都市計畫道路內之現有巷道，於依法開闢時，應予徵收補償。但實際仍視地方政府財政狀況定之。

4. 主管建築機關得於現有巷道指定建築線，而准予面臨現有巷道申請建築，惟此現有巷道之認定，應以編有門牌且非屬防火巷或類似通路，且其寬度在三·五公尺以上之現有巷道為限。

(五) 既成道路應否補償

公路，是建構國家網路血脈的蜘蛛網，可促進「貨暢其流」、「地盡其利」之目標，加速國家經濟發展。依據公路法，公路可分為國道、省道、縣道、鄉道及專用公路等。台灣地區目前既成道路面積計約4萬5,000餘公頃（包括市區道路部分5,490公頃、公路部分四萬公頃），徵收經費按85年公告現值加四成計算，約須3兆4千餘萬億元（包括市區道路部分2兆1,822億餘元，公路部分1兆2,283億餘元）。依據司法院大法官會議決釋字第400號解釋，既成道路符合公用地役關係，應依法予以徵收補償。恐將衝擊國家財

政，但又不能推託延宕不積極處理，故如何訂定確實可行的取得方式，將有效解決私有既成道路土地取得問題與政府財政收支平衡問題。

　　土地徵收條例於民國89年2月2日發布實施後，明定須用土地人申請徵收土地或土地改良物前，應先與土地所有權人協議價購或以其他方式取得，協議價購為徵收前之必要程序。

　　司法院大法官會議民國85年4月12日決議釋字第400號，憲法第15條關於人民財產權應予保障之規定，旨在確保個人依財產之存續狀態行使其自由使用、收益及處分之權能，並免於遭受公權力或第三人之侵害，俾能實現個人自由、發展人格及維護尊嚴。如因公用或其他公益目的之必要，國家機關雖得依法徵收人民之財產，但應給予相當之補償，方符憲法保障財產權之意旨。既成道路符合一定要件而成立公用地役關係者，其所有權人對土地既已無從自由使用收益，形成因公益而特別犧牲其財產上之利益，國家自應依法律之規定辦理徵收給予補償，各級政府如因經費困難，不能對上述道路全面徵收補償，有關機關亦應訂定期限籌措財源逐年辦理或以他法補償。若在某一道路範圍內之私有土地均辦理徵收，僅因既成道路有公用地役關係而以命令規定繼續使用，毋庸同時徵收補償，顯與平等原則相違。至於因地理環境或人文狀況改變，既成道路喪失其原有功能者，則應隨時檢討並予廢止。行政院中華民國67年7月14日台67內字第6301號函及同院69年2月23日台69內字第2072號函與前述意旨不符部分，應不再援用。

(六) 既成道路之廢止或變更

　　依台北市現有巷道廢止或改道申請辦法之規定：
1. 建築基地內之現有巷道合於下列情形之一者，得於辦理建築執照時，檢附有關證件及書圖併案向工務局建築管理處申請廢止或改道，由建築管理處報經工務局核准後併建築執照案實施，不受第5條至第9條規定之限制：
   (1) 擬廢止現有巷道之平均寬度小於四周計畫道路之最小寬度，且四周計畫道路均已開闢或自行開闢完成時，在同一街廓內之全部土地或沿現有巷道兩側土地計畫整體使用者，或取得沿現有巷道兩側已建築完成之基地同意並計畫整體使用者。
   (2) 現有巷道位於申請建築基地內且僅供基地內原住戶通行者。
   (3) 同一街廓內單向出口之現有巷道自底端逐段廢止者。

(4) 符合下列規定申請部分改道者：

　①改道後之寬度大於平均寬度，且不小於三公尺並整齊規則者。

　②改道後之路線較原有巷道不迂迴曲折者。

　③改道後不形成畸零地者。

　④前項應檢附之有關證件及書圖，應依建築法等有關法令及本辦法規定辦理。

2. 不得申請廢止或改道之地區：下列地區之現有巷道，除政府機關為興辦公共工程外，不得申請廢止或改道。

(1) 細部計畫尚未發布實施地區。

(2) 辦理市地重劃地區。

(3) 辦理區段徵收地區。

(4) 辦理都市更新地區。

(5) 禁建區。

(6) 都市計畫擬變更地區。

(7) 現有巷道有排水設施經認定無法廢止或改道者。

玖、不動產役權登記法令實用

一、最高法院判例

(一) 登記不動產役權

　　依占有事實完成時效而取得通行地役權者，固非不可請求地政機關登記為通行地役權人，但不動產所有人尚無協同請求登記之義務，其未登記為地役權人，尤不能本於地役權之法律關係對土地所有人有所請求。（68.09.27最高法院68台上2994號判例）

(二) 確認排水不動產役權存在

　　相鄰關係之內容，雖類似地役權，但基於相鄰關係而受之限制，係所有權內容所受之法律上之限制，並非受限制者之相對人因此而取得一種獨立的限制物權。而地役權則為所有權以外之他物權（限制物權），二者不能混為一談，如果上訴人家庭用水及天然水非流經被上訴人之土地排出不可，亦只

能依民法第779條規定行使權利，其依相鄰關係而請求確認其排水地役權存在，尚難謂合。（63.09.05最高法院63台上2117號）

(三) 確認通行不動產役權存在

地役權固有因時效而取得之規定，但依民法第772條準用民法第769條及第770條之結果，僅使需役地人獲有得請求登記為地役權人之權利，在未登記為地役權人以前，固無地役權存在之可言，即無依民法第858條準用民法第767條規定請求排除侵害之餘地。（63.05.24最高法院63台上1235號）

二、最高法院裁判

(一) 請求不動產役權登記

不動產物權，依法律行為而取得、設定、喪失及變更者，非經登記，不生效力；又債之契約，僅於訂約當事人之間發生債之效力，不得以之對抗契約以外之第三人，此觀民法第758條、第153條規定意旨自明。查系爭「地役權設定契約書」，並未經被上訴人之前手王全成、林德旺蓋章同意，且王全成、林德旺亦未依上開契約登記取得地役權，乃原審所認定，而此二人之原應有部分亦僅各分八分之一，亦有土地登記簿謄本附卷可稽。果爾，則上開使用系爭土地之契約，充其量亦僅生債之關係，其效力並不及於非契約當事人之被上訴人。原審未詳研求，遽謂上開契約行為，對現為土地共有人之被上訴人，亦生效力，而為上訴人不利之判決，非無可議。（86.11.28最高法院86台上3580號裁判）

(二) 請求確認通行不動產役權

按民法第800條區分所有人使用他人正中宅門之權利係為解決區分所有人通行之問題而為之規定。本件上訴人將其所有二層樓房屋之底層出賣被上訴人，而與被上訴人上下層樓區分所有一建築物，其樓梯口之通道（即B部分被上訴人所設之通道），雖非被上訴人之正中宅門，但因其使用二樓房屋，即有使用該樓梯口通道之必要，對被上訴人言，無異使用他人之正中宅門，就該通道自有民法第800條規定之適用。（81.09.10最高法院81台上2111號裁判）

(三) 通行不動產役權

民法第787條第1項規定之通行權,只須其土地因與公路無適宜之聯絡,致不能為通常之使用時,即可發生。(76.10.30最高法院76台上2362號裁判)

(四) 確認通行不動產役權存在

民法第787條係規定土地相鄰間之通行關係,土地所有人僅因法律之規定,其所有權內容受有限制而已,並非受限制之相對人,因此而取得一種獨立之限制物權,至地役權則係所有權以外之一種他物權,故二者並不相同。(71.03.17最高法院71台上1197號裁判)

三、最高行政法院判例

(一) 既成為公眾通行之道路,其土地之所有權,縱未為移轉登記,而仍為私人所保留,亦不容私人在該道路上起造任何建築物,妨害交通。原告所有土地,在二十餘年前,即已成為農路,供公眾通行,自應認為已因時效完成而有公用地役關係之存在,則該農路之土地,即已成為他有公物之公共用物。原告雖有其所有權,但其所有權之行使,應受限制,不得違反供公眾通行之目的。原告擅自將已成之農路,以竹柱、鐵線築為圍籬,阻礙交通,意圖收回路地,自為法所不許。(最高行政法院61判435判例)

(二) 既成為公眾通行之道路,其土地之所有權,縱未為移轉登記,而仍為私人所保留,亦不容私人在該道路上起造任何建築物,妨礙交通。(參照行政院公布之公路兩旁建築物取締規則第3條、第5條,及內政部43年11月8日內地字第57186號函,見台灣省政府公報43年冬字第46期)(44判11號判例)

(三) 行政主體得依法律規定或以法律行為,對私人之動產或不動產取得管理權或他物權,使該項動產或不動產成為他有公物,以達行政之目的。此際該私人雖仍保有其所有權,但其權利之行使,則應受限制,不得與行政目的相違反。本件土地成為道路供公眾通行,既已歷數十年之久,自應認為已因時效完成而有公用地役關係之存在。此項道路之土地,即已成為他有公物中之公共用物。原告雖仍有其所有權,但其所有權之行使

應受限制，不得違反供公眾通行之目的。原告擅自將已成之道路廢止，改闢為田耕作，被告官署糾正原告此項行為，回復原來道路，此項處分，自非違法。（45判8號判例）

(四) 行政主體固得依法律規定，對私人財產取得他物權，使該私人財產成為他有公物，但此項公物關係，亦得由行政主體為廢止之意思表示而消滅（公用或共用廢止）。本件原告所有之系爭土地。雖在日據時期即經成為村道。供公眾通行。可認為已因時效完成而有公用地役權之存在，但台中縣政府已於43年12月6日令飭該管鄉公所依照地籍圖，回復原有地形，以維原告之產權，並以副本送達原告，則該項公用地役關係（共用物關係），顯已因該項廢止處分而消滅。原告就該項土地恢復為田地而耕作，即不能謂非正當。該江某等請求將該土地仍充道路使用，不准原告墾耕，台中縣政府處分予以拒絕，應無違法之可言。（53判157號判例）

(五) 原告土地已成為道路。在台灣省光復之初，即已成為供公眾通行之道路，自應認為已因時效完成而有公用地役關係之存在。原告對之雖仍有其所有權，但不得違反供公眾通行之目的而作耕地使用。（57判32判例）

(六) 通行地役權因設定行為而取得。原告等所主張之地役權存續問題，係屬私權爭執，應循民事途徑訴請裁判。（61判361判例）

(七) 本院44年度判字第11號及45年度判字第8號判例所謂既成道路，不容任意廢止，係指正當道路未經政府核准，土地所有人擅自廢止而言。非謂危險道路，經政府核准者亦不得廢止。（61判370判例）

四、土地登記規則規定

(一) 依土地登記規則第27條、第15款依民法第769條、第770條或第772條規定因時效完成之登記由權利人單獨申請之（土登§27）。

(二) 申請土地權利變更登記，應於權利變更之日起一個月內為之，繼承登記得自繼承開始之日起六個月內為之。前項權利變更之日，係指下列各款之一者：
1.契約成立之日。
2.法院判決確定之日。

3.訴訟上和解或調解成立之日。

4.依鄉鎮市調解條例規定成立之調解，經法院核定之日。

5.依仲裁法作成之判斷，判斷書交付或送達之日。

6.產權移轉證明文件核發之日。

7.法律事實發生之日。（土登§33）

(三) 申請他項權利登記，其權利價值為實物或非現行通用貨幣者，應由申請人按照申請時之價值折算為新台幣，填入申請書適當欄內，再依法計收登記費。

申請地上權、永佃權、地役權或耕作權之設定或移轉登記，其權利價值不明者，應由申請人於申請書適當欄內自行加註，再依法計收登記費。

前二項權利價值低於各該權利標的物之土地申報地價4%時，以各該權利標的物之土地申報地價4%為其一年之權利價值，按存續之年期計算；未定期限者，以七年計算之價值標準計收登記費。（土登§49）

(四) 於一宗土地內就其特定部分申請設定地上權、不動產役權、典權或農育權登記時，應提出位置圖。

因主張時效完成，申請地上權、不動產役權或農育權登記時，應提出占有範圍位置圖。

前二項位置圖應先向該管登記機關申請土地複丈。（土登§108）

(五) 申請地上權或農育權設定登記時，登記機關應於登記簿記明設定之目的及範圍；並依約定記明下列事項：

一、存續期間。

二、地租及其預付情形。

三、權利價值。

四、使用方法。

五、讓與或設定抵押權之限制。

前項登記，除第五款外，於不動產役權設定登記時準用之。（土登§108之1）

(六) 不動產役權設定登記得由需役不動產之所有權人、地上權人、永佃權人、典權人、農育權人、耕作權人或承租人會同供役不動產所有權人申請之。

申請登記權利人為需役不動產承租人者，應檢附租賃關係證明文件。

前項以地上權、永佃權、典權、農育權、耕作權或租賃關係使用需役不

動產而設定不動產役權者，其不動產役權存續期間，不得逾原使用需役
不動產權利之期限。

第一項使用需役不動產之物權申請塗銷登記時，應同時申請其供役不動
產上之不動產役權塗銷登記。（土登§108之2）

(七) 不動產役權設定登記時，應於供役不動產登記簿之他項權利部辦理登
記，並於其他登記事項欄記明需役不動產之地、建號及使用需役不動產
之權利關係；同時於需役不動產登記簿之標示部其他登記事項欄記明供
役不動產之地、建號。

前項登記，需役不動產屬於他登記機關管轄者，供役不動產所在地之登
記機關應於登記完畢後，通知他登記機關辦理登記。（土登§109）

(八) 土地總登記後，因主張時效完成申請地上權登記時，應提出以行使地上
權意思而占有之證明文件及占有土地四鄰證明或其他足資證明開始占有
至申請登記時繼續占有事實之文件。

前項登記之申請，經登記機關審查證明無誤應即公告。

公告期間為三十日，並同時通知土地所有權人。

土地所有權人在前項公告期間內，如有異議，依土地法第59條第2項規
定處理。

前四項規定，於因主張時效完成申請不動產役權、農育權登記時準用
之。（土登§118）

(九) 依本規則登記之土地權利，因權利之拋棄、混同、終止、存續期間屆
滿、債務清償、撤銷權之行使或法院之確定判決等，致權利消滅時，應
申請塗銷登記。

前項因拋棄申請登記時，有以該土地權利為標的物之他項權利者，應檢
附該他項權利人之同意書，同時申請他項權利塗銷登記。

私有土地所有權之拋棄，登記機關應於辦理塗銷登記後，隨即為國有之
登記。（土登§143）

(十) 他項權利塗銷登記除權利終止外，得由他項權利人、原設定人或其他利
害關係人提出第三十四條第一項所列文件，單獨申請之。

前項單獨申請登記有下列情形之一者，免附第34條第1項第2款、第3款
之文件：

一、永佃權或不動產役權因存續期間屆滿申請塗銷登記。

二、以建物以外之其他工作物為目的之地上權，因存續期間屆滿申請塗

銷登記。

三、農育權因存續期間屆滿六個月後申請塗銷登記。

四、因需役不動產滅失或原使用需役不動產之物權消滅，申請其不動產
　　役權塗銷登記。（土登§145）

五、行政機關不動產役權函示

(一) 已供公眾通行道路因時效完成得認為有公用地役關係之存在，勿須辦理
　　登記，所請釋示已供公眾通行道路之認定執行疑義一案希照內政部等會
　　商決議辦理

　　內政部邀同司法行政部、財政部、貴省政府、台北市政府會商獲致決議
　　如下：「關於已供公眾通行道路應如何認定其公用地役權一案，既經行
　　政院61年判字第435號著有判例，行政機關基於公法關係處理公眾通行
　　道路地役權事宜，自應循該判例意旨處理，由於公用地役權之權利人為
　　不特定之眾人，勿須辦理地役權登記，至最高法院58年度台上字第762
　　號判決並未著成判例，併予說明。」

　　附：行政院68年3月12日台68內2275五號函

　　關於本院65年11月20日台65內9900號函復台灣省政府核釋已供公眾通行
　　道路之認定一案文內貴部會商決議中「公用地役權」一詞請更正為「公
　　用地役關係」，已陳奉准予更正。

　　附：行政法院61年判字第435號判例

　　既成為公眾通行之道路，其土地之所有權，縱未為移轉登記，而仍為私
　　人所保留，亦不容私人在該道路上起造任何建築物，妨害交通。原告所
　　有土地，在二十餘年前，即已成為農路，供公眾通行，自應認為已因時
　　效完成而有公用地役關係之存在，則該農路之土地，即已成為他有公物
　　中之公共用地。原告雖有其所有權，但其所有權之行使，應受限制，不
　　得違反供公眾通行之目的。原告將擅自已成之農路，以竹柱、鐵線築為
　　圍籬，阻礙交通，意圖收回路地，自為法所不許。（行政院65年11月20
　　日台65年內字第9900號函）

(二) 地役權不得與需役地分離

　　按地役權不得由需役地分離而為讓與或為其他權利之標的物，民法第
　　853條著有明文，亦即地役權應隨同需役地而讓與，取得需役地所有權
　　人即取得地役權。本案豐原市上南坑段276-7地號等多筆需役地土地，

於設定地役權登記後，該需役地所有權經數次讓與而與需役地分離，顯與前開法條規定不符。應由需役地所有權人會同地役權登記名義人申辦地役權移轉登記，如需役地所有權人無須再行使用該供役地時，可由供役地所有權人檢具需役地所有權人無須使用該供役地之證明文件，申辦地役權消滅登記。（內政部70年7月10日台（70）內地字第28642號函）

(三) 地役權以繼續並表見者為限，如僅繼續而非表見或僅表見非繼續，均不得因時效完成取得地役權

案經邀同法務部（未派員）台灣省地政處等有關機關研議，獲致結論：按「地役權以繼續並表見者為限，因時效而取得。」民法第852條訂有明文。故僅繼續而非表見，如埋設筒管於地下而引水之地役權或僅表見而非繼續，如不設道路而通行之地役權，均不能因時效而取得。（參閱姚瑞光著，《民法物權論》，頁188）。準此，本案申請人雖檢附四鄰證明書，單獨申請以時效取得台南縣南化鄉南化段244-4號土地地役權設定登記，惟據台南縣政府地政科列席會議代表稱，經派員查明該筆土地上並未設有道路，顯與繼續並表見之要件不符，應不予受理。（內政部70年11月25日（70）內地字第50958號函）

(四) 同一供役地上可設定相容數地役權

稱地役權者，謂以他人土地供自己土地便宜之用之權。同一供役地，先後提供數需役地便宜使用，如非其使用性質互不相容，尚無不得設定數地役權之規定。本案供役地雖已設定地役權登記在案，其以供道路通行及排水造溝為使用目的，再行申辦設定地役權，其使用性質與原設定者並無不相容之處，其申請地役權登記應予受理。（內政部74年12月28日台（74）內地字第371572號函）

(五) 供役地與需役地之部分共有人相同，得於供役地設定地役權

案經函准法務部83年10月4日法83律字第21363號函以：「二、按民法第851條規定：『稱地役權者，謂以他人土地供自己土地便宜之用之權。』所稱『他人土地』或『自己土地』，似未嚴格限制以土地所有人為限，故學者通說認為雖屬同一人所有之二筆土地，而現在異其使用人時，如他筆土地有供此筆土地便宜之用之必要，仍可為地役權之設定，同理土地共有人得為單獨所有之他土地之便宜，對於共有土地設定地役權，亦得為共有土地之便宜，對於單獨所有之他土地，設定地役權（史尚寬著，《物權法論》，頁208、頁209；姚瑞光著，《民法物權論》，

頁177；謝在全著，《民法物權論》，頁508、頁509參照）。本件依來
函所述，需役地之所有權人張甲、張乙、張丙雖同時為供役地之部分共
有人（其他共有人為張丁、張戊），而依土地法第34條之1第1項規定代
理未同意之共有人張乙設定地役權，參酌上揭說明，所謂『他人土地』
似不宜就條文文字嚴格解釋，致妨礙土地利用價值之增加。是以供役地
與需役地之部分共有人相同，於供役地設定地役權，似非不得為之。」
本部同意上開法務部意見。（內政部83年10月19日台（83）內地字第
8312956號函）

(六)需役地與地役權未一併辦理移轉登記，如無不隨同移轉之特約並經登記
　　者，得由需役地所有權人單獨申請地役權移轉登記

　　1.案經函准法務部84年5月10日法84律決10722號函以：「按民法第853
　　　條規定：『地役權不得由需役地分離而為讓與，……。』及該條立法
　　　理由說明：『……地役權者，為供需役地便益而存之物權也。故地役
　　　權應從屬需役地不得分離，當地役權移轉時，若當事人間無特別約
　　　定，應與需役地之所有權一併移轉，惟不得僅以地役權讓與他
　　　人……。』係揭示『地役權之從屬性』原則，依學者通說見解，需役
　　　地所有人將需役地之所有權讓與他人，如係約明僅讓與需役地所有
　　　權，地役權不隨同移轉，其特約並經登記者（土地登記規則第33條第
　　　1項第4款參照），需役地所有權之讓與固屬有效，但地役權宜解為違
　　　反其從屬性，因而具有消滅之原因，不生隨同移轉之問題；如未有上
　　　述之特別約明時，則宜解為地役權隨同讓與，而由受讓需役地所有權
　　　之人，隨同取得地役權（姚瑞光著，《民法物權論》，頁182；謝在
　　　全著，《民法物權論》，頁514、頁515參照）。本件需役地所有權經
　　　多次移轉，其地役權宜否視同移轉，參照以上所述，應視當事人間有
　　　無特別約明而定，如地役權於需役地讓與時確無上述之特別約定並經
　　　登記者，依首揭『地役權之從屬性』原則，地役權既已一併移轉，自
　　　當由受讓需役地所有權之人隨同取得。至於得否由該受讓需役地所有
　　　權之人單獨申辦地役權移轉登記，事涉土地登記程序與作業事項，仍
　　　請　貴部參考上揭說明與見解，並探求土地法及土地登記規則等相關
　　　法規規定之立法意旨與精神，本於職權自行審認之。」

　　2.本部同意上開法務部意見。需役地與地役權未一併辦理移轉登記，致
　　　其所有權與地役權登記名義人不同，如地役權於需役地讓與時，確無

　　　不隨同移轉之特別約定並經登記者，得由需役地所有權人單獨申請地
　　　役權移轉登記。

　　（按：原土地登記規則第33條第1項第4款已刪除）

　　（內政部84年5月19日台（84）內地字第8407744號函）

(七) 關於現有巷道供通行公共地役關係之取得時效，為更於認定執行，請參
　　　照建築法第48條立法旨意，由貴府依本部77.04.02台內營字第583612號
　　　函附會商結論，斟酌地方情況為必要之規定。請查照。（內政部台內營
　　　字第604585號函）

(八) 關於供通行公用地役權之取得時效，原則上應依民法第769條規定以
　　　二十年為準，惟若符合同法第770條規定之條件者，得以十年以上視為
　　　公用地役權之時效年限。（內政部77年2月23日台內營字第583612號
　　　函）

(九) 時效取得地役權之登記比照取得地上權之規定辦理（內政部76年6月10
　　　日台內地字第510457號函）

(十) 按地役權取得之時效，應合於民法第769條所定二十年間和平繼續占有
　　　為要件、此項時效，非行政命令可得變更，本案仍請依本部71.11.2471
　　　台內營字第122110號函規定辦理。（內政部72年8月25日台內營字第
　　　176450號函）

(十一) 按供公眾通行道路，應由市縣主管機關就其使用之性質、使用期間、
　　　通行情形及公益上需要而為認定，前經本部66.08.26台內營字第
　　　745210號函釋在案，至其中使用期間按地役權之取得時效而定，依民
　　　法第852條之規定繼續並表現者為限，同時應合於同法第769條所規定
　　　二十年間和平繼續占有為要件。工業區內臨接既成巷路退縮建築，應
　　　依本部71.06.15修正同年07.15施行之建築技術規則建築設計施工編第
　　　118條第2款之規定辦理。（內政部71年11月24日台內營字第12110號
　　　函）

(十二) 按行政主體得依法律或法律行為，取得私人財產，使該項財產成為他
　　　有公物，以達到行政上之目的，是對於供公眾通行之道路、市縣主管
　　　機關即得就其供使用之性質，使用期間、通行情形及公益上需要而為
　　　認定。（內政部66年8月26日台內營字第745210號函）

(十三) 按已有公用地役權關係存在之巷道上方，不得任意覆蓋過街甬道式建
　　　築物，以妨害地役權之行使，前經本部以72.05.11　72台內營字第

158293號函釋在案。本案現有巷道如具有地役權者,應依前開部函規定辦理。(內政部72年6月3日台內營字第158368號函)

(十四) 按地役權不得為其他權利之標的物、民法第853條定為明文,是在具有地役權之土地上要不得任意覆蓋過街甬道式樓房,以妨害地役權之行使。(內政部72年5月11日台內營字第158293號函)

(十五) 查本案已供公眾通行之巷路改道後,其新設之巷路為公眾通行年限,經本部72.03.02 72台內營字第142642號函釋在案,應無疑義。又本案新設巷路,既經查明係由土地所有權人為供公眾通行所留設,則其公共地役關係,應自土地所有權人設定行為成立之日起而取得;至現存巷路(舊有巷路)其地役權有無存續之必要時,得依民法第859條聲請之。(內政部72年5月11日台內營字第158292號函)

(十六) 關於已供公眾通行之巷路改道後,其新設之巷路為供公眾通行之年限乙案,按若該巷路係以通行為目的取得地役權者,不論其為新設或舊設,均為民法第852條及第769條之適用。復請查照。(內政部72年3月2日台內營字第142642號函)

(十七) 政府為便利公眾通行,整修市鄉道路環境,於現有既成道路上為必要之改善養護鋪設柏油路面,該道路形態並未變更,亦未拓寬打通者,應依行政法院45年判字第8號判例以公用地役關係繼續使用。其上開既成道路之認定應請依照內政部66.08.26台內營字第745210號函規定辦理。

政府依都市計畫主動辦理道路拓寬或打通工程施工後道路形態業已改變者,該道路範圍內之私有土地,除日據時期之既成道路目前仍作道路使用,且依土地登記簿記載於土地總登記時,已登記為「道」地目之土地,仍依前項公用地役關係繼續使用外,其餘土地應一律辦理徵收補償。其既成道路用地,應由道路主管單位負責查明列冊送請該管稅捐稽徵機關逕予免徵地價稅或田賦。(行政院67年7月14日台內第6301號函)

(十八) 土地實際既係供公眾通行數十年之道路之用,自應認為已有公用地役關係之存在(行政法院46年判39號判例參照)。本案屏東市中山路既於日據時期已開闢成道,依照上開說明,自應認為已有公用地役關係存在,從而屏東市公所改善環境,予以改良,開設側溝,縱未經土地所有權人之同意,基於該土地所有權人之權益並無損害,且地方政府

將來徵收該地時，所有權人仍可依法請求地價補償。（內政部63年7月9日台內地第592847號函）

(十九) 依民法第787條規定，「土地因與公路無適宜之聯絡，致不能為通常使用者，土地所有人，得通行周圍地以至公路。但對於通行地因此所受之損害應支付償金。」準此，關於國有土地之鄰地因無適宜之對外聯絡道路，有通行本局管理國有土地之必要，得於申請人具結承諾有關事項後，同意其就該國有土地損害最少之處所及方法取得通行權，前經本局84年7月18日台財產局2第84015969號函示有案，其茲經研商得同意就國有土地取得通行權之對象包含下列鄰地權利人：

(1) 土地所有權人：依民法第787條規定，土地所有權人得通行周圍地以至公路。

(2) 地上權人、永佃權人、典權人：依民法第832條、第850條、第914條規定，地上權人、永佃權人及典權人準用民法第787條之規定。

(3) 其他使用權人（包括承租人、使用借貸人及其他土地所有權人同意其使用土地者）：最高法院79年5月29日79年度第2次民事庭會議決議，民法創設鄰地通行權，原為發揮袋地之利用價值，使地盡其利增進社會經濟之公益目的，是以袋地無論由所有權人或其利用權人使用，周圍地之所有權及其他利用權人均有容忍其通行之義務。民法第787條規定土地所有權人鄰地通行權，依同法第833條、第850條、第914條之規定準用於地上權人、永佃權人或典權人間及各該不動產物權人與土地所有權人間，不外本此立法意旨所為一部分例示性質之規定而已，要非表示於所有權以外其他土地利用權人間即無相互通行或準用之情形外，於其他土地利用權人相互間（包括承租人、使用借貸人在內），亦應援用「相類似案件，應為相同之處理」之法理，為之補充解釋，以求貫徹。故基於促進土地整體有效利用，參照前述民事庭會議決議，鄰地所有權人同意其使用之其他使用權人得取得通行權。

有關國有土地已就特定之範圍同意鄰地所有權人（或使用權人）取得通行權，倘尚有其他鄰地權利人就同一處所主張通行使用，其符合民法第787條鄰地通行權規定者，得同意其取得通行權，無須會同原鄰地通行權人辦理增列通行對象。

查本局84年11月21日台財產局2第84029478號函附會議紀錄之結論，

鄰地所有權人依民法第787條規定，主張對國有土地有通行權存在，係將國有土地提供特定對象使用，且國有土地存在有他人之通行權，已影響或限制該國有土地之所有權或使用權，至於計收標準，則為申報地價年息2%，依據前述12，數鄰地權人就國有土地同一處所主張通行權，其償金總額仍按該部分國有土地申報地價年息2%計算，其收取之方式如下：

(1) 土地所有權人、地上權人、典權人、永佃權人、其他使用權人，共同申請通行權，由其共同負擔償金。

(2) 土地所有權人、地上權人、典權人、永佃權人、其他使用權人，分別申請通行權，由其按人數平均負擔償金。

(3) 對前述負擔償金方式有異議者，請其自行協議處理。

(4) 有關本局台灣中區辦事處函報，該處前同意聖大精機製造公司通行新竹市光復段三地號國有土地，嗣該公司將其土地合夥投資設立新芳鄰汽車駕駛人訓練班，該訓練班就同一國有土地申請取得通行權一案，請依前述結論辦理。（財政部國有財產局87年10月26日台財產局第87024272號函）

(二十) 地役權依民法第852條之規定，因時效而取得者，依同法第772條準用第769條、第770條之規定，僅取得請求登記為地役權人之權利而已，在未為地役權之登記前，尚未取得地役權，然公用地役關係則非私法上之權利，並不以登記為成立要件，如私有土地為實際供公眾通行數十年之道路者，即應認已有公用地役關係之存在，土地所有人不得違反公眾通行之目的而為使用。此乃公用地役關係人係不特定之公眾，實際上無從為地役權之登記，且公用地役關係不以有供役地與需役地之存在為必要，故公用地役關係與私法上之地役權性質不同。由於公私法各有其特殊性，公法可否適用民法之規定，應分別論斷，僅在不礙公法特殊性之範圍內，始可適用民法之規定，不能任意援用民法規定，以補充公法上規定之欠缺。土地所有權之土地，為實際供公眾通行數十年之道路，依前述說明，雖未為地役權之登記，亦不礙其公用地役關係存在，政府機關將該有公用地役關係之土地，編為巷道並舖設柏油路面，地主有容忍之義務，不得依民法上無權占有之法律關係，訴求政府機關除去柏油交還土地。（司法院71年6月11日71廳民1字第0441號函復台高院）。

第六章 | 抵押權之法律關係暨登記實務

壹、抵押權之理論與實務

一、抵押權及抵押權登記之意義

　　民法第860條「稱普通抵押權者,謂債權人對於債務人或第三人不移轉占有而供其債權擔保之不動產,得就該不動產賣得價金優先受償之權。」本條所稱抵押權,即為普通抵押權。故抵押權僅將不動產之交換價值,以擔保債權之清償為目的之擔保物權,無須將標的物移轉與權利人占有,設定人仍可繼續為原來之使用、收益或將所有權人讓與他人,並可就同一不動產設定多次序之抵押權,以達活潑金融、促進經濟發展之目的。

　　茲將抵押權之意義分析如下:

(一) 抵押權得就該不動產賣得價金優先受償之權。

(二) 抵押權不移轉占有。

(三) 抵押權係對於債務人或第三人所提供之擔保物設定。

(四) 抵押權之標的物為不動產。

　　抵押權登記之意義,乃指債權人對於債務人或第三人不移轉占有,而供其債權擔保之土地或建築改良物就其賣得價金,受清償之權,經訂立書面契約向地政機關申辦抵押權所為之登記。

二、抵押權之特性

(一) 從屬性:抵押權以擔保債權之清償為目的,不能離債權而單獨存在,主債權未消滅之前抵押權即繼續存在,故抵押權為債權之擔保,從屬主債權之權利,因而具有從屬性。例如某甲僅以其抵押權讓與於某乙,而甲仍保留債權,則其讓與無效。

(二) 追及性:民法第867條「不動產所有人設定抵押權後,得將不動產讓與他人。但其抵押權不因此而受影響」。例如某甲將已抵押借款與丙新台

幣500萬元正之房地出賣某乙新台幣1,000萬元正,則丙抵押權權利不受影響。

(三) 不可分性:民法第868條抵押物如經分割,抵押權不受影響,仍然擔保債權之全部。如某甲以土地提供抵押向某乙借款新台幣100萬元正,某乙以其新台幣30萬元正之債權讓與某丙,則新台幣70萬元與30萬元之債權仍由該筆土地當作擔保,即某乙及某丙均得行使抵押權。

(四) 物上代位性:民法第881條「抵押權除法律另有規定外,因抵押物滅失而消滅。但抵押人因滅失得受賠償或其他利益者,不在此限。抵押權人對於前項抵押人所得行使之賠償或其他請求權有權利質權,其次序與原抵押權同。給付義務人因故意或重大過失向抵押人為給付者,對於抵押權人不生效力。抵押物因毀損而得受之賠償或其他利益,準用前三項之規定。」如某甲向某乙借款,乙將其建物抵押權設定並保火險,日後建物因火災而滅失,受領保險金即為物上代位性。

三、抵押權取得原因

(一) 法律行為:如以契約或遺囑之設定行為,或因主債權移轉擔保該債權之抵押權隨同移轉之讓與行為(民§295參照),均因法律行為而取得。

(二) 法律事實:若抵押權人為自然人死亡之後,抵押權由其繼承人繼承其債權及抵押設定人死亡由其繼承人承受被繼承人債務之義務(民§1148參照)。

(三) 法律規定:國民住宅條例第17條及第27條所規定,國民住宅因貸款所生之債權,自契約簽訂之日起,債權人對住宅及其基地,享有第一順位之法定抵押權,優先受償。

四、抵押權擔保債權範圍

民法第861條「抵押權所擔保者為原債權、利息、延遲利息、違約金及實行抵押權之費用,但契約另有約定者,不在此限。得優先受償之利息、延遲利息、一年或不及一年定期給付之違約金債權,以於抵押權人實行抵押權聲請強制執行前五年內發生及於強制執行程序中發生者為限。」

五、抵押權效力之範圍

(一) 擔保標的物之範圍：及於從物、從權利、附屬建物。

法律依據，民法第862條。

抵押權之效力，及於抵押物之從物與從權利。第三人於抵押權設定前，就從物取得之權利，不受前項規定之影響。

以建築物為抵押者，其附加於該建築物而不具獨立性之部分，亦為抵押權效力所及。但其附加部分為獨立之物，如係於抵押權設定後附加者，準用第877條之規定。

(二) 擔保標的物之範圍：及於變形物。

法律依據，民法第862條之1。

抵押物滅失之殘餘物，仍為抵押權效力所及。抵押物之成分非依物之通常用法而分離成為獨立之動產者，亦同。

前項情形，抵押權人得請求占有該殘餘物或動產，並依質權之規定，行使其權利。

(三) 擔保標的物之範圍：及於天然孳息。

法律依據，民法第863條。

抵押權之效力，及於抵押物扣押後自抵押物分離，而得由抵押人收取之天然孳息。

(四) 擔保標的物之範圍：及於法定孳息。

法律依據，民法第864條。

抵押權之效力，及於抵押物扣押後抵押人就抵押物得收取之法定孳息。但抵押權人，非以扣押抵押物之事情，通知應清償法定孳息之義務人，不得與之對抗。

六、抵押權之種類

(一) 普通抵押權：債權人對於債務人或第三人不移轉占有而供其債權擔保之不動產，得就該不動產賣得價金優先受償之權。（民§860）

(二) 最高限額抵押權：

稱最高限額抵押權者，謂債務人或第三人提供其不動產為擔保，就債權人對債務人一定範圍內之不特定債權，在最高限額內設定之抵押權。最高限額抵押權所擔保之債權，以由一定法律關係所生之債權或基於票據

所生之權利為限。

基於票據所生之權利，除本於與債務人間依前項一定法律關係取得者外，如抵押權人係於債務人已停止支付、開始清算程序，或依破產法有和解、破產之聲請或有公司重整之聲請，而仍受讓票據者，不屬最高限額抵押權所擔保之債權。但抵押權人不知其情事而受讓者，不在此限。

立法說明：本條新增，實務上行之有年之最高限額抵押權，以抵押人與債權人間約定債權人對於債務人就現有或將來可能發生最高限額內之不特定債權，就抵押物賣得價金優先受償為其特徵，與供特定債權擔保之普通抵押權不同，是其要件宜予明定，俾利適用，爰增訂第1項規定。

最高限額抵押權之設定，其被擔保債權之資格有無限制？向有限制說與無限制說二說，鑑於無限制說有礙於交易之安全，爰採限制說，除於第1項規定對於債務人一定範圍內之不特定債權為擔保外，並增訂第2項限制規定，明定以由一定法律關係所生之債權或基於票據所生之權利，始得為最高限額抵押權所擔保之債權（日本民法第398條之2參考）。所謂一定法律關係，例如買賣、侵權行為等是。至於由一定法律關係所生之債權，當然包括現有及將來可能發生之債權，及因繼續性法律關係所生之債權，自不待言。

為避免最高限額抵押權於債務人資力惡化或不能清償債務，而其債權額尚未達最高限額時，任意由第三人處受讓債務人之票據，將之列入擔保債權，以經由抵押權之實行，優先受償，而獲取不當利益，致妨害後次序抵押權人或一般債權人之權益，爰仿日本民法第398條之3第2項，增列第3項明定基於票據所生之權利，列為最高限額抵押權所擔保債權之限制規定，以符公平。（民§881-1）

(三) 其他抵押權：提供土地或建物所有權以外之他項權利設定者。如以地上權、99年8月3日前發生之永佃權、永佃權或典權、農育權，均得為抵押權之標的物（民§882）。

(四) 法定抵押權：基於法律規定而發生之抵押權稱之，不以登記為生效要件（最高法院（63）台上字第1240號判例）。國民住宅條例第17條政府出售國宅及基地，因貸款所生之債權，自契約簽訂之日起，債權人對該住宅及基地享有第一順位法定抵押權優先受償。法定抵押權依法律之規定而當然發生，無須登記即可成立（最高法院台（55）台抗616號）。民法第824條之1共有物分割對於補償義務人所分得之不動產，有法定抵押權。

七、抵押權登記種類

(一) 抵押權設定登記：債權人對於債務人或第三人不移轉占有，而提供其債權擔保之土地或建物，就其賣得價金優先受清償之權，經訂立公定契約後，向該管地政機關申辦抵押權設定所為之登記。

(二) 抵押權移轉登記：抵押權設定後如有讓與、繼承等移轉情事，向該管地政機關申辦抵押權移轉登記。

(三) 抵押權內容變更登記：抵押權設定後，其抵押權內容如權利範圍、金額、利息、延遲利息、違約金、擔保債權確定期日、清償日期等有情事變更時，另立他項權利變更契約書，向該管地政機關申辦抵押權內容變更所為之登記。

此項變更不包括抵押權人之變更，因抵押權人變更係屬抵押權移轉變更登記，與移轉登記使用同一種他項權利變更移轉契約書。

(四) 抵押權塗銷登記：已設定之抵押權在發生抵押權之拋棄、混同、債務清償、法院確定判決、債權消滅、提存、抵押物滅失、抵押權實行、抵押權人同意等情形時，由權利人、義務人、債務人或利害關係人之一，以單獨申請方式，向該管地政機關申辦抵押權塗銷登記。

八、抵押權登記之要件

抵押權登記一般均以權利人及義務人、債務人等會同提出有關文件，向不動產所在地之主管機關申請辦理設定登記，惟申辦抵押權登記時尚須具備如下之要件：

(一) 須土地或建物已辦竣所有權登記：依土地登記規則第11條規定：「未經登記所有權之土地，除法律或本規則另有規定外，不得為他項權利登記或限制登記」。他項權利為所有權以外之限制物權，以所有權為標的物而設定，如土地或建物尚未辦理所有權登記者，無從為他項權利之登記，他項權利無所附麗。但民法第513條承攬人之預為抵押權登記，於開始工作前亦得為之。即未興建建物仍無建物登記所有權仍得辦理抵押權登記。

(二) 須以書面為之：民法第758條第二項：「前項行為，應以書面為之。」設定者，即創設、確定法律關係也，書面契約尤須以文字表示之要式行

為，如有欠缺，設定行為尚未成立，無從辦理他項權利登記；另他項權利移轉或內容變更登記，同樣應以書面為之始得辦理。此書面依土地登記應備文件補充規定第1點乃指公定契約書而言。

(三) 須經登記並生效：民法第758條第1項：「不動產物權，依法律行為而取得、設定、喪失及變更者，非經登記，不生效力。」民法第759條：「因繼承、強制執行、徵收、法院之判決或其他非因法律行為，於登記前已取得不動產物權者，應經登記，始得處分其物權。」登記完畢發生絕對之公信力，得於法令限制範圍內，按其權利之性質及範圍為使用、收益或支配之權。

(四) 須不違背強制或禁止之規定：民法第71條前項：「法律行為，違反強制或禁止之規定者無效。」土地與建物不得分別設定予不同人。抵押權不得作為抵押設定之標的。不動產役權亦不得為設定抵押權之標的。分別為公寓大廈管理條例第4條、民法第870條、第882條所明定。

(五) 須所有權因登記而受限制：民法第765條：「所有人，於法令限制之範圍內，得自由使用、收益、處分其所有物，並排除他人之干涉。」但所有權人得設定他項權利而使所有權功能受限制，如地上權、農育權、不動產役權及典權等為用益物權，他項權利登記後，所有權人使用收益之權，即由他項權利人取得。而普通抵押權係債權人對於債務人或第三人不移轉占有而供其債權擔保之不動產，得就該不動產賣得價金優先受償之權，故所有權之權能因設定他項權利而受限制。

　　抵押權設定須具備一定之要件，惟仍應注意抵押權之無效及撤銷問題。例如抵押權從屬於債權之存在而存在，未成年人法定代理人之允許，抵押行為意思表示錯誤或被詐欺脅迫及民法第244條規定第1項、第2項，債務人所為之無償行為，有害及債權者，債權人得聲請法院撤銷之。債務人所為之有償行為，於行為時明知有損害於債權人之權利者，以受益人於受益時亦知其情事者為限，債權人得聲請法院撤銷之。

九、普通抵押權與最高限額抵押權之比較

　　抵押權：抵押權有兩種類型：甲、普通抵押權，如登記簿權利種類記載為「普通抵押權」。乙、最高限額抵押權，如登記簿權利種類記載為「最高限額抵押權」。

(一) 普通抵押權

1. 特定債權。
2. 債權消滅，抵押權歸於消滅。
3. 債權與抵押權乃一對一之關係。亦即一個抵押權僅能擔保一個債權（已發生）。
4. 抵押權之擔保範圍除原債權外，尚包括利息、延遲利息、違約金及實行抵押費用等。如設定新台幣500萬元，除原債權500萬元以外，另利息50萬元，延遲利息80萬元，違約金20萬元，可優先受償650萬元。

(二) 最高限額抵押權

1. 先有抵押權，後有債權。或先有債權後有抵押權均可。亦即可擔保將來繼續發生之債權。
2. 債權消滅，如登記簿之抵押權未經塗銷，擔保債權確定期日前，且未決算確定仍可以繼續借用。
3. 債權與抵押權仍多對一之關係。亦即一個抵押權可以擔保數個債權（包括現在發生、過去已發生或未來將發生）。
4. 擔保債權確定期日內所生之債權，均由此一最高限額抵押權為擔保。依民法第881條之14規定，如擔保債權確定期日為民國126年6月5日，即約定確定日期為民國126年6月5日年受均受最高限額擔保，但依民法881之4條規定約定之確定期日，自抵押權設定時起，不得逾三十年，前項期限當事人得更新之。
5. 民法第881條之2規定，抵押權之擔保範圍以最高限額為限，超過最高限額就無優先受償之權利。如設定最高限額500萬元正，除原債權500萬元正以外，另利息25萬元，延遲利息50萬元，違約金20萬元，就無優先受償之權利。因此，現行金融實務上，如貸款500萬元，須增加二成設定，即設定600萬元，以確保利息、延遲利息、違約金等之求償。亦有金融機構加三成或四成金額。

十、抵押權登記之申請文件

　　抵押權登記之申請應提出之文件，依照土地登記規則第34條之規定如下：

(一) 登記申請書

依內政部規定格式填寫。

(二) 登記原因證明文件

1. 抵押權設定登記時，為公定抵押權設定契約書正、副本。
2. 抵押權移轉登記與抵押權內容變更登記時，為他項權利移轉變更契約書。
3. 抵押權塗銷登記時，拋棄書、判決書及判決確定證明書、抵押權塗銷同意書。

(三) 已登記者，其所有權狀或他項權利證明書

1. 抵押權設定時之土地建築改良物所有權狀或地上權、典權、99年8月3日前發生永佃權、永佃權、農育權設定時之他項權利證明書。
2. 抵押權移轉、內容變更、塗銷登記時之他項權利證明書。

(四) 申請人身分證明

1. 權利人、義務人之身分證明文件。即戶籍謄本或身分證影本或戶口名簿影本各一份、或相關應附身份證明文件。設定權利人為自然人時應附義務人一年內印鑑證明。
2. 義務人之印鑑證明（權利人為金融機構、保險公司，義務人為自然人及公司法人免附），或替代證明文件。

(五) 其他由中央機關規定應提出證明之文件

1. 抵押人即義務人為財團法人應提出主管機關核准或同意備查之證明文件。（土登§42Ⅲ）
2. 第三人同意書同一標的之抵押權次序讓與而申請抵押權內容變更登記時之中間次序抵押權人之同意及其印鑑證明。（土登§116、§44）
3. 申請抵押權設定登記，抵押人非債務人時（第三人債務），契約書及登記申請書應經債務人簽名或蓋章。（土登§111）
4. 委託書但登記申請書已載明委託關係者，不在此限。（土登§37-1、土登§37）
5. 地政規費收據。（土§67、§76、土登§47、49）

十一、申請抵押權登記應注意事項

(一) 抵押權設定前，權利人應先申請土地與建物之登記簿謄本，查明產權情形有無前順位抵押權或限制登記情事。

(二) 申請登記前應辨別抵押人身份及提供之證件是否與登記名義人相符。

(三) 抵押權人應事先查明（現場）抵押權之價值與地理環境，並預估債務清償期時之價值漲跌幅度與增值稅、地價稅、房屋稅之多寡，核貸時將稅金予以預扣。

(四) 債權人應注意債務人確為簽發債務憑證之人，如以票據作返還價金憑證者，應注意票據發票人或背書人是否與債務人為同一人，並與土地、建物所有權人發生連帶關係。

(五) 債務人為二人以上時，除定明債務持分範圍，屬共同債務人外；應互為連帶債務人，並將債務範圍填明為全部。

(六) 必須書立債權債務憑證，避免設定無效之抵押權，以符合消費借貸之要件。

(七) 瞭解抵押權種類之性質後，再確定設定登記為普通抵押權或最高限額抵押權。金融業者一般皆以最高限額抵押權設定方式辦理。

(八) 抵押權設定時，土地與建物應共同擔保債權金額，避免分別列明金額擔保，以符合民法第875條、第875之1條至第875之4條之規定共同抵押之功能。

(九) 抵押權設定前，應注意抵押物有無出租，避免「買賣不破租賃」所導致不易實行抵押權，有困難之虞，並應注意民法、土地法、強制執行法等有關租賃之規定。

(十) 抵押權設定時，應注意軍人及家屬優待條例對債務人與義務人之特別保障規定，以避免債權人權益受損。

(十一) 公司法人抵押權設定時，應注意有無記明確依有關法令規定完成處分程序並蓋章。且不得涉及連帶債務或保證，以免違反公司法第16條之規定，並應在私契或借貸契約之後，附上該公司之股東會或董事會之決議紀錄及公司章程與股東名冊交由債權人存執。公司負責人違反前項規定時，應自負保證責任，如公司受有損害並應賠償。

(十二) 抵押權設定契約書之登記以外約定事項欄，得盡量填寫以強化物權契約之效力。依最高法院84年台上字第1967號判例登記以外約定事項隨

抵押設定案件併同檢附登記機關歸檔，始具有物權效力。

(十三) 任何證件之影本均須切結：「本影本與正本相符，如有不實申請人願
　　　負法律一切責任」，但戶籍謄本、印鑑證明、權利書狀不得用影本替
　　　代。

(十四) 申請土地登記，檢附之印鑑證明以登記原因發生日期前一年內核發者
　　　為限。（土登§41⑩）

(十五) 土地合併時，應先查明有無抵押權登記，如有應檢附土地所有權人與
　　　抵押權人之協議書始可申辦。（土登§88）

(十六) 登記完竣後應申領登記簿謄本以供查核。

(十七) 受任人應自己處理委任事務，但經委任人之同意，或另有習慣，或有
　　　不得已之事由，得使第三人代為處理（民§537）。是故，地政士應
　　　親自處理委託事務。但經委任人同意，另有習慣或有不得已之事由，
　　　得將業務委由其他地政士辦理。（地政士法第17條）

(十八) 外國銀行申辦取得抵押權登記，免檢附土地法第18條平等互惠規定之
　　　證明文件，惟抵押物仍應受土地法第17條不得設定外國人規定之限
　　　制。將來拍賣時，若該外國銀行所屬國家與我國無平等互惠關係時，
　　　不得承受抵押物之所有權。（土§18參照）

(十九) 稅捐稽徵法第6條第2項規定，土地增值稅、地價稅、房屋稅之徵收，
　　　優先於一切債權及抵押權。故以土地提供擔保時，就債權人之權益而
　　　言，應注意扣除土地增值稅、地價稅、房屋稅後之實際價格，作為核
　　　定貸款之依據。（稅捐稽徵法§6Ⅱ）

(二十) 出租耕地（即訂有三七五租約）經依法徵收或照價收買時，土地所有
　　　權人，應以所得之補償地價扣除土地增值稅後餘額之三分之一，補償
　　　耕地承租人（平均地權條例§11），又出租耕地經依法編為建築用
　　　地，出租人為收回自行建築或出售作為建築使用時，出租人（即土地
　　　所有權人）應就申請終止租約當期之公告土地現值，預計土地增值
　　　稅，並按該公告土地現值減除預計土地增值稅後餘額之三分之一補償
　　　耕地承租人（平均地權條例§77）。因此，土地所有權人以上述耕地
　　　申請貸款供擔保時，應就上述情形加以考量，評估適當之貸款額度。

(二一) 以空地設定抵押權，抵押人仍可設定地上權等用益物權，或同意他人
　　　建築房屋。因此，債權人將來實行抵押權時難免因無人應買而遭受損
　　　失。故就確保債權而言，宜於貸款時由雙方作適當之約定以防患之。

例如須經債權人同意，否則即視為到期，此即為加速條款之充分運用。目前一般金融業空地融資貸款，皆以土地抵押設定後再信託金融業方式，同時建造執照起造人亦變更為金融業以保障債權。

(二二) 代理人應核對義務人身分，並於申請書備註欄簽註「委託人確為登記標的物之權利人或權利關係人，並經核對身分無誤，如有虛偽不實，本代理人願負法律責任」字樣及蓋章。

(二三) 金融機構及信託公司之委託書及經地政機關核備後之印鑑證明，申請抵押權設定、信託登記、變更或塗銷登記時，地政機關得依其核備文件辦理，免另行重複備件。

(二四) 抵押權不得作為抵押權設定登記之標的（內政部42.4.1台內地字第26040號函、民§870參照）。

(二五) 擔保債權確定期日：最高限額抵押權約定所擔保債權歸於確定，亦即債權不再發生之特定日期，但約定不得超過三十年得更新之（民§881-4、§881-5）

(二六) 移轉登記與抵押設定登記可同時申請循序辦理（內政部60.10.9.台內地字第439251號函）。

(二七) 抵押權設定雖未約定清償日期者，仍應予受理（內政部63.3.30.台內地字第577552號函）

(二八) 未具法人資格之商號以債務人名義申辦抵押權登記，如其與設定非同一人，地政機關得予受理（內政部68.1.11台內地字第816616號函）

(二九) 銀行之分行、稅捐稽徵處、信託公司之分公司，不得為抵押權登記之權利主體（民§26、行政院56.11.15台56年內字第8884號令，申請土地登記應檢附文件法令補充規定第9點）

(三十) 土地或建物之所有權經辦理限制登記者，登記機關應停止與其權利有關之新登記，但依法院確定判決申請設定登記之抵押權人為原假處分登記人之債權人者，不在此限，惟應檢具法院民事執行分署或行政執分署核發之查無其他債權人並案查封或調卷拍賣證明書憑辦（土登§141參照）

(三一) 已公告徵收之土地及建物，不得再設定抵押權（內政部70.2.16.台內地字5747號函）。

(三二) 公司之資金不得借貸與其股東或任何他人（公司法§15）。但除法律另有規定外，如公司間業務往來，融資金額未超過貸與企業淨值40%

時得貸與公司。

(三三) 公司法修正後（90.11.12）已准許有限公司由一人股東即可組織，就其出資額為限，對公司負其責任。

(三四) 抵押權設定登記時，受擔保之債權額與抵押物之價額無須一致（內政部62.1.26台內地字第507336號函），換言之，超額擔保亦無不可，但債權人應注意將來債權之確保，應以實際價值以下貸款為宜。

(三五) 設定次順位抵押權，無須前順位抵押權人同意，縱有應經同意之特約，亦不得記入登記簿（內政部61.12.29台內地字第503400號函），但次順位抵押權人應考慮將來實行抵押權時，扣除前順位債權（包括費用、利息等）後之實際價值，作為核定貸款之依據，否則將來抵押權人實行抵押權，各順位抵押權均歸消滅，縱未能獲得分配者亦同，將因而遭受損失。

(三六) 金融機構辦理不動產抵押貸款，於設定抵押權登記後僅得執管他項權利證明書，不得扣留土地或建物所有權狀（內政部65.2.19台內地字第66783號函，財政部65.3.1台財錢第12394號函）

(三七) 授權他人設定抵押權，應有本人之特別授權，所謂特別授權，即應於授權書列明該不動產之坐落、地號、門牌、面積及設定之權利範圍（內政部67.4.18台內地字第785229號函參照）

(三八) 父母處分未成年子女所有之土地權利，申請登記時，應於登記申請書適當欄記明確為其利益處分並簽名。未成年人或受監護宣告之人，其監護人代理受監護人或受監護宣告之人購置或處分土地權利，應檢附法院許可之證明文件。繼承權之拋棄經法院准予備查者，免依前二項規定辦理。（土登§39）。

(三九) 申請抵押權設定登記名義之義務人為法人時，應提出其法人及代表印鑑證明或其他足資證明之文件，及於申請書適當欄記明確依有關法令規定完成處分程序，並蓋章。前項應提出之文件，於申請人為公司法人者，為法人登記機關核發之設立、變更登記表或其抄錄本。（土登§42參照）

(四十) 土地總登記後設定之他項權利或已登記之他項權利如有移轉或內容變更時，應於其權利取得或移轉變更後一個月內申請土地權利變更登記。其係繼承登記者，得自繼承開始之日起六個月內為之。（土登§33參照）

(四一) 申請為抵押權設定之登記，其抵押人非債務人時，契約書及登記申請書應經債務人簽名或蓋章。（土登§111）

(四二) 以不屬同一登記機關管轄之數宗土地權利為共同擔保設定抵押權時，應訂立契約分別向土地所在地之登記機關申請登記。（土登§112）

(四三) 抵押權設定登記後，另增加一宗或數宗土地權利共同為擔保時，應就增加部分辦理抵押權設定登記，並就原設定部分辦理抵押權內容變更登記。（土登§113）

(四四) 抵押權因增加擔保債權金額申請登記時，如有後順位抵押權存在者，除經後順位抵押權人同意辦理抵押權內容變更登記外，應就其增加金額部分另行辦理設定登記。（土登§115Ⅱ）

(四五) 為保全土地所有權移轉之請求權，已辦理預告登記之土地，再申辦他項權利設定登記，應檢附預告登記請求權人之同意書（限制登記作業補充規定第2點）

(四六) 有限公司代表之董事或董事長，如為自己與公司為不動產買賣等法律行為時，既不得同為公司之代表，自應依下列情形另定代表公司之人：

　1. 有限公司僅置董事一人者，由全體股東之同意，另推選有行為能力之股東代表公司，申請登記時檢附全體股東同意推選之證明文件。

　2. 有限公司置董事二人以上時，並特定其中一人為董事長者，由其餘董事代表公司。申請登記時，應檢附董事之證明文件。

　3. 股份有限公司應由監督人與公司代表。申請登記時，應檢附監督人之證明文件。

　（申請土地登記應依文件法令補充規定第13點第1、2、3款）

(四七) 監護人對於受監護人之財產，非為受監護人之利益，不得使用、代為或同意處分。

　監護人為下列行為，非經法院許可，不生效力：

　一、代理受監護人購置或處分不動產。

　二、代理受監護人，就供其居住之建築物或其基地出租、供他人使用或終止租賃。

　監護人不得以受監護人之財產為投資。但購買公債、國庫券、中央銀行儲蓄券、金融債券、可轉讓定期存單、金融機構承兌匯票或保證商業本票，不在此限。（民§1101）

(四八) 同一土地設定數個抵押權登記後，其中一抵押權因債權讓與為變更登記時，原登記之權利先後，不得變更。（土登§115Ⅰ）

(四九) 專有部分不得與其所屬建築物共同部分之應有部分及其基地所有權或地上權之應有部分分離而為移轉或設定負擔（公寓大廈管理條例§4Ⅱ、民§799Ⅴ）。

(五十) 承攬人依民法第513條規定申請為抵押權登記或預為抵押權登記，除應提出第34條及第40條規定之文件外，並應提出建築執照或其他建築許可文件，會同定作人申請之。但承攬契約經公證者，承攬人得單獨申請，登記機關於登記完畢後，應將登記結果通知定作人。
承攬人就尚未完成之建物，申請預為抵押權登記時，登記機關應即暫編建號，編造建物登記簿，於他項權利部辦理登記。（土登§117）

(五一) 申請他項權利登記，其權利價值為實物或非現行通用貨幣者，應由申請人按照申請時之價值折算為新臺幣，填入申請書適當欄內，再依法計收登記費。
申請地上權、永佃權、不動產役權、耕作權或農育權之設定或移轉登記，其權利價值不明者，應由申請人於申請書適當欄內自行加註，再依法計收登記費。
前二項權利價值低於各該權利標的物之土地申報地價或當地稅捐稽徵機關核定之房屋現值百分之四時，以各該權利標的物之土地申報地價或當地稅捐稽徵機關核定之房屋現值百分之四為其一年之權利價值，按存續之年期計算；未定期限者，以七年計算之價值標準計收登記費。（土登§49）

(五二) 銀行辦理自用住宅放款及消費性放款，已取得前條所定之足額擔保時，不得以任何理由要求借款人提供連帶保證人。
銀行辦理授信徵取保證人時，除前項規定外，應以一定金額為限。
未來求償時，應先就借款人進行求償，其求償物不足部分得就連帶保證人平均求償之。但為取得執行名義或保全程序者，不在此限（銀行法§12-1）。

(五三) 依民國92年12月31日修正後公寓大廈管理條例第22條規定，積欠管理費用一定程度經強制出讓仍不施行，管理委員會得聲請法院拍賣，拍賣所得，除其他法律另有規定外，於積欠應分擔之費用，其受償順序與第一順位抵押權同。（公寓大廈管理條例§22）

(五四) 金融機構申辦抵押權設定登記，檢附登記申請書及契約書權利人之印章以統一彩色印刷方式產製，與本人親自簽章，在法律上具有相同之效力（內政部93.10.19內授中辦地字第0930014234號函）

(五五) 公司董事長得依民法第167條規定檢附委託書授權總經理申辦不動產抵押權設定及塗銷登記。申請人仍以董事長為法定代表人，但申請書件得免認章。（申請土地登記應附文件法令補充規定第11點）

(五六) 公司經理人代理公司為不動產處分或設定負擔申請登記時，應檢附經董事長決議之書面授權文件。但因公司放款就他人提供不動產取得抵押權登記及塗銷登記，免予提出董事會決議之書面授權文件。（申請土地登記應附文件法令補充規定第12點）

(五七) 土地、建物經公同共有人同意，得就其公同共有之土地、建物設定抵押權予其中部分共有人。（內政部79年6月30日台內地字第84511號函）

(五八) 申請預為抵押權登記，僅得就定作人尚未完成建物所有權第一次登記之建物始得為之。（內政部91年3月27日台內中地字第0910004736號函）

(五九) 承攬人就尚未完成之建物申請預為抵押權設定登記應以工程造價1%繳納登記費，得免課罰緩。（內政部91年9月25日台內中地字第0910013861號函）

貳、抵押權移轉登記

一、意義

抵押權設定後如有讓與、繼承等移轉情事，向該管地政機關申辦抵押權移轉登記。依民法第295條抵押權於其擔保之債權讓與時，該抵押權應隨同移轉於受讓人，亦即抵押權隨同移轉抵押權全部或一部由原抵押權人讓與他人，使之成為新抵押權人，至於移轉原因除繼承外尚有互易（民§398）、買賣（民§345）、贈與（民§406）或公司合併、讓與或其他原因，惟均須辦理登記始生效力（民§758參照）。

二、抵押權移轉有關重要規定

(一) 債權人讓與之受讓人如確曾依民法第297條規定將債權之讓與通知債務人者（即抵押權之土地所有權人），即生債權移轉效力，抵押權依民法第295條第1項規定隨同移轉於受讓人辦理抵押權移轉登記時免由土地所有權人會同申請。（內政部57年7月2日台57內第0820號函）

(二) 抵押權人讓與債權並將擔保之抵押權隨同移轉於受讓人者，得附具切結，註明本案已依規定通知債務人，如有不實申請人願負法律責任。（內政部57年7月27日台內地字第389573號函）

(三) 決算期末至之最高額抵押權轉讓應以基礎契約之當事人及受讓人三面契約為之，未經債務人參加不得移轉。（內政部75年8月7日台內地字第432546號函）

(四) 最高限額抵押權之債權額結算確定抵押權人與受讓人申辦抵押權登記，免由擔保物權提供人會同辦理。（內政部75年12月3日台內地字第461735號函）

(五) 債權之讓與非經讓與人或受讓人通知債務人，對於債務人不生效力。（民§297）

(六) 抵押權一部移轉屬土地法第72條規定土地權利移轉聲請為土地權利變更登記應同法第76條繳納權利價值1‰登記費。（內政部69年10月7日台內地字第52293號函）

(七) 抵押權移轉契約書依法免貼用印花稅票。（財政部71年3月4日台財稅字第31426號函）

(八) 最高限額抵押權如所擔保之債權額已確定其債權一同移轉，免義務人兼債務人會同辦理，惟仍須提出足資證明債權額確定之有關證明文件始得辦理。（內政部79年1月25日台內地字第763995號函）

(九) 最高額抵押權之抵押物由債務人以外之第三人提供設定時，其抵押權之讓與應由該提供設定之人在申請書內註明承諾事由，並簽名蓋章。（內政部75年11月10日台內地字第455418號函）

(十) 資產管理公司於受讓金融機構最高限額抵押權時，該最高限額抵押權所擔保之債權已經確定，其抵押權性質轉變為普通抵押權，資產管理公司再次申辦抵押權移轉登記與他人，自得依普通抵押權讓與方式為之。（內政部93年1月20日內授中辦地字第0930000252號函）

(十一) 同一土地設定數個抵押權登記後其中一個抵押權因債權讓與為變更登記時，原登記之權利先後，不得變更。（土登§115 I）

(十二) 抵押權移轉應於移轉一個月內申請登記。（土登§33 I）

(十三) 土地經法院辦理查封、假扣押、假處分或破產登記後，未為塗銷前，登記機關對無礙禁止處分之抵押權移轉登記應予准許。（土登§141參照）

參、抵押權內容變更登記

一、意義

抵押權設定後，其抵押內容如權利範圍、金額、利息、清償日期等，有變更情事時，另立他項權利變更契約書，向該管地政機關申辦抵押權內容變更所為之登記。

此項變更不包括抵押權人之變更，因抵押權人變更屬抵押權移轉變更登記，與移轉登記使用同一種他項權利變更移轉契約書。

二、抵押權內容變更之種類

(一) 債權額變更——例如原抵押設定新台幣100萬元整變更為新台幣150萬元整，係債權額增加。如金額減少，為債權額減少。但土地登記規則第115條第2項規定「抵押權因增加擔保債權額申請登記時，如有順位抵押權存在者除經順位抵押權人同意辦理抵押權內容變更登記外，應就增加金額部分另行辦理設定登記」。

(二) 利息或延遲利息或違約金變更——原未約定利息、延遲利息、違約金，日後如欲更改，可依抵押權內容變更方式為之。但有次順位抵押權人應經其同意。

(三) 債務人變更——抵押權所擔保之債權其債務人如有變更時，辦理債務變更。

(四) 設定人（義務人）變更——抵押權之設定人有變更時，依民法第867條規定似可免辦變更登記，但所有權人因持分設定與出售因素，如未辦理變更，將與事實不符，導致錯誤。

(五) 擔保債權確定期日——依民法第881條之4及第881條之5規定辦理。

(六) 清償期變更——清償期如延後,應經後順位人同意,否則另辦設定登記。

(七) 抵押物部分塗銷之共同擔保關係變更——土地登記規則第114條規定「以數宗土地權利為共同擔保,經設定抵押權登記後,就其中一宗或數宗土地權利,為抵押權之塗銷或變更時,應辦理抵押權部分塗銷及抵押權內容變更登記。」

(八) 流抵約定變更——依民法第881條之17準用第873條之1規定辦理。

三、抵押權內容變更登記有關規定

(一) 他項權利內容變更登記應以註記登記方式為之。

(二) 已登記之他項權利內容變更時,應於變更後一個月內申請登記(土登§33 I)。

(三) 抵押權設定登記後,另增加一宗或數宗土地權利共同為擔保時,應就增加部分辦理抵押權設定登記,並就原設定部分辦理抵押權內容變更登記(土登§113)。

(四) 申請他項權利內容變更登記,除權利價值增加部分按其1%計收登記費外,其餘免納登記費(土§76、土登§46參照)。

(五) 抵押權因增加擔保債權金額申請登記時,如有後順位抵押權存在者,除經後順位抵押權人同意辦理抵押權內容變更登記外,應就其增加金額部分另行辦理設定登記(土登§115)。

(六) 同一標的物之抵押權因次序讓與而申請權利變更登記,應經抵押人同意,並由受讓人會同讓與人申請。如有中間次序之抵押權存在,並應經該中間次序之抵押權人同意(土登§116)。

(七) 以數宗土地權利為共同擔保,經設定抵押權登記後,就其中一宗或數宗土地權利為抵押權之塗銷或變更時,應辦理抵押權部分塗銷及抵押權內容變更登記(土登§114)。

(八) 聲請他項權利內容變更登記,除權利價值增加部分按其1%計徵登記費外,免納登記費(土登§76)。

(九) 不動產所有權人如以其所有權一部設定抵押權,於移轉其所有權一部予一人或數人,或移轉其所有權全部予以數人後,申辦抵押權義務人變更

　登記，應檢附義務人權狀及印鑑證明或親自到所核對身分。（內政部79年8月20日台內地字第828074號函）

(十) 一筆土地所有權全部訂定抵押權後，土地所有權人將所有權移轉予數人，因債務部分清償，抵押權人同意減少提供擔保之所有權權利範圍，故於申辦抵押權設定登記當時，如當事人間無特別約定且縱有特別約定，惟該特約並未於抵押權設定登記時併予登記者，因涉及抵押權不可分性，依土地登記規則第25條（修正後第27條）及第102條之規定，其抵押權內容變更契約書可能影響全體新所有權人權益，似應由全體新所有權人與抵押權人共同訂定。（內政部82年6月14日台內地字第8207893號函）

(十一) 以原建築基地所有權全部融資設定抵押權後，興建區分所有建物，嗣因區分建物基地部分新承購人貸款之所需，倘抵押權人同意債務部分清償，且其同意減少擔保之所有權權利範圍較之減少權利價值及原擔保之抵押權權利價值之比例二者均相當時，得免檢附抵押權內容變更契約書，該申請書「塗銷○○○所有權○分之○所擔保之抵押權」。（內政部82年12月17日台內地字第8213301號函）

(十二) 抵押權設定登記後，另增加一宗或數宗土地權利共同為擔保，同時發生其他抵押權內容變更（如債權額增加、債務人變更、存續期間變更、清償日期變更或利息變更等）應檢附抵押權設定契約書，就新增加之擔保物，以變更後之約定內容申請抵押權設定登記；並檢附抵押權內容變更登記。上開抵押權設定登記及抵押權內容變更登記應依序連件申請。（內政部83年7月22日台內地字第8383224號函）

(十三) 以數宗土地、建物權利為共同擔保設定抵押權登記，嗣後因拋棄或債務部分清償，依土地登記規則第110條（修正後第114條）規定辦理抵押權部分塗銷及抵押權權利內容變更登記，基於債權人就同一債權於數個不動產上有抵押權時，可任意拋棄其中一個或數個不動產上之抵押權，而無須得債務人同意之意旨（司法行政部60年2月17日台60函民字第1172號函參照），如其共同抵押人間不具有連帶債務或連帶保證之關係，而其辦理抵押權內容變更僅係擔保物減少且不涉及債權金額之增加者，得以抵押權人出具之部分塗銷證明文件為登記原因證明文件辦理之，免再依內政部82年6月14日台82內地字第8207893號函及82年12月17日台82內地字第8213301號函之規定辦理。（內政部85年4

月12日台內字第8574401號函）

(十四) 以地上權及建物共同擔保設定之抵押權，該地上權經法院判決塗銷或
因存續期間屆滿或經拋棄，登記機關於受理地上權塗銷登記時，應併
案辦理抵押權部分塗銷及內容變更登記。（內政部91年7月1日台內中
地字第0910007918號函）

肆、塗銷登記

一、抵押權塗銷登記之意義

係指已登記之抵押權，因法定或約定原因消滅，向登記機關申請將已登
記之抵押權予以塗銷之登記，得由他項權利人，原設定人或其他利害關係人
單獨申請之（土登§145參照）。

二、塗銷登記與消滅登記之區別

消滅登記乃指土地權利標的物滅失所為之登記，例如土地天然變遷為湖
澤或可通運之水道、建物之拆除、土地之流失，消滅登記應於標示部為之，
並於所有權部及他項權利部截止之登記。而塗銷登記應於登記簿之所有權部
及他項權利部記載之，消滅登記標的物一經滅失，其所有權部及他項權利
部，即歸於消滅，塗銷登記標的物並未滅失，已登記之權利為塗銷登記後得
另行設定同一種類之權利而為新債務，消滅登記則無法再辦新登記。塗銷登
記係出於人為因素權利人所同意，其二者申請方式不同，消滅登記應先申請
勘測，而塗銷登記則免勘測，登記簿處理方式不同，消滅登記標示部註明滅
失原因，並於標示部、所有權部、他項權利部、其他登記事項欄註明「本部
截止記載」，而塗銷登記於登記用紙、他項權利部或所有權部註明塗銷原因
其他約定事項欄註明（塗銷主登記○之權利），其登記用紙得繼續使用。

三、塗銷與塗銷登記之區別

(一) 塗銷係指已登記之標示或權利事項，因變更登記將前欄之記載予以劃
除，換以次欄之記載，僅為標示或權利之變更，而非標示或權利之消
滅，例如土地所有權買賣移轉登記時，登記簿原所有權事項應予塗銷。

地目變更或土地使用編定種類或其他標示部分變更為登記時應塗銷原標示事項。

(二) 塗銷登記如抵押權之塗銷，應於登記用紙他項權利部註明塗銷原因，並於其他登記事項欄註明「塗銷主登記之抵押權」，故塗銷登記與消滅登記不同，亦不同於塗銷。三者各有差異，應予留意。

四、塗銷登記之原因

塗銷登記係因辦妥登記之土地或建物權利消滅，業已消滅而使得該項權利在法律上失卻存在之登記。土地登記規則第143條第1項規定：「依本規則登記之土地權利，因權利之拋棄、混同、存續期間屆滿、債務清償、撤銷權之行使或法院之確定判決等，致權利消滅時，應申請塗銷登記。」茲分述之：

(一) 拋棄──拋棄，乃權利人使其權利消滅之單獨行為，即物權人不以其物權移轉於他人而使其物權絕對歸於消滅之行為。依民法第764條規定「物權，除法律另有規定外，因拋棄而消滅。」，故所有人一經表示拋棄之意思，即應喪失其所有該物之一切權利，即因登記名義人如拋棄土地或建物之所有權或他項權利時，其權利即歸消滅，但地上權人未定有期限者，得隨時拋棄其權利。但另有習慣者，不在此限（民§834）。有交付地租之訂定者，其地上權拋棄權利時，應於一年前通知土地所有權人，或支付未到期之一年份租金（民§835）。否則不得拋棄而消滅其地上權。另預告登記之請求權人亦得拋棄其請求權，如拋棄後均應依規定辦理塗銷登記。

(二) 混同──指同一種標的物上不能兼有兩種權利歸於同一人時，其中一種權利因而消滅之謂也，可分為三種：

1. 所有權與他項權利混同──同一土地或建物之所有權及他項權利歸屬於一人時，他項權利因混同而消滅，例如：某甲以其土地及建物抵押設定與某乙，日後某乙取得所有權，則某乙單獨申辦抵押權與所有權之混同登記，抵押權因而消滅，民法第762條：「同一物之所有權及其他物權，歸屬於一人者，其他物權因混同而消滅。但其他物權之存續，於所有人或第三人有法律上之利益者，不在此限。」如甲於乙所有土地上有地上權，將其地上權為標的設定抵押與丙，其後甲向乙購

得此土地,則丙(第三人)於地上權存續有法律之利益,如地上權消滅,則丙之抵押權人因標的物消滅而消滅,不利丙,故不能混同而消滅。

2. 他項權利與以該他項權利為標的物之他項權利混同──民法第763條規定所有權以外之物權,及以該物權為標的物之權利,歸屬於一人者,其權利因混同而消滅。同法民法第762條但書之規定準用之。例如:甲以其地上權抵押於乙,甲為乙之繼承,則乙之抵押權因混同而消滅,然甲若先將其地上權抵押於乙,乙為第一順位抵押權人,丙為第二順位抵押權人,其後甲為乙之繼承,則甲於乙第一順位存續,存續有法律上之利益乙,不因混同之故而使其消滅,因消滅後丙則變為第一順位抵押權。

3. 土地及建物權利與預告登記之請求權之混同──依土地法第79條之1第1款規定保全關於土地權利(即土地及建物之所有權人或他項權利)移轉之請求權辦理預告登記者,請求權人取得原被預告登記之土地及建物之所有權或他項權利時,因混同而消滅,但應辦理混同塗銷登記。

(三) 債務清償──民法第307條:「債之關係消滅者,其債權之擔保及其他從屬之權利亦同時消滅。」權利消滅之原因不以清償為限,如提存、抵銷、免除等是也,民法第861條抵押權所擔保者為原債權、利息、延遲利息及實行抵押之費用,故抵押權所擔保之債權如因清償等原因消滅時,抵押權亦隨同消滅。

(四) 終止權之行使──民法第836條第1項,「地上權人積欠地租達二年之總額,除另有習慣外,土地所有人得定相當期限催告地上權人支付地租,如地上權人於期限內不為支付,土地所有人得終止地上權。地上權經設定抵押權者,並應同時將該催告之事實通知抵押權人。」同法第850條之2規定,「農育權未定有期限時,除以造林、保育為目的者外,當事人得隨時終止之。前項終止,應於六個月前通知他方當事人。第833條之1規定,於農育權以造林、保育為目的而未定有期限者準用之。」依規定應辦理塗銷登記。

(五) 法院之確定判決──已登記之土地或建物權利如有無效或得撤銷之原因,經真正權利人訴請法院確定判決,應予辦理塗銷登記,其因訴訟上和解或調解塗銷者亦同。

(六) 其他解除條件之成就——如徵收使他項權利或預告登記之請求權消滅時，應辦理塗銷登記。土地登記規則第147條規定：「查封、假扣押、假處分、破產登記或其他禁止處分之登記，應經原囑託登記機關或執行拍賣機關之囑託，始得辦理塗銷登記。」又民法第859條不動產役權無存續之必要時，法院因供役不動產所有人之請求，得宣告不動產役權消滅。

五、塗銷登記有關法令規定

(一) 他項權利塗銷登記，除權利終止外，得由他項權利人或原設定人或其他利害關係人提出土地登記規則第34條第一項所列文件單獨申請之（土登§145）

(二) 預告登記之塗銷，非經原預約登記請求權人之同意，不得為之。但因徵收、法院確定判決或強制執行者，不在此限。（土§79-1參照、土登§146）

(三) 查封、假扣押、假處分、破產登記或其他禁止處分之登記，應經原囑託登記機關或執行拍賣機關之囑託，始得辦理塗銷登記。但因徵收、區段徵收或照價收買完成後，得由徵收或收買機關囑託登記機關辦理塗銷登記。（土登§147）

(四) 民法第880條雖規定以抵押權擔保之債權，其請求權已因時效而消滅，如抵押權人於消滅時效完成後五年間不實行其抵押權者，其抵押權消滅，惟以辦抵押登記之抵押權是否消滅，非地政機關所得審認，當無從依抵押人一方之聲請，逕予塗銷登記。如果抵押權人行蹤不明或拒不會同聲請時，由抵押人訴請塗銷，經法院判決確定後，始得辦理塗銷登記（內政部68年3月21日台內地字第7272號函）。

(五) 已登記之土地權利，除本規則另有規定外，非經法院判決塗銷確定者，登記機關不得為塗銷登記（土登§7）。

(六) 設有抵押權登記之土地申請消滅登記應會同抵押權人先辦抵押權消滅登記後再辦理土地所有權消滅登記。

(七) 物權除法律另有規定外，因拋棄而消滅。而私有土地之所有權消滅者，為國有土地。（民法§764、土地法§10參照）

(八) 以數宗土地權利為共同擔保，經設定抵押權登記後，就其中一宗或數宗

土地權利，為抵押權人之塗銷或變更時，應辦理抵押權部分塗銷及抵押權內容變更登記（土登§114）。

(九) 依本規則登記之土地權利，有下列情形之一者，於第三人取得該土地權利之新登記前，登記機關得於報經該直轄市或縣（市）地政機關查明核准後塗銷之：一、登記證明文件經該主管機關認定係屬偽造。二、純屬登記機關之疏失而錯誤之登記。前項事實於塗銷登記前，應於土地登記簿其他登記事項欄註記。（土登§144）

(十) 申辦他項權利塗銷登記，原他項權利人證明書未能提出者，得檢附他項權利人切結書者辦理；或他項權利人出具已交付他項權利證明書予申請人之證明文件後，由申請人切結遺失事實辦理塗銷登記。原權利書狀於登記完畢後公告註銷。（土登§67參照）

(十一) 外國公司台灣分公司經經濟部撤銷其登記，為辦理清算申請抵押權塗銷登記，得由其台灣分公司負責人以總公司名義出具抵押權塗銷同意書，並檢附該負責人之資格證明辦理。（申請土地登記應檢附文件法令補充規定第37點）

(十二) 遺產管理人申辦被繼承人之抵押權塗銷登記，如無親屬會議行使同意權時，應經該管法院核准。（繼承登記法令補充規定第67點）

(十三) 抵押權因債權清償消滅後抵押權人死亡得免辦理抵押權繼承登記，直接辦理抵押權塗銷登記。（內政部76年9月21日台內地字第534294號函）

(十四) 抵押權人死亡後債權清償，可免由繼承人申辦繼承登記，得由合法繼承人出具抵押權塗銷同意書後，由申請人持憑上開塗銷同意書，連同抵押權人死亡之戶籍謄本、遺產稅繳（免）納證明文件等申辦抵押權塗銷登記。（內政部90年5月9日台內地字第9006984號函）

(十五) 申請人持憑提存書為清償證明文件辦理抵押權塗登記，應先經債權人同意始得為之，或當事人循司法程序，訴請塗銷抵押權登記。（內政部85年1月19日台內地字第8417069號函）

(十六) 因債務清償、抵押權拋棄，申辦抵押權塗銷登記時，其義務人為法人者，無土地登記規則第42條第1項後段之適用。（內政部85年2月26日台內地字第8573698號函、86年10月8日台內地字第8608808號函）

(十七) 以地上權及建物共同擔保設定之抵押權，其地上權判決塗銷，得由土地所有權人代位申辦抵押權部分塗銷登記。（內政部88年10月11日台

內地字第8819390號函）

(十八) 有關台灣省合作金庫改制為「合作金庫銀行股份有限公司」，其原以
台灣省合作金庫名義登記之抵押權，申請人持憑該行以新名義出具之
抵押權塗銷同意書申辦抵押權塗銷登記，得免先申辦他項權利人更名
登記。（內政部90年3月15日台內中地字第9003593號函）

(十九) 申請地役權塗銷登記，其當事人間之特約，如未登記，應由全體需役
地所有權人出具無須使用該供役地之證明文件，依土地登記規則第
145條規定辦理。（內政部89年9月14日台內中地字第8902318號函）

(二十) 法院判決塗銷所有權移轉登記，已登記之他項權利不受影響。（內政
部76年2月18日台內地字第479519號函）

(二十一) 建物所有權第一次登記經法院判決塗銷，原設定之抵押權不受影
響。登記機關辦理塗銷建物所有權第一次登記時，仍應保留他項權
利部，並於登記完畢後通知抵押權人。（內政部91年12月9日內授
中辦地字第0910018430號函）

伍、抵押權問題研討

1. 不動產抵押權與動產抵押權之異同？
2. 債權與物權之效力誰比較大？
3. 債務人與義務人之定義不同？
4. 連帶債務與連帶保證如何分辨使用？
5. 銀行法第12條之1修正之衝擊（100.11.9公布）？
6. 銀行辦理自用住宅放款及消費性放款，不得要求借款人提供連帶保證人。
銀行辦理自用住宅放款及消費性放款，已取得前條所定之足額擔保時，不
得要求借款人提供保證人。
銀行辦理授信徵取保證人時，除前項規定外，應以一定金額為限。
未來求償時，應先就借款人進行求償，其求償不足部分，如保證人有數人
者，應先就各該保證人平均求償之。但為取得執行名義或保全程序者，不
在此限。
7. 借據不要忘了。
8. 清償日期應訂明利息、遲延利息、違約金亂訂自食惡果。
9. 善用登記以外約定事項欄之記載。

10.抵押權登記無效與被撤銷要小心。

11.利息所得稅問題不少。

12.法定抵押權之探討

13.民法第513條規定：

　　承攬之工作為建築物或其他土地上之工作物，或為此等工作物之重大修繕者，承攬人得就承攬關係報酬額，對於其工作所附之定作人之不動產，請求定作人為抵押權之登記；或對於將來完成之定作人之不動產，請求預為抵押權之登記。

　　前項請求，承攬人於開始工作前亦得為之。

　　前二項之抵押權登記，如承攬契約已經公證者，承攬人得單獨申請之。

　　第1項及第2項就修繕報酬所登記之抵押權，於工作物因修繕所增加之價值限度內，優先於成立在先之抵押權。

　　土地登記規則第117條規定：

　　承攬人依民法第513條規定申請為抵押權登記或預為抵押權登記，除應提出第34條及第40條規定之文件外，並應提出建築執照或其他建築許可文件，會同定作人申請之。但承攬契約經公證者，承攬人得單獨申請登記，登記機關於登記完畢後，應將登記結果通知定作人。

　　承攬人就尚未完成之建物，申請預為抵押權登記時，登記機關應即暫編建號，編造建物登記簿，於他項權利部辦理登記。

陸、抵押權登記之盲點與因應之道

一、產權調查

(一) 申請登記簿謄本、分區證明、地籍圖、平面圖，查明產權與前順位抵押權、限制登記等。

(二) 辨別抵押人身分及證件，確認是否與登記名義人相符，並留存身分證影本，防止糾紛。

(三) 必要時勘查現場，瞭解抵押物之價值與地理環境，並預估清償期之價值與增值稅。

(四) 擔保物提供人之夫妻間，如何處理較為妥適。

(五) 注意抵押物有無出租，避免「買賣不破租賃」導致不易強制執行。

(六) 經預告登記之抵押權或他項權利設定，應檢附預告登記請求權人之同意書。

(七) 義務人與債務人有否連貫之留意。

二、申請書表

(一) 權利種類

1. 瞭解抵押權種類之性質，確定登記為普通抵押權或最高限額抵押權：
   (1) 抵押權所擔保之債權為已發生或確定者，用普通抵押權。
   (2) 抵押權所擔保之債權為已發生而未確定或未發生者，用最高限額抵押權。
2. 買賣移轉與設定登記案件可同時申請循序辦理。
3. 無法人資格之商號或工廠可為債務人，但不得為權利人或義務人主體。

(二) 申請人

1. 自然人。
2. 法人。
3. 外國人。
4. 債務人為二人以上，應互為連帶債務人，債務範圍為全部。
5. 不可任意將非債務人填寫為連帶債務人。
6. 義務人與債務人不同人，應為義務人兼連帶保證人，但仍應注意銀行法第12條之1之規定。
7. 非借款人不得擔任債務人。
8. 債權人為二人以上，以共同債權為之，避免用連帶債權。

(三) 申請內容

1. 共同擔保（債權金額），避開分別列明金額擔保以保權益。
2. 設定額與債權額：
   (1) 普通抵押權不加成設定。
   (2) 最高限額抵押權加成設定（加成之方式）。
3. 抵押權之利息、遲延利息、違約金均應明訂：
   (1) 依私契（依照各個債務契約所約定）。

(2) 無利息與無約定不同。

(3) 約定利率與法定利率應區別。

4. 期日之約定：

(1) 私契與公契均應載明提前到期之約定。

(2) 清償日期應考慮依私契或為確定之日。

(3) 抵押權之擔保債權確定期日不得用不定期或無限期。

(4) 擔保債權確定期日之始期可提前至立約日期之前，以便新建房屋追加擔保之用。

(5) 普通抵押權不可書明擔保債權確定期日，應保留空白。

(6) 最高限額抵押權僅擔保擔保債權確定期日內所發生之債權。

(7) 擔保債權確定期日之約定是否超過三十年之問題。

(8) 96年3月28日總統公布，96年9月28日施行，民法物權編暨其施行法部分條文修正對抵押權設定契約書格式變更說明如下：

甲、「流抵約定」：抵押權人與抵押人有約定債權已屆清償期而未為清償時，抵押物所有權移屬於抵押權人，及抵押物價值超過擔保部分，應返還抵押人；不足清償者，仍得請求債務人清償之流抵約款者，填寫之；未約定者，本欄以斜線劃除。（民§881-17準用§873-1）

乙、「擔保權利總金額」；填寫本契約各筆棟權利提供擔保之債權總金額及設定之抵押權性質，如新台幣○○元整或最高限額新台幣○○元整。（民法第881條之1第1項、第881條之2說明三、民法物權編第六章第一節說明）

丙、「擔保債權範圍」：本欄必須填寫申請登記之抵押權所擔保之原債權範圍及種類。如申請普通抵押權者，填寫約定何時成立之債，例如○年○月○日之金錢消費借貸；申請最高限額低押權者，則填寫所擔保由契約當事人約定之一定法律關係所生之債權範圍及種類，例如約定最高限額內之借款、票據、保證、信用卡消費款等。（最高法院84年字第1967號判決、民§861Ⅰ、§881-1Ⅰ、Ⅱ、§881-3）

丁、「擔保債權確定日期」：本欄普通抵押權勿須填寫。最高限額抵押權填寫約定所擔保債權歸於確定（亦即債權不再發生）之特定日期，如○年○月○日，但約定之確定期日，自抵押權設定時

起，不得逾30年；未約定者，本欄以斜線劃除。（民§881-4、§881-5）

戊、「債務清償日期」「利息」「延遲利息」「違約金」各欄；按立約當事人自由約定，為約定無利息、延遲利息或違約金時，於相當欄內填「無」「空白」字樣，或以斜線劃除。第（23）欄「權利擔保範圍之其他約定」；填寫本普通（或最高限額）抵押權除原債權、利息、延遲利息、違約金及實行抵押權之費用以外之其他約定擔保範圍，例如債務不履行之賠償金等；未約定者，則本欄以斜線劃除。（民§861Ⅰ、§881-2、§881-17準用§861Ⅰ）

5. 公司法人：
(1) 公司法人設定，依土地登記規則第42條，應切結確依有關法令規定完成處分程序即可，但債權人要求法人應完成會議並列明紀錄，並將會議紀錄當附件。
(2) 公司法人不得涉及連帶債務或保證，以免違反公司法第16條。
(3) 公司法人不得提供不動產為他人借款之擔保或設定抵押權。
(4) 公司法人設定時在私契或借貸契約之後，附上該公司之股東會或董事會之決議紀錄、公司章程與股東名冊影本加蓋公司暨負責人章交由債權人存執，以防無效之抵押權。
(5) 貨款擔保之抵押權設定應檢附其私契當附件。

6. 財團法人或社團法人：
(1) 財團法人依土地登記規則第42條第3項規定應檢附主管機關核准證明文件，社團法人無此規定。
(2) 注意主管機關核准金額為債權額或設定額，以免金融機構為保債權要求加二成設定時，發生金額不符情事。

7. 登記以外約定事項欄之強化物權契約約定：
(1) 本抵押權係供買賣契約賣方已收價款返還擔保及賣方履約之擔保。
(2) 本抵押權係供買賣契約買方未付價款給付擔保。
(3) 本抵押權係供貨款擔保。
(4) 本抵押權係押租金之擔保。
(5) 本抵押權係供債權人信託債務人為登記名義人之終止信託契約與出售價款返還之擔保。
(6) 本抵押權係供甲公司增資未付股款擔保之用（已增資時用債權額，未

增資時用最高限額抵押權）。

(7) 加速條款之善用。

(8) 本抵押權所擔保之範圍，包括未登記之○樓頂增建建物（約○坪）在內。

三、登記完畢

(一) 申領全部登記簿謄本以供查核，可與設定案併案申請。

(二) 見證債務之發生。

(三) 建物（部分）保火險及地震險。

四、債權發生

(一) 債務人為簽發債務憑證之人。

(二) 以票據作返還價金憑證者，應注意發票人或背書人是否與債務人為同一人。

(三) 民法89.5.5修正生效保證人之權利除法律另有規定外，不得預先拋棄，並為追溯條款。

(四) 書立債權憑證（私契等），避免無效抵押。

五、其他

(一) 土地合併，應先查明有無抵押權設定

　　1. 另檢附土地所有權人與抵押權人之協議書（同意書）。

　　2. 兩宗以上之土地如已設定不同種類之他項權利，或經法院查封、假扣押、假處分或破產之登記者，不得合併（土施§19-1）。

(二) 部分共有人抵押設定後之分割

　　土地登記規則第107條規定：

　　分別共有土地，部分共有人就應有部分設定抵押權者，於辦理共有物分割登記時，該抵押權按原應有部分轉載於分割後各宗土地之上。但有下列情形之一者，該抵押權僅轉載於原設定人分割後取得之土地上：

　　一、抵押權人同意分割。

　　二、抵押權人已參加共有物分割訴訟。

　　三、抵押權人經共有人告知訴訟而未參加。

前項但書情形，原設定人於分割後未取得土地者，申請人於申請共有物分割登記時，應同時申請該抵押權之塗銷登記。登記機關於登記完畢後，應將登記結果通知該抵押權人。

(三) 戶籍謄本、印鑑證明書、權利書狀不得用影本

(四) 印鑑證明以登記原因發生日期前一年以後核發者為限，（土登§41⑩）

(五) 頂樓增建抵押權人因應措施為何。

(六) 空地設定抵押權問題多多。

(七) 擔保物提供人設定後死亡，抵押權人如何保障權益。

(八) 已抵押建物滅失，債權人權益影響為何。

(九) 不屬同一登記機關管轄，數宗土地共同擔保，地政機關如何處理。

　　土地登記規則第112條規定：

　　以不屬同一登記機關管轄之數宗土地權利為共同擔保設定抵押權時，應訂立契約分別向土地所在地之登記機關申請登記。

(十) 信託登記與抵押設定問題。

(十一) 其他。

第七章 ｜ 民法新修正不動產抵押權解析

壹、修正始末及抵押權種類

一、民法物權編修正始末

(一) 民國18年11月30日總統公布。

(二) 民國19年5月5日施行。

(三) 至今悠悠歲月七十多載未予變動。

(四) 法務部77年成立研究修正小組。
歷時八年餘召開300多次會議完成修正草案，民國88年1月及5月2次函立法院惜未完成法定程序。

(五) 民國89年12月中華民國地政士公會全國聯合會與輔仁大學合辦民法物權增修條文研討會催生法案並提出修正意見表。

(六) 民國92年7月另組擔保物權專案小組定期討論，計開53次會議。

(七) 民國96年3月5日立法院三讀通過民法物權編。（擔保物權部分條文增修）

(八) 總統96年3月28日公布同年9月28日施行。

(九) 增修第6章民法物權編第6章抵押權、第1節普通抵押權、第2 節最高限額抵押權、第3節其他抵押權，第7章質權、第1節動產質權、第2節權利質權，第9章留置權，合計修正43條增36條刪2條。

二、抵押權種類

(一) 普通抵押權（民§860至民§881）

民法第860條稱普通抵押權者，謂債權人對於債務人或第三人不移轉占有而供其債權擔保之不動產，得就該不動產賣得價金優先受償之權。

(二) 最高限額抵押權（民§881-1至民§881-17）

　　稱最高限額抵押權者，謂債務人或第三人提供其不動產為擔保，就債權人對債務人一定範圍內之不特定債權，在最高限額內設定之抵押權。

　　最高限額抵押權所擔保之債權，以由一定法律關係所生之債權或基於票據所生之權利為限。

　　基於票據所生之權利，除本於與債務人間依前項一定法律關係取得者外，如抵押權人係於債務人已停止支付、開始清算程序，或依破產法有和解、破產之聲請或有公司重整之聲請，而仍受讓票據者，不屬最高限額抵押權所擔保之債權。但抵押權人不知其情事而受讓者，不在此限。

(三) 其他抵押權（民§882、民§883）

1. 民法第882條，地上權、農育權及典權，均得為抵押權之標的物。同法第883條規定準用抵押權之規定。
2. 法定抵押權準用抵押權之規定。
　　國民住宅條例第17條，政府出售國民住宅及其基地，於買賣契約簽訂後，應即將所有權移轉與承購人。其因貸款所生之債權，自契約簽訂之日起，債權人對該住宅及其基地，享有第一順位之法定抵押權，優先受償；及國民住宅條例第27條，申請貸款自建之國民住宅，其因貸款所生之債權，自簽訂契約之日起，貸款機關對該住宅及其基地，享有第一順位之法定抵押權，優先受償。

貳、普通抵押權

一、抵押權之特性

　　抵押權為債權之擔保，從屬於債權而存在，故有從屬性。抵押權擔保全部債權，不因抵押物或債權分割而受影響，故有不可分性。不動產設定抵押權後讓與不動產者，其抵押權不受影響。此外，抵押權亦有代位性。茲分述如下：

(一) 從屬性

抵押權，以擔保債務之清償為目的，從屬於擔保債權而存在，不能離債權而單獨存在，在債權未消滅前，抵押權應繼續存在，債權消滅時，抵押權始歸於消滅。其從屬性可分三點說明：

1. 發生上之從屬：抵押權之成立，原則上以主債權之發生或存在為前提。
2. 處分上之從屬：抵押權不得與其所擔保之債權分離而單獨讓與，或單獨為其他債權之擔保（民§870）。債權人將債權讓與第三人時，除另有約定外，抵押權應隨同移轉，但須經登記始生效力。
3. 消滅上之從屬：抵押權所擔保之債權，如因清償、提存、抵銷、免除等原因而全部消滅時，抵押權亦隨之消滅（民§307）。

(二) 不可分性

抵押物之全部，擔保債權之每一部分，抵押物之每一部分，擔保債權之全部，謂之抵押權之不可分性。析言之，抵押之不動產如經分割其一部，其抵押權不因此而受影響（民§868）。又以抵押權擔保之債權，如經分割其一部者，其抵押權不因此而受影響（民§869Ⅰ），上述規定，於債務分割或承擔其一部時適用之（民§869Ⅱ）。

(三) 追及性

民法第867條「不動產所有人設定抵押權後，得將不動產讓與他人，但其抵押權不因此而受影響」。例如某甲將已抵押借款與丙新台幣500萬正之房地出賣某乙新台幣1,000萬元正，則丙抵押權權利不受影響。

(四) 代位性

代位性亦稱物上代位性，即抵押權之標的物滅失時，抵押權仍存於抵押物之代位物，最高法院59台上字第313號判例「……擔保物雖滅失，然有確實之賠償義務人者，依照民法第881條及第899條之規定，該擔保物權即移存於得受之賠償金之上，而不失其存在……」。以抵押物為保險標的物投保保險，若危險事故發生，保險人應給付之保險金，通說亦認為是抵押物之代位物，保險法亦有規定建物滅失時保險費由抵押權人領取。又抵押物被徵收時，政府所發放之補償費或補償金亦為抵押物之代位物，抵押權人之抵押權移存於補償費或補償金上，此乃抵押權之代位性也。

二、抵押權擔保範圍（民§861）

1. 原債權——應登記於地政事務所登記簿。
2. 利息——應登記於地政事務所登記簿。
3. 延遲利息——登記有效。
4. 違約金——應登記於地政事務所登記簿。
   (1) 賠償性質：有損害才賠償。
   (2) 懲罰性質：依契約記載內容，賠償不必舉證，但依民法第252條，違約金過高者，法院得減至相當之數額。
   原債權、利息、違約金應登記才有效（最高法院84年台上字第1967號判例）。
5. 實行抵押權之費用(1)聲請強制執行(2)聲明參與分配(3)裁定費及執行費。
6. 保全抵押物之費用。
7. 契約另有約定依約定應登記於地政事務所登記簿。
8. 抵押權所擔保之債權，其種類及範圍，應登記始生物權效力，但內容過長得以設定契約書之附件作為登記簿之附件，自為抵押權效力。（最高法院84年台上字第1967號判例）
9. 債務不履行之損害賠償應登記。
10. 優先受償之限制：
    (1) 利息。
    (2) 延遲利息。
    (3) 一年或不及一年定期給付之違約金債權，以於抵押權人實行抵押權聲請強制執行前五年內發生及於強制執行中發生者為限。

三、抵押權擔保標的物範圍（未登記產權相關問題分析）

(一) 抵押標的物（民§66）

本身：所有權之範圍即為抵押物權標的範圍。
(1)土地(2) 定著物(3) 尚未分離出產物，為該不動產之部分。

(二) 抵押物之從物（民§862Ⅱ）

(1) 非主物之部分：常助主物之效用而同屬於一人所有者，且交易上無特別習慣之物而言（民§68Ⅰ），抵押權之效力及於抵押物之從物（民§862Ⅰ）。
(2) 抵押物設定後方存在之從物是否為抵押權效力所及，謝在金大法官肯定說，姚瑞光教授折衷說動產及之，不動產不及之。

(三) 抵押物之附加物（民§862Ⅱ、民§877）

(1) 第三人於抵押權設定前，就從物取得之權利，不受前項規定之影響，簡言之；第三人於設定前取得之物非抵押擔保之範圍（民§862Ⅱ）。
(2) 抵押物設定前後附加建築物不具獨立性者，為抵押權效力所及。
(3) 抵押權設定後，附加為獨立之物，得併附拍賣，價金無優先受清償之權（民§877）。
(4) 抵押權設定前之附加物若成為獨立之建築物，非抵押權效力所及。

(四) 抵押物之外附屬建物（最高法院94年台抗字第250號裁定）

指原有建築物同一人所有常助建築物之效用，未具獨立性，如室內梯出入之加蓋建物。為抵押權效力所及。

(五) 從權利（民§862Ⅰ）

從權利係為助主權利之效力而存在，其關係正如從物之於主物，故以主權利或其所屬標的物為抵押時，抵押權之效力亦及於其從權利（民§862Ⅰ），且該從權利是否為抵押權之設定登記亦在所不問。例如以需役地抵押時，抵押權效力並及於不動產役權。

(六) 抵押物之變形物（抵押權→質權）（民§862Ⅰ）

1. 抵押物滅失之殘餘物
抵押物滅失致有殘餘物時，例如抵押之建築物因倒塌而成為動產是，從經濟上言，其應屬抵押物之變形物。
2. 非依物通常法而分離之抵押物成分

抵押物之成分，非依物之通常用法，因分離而獨立成為動產者，例如自抵押建築物拆取之「交趾陶」是，其較諸因抵押物滅失而得受之賠償，更屬抵押物之變形物，學者通說以為仍應為抵押權效力所及，始得鞏固抵押權之效用。

3. 抵押權人得請求占有殘餘物或動產，並依質權之規定，行使其權利。但有無占有，在所不問。

(七) 抵押物扣押後之天然孳息（民§863）

天然孳息係指果實、動物之產物及其他依物之用法所收穫之出產物（民§69 I）。依民法第863條亦為抵押權效力所及。簡言之，扣押前天然孳息歸屬承租人或地上權人，扣押後得抵押人收取後移為抵押權效力所及。

(八) 抵押物之法定孳息（民§864）

抵押權之效力，及於抵押物扣押後抵押人就抵押物得收取之法定孳息。但抵押權人，非以扣押抵押物之事情，通知應清償法定孳息之義務人，不得與之對抗。

法定孳息係指利息、租金及其他法律關係所得之利益。

(九) 抵押物之附合物（民§811）

動產因附合而為不動產之重要成分者，不動產所有人，取得動產所有權。例如房屋之瓦，既附合於房屋之上；他人不得主張瓦有動產所有權。

(十) 抵押物之代位性（民§881）

1. 代位物之意義

抵押權之標的物滅失、毀損，因而得受賠償者，該賠償金或賠償物，即成為抵押權標的物之代替物。

2. 物上代位性

抵押權人得就該項賠償行使權利，以確保債權優先受償，此稱為抵押權之代位性（物上代位性、代物擔保性）。

(十一) 表解：設定時已存在未登記建物是否為抵押權效力所及（民§862Ⅱ）？

物之類別 ＼ 擔保範圍	從物（獨立之物）	附加物（附加而不具獨立之物）
設定前	未包括（第3人已取得）	包括
提供設定	拍賣、優先受償	拍賣、優先受償
優先受償	無	優先受償
拍賣	不能拍賣	拍賣
併附拍賣	不能	能

(十二) 表解：設定後附加之未登記建物是否為抵押效力所及（民§862Ⅲ）？

物之類別 ＼ 擔保範圍	從物（獨立之物）	附加物（附加而不具獨立之物）
設定時	無從物	無附加物
設定後擔保範圍	無	有
優先受償	無	有優先受償
拍賣	併付拍賣	拍賣
土地抵押後，以第三人名義建屋	併付拍賣（最高法院92年台抗字第641號判例）	
土地抵押後，建物非地主名義，但已移轉地主	併付拍賣（最高法院89年台抗字第352號判例）	

四、抵押人之權利

(一) 使用抵押物（民§860）

稱普通抵押權者，謂債權人對於債務人或第三人不移轉占有而供其債權擔保之不動產，得就該不動產賣得價金優先受償之權。

(二) 處分抵押物

1. 清償債權（民§309）

   依債務本旨，向債權人或其他有受領權人為清償，經其受領者，債之關係消滅。

   持有債權人簽名之收據者，視為有受領權人。但債務人已知或因過失而不知其無權受領者，不在此限。

2. 拋棄抵押物所有權（民§764）。
3. 設定後順位數抵押權（民§865、§874）。
4. 設定用益物權或成立租賃關係（民§866）。
5. 讓與抵押物（民§867）。
6. 物上保證人之求償權（民§879）。
7. 設定典權（大法官釋字第119號）

五、抵押權人之權利

(一) 抵押權之保全

1. 抵押權人之物權請求權（民§876 II）。
2. 抵押物價值減少之防止（民§871）。
3. 抵押物價值減少之補救（民§872）。

(二) 抵押權之處分

1. 抵押權得讓與（民§870）。
2. 權利質權（民§900）。
3. 拋棄抵押權（民§764）。
4. 抵押權移轉（民§869）。

   (1) 債權經分割或讓與一部者，其抵押權不因此而受影響。

   (2) 債務分割或承擔其一部分時適用之。

   (3) 最高限額抵押權，原債權確定前讓與他人，不適用抵押權移轉之規定。

5. 抵押權分割（民§869、內政部94年5月3日台內授中辦地字第725025號函）。

(1) 按共同擔保之抵押權，於抵押物拍賣前，就各抵押物應負擔之債權金額予以分割或限定者，謂之抵押權分割。

(2) 以不同所有權人一宗或數宗土地權利為擔保之抵押權，因擔保債權分割得申請抵押權權利分割登記。

(3) 已辦竣共同擔保之抵押權，申請變更為數個抵押權，應以權利分割，為登記原因用語，並連件申請抵押權分割登記及抵押權內容變更登記。

6. 抵押權次序變更（土登§116）

指同一抵押物之先次序抵押權人，將其抵押權次序讓與後次序抵押權人而使其抵押權次序互為交換所為之次序變更登記。

修正後，土地登記規則第116條，抵押權次序變更之規定如下：

同一標的之抵押權因次序變更而申請權利變更登記，應符合下列各款規定：

一、因次序變更致先次序抵押權擔保債權金額增加時，其有中間次序之他項權利存在者，應經中間次序之他項權利人同意。

二、次序變更之先次序抵押權已有民法第870條之1規定之次序讓與或拋棄登記者，應經該次序受讓或受次序拋棄利益之抵押權人同意。

前項登記，應由次序變更之先次序抵押權人會同申請；申請登記時，申請人並應於登記申請書適當欄記明確已通知債務人、抵押人及共同抵押人，並簽名。

7. 抵押權之次序權處分（民§870-1、§870-2）

(1) 次序權之讓與（民§870-1Ⅰ）：

甲、意義：同一抵押物普通抵押權，先次序或同次序抵押權人為特定後次序或同次序抵押權人之利益，將其可優先受償之分配額讓與該後次序或同次序抵押權人。

乙、要件：

A. 當事人須為同一抵押人及不同抵押權人。

B. 讓與人與受讓人須有次序讓與之合意。

C. 地政機關須辦理登記並通知債務人、抵押人及共同抵押人。

丙、效力：

A. 讓與當事人間發生讓與之效力。

B. 其他抵押權人不受影響。

(2) 次序之相對拋棄（民§870-1Ⅱ）：
　甲、意義：同一抵押物之普通抵押權先次序抵押權人為特定後次序抵押權人之利益，拋棄其優先受償利益。
　乙、要件：
　　A.當事人須為同一抵押人及不同抵押權人。
　　B.拋棄人須有次序拋棄之意思。
　　C.地政機關須辦理登記並通知債務人、抵押人及共同抵押人。
　丙、效力：
　　A.拋棄當事人間產生均等受償之權利。
　　B.其他抵押權人不受影響。
(3) 次序之絕對拋棄（民§870-1Ⅲ）：
　甲、意義：
　　同一抵押物之普通抵押權，先次序抵押權人為全體後次序抵押權人之利益，拋棄其可優先受償利益。
　乙、要件：
　　A.當事人須為同一抵押人及不同抵押權人。
　　B.拋棄人須有次序拋棄之意思。
　　C.地政機關須辦理登記並通知債務人，抵押人及共同抵押人。
　丙、效力：
　　A.拋棄當事人間主次序累進之效果。
　　B.拋棄後新設定之抵押權，其次序列於拋棄之後。
8. 實行抵押權（民§873）：
　(1) 意義：
　　抵押權人於債權已屆清償期，而未受清償者，得聲請法院拍賣抵押物，就其賣得價金而受償（民§873）。
　(2) 要件：
　　甲、債權：已屆清償期而未受清償。
　　乙、抵押權：
　　　A.有效存在
　　　B.經法院為許可強制執行裁定後，依法拍賣之。
　　丙、抵押物：未完全滅失。

(3) 方法：

　　拍賣之標的物

　　甲、拍賣

　　乙、拍賣以外之方法

　　　A. 變賣

　　　B. 折價

　　　C. 其他約定之方法

(4) 拍賣之標的物

　　甲、抵押權設定時，土地及其上之建物同屬於一人所有者（民§876）：

　　　A. 抵押物為土地者。

　　　B. 抵押物係為土地或土地上建築物者。

　　　C. 抵押物為土地及土地上建築物者，依民法第876條規定：

　　　　設定抵押權時，土地及其土地上之建築物，同屬於一人所有，而僅以土地或僅以建築物為抵押者，於抵押物拍賣時，視為已有地上權之設定，其地租、期間及範圍由當事人協議定之。不能協議者，得聲請法院以判決定之。

　　　　設定抵押權時，土地及其土地上之建築物，同屬於一人所有，而以土地及建築物為抵押者，如經拍賣，其土地與建築物之拍定人各異時，適用前項之規定。

　　乙、抵押物為土地者（民§877）：

　　　A. 土地所有人抵押後營造建築物。

　　　B. 土地所有人抵押後有合法權源之第三人營造建築物。依民法第877條規定土地所有人於設定抵押權後，在抵押之土地上營造建築物者，抵押權人於必要時，得於強制執行程序中聲請法院將其建築物與土地併付拍賣賣。但對於建築物之價金，無優先受清償之權。

　　　　前項規定，於第866條第2項及第3項之情形，如抵押之不動產上，有該權利人或經其同意使用之人之建築物者，準用之。

六、流抵契約（民§873-1、土登§117-1）

(一) 流抵契約之許可要件

1. 須經登記始得對抗第三人要件（民§873-1Ⅰ）：
   於抵押權設定時或擔保債權屆清償期前，約定債權已屆清償期，而債務人不為清償時，抵押物之所有權移屬於抵押權人者，須依民法第758條經登記，始能成為抵押權之物權內容，發生物權效力，而足以對抗第三人。
2. 抵押權人之清算債務（民§873-1Ⅱ）：
   因抵押權旨在擔保債權之優先受償，非使抵押權人因此獲得債權清償以外之利益，故為流抵約款約定時，抵押權人應負有清算義務，抵押物之價值如有超過債權額者，自應返還抵押人，故民法第873條之1第2項乃明定抵押物價值估算之基準時點，為抵押權人請求抵押人為抵押物所有權之移轉時，以杜抵押物價值變動之爭議。又計算抵押物之價值時，應扣除增值稅負擔、前次序抵押權之擔保債權額及其他應負擔之相關費用，自屬當然。
3. 債務人或抵押人仍得清償債務而消滅抵押權（民§873-1Ⅲ）：
   於擔保債權清償期屆至後，抵押物所有權移轉於抵押權人前，抵押權及其擔保債權尚未消滅，債務人或抵押人自仍得清償債務，以消滅抵押權，並解免其移轉抵押物所有權之義務。

(二) 流抵契約表解（民§873-1）

1. 抵押權設定時，契約明定約定債權已屆清償期而未為清償時。
2. 抵押物所有權移屬抵押權人。
3. 非經登記不得對抗第三人。
4. 若經清算義務，則屬有效。
5. 請求所有權移轉時（會同申請）（土登§117-1）：
   (1) 應提出擔保債權已屆清償期之證明（土登§117-1）。
   (2) 切結：確依民法第873條之1第2項規定辦理。
      （完成抵押物價值之計算）
      甲、其超過擔保債權→返還抵押人。
      乙、不足清償→仍得請求清償。
      丙、申請人簽名。
6. 抵押人仍得清償權→消滅抵押權。

七、共同抵押權（民§875、§875-1、§875-2、§875-3、§875-4）

(一) 共同抵押權（連帶抵押權）意義

為同一債權之擔保，於數不動產上設定抵押權，而未限定各個不動產所負擔之金額者，抵押權人得就各個不動產賣得之價金受債權全部或一部之清償（民§875）。

(二) 實行查封時，自由選擇權保障主義

實行查封，抵押權人得自由選擇實行抵押權之標的物，而不受限制及抵押權不可分性，此為自由選擇權保障主義。

但民法第875條之1至第875條之4，對於賣得價金如何清償有法律限制規定，僅係執行程序對拍賣價金分配所作的限制，對於查封並無影響。

(三) 共同抵押表解（民§875）

共同抵押權		
地號	100	101
義務人	甲	乙
債務人	甲	甲

甲所有100地號及乙所有101地號共同抵押權向丙設定債權額新台幣500萬元整之抵押權登記。

(四) 共同抵押債務人所有權標的之優先受償（債務人優先主義，民§875-1）

1. 自由選擇原則。
2. 債務人責任優先原則。
3. 責任分擔原則。
4. 調整原則—承受抵押權。

(五) 拍賣之抵押物中有債務人所有者，價金優先受償（民§875-1）

　　為同一債權之擔保，於數不動產上設定抵押權，抵押物全部或部分同時拍賣時，拍賣之抵押物中有為債務人所有者，抵押權人應先就該抵押物賣得之價金受償。

(六) 拍賣抵押物中債務人所有不動產優先受償表解（民§875-1）

　　丙（債權人）→甲（債務人）：

共同抵押不動產		
地號	100	101
債務人	甲	
義務人		乙

　　如上圖，100地號及101地號共同抵押並同時被拍賣，債權人丙應就債務人甲所有100地號賣得價金優先受償。

(七) 拍賣之抵押物中未限定不動產負擔金額，依價額比例分擔（民§875-2 I ①）

　　民法第875條之2第1項第1款：
　　未限定各個不動產所負擔之金額時，依各抵押物價值之比例。

(八) 拍賣共同擔保抵押物中未限定各不動產所擔負之金額表解（民§875-2 I ①）

　　丙（債權人）→乙（債務人）
　　擔保債權額共計600萬元正（抵押公定契約記載），有未限定各不動產100地號及101地號，其共同抵押土地所負擔之設定金額如下表：

	負擔設定金額（單位：新台幣○○元正）
100地號	價值400萬元正，拍賣分擔200萬元正。
101地號	價值800萬元正，拍賣分擔400萬元正。

(九) 拍賣共同擔保抵押物限定各不動產所負擔之金額時，依限定金額之比例，民法第875條之2第1項第2款（民§875-2Ⅱ）

已限定各個不動產所負擔之金額時，依各抵押物所限定負擔金額之比例。

(十) 拍賣之共同擔保之抵押物限定各不動產所負擔之金額表解（民§875-2Ⅲ）

僅限定部分不動產所負擔之金額時，依各抵押物所限定負擔金額與未限定負擔金額之各抵押物價值之比例。

丙（債權人）→乙（債務人）：

擔保債權額共計600萬元正（抵押公定契約記載），限定各不動產100地號及101地號共同抵押土地所負擔之金額：

	負擔設定金額（單位：新台幣○○元正）
100地號	拍賣價值400萬元正，限定分擔金額抵押公定契約記載200萬元正。→分擔200萬元正。
101地號	拍賣價值800萬元正，限定分擔金額抵押設定公定契約記載400萬元正。→分擔400萬元正。

(十一) 部分限定、部分未限定不動產負擔金額則依限定與未限定價值之比例，民法第875條之2第1項第3款（民§875-2Ⅰ③）

僅限定部分不動產所負擔之金額時，依各抵押物所限定負擔金額與未限定負擔金額之各抵押物價值之比例。

(十二) 拍賣共同擔保之不動產限定與未限定負擔金額表解（民§875-2Ⅰ③）

丙（債權人）→乙（債務人）：

擔保債權額共計600萬元正（抵押公定契約記載），限定各不動產100地號及101地號共同抵押土地所負擔之金額：

	負擔設定金額（單位：新台幣○○元正）
100地號	拍賣價值400萬元正（未限定抵押分擔金額）→分擔300萬元正。
101地號	拍賣價值800萬元正（抵押設定公定契約記載限定分擔金額400萬元正）→分擔300萬元正。

(十三) 部分限定負擔之金額較抵押物之價值為高者，以抵押物價值為準，民法第875條之2第2項（民§875-2Ⅱ）

已限定各個不動產所負擔之金額時，依各抵押物所限定負擔金額之比例。

(十四) 限定負擔之金額較抵押物之價值為高或低者，以抵押物之價值為準，民法第875條之2第2項表解（民§875-2Ⅱ）

丙（債權人）→乙（債務人）：

	所有人	價值（新台幣）	是否拍賣？	拍得價金
100地號	張三	1000萬元正	是	750萬元正
101地號	李四	600萬元正	是	450萬元正
102地號	王五	400萬元正	否	

(十五) 抵押物全部或部分同時拍賣債權分擔金額準用民法第875條之3規定。（價額比例分擔主義）

民法第875條之3：

為同一債權之擔保，於數不動產上設定抵押權者，在抵押物全部或部分同時拍賣，而其賣得價金超過所擔保之債權額時，經拍賣之各抵押物對債權分擔金額之計算，準用前條之規定。

(十六) 經拍賣之抵押物為債務人以外第三人所有，求償權人或承受權人行使權利之方式（民§875-4 I）

經拍賣之抵押物為債務人以外之第三人所有，而抵押權人就該抵押物賣得價金受償之債權額超過其分擔額時，該抵押物所有人就超過分擔額之範圍內，得請求其餘未拍賣之其他第三人償還其供擔保抵押物應分擔之部分，並對該第三人之抵押物，以其分擔額為限，承受抵押權人之權利。但不得有害於該抵押權人之利益。

(十七) 經拍賣之抵押物為債務人以外第3人所有，求償權人或承受權人行使權利之方式表解（民§875-4 I）

丙（債權人）→乙（債務人）：

擔保債權額共計600萬元正（抵押設定公定契約記載），共同抵押土地所負擔之金額：（單位：新台幣○元正）

	所有人	負擔設定金額	是否拍賣？	分擔金額
100地號	張三	拍賣價值400萬元正 →限定分擔200萬元正	否	
101地號	李四	拍賣價值800萬元正 →限定分擔400萬元正	是	200萬元正

李四就超出其分擔額200萬；就100地號承受取得抵押權人丙之權利。

(十八) 經拍賣之抵押物為同一人所有求償權人或承受權人行使權利之方式（民§875-4 II）

經拍賣之抵押物為同一人所有，而抵押權人就該抵押物賣得價金受償之債權額超過其分擔額時，該抵押物之後次序抵押權人就超過分擔額之範圍內，對其餘未拍賣之同一人供擔保之抵押物，承受實行抵押權人之權利。但不得有害於該抵押權人之利益。

(十九) 經拍賣之抵押物為同一人所有，求償權人或承受權人行使權利之方式表解（民§875-4 II）

丙（債權人）→乙（債務人）：

擔保債權額共計600萬元正（抵押公定契約記載），共同抵押土地所負擔之金額：（單位：新台幣〇元正）

	所有人	負擔設定金額	是否拍賣？	分擔金額
100地號	王五	拍賣價值400萬元正→應分擔200萬元正。	否	
101地號	王五	拍賣價值800萬元正→應分擔400萬元正。	是	200萬元正

101不動產拍賣後抵押權人丙對101不動產超出分擔額200萬元部分；就100地號承受取得抵押權人丙之權利。

八、物保、人保平等化

(一) 擔保物提供人承受求償權，比例分擔原則及物上保證人之免責：（民§879）

為債務人設定抵押權之第三人，代為清償債務，或因抵押權人實行抵押權致失抵押物之所有權時，該第三人於其清償之限度內，承受債權人對於債務人之債權，但不得有害於債權人之利益。

債務人如有保證人時，保證人應分擔之部分，依保證人應負之履行責任與抵押物之價值或限定之金額比例定之。抵押物之擔保債權額少於抵押物之價值者，應以該債權額為準。

前項情形，抵押人就超過其分擔額之範圍，得請求保證人償還其應分擔部分。（民§879-1）：

第三人為債務人設定抵押權時，如債權人免除保證人之保證責任者，於前條第3項保證人應分擔部分之限度內，該部分抵押權消滅。

(二) 擔保物權提供人之承受求償權表解（民§879 I）

丙（債權人）→丁（債務人）：

以甲之101地號土地設定抵押權，101地號土地被拍賣，甲於其清償限度

內，承受債權人丙對債務人丁之債權。

　　丙承受丁之債務變債權人（丁→債務人）。

(三) 物保、人保之平等化表解（民§879Ⅱ）：

　　丙（債權人）→丁（債務人）

　　擔保債權2000萬，101土地抵押，（丁所有拍賣價金6000萬）。

```
→丁分擔債務部分1500萬
　↑保證人乙
→分擔債務部分500萬
```

　　設若債權人丙只拍賣101土地（則抵押人丁得就超過分擔額500萬元部分，請求保證人乙償還其應分擔部分。

參、最高限額抵押權

一、最高限額抵押權之意義（民§881-1Ⅰ最高法院62台上776號判例）

(一) 最高限額抵押權

　　係就抵押人與債權人間約定，債權人對於債務人就現有或將來可能發生一定金額限度內之不特定債權，就抵押物賣得價金優先受償為其特徵，與特定債權擔保之普通抵押權不同，是其要件，爰於第881條之1第1項規定：「債務人或第三人得提供其所有之不動產為擔保，就債權人對債務人一定範圍內之不特定債權，在一定金額限度內，設定最高限額抵押權」。最高法院62年台上字第776號判例，最高限額抵押與普通抵押不同；最高限額抵押，係就將來應發生之債權所設定之抵押權，其債權在結算前並不確定，實際發生之債權額，不及最高額時，應以實際發生之債權額為準。

(二) 最高限額抵押權要件

1.債務人或第三人提供其不動產為擔保。

2. 一定範圍內之不特定債權。

3. 最高限額內債權

   (1) 一定法律關係所生之債權（買賣、侵權行為）。

   (2) 基於票據所生權利。

      甲、應本於債務人間所取得

      乙、不含已停止支付，開始清算程序、和解、破產、公司重整而受讓者。

      丙、但抵押權人不知情事而受讓者不在此限。

4. 一定法律關係所生之債權，包括現有即將來可能發生之債權，及因繼續性法律關係所生之債權。

(三) 擔保債權發生之限制（民§881-1 II、III）

1. 民法第881條之1第2項

最高限額抵押權所擔保之債權，以由一定法律關係所生之債權或基於票據所生之權利為限。

2. 說明

最高限額抵押權之設定，其被擔保債權之資格有無限制？向有限制說與無限制說二說，鑑於無限制說有礙於交易之安全，爰採限制說，除於第1項規定對於債務人一定範圍內之不特定債權為擔保外，並增訂第2項限制規定，明定以由一定法律關係所生之債權或基於票據所生之權利，始得為最高限額抵押權所擔保之債權（日本民法§398-2參考）。所謂一定法律關係，例如買賣、侵權行為等是。至於由一定法律關係之債權，當然包括現有及將來可能發生之債權，及因繼續性法律關係所生之債權，自不待言。

3. 民法第881條之1第3項

基於票據所生之權利，除本於與債務人間依前項一定法律關係取得者外，如抵押權人係於債務人已停止支付、開始清算程序，或依破產法有和解、破產之聲請或有公司重整之聲請，而仍受讓票據者，不屬最高限額抵押權所擔保之債權。但抵押權人不知其情事而受讓者，不在此限。

4. 說明

為避免最高限額抵押權於債務人資力惡化或不能經清償債務，而其債權額尚未達最高限額時，任意由第三人處受讓債務之票據，將之列入擔保債權，以經由抵押權之實行，優先受償，而獲取不當利益，致妨害後次序抵押權人或一般債權人之權益，爰仿日本民法第398條之3第2項，增訂第3項明定基於票據所生之權利，列為最高抵押權所擔保債權之限制規定，以符合公平。

二、擔保債權範圍之限制

最高限額抵押權所擔保之債權，其優先受償之範圍受一定之限制

(一) 量的限制（民§881-2）

1. 一定餘額內

民法第881條之2：

最高限額抵押權人就已確定之原債權，僅得於其約定之最高限額範圍內，行使其權利。前項債權之利息、遲延利息、違約金，與前項債權合計不逾最高限額範圍者，亦同。

2. 說明

(1) 關於最高限額之約定額度，有債權最高限額及本金最高限額二說，目前實務上採債權最高限額說（最高法院75年11月25日第22次民事庭會議決議參照），觀諸我國動產擔保交易法第16條第2項亦作相同之規定，本條爰仿之。於第2項規定前項債權之利息、遲延利息或違約金，與前項債權合計不逾最高限額範圍者，始得行使抵押權。又此項利息、遲延利息或違約金，不以前項債權已確定時所發生者為限。其於前項債權確定後始發生，但在最高限額範圍內者，亦包括在內，仍為抵押權效力所及。詳言之，於當事人依第881條之1第2項規定限定一定法律關係後，凡由該法律關係所生債權，均為擔保債權之範圍。直接所生，或與約定之法律關係有相當關連之債權，或是該法律關係交易過程中，通常所生之債權，亦足當之。例如約定擔保範圍係買賣關係所生債權，買賣價金乃直接自買賣關係所生，固屬擔保債權，其他如

買賣標的物之登記費用、因價金而收受債務人所簽發或背書之票據所生之票款債權、買受人不履行債務所生之損害賠償請求權亦屬擔保債權，亦包括在內。準此觀之，自約定法律關係所生債權之利息、遲延利息與違約金，自當然在擔保債權範圍之內，因此等債權均屬法律關係過程中，通常所生之債權。惟其均應受最高限額之限制，此即為本條規範意旨所在。

(2) 至於實行抵押權之費用，依第881條之17準用第861條之規定，亦為抵押權效力所及。因此，不論債權人聲請法院拍賣抵押物（強執法§29參照），或依第878條而用拍賣以外之方法處分抵押物受償，因此所生之費用均得就變價所得之價金優先受償，惟不計入抵押權所擔保債權之最高限額。

(二) 質的限制（民§881-1 II、§881-1 III）

1. 民法第881條之1

第2項：
最高限額抵押權所擔保之債權，以由一定法律關係所生之債權或基於票據所生之權利為限。

第3項：
基於票據所生之權利，除本於與債務人間依前項一定法律關係取得者外，如抵押權人係於債務人已停止支付、開始清算程序，或依破產法有和解、破產之聲請或有公司重整之聲請，而仍受讓票據者，不屬最高限額抵押權所擔保之債權。但抵押權人不知其情事而受讓者，不在此限。

2. 說明

(1) 最高限額抵押權之設定，其被擔保債權之資格是否受有限制，亦即概括最高限額抵押權，是否有效之問題。所謂概括最高限額抵押權，係指抵押權人與債務人間，不以一定之法律關係為擔保債權發生之基礎關係，而將當事人間所發生之現在及未來一切債權，均包括在最高限額內予以擔保之最高限額抵押權。

(2) 目前金融機構其他特約事項記載包括義務人、債務人對權利人（即抵押權人）○○○○銀行（以下簡稱貴行）現在（包括過去所負現在尚

未清償）及將來所負在本抵押權設定契約書約定最高限額內借款、票
據、保證、開發國內外信用狀、應收帳款承購、信用卡消費款或墊款
所生債務之本金、利息、延遲利息、違約金、其他雙方所約定之各項
費用（包括但不限於抵押權人代墊之保險費）、實行抵押權之費用及
因債務不履行所生之損害賠償。

(三) 時的限制（民§881-14）

1. 民法第881條之14
　最高限額抵押權得約定其所擔保原債權應確定之期日，並得於確定之期日
　前，約定變更之。
　前項確定之期日，自抵押權設定時起，不得逾三十年。逾三十年者，縮短
　為三十年。
　前項期限，當事人得更新之。
2. 說明
　最高限額抵押權設定時，未必有債權存在。惟於實行抵押權時，所能優先
　受償之範圍，仍須依實際確定之擔保債權定之。故有定確定期日之必要，
　本條即為關於原債權確定期日之規定。第1項仿日本民法第398條之6第1
　項，規定該確定期日得由抵押權人與抵押人約定之，並得於確定之期日
　前，約定變更之。此所謂確定之期日，係指約定之確定期日而言。
3. 為發揮最高限額抵押權之功能，促進現代社會交易活動之迅速與安全，並
　兼顧抵押權人及抵押人之權益，前項確定期日，不宜過長或太短，參酌我
　國最高限額抵押權實務現況，應以三十年為當。爰於第2項明定之。又當
　事人對於此法定之期限，得更新之，以符契約自由原則及社會實際需要，
　故設第3項規定。

三、最高限額抵押權之變更

(一) 量的變更（土§76、土登§115）

　　最高限額抵押權債權全額得變更之，由擔保物提供人與抵押權人會同申
請，如有次順位抵押權人應經後次序抵押權人及共同抵押人之同意。

(二) 質的變更（民§881-3）

1. 最高限額內得變更債務人及債權人所由生之範圍

原債權未經確定前，最高限額抵押權所擔保民法第881條之1第2項所定債權之範圍或其債務人縱有變更，對於後次序抵押權人或第三人之利益並無影響，為促進最高限額抵押權擔保之功能，抵押權人與抵押人得約定變更之，且該項變更，亦無須得後次序抵押權人或其他利害關係人之同意（民§881-3）。

2. 須經變更登記始生效力（民§873-1）

我國民法關於不動產物權行為，係採登記生效要件主義（民§758），故民法第881條之1第2項所定債權之範圍或其債務人之變更自應辦妥變更登記，始生變更效力。前述變更既限於原債權確定前，則在原債權經確定後，自不得變更。如有變更之約定而經登記者，該登記對於登記在前之其他物權人即有無效之原因，乃屬當然。

(三) 時的變更（民§881-4、§881-5）

確定期日之變更：

1. 得約定確定期日並得變更（民§881-4）

最高限額抵押權設定時，未必有債權存在。惟於實行抵押權時，所能優先受償之範圍，仍須依實際確定之擔保債權定之。故有定確定期日之必要，該確定期日得由抵押權人與抵押人約定之，並得於確定期日前，約定變更之。此所謂確定之期日，係指約定之確定期日而言。

2. 期限不得逾三十年但得更新之（民§881-4 II、III）

為發揮最高限額抵押權之功能，促進現代社會交易活動之迅速與安全，並兼顧抵押權人及抵押人之權益，民法第881條之4第1項之確定期日，不得逾三十年。逾三十年者，縮短為三十年。當事人對於此法定期限，得更新之，以符契約自由原則及社會實際需要。

3. 未約定確定期日之者（民§881-5）

　　最高限額抵押權所擔保之原債權，未約定確定之期日者，抵押人或抵押權人得隨時請求確定其所擔保之原債權（民§881-5Ⅰ）。前項情形，除抵押人與抵押權人另有約定外，自請求之日起，經十五日為其確定期日（民§881-5Ⅱ）。

四、債權確定意義與事由（民§881-4、§881-5、§881-7、§881-10、§881-11、§881-12）

(一) 債權確定之意義（民§881-4）

　　最高限額抵押權之確定者，乃謂最高限額抵押權所擔保之一定範圍內之不特定債權，因一定事由之發生，而歸於具體確定之債權。

(二) 債權確定之事由

1. 約定之原債權確定期日者（民§881-4、§881-12Ⅰ）
　　最高限額抵押權設定時，未必有債權存在，實行抵押權時，依實際確定之擔保債權，故有債權確定之必要，依當事人約定實際之擔保債權確定期日，但確定期日得由抵押權人及抵押人雙方約定之，且得在確定期日前變更之。
2. 未約定確定期日者，抵押權人或抵押人得隨時請求確定所擔保之原債權（民§881-5）
　　為因應債權實務需要，免法律關係久懸不決，宜確定期日。
3. 法人合併而經抵押人請求確定者（民§881-7Ⅰ）
　　原債權確定前，最高限額抵押權之抵押權人或債務人為法人時，如有合併之情形，其權利義務，應由合併後存續或另立之法人概括承受。此時，為減少抵押人之責任，賦予抵押人請求確定原債權之權，該請求期間自知悉法人合併之日起十五日。又為兼顧抵押權人之權益，如自合併登記之日起已逾三十日，或抵押人即為合併之當事人者，自無保護之必要，而不得由抵押人請求確定原債權。
4. 原債權於法人合併時確定（民§881-7Ⅱ）
　　抵押人如已為前項之請求，為保障其權益，明定原債權溯及於法人合併時

確定。而該合併之時點，應視法人之種類及實際情形，分階段完成各相關法律所規定之合併程序定之。

5. 合併法人通知抵押人，未通知負賠償責任（民§881-7Ⅲ）

法人之合併，事實上不易得知，為保障抵押人之利益，爰於第3項規定合併之法人，負有通知抵押人之義務；違反義務時，則應依民法等規定負損害賠償責任。

6. 營業合併或法人分割之準用（民§881-7Ⅲ）

原債權確定前，最高限額抵押權之抵押權人或債務人為營業，與他營業依合併分割之情形，例如公司法已增設股份有限公司分割之規定。為期周延，於性質不相牴觸之範圍內，準用前三項規定。

7. 數個不動產設定最高限額抵押權，如一不動產發生確定，則全部確定（民§881-10）

按共同最高限額抵押權，係指為擔保同一債權，於數不動產上設定最高限額抵押權之謂，而設定共同最高限額抵押權之數不動產，如其中一不動產發生確定事由者，其他不動產所擔保之原債權有同時確定。

8. 約定抵押權人，抵押人或債務人死亡為原債權確定之事由（民§881-11）

最高限額抵押權之抵押權人、抵押人或債務人死亡，其繼承人承受被繼承人財產上之一切權利義務，其財產上之一切法律關係，皆因繼承而開始，當然移轉於繼承人。故最高限額抵押權不因此而受影響。但當事人另有約定抵押權人、抵押人或債務人之死亡為原債權確定之事由者，本於契約自由原則，自應從其約定。

9. 擔保債權之範圍變更或因其他事由，致原債權不繼續發生者（民§881-12Ⅱ）

最高限額抵押權本係擔保一定範圍內不斷發生之不特定債權，如因擔保債權之範圍變更或債務人之變更、當事人合意確定最高限額抵押權擔保之原債權等其他事由存在，足致原債權不繼續發生時，最高限額抵押權擔保債權之流動性即歸於停止，自當歸於確定。至所謂「原債權不繼續發生」，係指該等事由，已使原債權確定的不再繼續發生者而言，如僅一時的不繼續發生，自不適用。

10.擔保債權所由發生之法律關係經終止或因其他事由而消滅者（民§881-12Ⅲ）

最高限額抵押權所擔保者，乃由一定法律關係所不斷發生之債權，如該法

律關係因終止或因其他事由而消滅，則此項債權不再繼續發生，原債權因而確定。

11.債權人拒絕繼續發生債權，債務人請求確定者（民§881-12Ⅳ）

債權人拒絕繼續發生債權時，例如債權人已表示不再繼續貸放借款或不繼續供應承銷貨物。為保障債務人之利益，允許債務人請求確定原債權。此項請求，除抵押人與抵押權人另有約定外，自請求之日起，經十五日為其確定日（民§881-12Ⅱ準用§881-5Ⅱ）。

12.最高限額抵押權人聲請裁定拍賣抵押物，或依民法第873條之1之規定為抵押物所有權移轉之請求時，或依第878條規定訂立契約者（民§881-12Ⅴ）。

抵押權人既聲請裁定拍賣抵押物，或依第873條之1之規定為抵押物所有權移轉之請求時，或依第878條規定訂立契約者，足見其已有終止與債務人間往來交易之意思，故宜將之列為原債權確定之事由。

13.抵押物因他債權人聲請強制執行經法院查封，而為最高限額抵押權人所知悉，或經執行法院通知最高限額抵押權人者。但抵押物之查封經撤銷時，不在此限（民§881-12Ⅵ）。

抵押物因他債權人聲請強制執行而經法院查封，其所負擔保債權之數額，與抵押物拍賣後，究有多少價金可供清償執行債權有關，自有確定原債權之必要。惟確定之時點，實務上以最高限額抵押權人知悉該事實（例如未經法院通知而由他債權人自行通知最高限額抵押權人是），或經執行法院通知最高限額抵押權人時即告確定。但抵押物之查封經撤銷時，其情形即與根本未實行抵押權無異，不具原債權確定之事由。

14.債務人或抵押人經裁定宣告破產者，但其裁定經廢棄確定時，不在此限。

第881條之5第2項之規定，於前項第4款之情形，準用之。第1項第6款但書及第7款但書之規定，於原債權確定後，已有第三人受讓擔保債權，或以該債權為標的物設定權利者，不適用之。

債務人或抵押人不能清償債務，經法院裁定宣告破產者，應即清理其債務，原債權自有確定之必要。但其裁定經廢棄確定時，即與未宣告破產同，不具原債權確定之事由（民§881-12Ⅶ）。

五、原債權確定之效力

(一) 請求結算債權額，確定後最高限額抵押權變更為普通抵押權（民§881-13、土登§115-2）

1. 民法第881條之13

最高限額抵押權所擔保之原債權確定事由發生後，債務人或抵押人得請求抵押權人結算實際發生之債權額，並得就該金額請求變更為普通抵押權之登記。但不得逾原約定最高限額之範圍。

2. 說明

最高限額抵押權所擔保之原債權於確定事由發生後，其流動性隨之喪失，該抵押權所擔保者由不特定債權變為特定債權，惟其債權額尚未確定，爰賦予債務人或抵押人請求抵押權人結算之權，以實際發生之債權額為準。又原債權一經確定，該抵押權與擔保債權之結合狀態隨之確定，此時該最高限額抵押權之從屬性即與普通抵押權完全相同，故債務人或抵押人並得就該金額請求變更為普通抵押權之登記。但抵押權人得請求登記之數額，不得逾原約定最高限額之範圍，俾免影響後次序抵押權人等之權益。

(二) 結算確定後最高限額抵押權變更為普通抵押權表解（民§881-13、土登§115-2）

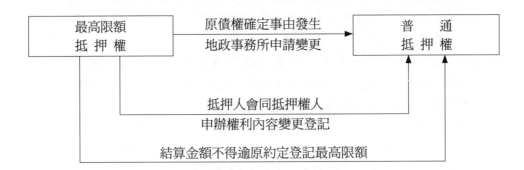

但同時合意增加擔保債權金額者，應經後次序抵押權人及共同抵押人之同意。

(三) 確定後所生債權除民法另有規定外，非擔保效力所及（民 §881-14）

1. 民法

第881條之4最高限額抵押權所擔保之原債權確定後，除本節另有規定外，其擔保效力不及於繼續發生之債權或取得之票據上之權利。

2. 說明

最高限額抵押權所擔保之原債權一經確定，其所擔保債權之範圍亦告確定。至於其後繼續發生之債權或取得之票據上之權利則不在擔保範圍之內。但另有規定者，例如民法第881條之2第2項規定，利息、遲延利息、違約金，如於原債權確定後始發生，但在最高限額範圍內者，仍為抵押權效力所及。

(四) 利息、延遲利息、違約金、為擔保效力所及

擔保債權確定時存在之利息、延遲利息、違約金等，於確定時已發生者，與原債權合計未超過最高額時，即可計入擔保債權，於債權確定後發生之利息、延遲利息、違約金如未逾最高額者，同為擔保效力所及。

(五) 第三人或利害關係人清償最高限額之金額後，得塗銷其抵押權（民 §881-16）

1. 民法

第881條之16最高限額抵押權所擔保之原債權確定後，於實際債權額超過最高限額時，為債務人設定抵押權之第三人，或其他對該抵押權之存在有法律上利害關係之人，於清償最高限額為度之金額後，得請求塗銷其抵押權。

2. 說明

最高限額抵押權所擔保之原債權確定後，如第三人義務人願代債務人清償債務，既無害於債務人，亦無損於債權人，應無不許之理。為債務人設定抵押權之第三人，例如物上保證人，或其他對該抵押權之存在有法律上利害

關係之人，例如後次序抵押權人，於實際債權額超過最高限額時，均僅須清償最高限額為度之金額後，即得請求塗銷抵押權。又上開利害關係人為清償而抵押權人受領遲延者，自可於依法提存後行之，乃屬當然。惟如債權額低於登記之最高限額，則以清償該債權額即可，自不待言。

六、最高限額抵押權消滅時效（民§881-15）

(一) 民法

第881條之15最高限額抵押權所擔保之債權，其請求權已因時效而消滅，如抵押權人於消滅時效完成後，五年間不實行其抵押權者，該債權不再屬於最高限額抵押權擔保之範圍。

(二) 說明

最高限額抵押權所擔保之不特定債權，如其中一個或數個債權罹於時效消滅者，因有民法第145條第1項之規定，仍為最高限額抵押權擔保之範圍，該債權倘罹於時效消滅後五年間不實行時，因最高限額抵押權所擔保之債權尚有繼續發生之可能，故最高限額抵押權仍應繼續存在，應無民法第880條之適用，然為貫徹該條規範意旨，明定該債權不屬於最高限額抵押權擔保之範圍，爰設本條規定。

(三) 最高限額抵押權消滅時效表解（民§881-15）

我國民法就消滅時效之效力，係採抗辯權發生主義（民§144Ⅰ），故以最高限額抵押權擔保債權之請求權雖罹於消滅時效，其債權並不消滅，其抵押權自當依舊存在，惟如任抵押權人長久不行使權利，將有害於抵押人之利益，爰於第881條之15之最高限額抵押權所擔保之債權，其請求權已因時效而消滅，如抵押權人於消滅時效完成後，五年間不實行其抵押權者，該債權不再屬於最高限額抵押權擔保之範圍。

七、最高限額抵押權之全部或分割一部讓與及抵押權成立共有 （民§881-8）

(一) 民法

第881條之8原債權確定前，抵押權人經抵押人之同意，得將最高限額抵押權之全部或分割其一部讓與他人。原債權確定前，抵押權人經抵押人之同意，得使他人成為最高限額抵押權之共有人。

(二) 說明

最高限額抵押權具有一定獨立之經濟價值，且為因應金融資產證券化及債權管理之實務需求，明定抵押權人於原債權確定前，經抵押人之同意，得單獨讓與最高限額抵押權，其方式有三：

一為全部讓與他人，二為分割其一部讓與他人，三為得使他人成為該抵押權之共有人，爰於第1項明定前二種方式，第2項明定第三種方式。例如抵押人甲提供其所有之不動產設定最高限額抵押權1,000萬元於抵押權人乙，嗣乙經甲同意將最高限額抵押權全部，或分割其一部即將最高限額抵押權400萬元單獨讓與第三人丙，乙、丙成為同一次序之抵押權人；抵押權人乙亦得使他人丙加入成為該抵押權之共有人，乙、丙共享最高限額抵押權之擔保，此時，乙丙共有抵押權呈現之型態有二，其一，丙係單純加入成為共有人；其二，丙係以受讓應有部分之方式成為共有人。嗣後各該當事人實行抵押權時，前者依第881條之9第1項本文處理；後者則按第881條之9第1項但書處理。另丙為免受讓之最高限額抵押權無擔保債權存在而歸於確定，丙可與甲依修正條文第881條之3之規定，為擔保債權範圍或債務人之變更，俾其最高限額抵押權得繼續存在。

最高限額抵押權之單獨讓與行為屬物權行為，依民法第758條規定，應經登記始生效力。

(三) 抵押權全部或分割讓與及共同表解 （民§881-8）

1. 抵押權人
　　乙
（2,000萬）　　　全部移轉　　　抵押權人
　　　　　　　　　2,000萬　　　　　丙
　　　　　　　　　　　　　　　　（2,000萬）

2. 抵押權人　乙　(2,000萬)　$\xrightarrow[\text{分割}]{\text{抵押權}}$　抵押權人　乙　(1,200萬)　＋　抵押權人　丙　(800萬)

（同一登記次序）

3. 抵押權人　乙　(2,000萬)　$\xrightarrow[\text{分割}]{\text{讓與400萬於丙}}$　抵押權人　乙　6/10　(1,200萬)　丙　4/10　(400萬)

八、抵押權共有債權比例分配及處分（民§881-9）

(一) 民法

第881條之9最高限額抵押權為數人共有者，各共有人按其債權額比例分配其得優先受償之價金。但共有人於原債權確定前，另有約定者，從其約定。共有人得依前項按債權額比例分配之權利，非經共有人全體之同意，不得處分。但已有應有部分之約定者，不在此限。

(二) 說明

1. 最高限額抵押權得由數人共有，本條第1項規定共有人間優先受償之內部關係，係按其債權額比例分配價金。但為使共有抵押權人對抵押物交換價值之利用更具彈性，並調整其相互間之利害關係，設但書規定，於原債權確定前，共有人得於同一次序範圍內另行約定不同之債權額比例或優先受償之順序。所謂原債權確定前之約定，係指共有最高限額抵押權設定時之約定及設定後原債權確定前，各共有人相互間之另為約定。

2. 第1項所稱各共有人按債權額分配之比例，性質上即為抵押權準共有人之應有部分，然此項應有部分受該抵押權確定時，各共有人所具有擔保債權金額多寡之影響，乃變動者，與一般之應有部分係固定者有異，若許其自由處分，勢必影響其他共有人之權益，故應經全體共有人之同意，始得為之。但共有人若依第1項但書規定，已為應有部分之約定者，則其應有部分已屬固定，其處分即得回復其自由原則（民§819 I 參照），爰設第2項規定。

(三) 抵押權準共有表解（民§881-9）

1. 最高限額所擔保之債權額，抵押權人可移轉隨時得調整其債權。
2. 按債權額比例分配得優先受償之價金。
3. 優先受償之價金分配，不一定為其應有持分。
4. 應約定其債權額分配為應有部分。
5. 非經共有人全體同意，不得處分。
6. 但原債權確定前，另有契約者，從其約定。

九、債權確定前債權讓與抵押權不隨同移轉（民§881-6）

(一) 民法

　　第881條之6最高限額抵押權所擔保之債權，於原債權確定前讓與他人者，其最高限額抵押權不隨同移轉。第三人為債務人清償債務者，亦同。

　　最高限額抵押權所擔保之債權，於原債權確定前經第三人承擔其債務，而債務人免其責任者，抵押權人就該承擔之部分，不得行使最高限額抵押權。

(二) 說明

1. 最高限額抵押權於原債權確定前，與普通抵押之從屬性尚屬有異，為學說及實務上所承認（最高法院75年度台上字第1011號判決參照）。故如僅將擔保債權範圍所生之各個特定債權讓與他人，該債權即脫離擔保之範圍，其最高限額抵押權自不隨同移轉於受讓人。又第三人為債務人清償債務之情形，例如保證人依第749條為清償或第三人依第312條為清償後，承受債權人之債權時，其最高限額抵押權亦不隨同移轉。為維護最高限額抵押權之特性，及使其法律關係簡明計，爰於第1項後段明定之。
2. 最高限額抵押權所擔保之債權，於原債權確定前，如有第三人承擔債務而債務人免其責任者，基於免責之債務承擔之法理，該承擔部分即脫離擔保

之範圍，其最高限額抵押權並不伴隨而往，抵押權人自不得行使最高限額抵押權。

(三) 債權確定前債權讓與抵押權並不隨同移轉表解（民§881-6）

擔保原債權確定前最高限額抵押權之抵押權：

1. 讓與他人者之債權→抵押權不隨同移轉。
2. 經第三人承擔其債務而債務人免其責任者
   →抵押權人就該承擔部分不得行使抵押權
   (1) 民法第749條保證人代位權。
   (2) 第三人代位。
   (3) 承受債權人之債權，其抵押權不隨同移轉。

肆、最高限額抵押權準用普通抵押權及二者之比較

一、最高限額抵押權準用普通抵押權之除外表解（民§881-17）

(一) 利息、延遲利息、違約金、執行費民法第886條之1第2項中已有規定，不必重複，準用規定（民§881-2Ⅲ）。
(二) 抵押權分割或讓與之不受影響，民法第869條第1項中已有規定（民§881-6Ⅱ）。
(三) 抵押權之從屬性民法第870條已有規定（民§881-8）。
(四) 時效完成抵押權之消滅民法第880條已有規定（民§881-15）。
(五) 民法第870條之1次序讓與、次序拋棄之調整準用太複雜，故不準用。
(六) 民法第870條之2保證人對因次序調整所失優先受償權利之免責準用太複雜，故不準用。

二、普通抵押權與最高限額抵押權之比較表解（民§764、§870、§878、§870-1、§870-2、§881-8、§881-17）

		普通抵押權		最高限額抵押權	
1	意義不同		§民860		§民881-1
2	讓與限制	○	§民870	○	§民881-8
3	設　質	×	§民870	○	§民881-17
4	轉　抵	×	§民870	×	§民881-17
5	拋　棄	○	§民764	○	§民881-17
6	實行抵押權	○	§民873、§民878	○	§民881-17
7	次序之讓與、拋棄	○	§民870-1、§民870-2	×	§民881-17
8	額度限制	×	無	○	有
9	債　權		現在		現在、未來
10	特　定		特定		不特定
11	屬　性		從屬性（發生、移轉、處分、消滅）		不完全從屬性（實行時）
12	舉證	×	無舉證責任	○	舉證責任
13	債權對抵押權		一對一		多對一
14	性　質		保全性質		流通性質
15	流抵規定		○可		○可
16	利息、延遲利息等		客觀上足使第三人知悉計算方法		依各個債務契約約定
17	除斥期間		○民§880		○民§881-15

伍、質權合法轉換為抵押權

一、質權合法轉換為抵押權（民§906-1、§905-5）

(一) 民法

　　第906條之1為質權標的物之債權，以不動產物權之設定或移轉為給付內容者，於其清償期屆至時，質權人得請求債務人將該不動產物權設定或移轉

於出質人，並對該不動產物權有抵押權。前項抵押權應於不動產物權設定或移轉於出質人時，一併登記。

(二) 說明

1. 本條規定為質權標的物之債權，以不動產物權之設定或移轉為給付內容之實行方法。不論質權所擔保債權之清償期如何，均須待質權標的物債權之清償期屆至時，質權人始得請求債務人將該不動產物權設定或移轉於出質人，並對該不動產物權有抵押權（日本民法§367Ⅳ、德國民法§1287參考）。俾使質權合法轉換為抵押權，以確保質權人之權益，爰增訂第1項規定。又本條所指「不動產物權」，不包括不能設定抵押權之不動產物權，例如地役權等，乃屬當然。

2. 依前項規定而成立者，乃特殊型態之抵押權，固不以登記為生效要件，惟仍宜於該不動產物權設定或移轉於出質人時，一併登記，俾保障交易安全，而杜紛爭，爰增訂第2項規定。此項抵押權之登記，應依申請為之，且無待出質人之同意，地政機關當可於有關法令中作配合規定，併予敘明。

二、質權合法轉換為抵押權表解（民§906-1、§906-5、土登 §117-2）

(一) 表解

　　甲債權人（質權人）——乙債務人（出質人）
　　甲借乙，600萬元（提供質權標的所擔保之債權即不動產買賣契約書）
　　乙債權人（承買人）——丙債務人（出賣人）
　　約定丙移轉其100地號所有權與乙（為質權標的物之債權）
　　→債權清償期屆至時，質權人得請求債務人丙將100地號移轉給出質人乙，並對100地號有抵押權。

(二) 說明

1. 甲得請求丙將不動產移轉予乙。
2. 甲對該不動產有抵押權（一併單獨申請）。
3. 質權人會同債務人（登記名義人）丙申請：

(1) 提出質權契約書。

(2) 切結確已通知出質人乙並簽名。

(3) 一併申請法定抵押權登記。

(4) 登記機關應通知出質人乙（民§906-4）。

4. 本表不動產物權包括地上權、典權、農育權，不包括不動產役權、耕作權、抵押權；屬特殊抵押權，不以登記為生效條件，但仍以登記為宜，以保障交易安全。

(三) 98.7.23新修正施行土地登記規則抵押權部分

1. 法院裁判分割衍生抵押權登記

依民法第824條第3項規定申請共有物分割登記時，共有人中有應受金錢補償者，申請人應就其補償金額，對於補償義務人所分得之土地，同時為應受補償之共有人申請抵押權登記。但申請人提出應受補償之共有人已受領或為其提存之證明文件者，不在此限。

前項抵押權次序優先於第107條第1項但書之抵押權；登記機關於登記完畢後，應將登記結果通知各次序抵押權人及補償義務人。（土登§100之1）

2. 共有物分割登記抵押權轉載方式

分別共有土地，部分共有人就應有部分設定抵押權者，於辦理共有物分割登記時，該抵押權按原應有部分轉載於分割後各宗土地之上。但有下列情形之一者，該抵押權僅轉載於原設定人分割後取得之土地上：

一、抵押權人同意分割。

二、抵押權人已參加共有物分割訴訟。

三、抵押權人經共有人告知訴訟而未參加。

前項但書情形，原設定人於分割後未取得土地者，申請人於申請共有物分割登記時，應同時申請該抵押權之塗銷登記。登記機關於登記完畢後，應將登記結果通知該抵押權人。（土登§107）

陸、民法物權編參考案例

一、何謂物權？物權的特性為何？物權之效力又如何？

二、物權法定主義之意義？立法意旨為何？違反物權法定主義而創設之物權，其效力又如何？

三、試述物權變動之原則為何？

四、試以下列問題分別研討不動產所有權發生變動之時機？

(一) 買賣；

(二) 贈與；

(三) 繼承；

(四) 強制執行；

(五) 公用徵收；

(六) 法院判決。

五、不動產買賣移轉登記之要件為何？不動產買賣之契約是否應以書面為之，方為有效？

六、試述所有權之意義、性質及效用各為何？物上請求權之意義又如何？

七、試分述所有權取得時效之要件、效力及取得時效中斷原因各為何？

八、某甲占用某乙土地，搭建違章建築一棟。試研討下列問題：

(一) 時效取得地上權之要件為何？

(二) 違章建築得否時效取得？

(三) 甲申請地上權登記時，登記機關應如何處理？

九、國防部總政治作戰局配住員工宿舍，但員工於四周空地上加蓋違章建物或其他工作物，該配住員工可否時效取得地上權？

十、某甲在其自有土地上建築房屋，於建築完成後，鄰地所有人乙發現甲之房屋及圍牆部分越界占其土地，乙可否訴請甲拆除占有其地上之房屋及圍牆，返還其土地？

十一、甲種植水蜜桃樹，不慎逾越疆界植於乙地，逾數年，該樹長滿香甜之水蜜桃，但水蜜桃因狂風吹打，掉落甲地。試研討下列問題：

(一) 該水蜜桃樹屬於何人所有？

(二) 該掉落甲地之香甜水蜜桃屬於何人所有？

(三) 甲對乙得行使何種請求權？

十二、甲、乙、丙、丁共有土地一筆，每人應有部分持分各四分之一，設若甲將共有土地移轉給他人戊，登記機關應否准予登記？

十三、試分別說明共有物分割方法有幾？分割後之效力為何？共有人共有物分割請求權有無消滅時效之適用？又共有人協議分割後經過二十年未

辦分割登記，共有人得否請求法院裁判分割？

十四、甲、乙、丙三人共有土地一筆，每人應有部分持分各三分之一。其後丙以其持分三分之一共有權抵押設定與金融機構。然而此共有土地因使用收益意見不一致，經訴請法院裁判分割確定，但未向登記機關申請登記。嗣因清償期屆至，丙未清償，債權人金融機構取得執行名義實行抵押權。試研討下列問題：

(一) 甲、乙、丙是否各自取得共有物具體部分非應有部分之所有權？

(二) 債權人金融機構執行抵押權究竟對全部甲、乙、丙共有物應有部分三分之一為之，抑或只就丙分得之具體部分為之？

十五、甲將其土地租與乙興建房屋乙棟，房屋興建完成後，甲於租賃存續期間，甲又將該地設定地上權與丙，試問丙能否以地上權人之地位，要求乙拆屋還地？

十六、甲以其所有陽明山土地設定抵押權權利人乙後，又將其土地設定地上權給丙，丙在其土地上興建高級別墅壹棟。試研討下列問題：

(一) 丙得否以其地上權及所興建高級別墅設定抵押權與丁？

(二) 乙實行抵押權時得否請求排除地上權拍賣？

十七、試分述用益物權與擔保物權之意義及區別？

十八、某甲以一不動產提供擔保向乙、丙、丁抵押設定分別為最高限額新台幣100萬元整、200萬元整、300萬元整。某甲有以其另外兩棟房地向乙抵押設定共同擔保金額為最高限額新台幣600萬元整，如抵押權人實行抵押權時，將產生何種法律關係？

十九、所有人、占有人、占有輔助人之意義各為何？試各舉實例研討下列問題：

(一) 所有人同時為占有人；

(二) 所有人但非占有人；

(三) 占有人但非所有人。

二十、甲因公出國，臨行前將高級音響交付其友人乙保管。乙未經甲同意，將該音響標的物設定質權予善意第三人丙，向丙借款新台幣10萬元整，並已完成音響之交付，其法律關係為何？

柒、修正後抵押權登記書表運用範例

一、抵押權設定契約書填寫說明

(一) 提供擔保權利種類：所有權、地上權、99年8月3日前發生永佃權、典權、農育權等其中一種。

(二) 「土地標示」第(1) (2) (3) (4) 欄：應照土地登記資料所載分別填寫。

(三) 「建物標示」第(8)(9)(10)(11)(12)欄：應照建物登記資料所載分別填寫。

(四) 第(5) (13)欄「原設定權利範圍」：應照原設定（或變更）契約書、他項權利證明書或登記資料上所載填寫。

(五) 第(6)(14)欄「原限定擔保債權金額」：應照原設定（或變更）契約書、他項權利證明書或登記資料上所載填寫。

(六) 第(7)(15)欄「原流抵約定」：應照原設定（或變更）契約書、他項權利證明書或登記資料上所載填寫。

(七) 第(16)欄「原擔保債權總金額」：應照原設定（或變更）契約書或他項權利證明書、登記資料所載填寫。

(八) 第(17)欄「移轉或變更之原因及內容」：應將移轉或變更之「原因」及「內容」分別填入，並於「內容」欄填明原設定案件收件字號。其為最高限額抵押權之移轉或變更者，「原因」欄並應填明原債權有否因法定確定事由而確定（普通抵押權免填）；「內容」欄以變更原登記事項之約定事項為限，例如變更最高限額抵押權之原擔保債權範圍及種類。

(九) 第(18)欄「申請登記以外之約定事項」：本契約所約定之事項，於其他各欄內無法填寫者，均填入本欄。

(十) 「訂立契約人」各欄之填法：

　　1. 先填「權利人」及其「姓名或名稱」「出生年月日」「統一編號」「住所」並「蓋章」，後填「義務人」及其「姓名或名稱」「出生年月日」「統一編號」「住所」並「蓋章」。如須會同債務人申請登記時，依序填寫「債務人」及其「姓名或名稱」「出生年月日」「統一編號」「住所」並「蓋章」。

　　2. 如訂立契約人為法人時，「出生年月日」免填，應於該法人之次欄加

填「法定代表人」及其「姓名」，並「蓋章」。

3. 如訂立契約人為未成年人時，其契約行為應經其法定代理人允許，故應於該未成年人之次欄，加填「法定代理人」及其「姓名」「出生年月日」「統一編號」「住所」並「蓋章」，以確定其契約之效力。

4. 「姓名」「出生年月日」「統一編號」「住所」各欄，應照戶籍謄本、戶口名簿、身分證或其他證明文件所載者填寫，如住址有街、路、巷名者，得不填寫里、鄰。

5. 第(24)欄「蓋章」：

   (1) 權利人應蓋用與所填之姓名或名稱相同之簽章。

   (2) 義務人應蓋用與印鑑證明或於登記機關設置之土地登記印鑑相同之印章，如親自到場應依土地登記規則第40條規定辦理，或依土地登記規則第41條其他各款規定辦理。

(十一) 第(25)欄「立約日期」：填寫訂立契約之年月日。

二、修正後申請最高限額抵押權設定契約書（有限定擔保債權金額及流抵約定）、申請書　實例適用

土地登記申請書

收件	日期	年 月 日 時 分	收件者章	連件序別（非連件者免填）	共 件 第 件	登記費	元	合計	元
件	字號	字第　號				書狀費	元	收據	字 號
						罰鍰	元	核算者	

(1) 受理機關	中山 地政事務所　□跨所申請 台北市　縣市	資料管轄機關	台北市 中山地政事務所　縣市	(2) 原因發生日期	中華民國102年01月30日

(3) 申請登記事由（選擇打✓一項）

- □ 所有權第一次登記
- □ 所有權移轉登記
- ☑ 抵押權登記
- □ 抵押權塗銷登記
- □ 抵押權內容變更登記
- □ 標示變更登記

(4) 登記原因（選擇打✓一項）

- □ 第一次登記
- □ 買賣　□ 贈與　□ 繼承　□ 分割繼承　□ 拍賣　□ 共有物分割
- ☑ 設定　□ 法定
- □ 清償　□ 拋棄　□ 混同　□ 判決塗銷　□
- □ 權利價值變更　□ 權利內容等變更
- □ 分割　□ 合併　□ 地目變更　□

(5) 標示及申請權利內容　詳如　☑ 契約書　□ 登記清冊　□ 複丈結果通知書　□ 建物測量成果圖

(6) 附繳證件	1. 設定契約書正本	1	份	4. 身分證影本	1	份	7.	份
	2. 土地所有權狀	2	份	5. 戶口名簿影本		份	8.	份
	3. 建物所有權狀	2	份	6. 印鑑證明		份	9.	份

(7) 委任關係	本土地登記案之申請委託 黃志偉 代理。　複代理。 委託人確為登記標的物之權利人或權利關係人，並經核對身分無誤，如有虛偽不實，本代理人（複代理人）願負法律責任。□	(8) 聯絡方式	聯絡電話	25073887、25066562
			傳真電話	25076874
			電子郵件信箱	

(9) 備註	登記助理：○○○A123456789　□

(11) 權利人或義務人	(12) 姓名或名稱	(13) 出生年月日	(14) 統一編號	(15) 住所										(16) 簽章
				縣市	鄉鎮市區	村里	鄰	街路	段	巷	弄	號	樓	
抵押權人	○○銀行股份有限公司		詳如契約書											□
法定代理人	董事長：○○○		詳如契約書											□
代理人	○○銀行股份有限公司 分行經理：○○○		詳如契約書											□
義務人即債務人	○○○		詳如契約書											
代理人	黃志偉	75/07/07	H123456789	台北市中山區長春路182之1號2樓										

(10) 申請人										

本案處理經過情形（以下各欄申請人請勿填寫）	初審	複審	核定	登簿	校簿	書列印	校狀	書狀用印		
				地價異動	通知領狀	異動通知	交付發狀	歸檔		

土地、建築改良物抵押權設定契約書

下列 土地 建物 經 權利人／義務人 雙方同意設定(1) 抵押權，特訂立本契約：

□普通　□最高限額

土地標示

項目		中山（義務人）	中山（雙方同意設定(1)）
(2) 坐落	鄉鎮市區	中山	中山
	段	金泰	榮星
	小段		四
(3) 地號		○○	○○
(4) 地目		建	建
(5) 面積（平方公尺）		6247.23	1031
(6) 設定權利範圍		181/10000	279/10000
(7) 限定擔保債權金額		新台幣1億2054萬1156元整	新台幣9810萬0822元整
(8) 流抵約定		本抵押物所有權移屬抵押權人所有	本抵押物所有權移屬抵押權人所有

建物標示

(9) 建號		○○	○○
(10) 門牌	鄉鎮市區	中山	中山
	街　路	基湖路	龍江路
	段巷弄	120巷	370巷
	號　樓	○○號○樓	○○號○樓
(11) 建物坐落	段	金泰	榮星
	小段		四
	地號	○○	
(12) 總面積（平方公尺）		156.88	124.19
(13) 附屬建物	用途	陽台	電梯樓梯間　陽台
	面積（平方公尺）	22.60	20.23　4.20
(14) 設定權利範圍		全部	全部
(15) 限定擔保債權金額		新台幣5166萬0490元整	新台幣4204萬3210元整
(16) 流抵約定		本抵押物所有權移屬抵押權人所有	本抵押物所有權移屬抵押權人所有

(17) 提供擔保權利種類	所有權
(18) 擔保債權總額	新台幣3億1234萬5678元整
(19) 擔保債權種類及範圍	擔保債務人對抵押權人現在（包括過去所負現在尚未清償）及將來在本抵押權設定契約書所定最高限額內所負之債務、包括借款、透支、貼現、買入光票、墊款、承兌、委任保證、開發信用狀、進出口押匯、票據、**保證**、信用卡契約、應收帳款承購契約、衍生性金融商品交易契約及特約商店契約。
(20) 擔保債權確定期日	民國132年01月29日
(21) 債務清償日期	依照各個債務契約所約定之清償日期。
(22) 利息（率）	依照各個債務契約所約定之利率計算。
(23) 遲延利息（率）	依照各個債務契約所約定之利率計算。
(24) 違約金	依照各個債務契約所約定之違約金計收標準計算。
(25) 其他擔保範圍約定	1. 取得執行名義之費用。 2. 保全抵押物之費用。 3. 因債務不履行而發生之損害賠償。 4. 因辦理債務人與抵押權人約定之擔保債權種類及範圍所生之手續費用。 5. 抵押權人墊付抵押物之保險費及按付日抵押權人基準利率（或定儲利率指數）加碼年利率○%之利息。
(26) 申請登記以外之其他約定事項	1. 擔保物應由債務人或擔保物提供人向保險公司投保火險（含地震險）、保險受益人為權利人。 2. 抵押權設定登記規費及地政士代辦手續費由債務人或擔保物提供人負擔。 3. 其他約定事項詳如附件其他特約事項之約定。

	(27) 權利人或義務人	(28) 姓名或名稱	(29) 債權額比例	(30) 債務額比例	(31) 出生年月日	(32) 統一編號	(33) 住 縣市	鄉鎮市區	村里	鄰	街路	段	巷弄	號	樓	(34) 蓋章
訂立契約人	抵押權人	○○銀行股份有限公司 董事長：○○○	1/1			○○○○○	北市				館前路			○		□
	法定代理人	○○○														
	代理人	○○銀行股份有限公司分行經理：○○														
	義務人兼債務人	○○○		1/1												□
(35) 立約日期		中　華　民　國		102	年	01	月	30				日				

其他約定事項

一、擔保物提供人（義務人）所提供本抵押物之擔保範圍，依照下列第(三)款之規定：

　　(一) 為債務人對抵押權人於　　　　年　　　月　　　日所立貸款契約發生之債務，包括本金及其利息、遲延利息、違約金、抵押權人墊付抵押物之保險費、對債務人取得執行名義之費用、實行抵押權之費用與因債務不履行而發生之損害賠償。

　　(二) 為債務人對抵押權人現在（包括過去所負現在尚未清償）及將來所負在本抵押權設定契約書所定債權最高限額內之借款、利息、遲延利息、違約金、抵押權人所墊付抵押物之保險費、對債務人取得執行名義之費用、實行抵押權之費用與因債務不履行而發生之損害賠償。

　　(三) 為債務人對抵押權人現在（包括過去所負現在尚未清償）及將來所負在本抵押權設定契約書所定債權最高限額內之借款、票據、透支、墊款、保證、信用卡消費款及其他與授信有關之債務包括利息、遲延利息、違約金、抵押權人所墊付抵押物之保險費、對債務人取得執行名義之費用、實行抵押權之費用與因債務不履行而發生之損害賠償。

二、債務人及擔保物提供人確實聲明所提供之擔保物完全為擔保物提供人合法所有，第三人並無任何權利，如有不實或日後發生糾葛，債務人及擔保物提供人除應另行提供抵押權人認可之其他相同或較高價值之擔保物或立即清償債務外，並願賠償抵押權人因此所受之損害。

三、擔保物鑑估、抵押權設定登記及其請領謄本等費用由　　　　　　　　　　　　　負擔。

四、擔保物提供人非經抵押權人書面同意，不得擅自將擔保物之一部或全部拆除、改建、增設或為其他足以減少該擔保物價值之一切行為，倘有上開情事，或因天災、事變或第三人行為等不可歸責於雙方當事人之事由，致擔保物毀損、滅失或價值減少者，債務人或擔保物提供人應立即通知抵押權人，抵押權人得定相當期限請求債務人提出或減少價值相當之擔保，逾期不提出者，抵押權人得請求債務人清償債務。

五、擔保物，應由債務人或擔保物提供人向保險公司投保適當火險（含地震險）或抵押權人要求之其他保險，並申請保險公司在保險單上加註抵押權特約條款，一切費用由債務人及擔保物提供人連帶負擔。如債務人或擔保物提供人怠於辦理或續約時，抵押權人得代為投保或續保，所墊付之保險費應由債務人或擔保物提供人應即償還。否則應自墊付日起按墊付時抵押權人借款利率加四—七五%計息。但抵押權人並無代為投保、續保或代墊付保險費之義務。

六、其他：

債務人及擔保物提供人茲聲明已於合理期間內，審閱本抵押權設定契約書全部條款，且已充分瞭解其內容。

簽章：

三、修正後申請普通抵押權設定契約書（有流抵約定）、申請書實例運用

收件	日期	年 月 日 時 分	收件 者章	連件序別 （非連件 者免填）	共 件	第 件	登記費	元	合 計	元
件	字號	字第 號					書狀費	元	收 據	字 號
							罰 鍰	元	核算者	

土地登記申請書

(1) 受理 機關	新店 地政事務所 新北市 □跨所申請	資料管 轄機關	新北市	縣 新店地政事務所	(2)原因發生 日　期	中華民國102年01月30日

(3) 申請登記事由（選擇打✓一項）　(4) 登記原因（選擇打✓一項）
□ 所有權第一次登記　□ 第一次登記
□ 所有權移轉登記　□ 買賣 □ 贈與 □ 繼承 □ 分割繼承 □ 拍賣 □ 共有物分割 □
☑ 抵押權登記　☑ 設定 □ 法定
□ 抵押權塗銷登記　□ 清償 □ 拋棄 □ 混同 □ 判決塗銷 □
□ 抵押權內容等變更登記　□ 權利價值變更 □ 權利內容等變更 □
□ 標示變更登記　□ 分割 □ 合併 □ 地目變更 □
□ 　□

(5) 標示及申請權利內容　詳如　☑ 契約書 □ 登記清冊 □ 複丈結果通知書 □ 建物測量成果圖 □

(6) 附繳 證件		詳如		
	1. 設定契約書正副本	1	份	4. 身分證影本　2 份
	2. 土地所有權狀	1	份	5. 戶口名簿影本　　份
	3. 建物所有權狀	1	份	6. 印鑑證明　1 份
				7. 　　份
				8. 　　份
				9. 　　份

(7) 委任 關係
本土地登記案之申請委託　黃志偉　代理。　複代理。
委託人確為登記標的物之權利人或權利關係人，並經核對身分無誤，如有
虛偽不實，本代理人、本代理人（複代理人）願負法律責任。□

(8) 聯絡方式	聯絡電話	25073887、25066562
	傳真電話	25076874
	電子郵件信箱	

(9) 備註

登記助理：○○○A123456789

(10)申請人	(11)權利人或義務人	(12)姓名或名稱	(13)出生年月日	(14)統一編號	(15)住所	(16)簽章
	權利人	張三		詳如契約書		□
	義務人即債務人	李四		詳如契約書		□
	代理人	黃志偉	75/07/07	H123456789	台北市中山區長春路182之1號2樓	□

住所欄位：縣市／鄉鎮市區／村里／鄰／街路／段／巷／弄／號／樓

本案處理經過情形（以下各欄申請人請勿填寫）			
初審	複審	核定	
登簿	校簿	書列印	校狀
書狀用印	異動通知	通知領狀	地價異動	交付發狀	歸檔

土地、建築改良物抵押權設定契約書

下列 土地／建物 經 權利人…新店／義務人…莊敏 雙方同意設定(1) ☑普通 □最高限額 抵押權，特訂立本契約：

土地標示

(2) 坐落	鄉鎮市區：新店　段：莊敏　小段：○○
(3) 地號	○○
(4) 地目	建
(5) 面積（平方公尺）	38524.22
(6) 設定權利範圍	85/100000
(7) 限定擔保債權金額	
(8) 流抵約定	本抵押物所有權移屬抵押權人所有

建物標示

(9) 建號	○○
(10) 門牌	鄉鎮市區：新店　街 路：中正路　段 巷 弄：700巷　號：○○號○樓
(11) 建物坐落	段：莊敏　小段：○○　地號：○○
(12) 總面積（平方公尺）	101.20
(13) 附屬建物	用途：陽台／花台　面積（平方公尺）：13.93／2.16
(14) 設定權利範圍	全部
(15) 限定擔保債權金額	
(16) 流抵約定	本抵押物所有權移屬抵押權人所有

(17) 提供擔保權利種類	所有權
(18) 擔保債權總金額	新台幣1000萬元整
(19) 擔保債權種類及範圍	擔保債務人對抵押權人於○○年○○月○○日所立○○○○契約發生之債務。
(20) 擔保債權確定期日	民國103年01月29日。
(21) 債務清償日期	按年利率4%計算。
(22) 利息（率）	每萬元每日新台幣2元。
(23) 遲延利息（率）	每萬元每日新台幣4元。
(24) 違約金	
(25) 其他擔保範圍約定	1. 取得執行名義之費用。 2. 保全抵押物之費用。 3. 因債務不履行而發生之損害賠償。 4. 因債務人與抵押權人於○○年○○月○○日簽訂○○○○契約所生之手續費用。 5. 抵押權人墊付抵押物之保險費及保險費按墊付日抵押權人基準利率（或定儲利率指數）加碼年利率○○%之利息。
(26) 申請登記以外之約定事項	1. 擔保物應由債務人或擔保物提供人向保險公司投保火險（含地震險），保險受益人為權利人。 2. 抵押權設定登記規費及地政士代辦手續費由債務人或擔保物提供人負擔。 3. 約定債務清償日期未到期，如有任何一宗債務或票據不依約清償時，視為債務清償日期全部到期。

(27) 權利人或義務人	(28) 姓名或名稱	(29) 權利範圍 債權額比例	(30) 債務額比例	(31) 出生年月日	(32) 統一編號	(33) 住 縣市	鄉鎮市區	村里	鄰	街路	段	巷弄	號	樓	(34) 蓋章
權利人即債權人	張三	1/1		○/○/○	○○○○○○	台北市	中山	中央	○	長春	○○		○○		□
義務人即債務人	李四		1/1	○/○/○	○○○○○○	新北市	新店	大鵬	○	中正		700巷	○○		□

(35) 立約日期	中華民國 102 年 01 月 30 日

四、修正後申請最高限額抵押權內容變更契約書（擔保債權確定期日變更）、申請書書實例運用

收件 日期：年　月　日　時　分　字第　號 者章	連件序別（非連件者免填）共　件　第　件 者章	登記費　元／書狀費　元／罰鍰　元 合計　元／收據　字　號／核算者

土地登記申請書

(1) 受理機關	台北市　中山　縣市 地政事務所　□跨所申請	資料管轄機關	台北市　縣市　中山地政事務所	(2) 原因發生日期	中華民國102年01月30日

(3) 申請登記事由（選擇打✓一項）
- □ 所有權第一次登記
- □ 所有權移轉登記
- □ 抵押權登記
- □ 抵押權塗銷登記
- ☑ 抵押權內容變更登記
- □ 標示變更登記

(4) 登記原因（選擇打✓一項）
- □ 第一次登記
- □ 買賣　□ 贈與　□ 繼承　□ 分割繼承　□ 拍賣　□ 共有物分割
- □ 設定　□ 法定
- □ 清償　□ 混同　□ 判決塗銷
- □ 權利價值變更　☑ 擔保債權確定期日變更
- □ 分割　□ 合併　□ 地目變更

(5) 標示及申請權利內容 詳如　☑ 契約書　□ 登記清冊　□ 複丈結果通知書　□ 建物測量成果圖

(6) 附繳證件

1. 抵押權內容變更契約書正副本 1份	4. 他項權利證明 1份	7.　份
2. 土地所有權狀 2份	5. 身分證影本 1份	8.　份
3. 建物所有權狀 2份	6. 印鑑證明　份	9.　份

(7) 委任關係 本土地登記案之申請委託 黃志偉 代理。　複代理。委託人確為登記標的物之權利人或權利關係人，並經核對身分無誤，如有虛偽不實，本代理人（複代理人）願負法律責任。□

(8) 聯絡方式

聯絡電話	25073887、25066562
傳真電話	25076874
電子郵件信箱	

登記助理：○○○A123456789□

(9) 備註

(10)申請人	(11)權利人或義務人	(12)姓名或名稱	(13)出生年月日	(14)統一編號	(15)住所 縣市	鄉鎮市區	村里	鄰	街路	段	巷弄	號	樓	(16)簽章
申請人	抵押權人	○○銀行股份有限公司 董事長：○○○		詳如契約書										□
	法定代理人	○○○		詳如契約書										□
	代理人	○○銀行股份有限公司 分行經理：○○○		詳如契約書										□
	義務人即債務人	○○○		詳如契約書										
	代理人	黃志偉	75/07/07	H123456789	台北市中山區長春路182之1號2樓									

本案處理經過情形（以下各欄申請人請勿填寫）

初審	複審	核定	登簿	校簿	書狀列印	校狀	書狀用印

地價異動	通知領狀	異動通知	交付發狀	歸檔

土地 建築改良物 抵押權 移轉 變更 契約書

下列 土地建物 經 權利人義務人 雙方同意 抵押權移轉變更，特訂立本契約：

土地標示

(1) 坐落　鄉鎮市區	中山	中山
段	金泰	榮星
小段		四
(2) 地　號	○○	○○
(3) 地　目	建	建
(4) 面積（平方公尺）	6247.23	1031
(5) 原設定權利範圍	181/10000	279/10000
(6) 原限定擔保債權金額	新台幣1億2054萬1156元整	新台幣9810萬0822元整
(7) 原流抵約定	本抵押物所有權移轉屬抵押權人所有	本抵押物所有權移轉屬抵押權人所有

建物標示

(8) 建　號	○○		○○
(9) 門牌　鄉鎮市區	中山		中山
街　路	基湖路		龍江路
段巷弄	120巷		370巷
號　樓	○○號○樓		○○號○樓
(10) 建物坐落　段	金泰		榮星
小段			四
地號	○○		○○
(11) 總面積（平方公尺）	156.88		124.19
(12) 附屬建物　用途	陽台	陽台	電梯樓梯間
面積（平方公尺）	22.60	20.23	4.20
(13) 原設定權利範圍	全部		全部
(14) 原限定擔保債權金額	新台幣5166萬0490元整		新台幣4204萬3210元整
(15) 原流抵約定	本抵押物所有權移轉屬抵押權人所有		本抵押物所有權移轉屬抵押權人所有

(16) 原擔保債權總金額	新台幣3億1234萬5678元整									
(17) 移轉或變更	原因	擔保債權確定期日變更。								
	內容	民國○○年收件中山字第○○○○○○○號設定之抵押權登記 變更前民國 102年 01月 30日。 變更後民國 132年 01月 30日。					本最高限額抵押權所擔保之原債權		□已確定。 ☑未確定。	
(18) 申請登記以外之約定事項	1. 2. 3. 4.									

(19) 權利人或義務人	(20) 姓名或名稱	(21) 出生年月日	(22) 統一編號	(23) 住所									(24) 蓋章
				縣市	鄉鎮市區	村里	鄰	街路	段	巷弄	號	樓	
訂立契約人 抵押權人	○○銀行股份有限公司		○○○○○○	北市				館前路			○		□
法定代理人	董事長：○○○												
代理人	○○銀行股份有限公司 分行經理：○○○												
義務人即債務人	○○○	○/○/○	○○○○○○	北市	中山	行仁	16	龍江路		370巷	○○	○○	□
(25) 立約日期	中華民國 102 年 01 月 30 日												

五、修正後申請最高限額抵押權設定契約書（未設定限定擔保債權金額、未流抵約定）、申請書之實例運用

土地登記申請書

收件	日期	年 月 日 時 分	收件者章		連件序別 （非連件者免填）	共 件 第 件		登記費	元
件	字號	字第 號					書狀費	元
							罰鍰	元
							合計	元
							收據	字 號
							核算者	

(1) 受理機關　台北市 縣 中山 地政事務所 □跨所申請　資料管轄機關　台北市 縣 中山地政事務所

(2) 原因發生日期　中華民國102年01月30日

(3) 申請登記事由（選擇打✓一項）
□所有權第一次登記
□所有權移轉登記
☑抵押權登記
□抵押權塗銷登記
□抵押權內容等變更登記
□標示變更登記
□

(4) 登記原因（選擇打✓一項）
□第一次登記
□買賣　□贈與　□繼承　□分割繼承　□拍賣　□共有物分割
☑設定　□法定
□清償　□拋棄　□混同　□判決塗銷　□
□權利價值變更　□權利內容等變更
□分割　□合併　□地目變更　□

(5) 標示及申請權利內容　詳如 ☑契約書 □登記清冊 □複丈結果通知書 □建物測量成果圖

(6)(7) 附繳證件
1. 設定抵押權契約書正副本　1 份
2. 土地所有權狀　2 份
3. 建物所有權狀　2 份
4. 身分證影本　1 份
5. 戶口名簿影本　份
6. 印鑑證明　份
7. 份
8. 份
9. 份

(7) 委任關係　本土地登記案之申請委託 黃志偉 代理。 複代理。 委託人確為登記標的物之權利人或權利關係人，並經核對身分無誤，如有虛偽不實，本代理人（複代理人）願負法律責任。

(8) 聯絡方式
聯絡電話　25073887、25066562
傳真電話　25076874
電子郵件信箱
登記助理：○○○A123456789□

(9) 備註

(10)申請人	(11)權利人或義務人	(12)姓名或名稱	(13)出生年月日	(14)統一編號	(15)住所 縣市	鄉鎮市區	村里	鄰	街路	段	巷弄	號	樓	(16)簽章
申請人	抵押權人	○○銀行股份有限公司 代表人		詳如契約書										
	法定代理人	董事長：○○○		詳如契約書										□
	代理人	○○銀行股份有限公司 分行經理：○○○		詳如契約書										□
	義務人即債務人	○○○		詳如契約書										□
	代理人	黃志偉	75/07/07	H123456789	台北市中山區長春路182之1號2樓									

本案處理經過情形（以下各欄申請人請勿填寫）	初審	複審	審查	核定	登簿	校簿	書狀列印	校狀	書狀用印
					地價異動	通知領狀	異動通知	交付發狀	歸檔

土地、建築改良物抵押書

下列 土地／建物 經 權利人／義務人 雙方同意設定 □普通 ☑最高限額 抵押權，特訂立本契約：

土地標示

(2) 坐落	鄉鎮市區	中山	中山
	段	金泰	榮星
	小段		
(3) 地號		○○	○○
(4) 地目		建	建
(5) 面積（平方公尺）		6247.23	1031
(6) 設定權利範圍		181/10000	279/10000
(7) 限定擔保債權金額			
(8) 流抵約定			

建物標示

(9) 建號		○○	○○
(10) 門牌	鄉鎮市區	中山	中山
	街 路	基湖路	龍江路
	段 巷 弄	120巷	370巷
	號 樓	○○號○樓	○○號○樓
(11) 建物坐落	段	金泰	榮星
	小段	四	四
	地號	○○	○○
(12) 總面積（平方公尺）		156.88	124.19
(13) 附屬建物 用途		陽台	陽台　電梯樓梯間
面積（平方公尺）		22.60	20.23　4.20
(14) 設定權利範圍		全部	全部
(15) 限定擔保債權金額			
(16) 流抵約定			

(17) 提供擔保權利種類	所有權
(18) 擔保債權總金額	新台幣3億1234萬5678元整
(19) 擔保債權種類及範圍	擔保債務人對抵押權人現在（包括過去所負現在尚未清償）及將來在本抵押權設定契約書所定最高限額內所負之債務，包括借款、透支、貼現、買入光票、墊款、承兌、委任保證、開發信用狀、進出口押匯、票據、信用卡契約、應收帳款承購契約、衍生性金融商品交易契約及特約之商店契約。保證。
(20) 擔保債權確定期日	民國132年01月29日
(21) 債務清償日期	依照各個債務契約所約定之清償日期。
(22) 利息（率）	依照各個債務契約所約定之利率計算。
(23) 遲延利息（率）	依照各個債務契約所約定之利率計算
(24) 違約金	依照各個債務契約所約定之達約金合計收費計算。
(25) 其他擔保範圍約定	1. 取得執行名義之費用。 2. 保全抵押物之費用。 3. 因債務不履行而發生之損害賠償。 4. 因辦理債務人與抵押權人約定之擔保債權種類及範圍所生之手續費用。 5. 抵押權人墊付抵押物之保險費及按付日抵押權人基準利率（或定儲利率指數）加碼年利率○％之利息。
(26) 申請登記以外之約定事項	1. 擔保物應由債務人或擔保保物提供人向保險公司投保火險（含地震險），保險受益人為權利人。 2. 抵押權設定登記規費及地政士代辦手續費由債務人或擔保物提供人負擔。 3. 其他約定事項如附件特約事項之約定。

訂立契約人	(27) 權利人或義務人	(28) 姓名或名稱	(29) 債權額比例	(30) 債務額比例	(31) 出生年月日	(32) 統一編號	(33) 住 縣市	鄉鎮市區	村里	鄰	街路	段	巷弄	號	樓	(34) 蓋章
	抵押權人	○○銀行股份有限公司代表人　董事長：○○○	1/1			○○○	北市				館前路				○	□
	法定代理人															
	代理人	○○銀行股份有限公司　分行經理：○○○														
	義務人即債務人	○○○		1/1	○/○/○	○○○	北市	中山	行仁	16	龍江路		370巷	○○		□

(35) 立約日期	中 華 民 國 102 年 01 月 30 日

其他約定事項

一、擔保物提供人（義務人）所提供本抵押物之擔保範圍，依照下列第(三)款之規定：

(一) 為債務人對抵押權人於　　　年　　　月　　　日所立貸款契約發生之債務，包括本金及其利息、遲延利息、違約金、抵押權人墊付抵押物之保險費、對債務人取得執行名義之費用、實行抵押權之費用與因債務不履行而發生之損害賠償。

(二) 為債務人對抵押權人現在（包括過去所負現在尚未清償）及將來所負在本抵押權設定契約書所定債權最高限額內之借款、利息、遲延利息、違約金、抵押權人所墊付抵押物之保險費、對債務人取得執行名義之費用、實行抵押權之費用與因債務不履行而發生之損害賠償。

(三) 為債務人對抵押權人現在（包括過去所負現在尚未清償）及將來所負在本抵押權設定契約書所定債權最高限額內之借款、票據、透支、墊款、保證、信用卡消費款及其他與授信有關之債務包括利息、遲延利息、違約金、抵押權人所墊付抵押物之保險費、對債務人取得執行名義之費用、實行抵押權之費用與因債務不履行而發生之損害賠償。

二、債務人及擔保物提供人確實聲明所提供之擔保物完全為擔保物提供人合法所有，第三人並無任何權利，如有不實或日後發生糾葛，債務人及擔保物提供人除應另行提供抵押權人認可之其他相同或較高價值之擔保物或立即清償債務外，並願賠償抵押權人因此所受之損害。

三、擔保物鑑估、抵押權設定登記及其請領謄本等費用由　　　　　　　負擔。

四、擔保物提供人非經抵押權人書面同意，不得擅自將擔保物之一部或全部拆除、改建、增設或為其他足以減少該擔保物價值之一切行為，倘有上開情事，或因天災、事變或第三人行為等不可歸責於雙方當事人之事由，致擔保物毀損、滅失或價值減少者，債務人或擔保物提供人應立即通知抵押權人，抵押權人得定相當期限請求債務人提出或減少價值相當之擔保，逾期不提出者，抵押權人得請求債務人清償債務。

五、擔保物，應由債務人或擔保物提供人向保險公司投保適當火險（含地震險）或抵押權人要求之其他保險，並申請保險公司在保險單上加註抵押權特約條款，一切費用由債務人及擔保物提供人連帶負擔。如債務人或擔保物提供人怠於辦理或續約時，抵押權人得代為投保或續保，所墊付之保險費應由債務人或擔保物提供人應即償還。否則應自墊付日起按墊付時抵押權人借款利率加4.75%計息。但抵押權人並無代為投保、續保或代墊付保險費之義務。

六、其他：

債務人及擔保物提供人茲聲明已於合理期間內，審閱本抵押權設定契約書全部條款，且已充分瞭解其內容。

簽章：

六、修正後自然人申請最高限額抵押權設定契約書（未設定限定擔保債權金額、有流抵約定）、申請書實例運用

土地登記申請書

收件	日期	年 月 日 時 分		連件序別（非連件者免填）	共 件 第 件	登記費	元
	字號	字第 號				書狀費	元
						書狀費罰鍰	元
				收件 者章		合計	元
						收據	字 第 號
						核算者	

(1) 受理機關	新北市 汐止 地政事務所 □跨所申請	資料管轄機關 新北市 汐止地政事務所	(2) 原因發生日期	中華民國102年01月30日

(3) 申請登記事由（選擇打✓一項）／(4) 登記原因（選擇打✓一項）

- □所有權第一次登記 ── □第一次登記
- □所有權移轉登記 ── □買賣 □贈與 □繼承 □分割繼承 □拍賣 □共有物分割
- ☑抵押權登記 ── ☑設定 □法定
- □抵押權塗銷登記 ── □清償 □拋棄 □混同 □判決塗銷 □
- □抵押權內容變更登記 ── □權利價值變更 □權利內容等變更
- □標示變更登記 ── □分割 □合併 □地目變更 □

(5) 標示及申請權利內容 詳如 ☑契約書 □登記清冊 □複丈結果通知書 □建物測量成果圖

(6) 附繳證件

1. 設定契約書正副本	各 1 份	4. 身分證影本	份
2. 土地所有權狀	1 份	5. 戶口名簿影本	份
3. 建物所有權狀	1 份	6. 印鑑證明	份
		7.	份
		8.	份
		9.	份

(7) 委任關係 本土地登記案之申請委託 黃志偉 代理。 複代理。 委託人確為登記標的物之權利人或權利關係人，並經核對身分無誤，如有虛偽不實，本代理人（複代理人）願負法律責任。

(8) 聯絡方式 聯絡電話 25073887、25066562 ／ 傳真電話 25076874 ／ 電子郵件信箱

(9) 備註

(10)申請人	(11)權利人或義務人	(12)姓名或名稱	(13)出生年月日	(14)統一編號	(15)住所 縣市	鄉鎮市區	村里	鄰	街路	段	巷	弄	號	樓	(16)簽章
	權利人	劉○○		詳如契約書											□
	義務人即債務人	李○○		詳如契約書											□
	代理人	黃志偉	351111	H123456789	台北市中山區長春路182之1號2樓										□

本案處理經過情形（以下各欄申請人請勿填寫）

初審	複審	審定	核定	登簿	校簿	通知領狀	地價異動	書狀列印	書狀異動通知	書狀用印	校狀	交付發狀	異動通知狀	歸檔

土地、建築改良物抵押權設定契約書

下列 土地建物 經 權利人/義務人 雙方同意設定(1) □普通 ☑最高限額 抵押權，特訂立本契約：

土地標示

(2) 坐落 鄉鎮市區	汐止
段	橫科
小段	橫科
	〇〇
(3) 地號	建
(4) 地目	
(5) 面積（平方公尺）	850
(6) 設定權利範圍	78/300000
(7) 限定擔保債權金額	
(8) 流抵約定	本抵押物所有權移屬抵押權人所有

建物標示

(9) 建號	〇〇
(10) 門牌 鄉鎮市區	汐止
街路	東勢街
段巷弄	201巷129弄
號樓	〇〇號〇樓
(11) 建物坐落 段	橫科
小段	橫科
地號	〇〇
(12) 總面積（平方公尺）	1535.66

(13) 附屬建物 用途	陽台	平台	屋突	露台	花台
面積（平方公尺）	78.94	39.68	54.14	4.26	5.50

(14) 設定權利範圍	78/300000
(15) 限定擔保債權金額	
(16) 流抵約定	本抵押物所有權移屬抵押權人所有

(17) 提供擔保權利種類	所有權。
(18) 擔保債權總金額	新台幣660萬元整。
(19) 擔保債權種類及範圍	擔保債務人對抵押權人所負在本抵押設定契約書所定最高限額內所負之借款、票據。
(20) 擔保債權確定期日	民國132年01月29日。
(21) 債務清償日期	民國112年01月29日。
(22) 利息（率）	每萬元每日新台幣2元。
(23) 遲延利息（率）	每萬元每日新台幣2元。
(24) 違約金	每萬元每日新台幣4元。
(25) 其他擔保範圍約定	1.取得執行名義之費用。 2.保全抵押物之費用。 3.因債務不履行而發生之損害賠償。
(26) 申請登記以外之約定事項	約定債務清償日期未到期，如有任何一宗債務或票據不依約清償時，視為債務清償日期全部到期。

(27) 權利人或義務人	(28) 姓名或名稱	(29) 債權額比例	(30) 債務額比例	(31) 出生年月日	(32) 統一編號	(33) 住所									(34) 蓋章
						縣市	鄉鎮市區	村里	鄰	街路	段	巷弄	號	樓	
訂立契約人 權利人即債權人	劉○○	1/1		○○○	○○○○○○	台北市	士林區	東山里	6鄰	東山路	25巷	○弄	○號		□
義務人即債務人	李○○		1/1	○○○	○○○○○○	新北市	汐止區	東勢里	16鄰	東勢街	201巷	○弄	○號		□
(35) 立約日期	中華民國 102 年 01 月 30 日														

第八章 | 承攬人抵押權暨登記實務

壹、前言

　　民法債編自民國18年11月22日公布，翌（19）年5月5日施行以來，其間社會結構、政治環境、經濟型態及人民生活觀念均有重大變遷，原本立基於農業生活型態之民法債編規定確已不敷所需。前司法行政部有鑑於此，乃邀請民法學者及實務專家組成民法研究修正委員會，自65年10月起，從事債編之研修工作，迄84年7月間，共召開六百九十一次會議、一次公聽會及函請司法院表示意見後，擬具修正草案，於86年6月3日與司法院會銜送請立法院審議。

　　民國86年9月25日，立法院第三屆第四會期第四次會議決議送交立法院司法委員會審查。立法院司法委員會於民國86年10月22日、87年3月4日、87年3月16日召開三次會議審查，完成第一讀會程序，於87年9月15日提報立法院院會決議。

　　立法院院會於民國88年3月30日、4月2日完成第二讀會、第三讀會程序，旋於民國88年4月14日咨請總統公布，總統於民國88年4月21日以華總1義字第8800085140號總統令公布民法債編修正條文、同日華總1義字第8800085150號總統令公布民法債編施行法修正條文，並依修正民法債編施行法第36條規定，民法債編修正條文及民法債編施行法修正條文，自民國89年5月5日開始施行；是日正好是我國民法債編施行七十週年紀念日。

　　民法債編修正前條文共計六百零四條，本次修正一百二十三條、增訂六十七條、刪除九條；民法債編施行法修正前條文共計十五條，本次修正十四條、增訂二十一條。總計在六百十九條之現行條文中，本修正擬增刪修廢之條文多達二百三十四條，幾占原條文百分之三十八，變更幅度可謂十分驚人。

　　尤其對民法第513條有關承攬人之法定抵押權亦有重大修正之規定：依修正前民法第513條之規定，承攬人對於其工作所附之定作人之不動產有法

定抵押權。由於法定抵押權之發生不以登記為生效要件，實務上易致與定作人有授信往來之債權人，因不明該不動產有法定抵押權之存在而受不測之損害。為確保承攬人之利益並兼顧交易安全，爰將本條修正為承攬人得請求定作人會同抵押權之登記，並兼採「預為登記」制度。

貳、民法第513條條文之修正說明與分析

一、修正前民法第513條承攬人之法定抵押權規定

「承攬之工作為建築物或其他土地上之工作物，或為此等工作物之重大修繕者，承攬人就承攬關係所生之債權，對於其工作所附之定作人之不動產，有抵押權。」

二、修正後民法第513條承攬人抵押權規定

「承攬之工作為建築物或其他土地上之工作物，或為此等工作物之重大修繕者，承攬人得就承攬關係報酬額，對於其工作所附之定作人之不動產，請求定作人為抵押權之登記；或對於將來完成之定作人之不動產，請求預為抵押權之登記。

前項請求，承攬人於開始工作前亦得為之。

前二項之抵押權登記，如承攬契約已經公證者，承攬人得單獨申請之。

第1項及第2項就修繕報酬所登記之抵押權，於工作物因修繕所增加之價值限度內，優先於成立在先之抵押權。」

三、行政院、司法院修正條文說明

(一) 依現行規定，承攬人對於其工作所附之定作人之不動產有法定抵押權。由於法定抵押權之發生不以登記為生效要件，實務上易致與定作人有授信往來之債權人，因不明該不動產有法定抵押權之存在而受不測之損害，為確保承攬人之利益並兼顧交易安全，爰將本條修正為得由承攬人請求定作人會同為抵押權登記，並兼採「預為抵押權登記」制度，因現行條文規定抵押權範圍為「承攬人就承攬關係所生之債權」，其債權額於登記時尚不確定，故修正為以訂定契約時已確定之「約定報酬額」為

限，不包括不履行之損害賠償，爰修正本條改列為第1項，規定承攬人得就約定之報酬，對於其工作所附之定作人之不動產，請求定作人為抵押權之登記，或對於將來完成之定作人之不動產，請求預為抵押權之登記，使第三人不致受不測之損害。

(二) 為確保承攬人之利益，爰增訂第2項，規定前項請求，承攬人於開始工作前亦得為之。

(三) 按公證制度具有促使當事人審慎將事並達到預防司法之功能，倘承攬契約內容業經公證人作成公證書者，雙方當事人之法律關係自可確認，且亦足認定作人已有會同前往申辦登記抵押權之意，承攬人無庸更向定作人請求，爰增訂第3項，規定第1項及第2項之抵押權登記，如承攬契約已經公證者，承攬人得單獨申請登記。

(四) 建築物或其他土地上之工作物，因修繕而增加其價值，則就工作物因修繕所增加之價值限度內，因修繕報酬所設定之抵押權，當優先於成立在先之抵押權，始為合理。爰增訂第4項，明定其旨。

(五) 本條單獨申請抵押權或預為抵押權登記之程序，所應提出之證明文件及應通知定作人等詳細內容，宜由登記機關在登記規則內容妥為規定。

四、民法第513條修正條文分析

(一) 採登記為生效要件

　　修正後之民法第513條第1項既僅規定承攬人得請求定作人會同為「抵押權登記」或「預為抵押權登記」，則承攬人僅係取得「抵押權登記請求權」，並非直接基於法律規定而取得抵押權，必俟至地政機關完成抵押權登記，始成為抵押權人，按此一登記，實屬民法第758條之「設權登記」，而非同法第759條之「宣示登記」，不可不察。

(二) 明定法定抵押權登記之時點

　　為確保承攬人之利益，爰增訂第513條第2項，規定前項請求，承攬人於開始工作前亦得為之。

(三) 為提高經濟價值，鼓勵承攬人其工作物之修繕增加之價值限度，可優先成立在先之抵押權

民法第513條第4項規定，明確規定依本條所登記之抵押權，如係就修繕報酬所登記之抵押權，於工作物因修繕所增加之價值限度內，優先於成立在先之抵押權。

(四) 明定法定抵押權所擔保之債權範圍

此處須特別提出的是修正前民法第513條規定之承攬人法定抵押權所擔保之債權範圍為「承攬人就承攬關係所生之債權」，故其範圍，除依承攬契約所定之報酬外，似尚應包括如民法第506條第3項之損害賠償請求權，民法第五百零九條之墊款償還請求權等。惟修正後之條文將抵押權擔保之債權範圍限定在「承攬關係報酬額」。

(五) 增列公證之機制以達預防司法之功能

依民法第513條第3項規定，如承攬契約已經公證者，承攬人不必請求定作人會同，得單獨申請抵押權登記。此項規定係考量公證制度有促使當事人審慎行事並達到預防司法之功能，如承攬契約內容已經公證，雙方當事人之法律關係應可確認而且也足以認定定作人已有會同前往申請抵押權登記之權。

參、承攬人抵押權之意義與成立要件

一、承攬人抵押權之意義

民法第513條第1項規定，承攬之工作為建築物，或其他土地之工作物，或為此等工作物之重大修繕者，承攬人得就承攬關係報酬額，對於其工作所附之定作人之不動產，請求定作人為抵押權之登記；或對於將來完成之定作人之不動產，請求預為抵押權登記，是為承攬人之抵押權。修正前民法第513條規定，承攬之工作為建築物或其他土地上之工作物，或為此等工作物之重大修繕者，承攬人就承攬關係所生之債權，對於其工作所附之定作人之不動產，有抵押權。是為承攬人之法定抵押權，二者相異其趣，承攬人之法

定抵押權依最高法院63台上字第124號判例無須登記即生效，依民法第513條修正後條文及法務部89年1月15日1483號函須為抵押權登記方能生效，強制當事人設定之意定抵押權。

二、承攬人抵押權成立要件

(一) 承攬人之工作為建築物或其他土地上之工作物之新建或重大修繕

　　所謂承攬人，當事人約定為他方完成一定工作之人。所謂建築物依建築法第四條具有頂蓋、樑柱、牆壁、供個人或公眾使用之構造物。所謂其他工作物如隧道、橋樑、紀念碑、下水設備等皆是。所謂承攬之工作須為此等工作之重大修繕，即就工作為保存或修理而其程度已達重大者而言，此應自客觀具體事實認定之，所支付費用占工作物全部價值之比例、修繕部位在工作物之重要性（例如房屋之主要樑柱、承重牆壁），均可作為斟酌之重要因素。因之，承攬之工作如非以上述工作物為對象，或雖以上述工作物為對象，但非新建或重大修繕者，均不能請求為抵押權之登記。

(二) 須為承攬人因承攬關係所生之報酬額

1. 承攬抵押權之主體須為承攬人，亦即必須有承攬人與定作人之直接關係，苟無此項關係，自不得主張請求定作人為抵押權登記。依最高法院61年台上字第1326號判例，民法第513條之法定抵押權，係指承攬人就承攬關係所生之債權，對於其工作所附之定作人之不動產，有就其賣得價金優先受償之權，倘無承攬人與定作人之關係，不能依雙方之約定而成立法定抵押權。
2. 供給材料者，如電梯供應商、門窗供應商，或工作物之準備者如地政士、建築師、設計師，或非直接與定作人而與承攬人有關係者如次承攬人，小包、木工、水電工、水泥工，不得請求抵押權登記。
3. 委建契約實為房屋之預售，故實務上均認係買賣契約，則此等無承攬關係之建築商，均非得主張有承攬人抵押權之人。（最高法院86年度台上字第3142號、86年度第2116號判決參照）。
4. 承攬人之債權限於因承攬關係之報酬額，即承攬人與定作人約定之報酬額，一般工程承攬合約所稱之工程總價款即足當之，主要係承攬人對工作

物所施勞力之報酬，然如約定由承攬人提供材料者，其材料之價額，依第490條第2項規定，係推定為報酬之一部，果爾該材料之價額自屬報酬額。

(三) 須以工作所附之定作人之不動產為標的物

最高法院87年3月10日87年度第二次民事庭會議決議修正前承攬人承攬之工作物既為房屋建築，其就承攬關係所生之債權，僅對「房屋」部分始有法定抵押權。至房屋之基地，因非屬承攬之工作物，自不包括在內。最高法院90年台上字第1178號、90年台上字第457號、90年台上字第395號亦有相同之判決，即承攬人就此承攬關係所生之債權，始有法定抵押權，且其法定抵押權之標的，僅及於房屋部分，至房屋之基地，因非承攬之工作物，自不包括在內。最高法院79年10月16日79年度第五次民事庭會議決議抵押權之標的物應以一個（棟）建築物為範圍，於新建公寓大廈之承攬，承攬人之抵押權亦係以該整棟大廈為標的物，該大廈若自始即為建築物之區分所有時，各該區分之專有部分即為區分所有權之客體，是此項抵押權將存在於各該專有部分而成為共同抵押權。修正後民法第513條第1項承攬之工作為建築物或其他土地上之工作物明文規定為定作人之不動產未有任何變更。

(四) 須為抵押權登記

民法第758條規定不動產物權，依法律行為而取得、設定、喪失及變更者，非經登記，不生效力。修正後之民法第513條第1項僅規定承攬人得請求定作人會同為抵押權登記或預為抵押權登記，則承攬人僅係取得抵押權登記請求權，要求他人會同辦理抵押權登記之權利，並非法律規定而取得抵押權，必須至地政事務所依土地登記規則第6條登記，完畢完成抵押權登記，始能成為抵押權人，與民法第759條宣示登記，未登記前業已取得不動產物權不同，只不過非經登記後，不得處分該不動產物權爾。

肆、承攬人抵押權登記實務

一、登記程序

依土地登記規則第53條辦理土地登記程序如下：(一)收件(二)計收規費

(三)審查(四)公告(五)登簿(六)繕發書狀(七)異動整理(八)歸檔。前項第四款公告僅於土地總登記，土地所有權第一次登記、建物所有權第一次登記、時效取得登記、書狀補給登記及其他法令規定者適用之。第7款異動整理，包括統計及異動通知。同規則第34條申請登記，除本規則另有規定外，應提出下列文件(一)登記申請書(二)登記原因證明文件(三)已登記者，其所有權狀或他項權利證明書(四)申請人身分證明(五)其他由中央地政機關規定應提出之證明文件。前項第四款之文件能以電腦處理達成查詢者，得免提出。依民法第513條第1項、第2項、第3項規定，承攬人對定作人不僅就工作所附已完成之不動產可請求為抵押權之登記，且對於將來完成之定作人之不動產，亦可請求預為抵押權登記。就上述請求，承攬人於開始工作前亦得為之。又前二項之抵押權登記，如承攬契約已經公證者，承攬人得單獨申請之。據此可知，承攬人之抵押權因已改採生效要件主義，為兼顧其利益之保障，民法乃就此項抵押權之登記程序特設規定。土地登記規則配合民法第513條規定於民國90年9月14日新增第117條規定，承攬人依民法第513條規定申請為抵押權登記或預為抵押權登記，除應提出第34條及第40條規定之文件外，並應提出建築執照或其他建築許可文件，會同定作人申請之。但承攬契約經公證者，承攬人得單獨申請登記，登記機關於登記完畢後，應將登記結果通知定作人。承攬人就尚未完成之建物，申請預為抵押權登記時，登記機關應即暫編建號，編造建物登記簿，於他項權利部辦理登記。

二、土地登記申請之當事人

　　承攬人抵押權登記之當事人，係承攬契約之當事人，亦即請求權人為承攬人，相對人為定作人。依民法第490條所稱承攬者，謂當事人約定，一方為他方完成一定之工作，他方俟工作完成，給付報酬之契約。故承攬人乃指為他方完成一定工作者如營造廠是也，定作人乃指他方俟工作完成，給付報酬者如建設公司是也，原則上承攬人定作人會同申請，但例外可單獨申請，如承攬契約已公證者，承攬人得單獨申請之。

三、申請登記之方式

(一) 會同申請

　　土地法第73條規定：「土地權利變更登記，應由權利人及義務人會同聲

請之。……」土地登記規則第26條亦規定：「土地登記，除本規則另有規定外，應由權利人及義務人會同申請之。」本條第1項規定承攬人得請求定作人辦理抵押權或預為抵押權登記，因此定作人同意辦理時，自應依上述規定由雙方會同申請之。而修正後土地登記規則亦於第117條第1項規定：「承攬人依民法第513條規定申請抵押權登記或預為抵押權登記，除應……，會同定作人申請之。」

(二) 單獨申請

本條第3項規定：「前二項抵押權登記，如承攬契約已公證者，承攬人得單獨申請之。」本條修正理由三敘明：「按公證制度具有促使當事人審慎將事並達到預防司法之功能，倘承攬契約內容業經公證人作成公證書者，雙方當事人之法律關係自可確認，且亦足認定作人已有會同前往申辦登記抵押權之意，承攬人無庸更向定作人請求，爰增訂第3項，……」因此土地登記規則亦配合於第117條第1項但書規定：「但承攬契約經公證者，承攬人得單獨申請登記。登記機關於登記完畢後，應將登記結果通知定作人。」上述規定承攬契約經法院公證者，得由承攬人單獨申請之抵押權登記，仍為設定登記，而非法定抵押權登記。經由承攬人為抵押權登記之請求後，定作人即有會同為登記申請之義務，倘定作人拒絕辦理，承攬人自得訴請定作人協同辦理登記，並於獲勝訴判決確定後，依土地登記規則第27條第4款規定因法院拍定或判決確定之登記由權利人或登記名義人單獨申請之。

四、申請土地登記之時間

承攬人請求為抵押權登記之時期一般而言，應為承攬之建築物或其他工作物建築完成或重大修繕完成時。新建之承攬，在建築完成後，承攬人未即為抵押權之登記前，定作人即先與他人設定抵押權，此均有使承攬人抵押權之規定淪於虛設之危險。為避免此種危險，民法不僅於第513條第1項後段規定，對將來完成之定作人之不動產，可請求預為抵押權之登記，且於第2項明訂，承攬人於開始工作前，亦得為抵押權登記之請求。可見於承攬契約訂立後，在工作未開始前，承攬人已可請求定作人會同為抵押權之登記，此於承攬之工作為建築物或其他工作物之重大修繕者，亦有適用，且此際因已有獨立之不動產得為抵押權之標的物，抵押權之登記固無問題，但承攬之工作

係建築物或其他工作物之新建時，於工作未開始前尚無獨立之不動產可作為抵押權登記之客體，是僅得就將來完成之不動產請求預為抵押權之登記。然應注意者，此並非就工作或建造中之建築物為抵押權之登記。可知此所謂「預為抵押權之登記」乃係就將來完成之不動產預先為暫時之抵押權登記，應俟不動產完成時，抵押權方能成立。故非以不具獨立性之未完成不動產為抵押權之客體，與海商法第24條所定，船舶抵押權得就建造中之船舶設定者，尚有不同，不可不察。依內政部91年3月27日台內中地字第0910004736號函承攬人僅得就定作人所有之尚未完成建物所有權第一次登記之建物，申請預為抵押權登記，申請標的既經辦竣建物所有權第一次登記，且其所有權人（即變更後之起造人）尚非承攬契約所載之定作人，地政機關自無從受理該項登記。土地登記申請當事人或地政士對此重要規定不可不知。

五、承攬人抵押權以最高限額抵押權登記為宜及登記費計收方式

(一) 承攬人抵押權權利擔保總金額

所謂最高限額抵押，就將來發生之債權所設定之抵押權，其債權額在結算前並不確定，實際發生之債權額不及最高限額時，應以其實際發生之債權額為準（最高法院62年台上字第776號判例）。日本民法稱為「根底當」，我國民法未明文規定，但登記實務上予以受理。最高限額抵押權，乃為預定抵押物所擔保債權之最高限額所設定之抵押權，其抵押權所擔保範圍，可包括本金、利息、遲延利息或違約金等，惟仍應受最高限額之限制。如利息等連同本金合併計算已超過最高限額者，其超過部分即無優先受償之權（最高法院75年5月31日第十民事庭會議決議、最高法院85年台上字第2065號判決）。最高限額抵押權修正為民法物權增訂第881條之1至第881條之17已有依據，更為周延。

承攬人抵押權應登記之權利總金額則為承攬契約之報酬額，此項報酬之給付民法雖係採後付主義（民§490、§505），然報酬債權於承攬契約成立時同時發生，故此項抵押權擔保之債權仍屬現在已發生之債權，是此於承攬人抵押權之成立無礙，況抵押權亦可擔保將來債權。其次，承攬人如於開始工作前，請求為抵押權之登記者，所登記之擔保債權即報酬額乃其全數，當無問題，然於工作中始為抵押權之登記者，則登記之報酬額應以未付者為限乃屬當然，但於承攬人單獨申請登記時，登記機關因無從查考其實際未付

額，是僅有按其申請額登記，於定作人有爭執時依私權救濟程序解決。再者，報酬給付之時期雖於第五零五條已有規定，然當事人另有約定時自應一併登記。至其登記次序應按登記時之次序定之，於建築物或其他工作物之新建，通常固屬第一次序，然重大修繕之承攬，則非必然。承攬人抵押權所擔保者乃承攬關係所生之報酬債權，係屬特定債權故原則上應申請為普通抵押權，此在報酬債權係一次給付者尤然，縱於承攬契約僅估計報酬之概數者（民506參照）亦同，因此項債權仍屬特定債權僅數額尚未確定而已。惟於報酬債權係分數期給付之情形，自無妨設定為最高限額抵押權，而以各期報酬債權之總額為其最高限額。

(二) 登記費計收方式

內政部91年9月25日台內中地字第0910013861號函預為抵押權登記應依土地法第76條繳納千分之一登記費，並以工程造價為權利價值，契約成立之日為登記原因日期並免課罰鍰。內政部92年6月6日內授中辦地字第0920008589號函如檢附雙方合意約定權利價值之抵押權設定契約書申辦預為抵押登記，得以契約書內之權利價值為登記費之計收標準，如屬土地登記規則第117條第1項後段規定承攬契約經公證者，承攬人得單獨申請登記依承攬契約所約定之工程價款為計收權利價值標準。

六、預為抵押權登記應檢附文件

為擔保因承攬關係所生之報酬額，申請預為抵押權登記，依土地登記規則第117條第1項規定：「……除應提出第34條及第40條之文件外，並應提出建築執照或其他建築許可文件，會同定作人申請之。但承攬契約經公證者，承攬人得單獨申請登記。……」土地登記規則第34條規定應提出之文件包括登記申請書、登記原因證明文件、已登記之權狀書狀、申請人身分證明及其他由中央地政機關規定應提出之文件。第40條規定者為登記義務人應親自到場在登記原因證明文件內簽名或蓋章。但依同規則第41條第10款規定檢附登記原因發生日期前一年以後核發之當事人印鑑證明者，當事人得免親自到場。以證明其確願辦理抵押權登記之真意。如承攬契約已經公證並由承攬人單獨申請者，依第41條第1項第2款規定自得免予定作人之親自到場。

雖承攬人與定作人間已訂有承攬契約，因其內容均為承攬關係之約定事

項，尚非抵押權登記或預為抵押權登記之登記原因證明文件，建議內政部發布依規定訂定公定契約書，依公定格式填寫，俾登記機關據以審核及登記。就將來完成之定作人之建物辦理預為抵押權登記，因建物尚未興建完成，亦未辦理登記，自無建號及門牌可填，惟基地坐落及面積、附屬建物等欄，可依建築執照或建築許可文件所列之資料填寫。「擔保權利金額」欄，當事人約定報酬之最高額，俟興建或修繕完竣後，再按工資、材料等清算確定者，可填「最高限額新台幣〇〇〇元整」，「提供擔保權利種類」填「所有權」，「擔保權利總金額」欄，應將承攬興建或修繕之各棟建物擔保之報酬全部合計後予以填入。至「債務清償日期」、「利息」、「遲延利息」、「違約金」及「申請登記以外之約定事項」各欄，應依當事人之約定填入。而「權利存續期限」欄依內政部91年2月8日台內中辦字第09100024601號函抵押權本無存續期間可言，登記機關勿須予以登載，惟基於契約自由訂定原則，此類案件當事人約定存續期間亦勿須補正。

　　若承攬契約公證者，依民法第513條第3項及土地登記規則第117條第1項但書規定，得由承攬人單獨申請登記，既然承攬人單獨申請登記，自無從由承攬人與定作人訂定抵押權設定契約書，而登記機關亦無從以承攬契約作為登記原因證明文件，據以辦理登記。應以「登記清冊」代之。即將建物標示、設定權利範圍、擔保權利金額（報酬額）、提供擔保權利種類、擔保權利總金額、債務清償日期、利息、遲延利息、違約金等填入登記清冊，並由申請人（即承攬人）簽章，已公證之承攬契約則應提供登記機關核對後退還。

　　內政部為因應預為抵押權登記於民國90年7月26日台內中地字第9082680號令增訂登記原因標準用語「預為抵押權」登記於建物標示部但土地登記規則第117條第2項承攬人就尚未完成之建物，申請預為抵押權登記時，登記機關應即暫編建號，編造建物登記簿，於他項權利部辦理登記之規定不符，表示土地登記規則第117條第2項執行時實際上有其困難性，應儘速修正，目前地政事務所部辦理預為抵押權登記，只建立建物標示部，而無所有權部及他項權利部，其他登記事項填寫建造執照號碼、權利範圍、權利內容、承攬報酬額、承攬人、定作人等項，建議內政部一併修正之。

伍、結論

　　土地法第37條暨土地登記規則第2條土地登記，謂土地及建築改良物之所有權與他項權利登記，是故土地登記之權利客體為土地及建築改良物。

　　建築法第4條規定所謂建築物為定著於土地上或地面下，具有頂蓋、樑柱或牆壁，供個人或公眾使用之構造物或雜項工作物。土地登記規則第四條下列土地權利之取得、設定、移轉、喪失或變更，應辦理登記：一、所有權；二、地上權；三、中華民國99年8月3日前發生之永佃權；四、不動產役權；五、典權；六、抵押權；七、耕作權；八、農育權；九、依習慣形成之物權。

　　土地登記規則第79條申請建物所有權第一次登記，應提出使用執照或依法得免發使用執照之證件及建物測量成果圖，建物未興建完成無法申請辦理建物所有權第一次登記此與民法承攬人抵押權登記相異其趣，未興建建物無實體物即准予登記與物權法大相不同，民法第513條規定承攬之工作為建築物或其他土地上之工作物，或為此等工作物之重大修繕者，承攬人得就承攬關係報酬額，對於其工作所附之定作人不動產，請求定作人為抵押權之登記；或對於將來未完成之定作人之不動產，請求預為抵押權之登記。前項請求，承攬人於開始工作前亦得為之。民法第513條規定與土地法、土地登記規則旨趣不盡相同，故行政院司法院修正說明載明登記之程序，所應提出之證明文件及應通知定作人等詳細內容，宜由登記機關在登記規則內容妥為規定。內政部因應立法需要特增訂土地登記規則第117條予以因應配合。

　　法定抵押權依最高法院63台上字第124號判例無須登記即生效。國宅條例第17條規定「政府出售國民住宅及其基地，於買賣契約簽訂後，應即將所有權移轉與承購人。其因貸款所生之債權，自契約簽訂之日起，債權人對該住宅及其基地，享有第一順位之法定抵押權，優先受償。」國宅條例第27條規定「申請貸款自建之國民住宅，其因貸款所生之債權，自簽訂契約之日起，貸款機關對該住宅及其基地，享有第一順位之法定抵押權，優先受償。」以上即為法定抵押權，與修正後民法第513條承攬人抵押權並非法定抵押權二者不容混淆。

　　國宅條例施行細則第23條規定「政府出售國民住宅及其基地依本條例第17條規定移轉時，其土地所有權移轉登記及建築改良物所有權第一次登記，得由直轄市、縣（市）主管機關集中辦理，除應繳納之稅捐、規費及代辦費

用外，不得收取任何費用。前項登記，應在土地登記簿標示部其他登記事項欄內加註國民住宅用地字樣，建築改良物登記簿標示部主要用途欄註明國民住宅字樣，但基地非全部屬於國民住宅用地時，得於土地登記簿其他登記事項欄註明。本條例第17條規定之第一順位法定抵押權，應由直轄市、縣（市）主管機關列冊囑託地政機關辦理登記，免發他項權利證明書。於全部貸款本息清償後，由直轄市、縣（市）主管機關囑託地政機關辦理塗銷登記，或由所有權人憑債務清償證明書向地政機關申辦塗銷登記。」可見國民住宅法定抵押權依國民住宅條例施行細則規定仍應辦理登記。

　　民法第513條關於承攬人抵押權之修正應經登記為生效要件之意定抵押權，符合民法第758條、土地法第43條登記生效要件主義，公示、公信原則，不僅保障不動產交易安全，且與世界先進國家立法趨勢一致，自屬正確。惟施行後由於宣導不週，法良意美竟未充分發揮，承攬人抵押權向地政機關辦理者，數量有限，停留在理想之空中樓閣，期望本篇之發表能喚起社會多數不動產業界、地政機關的重視，願大家共同努力。

附　錄

壹、民法物權編擔保物權條文對照表及總說明

一、總說明

　　民法物權編部分條文修正總說明（擔保物權部分）物權為直接支配特定物，而享受其利益之權利。其在國家法律體系中所居之地位，極為重要。我國民法物權編自18年11月30日公布，19年5月5日施行以來，迄今已逾七十年。其間社會結構、經濟型態及人民生活觀念，均有重大變遷。原本立基於農業生活型態之民法物權編規定，已難因應今日多變之生活態樣，允宜全面檢討，詳予修正。

　　法務部為因應當前社會實際需要，並加速民法之研修，於77年11月間，另組成「民法研究修正委員會物權編研究修正小組」，邀請民法學者及實務專家共同參與修法工作。除於研修前廣徵各級法院、有關機關、各大學法律研究所及法律學系、各律師公會、銀行公會暨學者專家之修法意見外，並參考國內外學說、判例、解釋及外國立法例，自78年1月16日起至86年5月19日止，總共召開300次會議，以兢業審慎之態度，就現行民法物權編作全面性之檢討、修正，歷時八年餘，經三易其稿，始完成「民法物權編部分條文修正草案暨民法物權編施行法修正草案」。

　　上開修正草案前經行政院會銜司法院於88年1月11日、5月12日二次函送立法院審議，惟均未完成審議。茲因各界迭有修正建議，為賡續推動建構完整民事法律體系，兼顧最新學說與實務見解，衡酌我國國情，法務部爰自92年7月起重新邀集學者、專家組成專案小組定期開會研商，且為符合各界期盼及實務需求，本次檢討將以上開修正草案依擔保物權、所有權及占有、用益物權等順序，分別逐條檢討後報行政院審議。

　　有關擔保物權（抵押權章、質權章及留置權章）部分，法務部於92年7月至95年2月間，計再召開53次專案小組會議反覆推敲，審慎研究，並將再修正草案函詢司法院秘書長暨所屬各級法院等司法機關、內政部等中央機

關、台北市政府等地方機關、國立台灣大學法律系等大專院校系所及全國律師公會等專技人員公會，約計五十餘機關意見。復於94年7月4日與輔仁大學合辦「擔保物權法學術研討會」，以廣徵各界意見。有關各界回應意見，法務部專案小組均詳加考量酌予參採。本次民法物權編修正草案共修正43條條文、增訂36條條文、刪除2條條文，其中抵押權章分成三節（普通抵押權節、最高限額抵押權節、其他抵押權節），共修正15條條文、增訂28條條文；質權章共修正20條條文、增訂7條條文；留置權章共修正8條條文、增訂1條條文、刪除2條條文。故本次民法物權編修正草案增刪修條文共81條，其修正要點如下：

二、抵押權章

(一) 增訂節名

最高限額抵押權及第882條、第883條規定之抵押權，其性質與普通抵押權有別，為求體系完整，爰分設三節規範普通抵押權、最高限額抵押權及其他抵押權。

(二) 修正抵押權之意義及擔保債權之範圍：標明抵押權所擔保者為債權，並明定經登記之利息、違約金或契約之約定者，始為抵押權效力所及，且於強制執行程序中及聲請前五年內發生者為限，始得優先受償。（修正條文第860條及第861條）

(三) 增訂抵押權之效力範圍：為杜爭議並期保障抵押權人之權益，爰增訂抵押權之效力及於附加抵押之建築物而不具獨立性部分、抵押物之變形物等。（修正條文第862條及第862條之1）

(四) 修正抵押權效力所及天然孳息，以抵押物扣押後自抵押物分離而得由抵押人收取者為限。（修正條文第863條）

(五) 為維護抵押權人利益，並兼顧社會經濟及土地用益權人利益，闡明不動產所有人設定其他權利之範圍、效力及營造建築物暨抵押物存在所必要權利得讓與者併付拍賣之聲請規定。（修正條文第866條、第877條及第877條之1）

(六) 增訂債務之一部承擔有抵押權不可分性之適用。（修正條文第869條）

(七) 增訂抵押權次序之調整：為發揮抵押權之經濟機能，同一抵押物有多數抵押權者，特定抵押權人得將其次序讓與及拋棄，但他抵押權人及保證

人利益不受影響。（修正條文第870條之1及第870條之2）

(八) 增訂抵押權人因防止抵押物價值減少所生費用受償次序，並修正得請求回復原狀或增加擔保之規定。（修正條文第871條第2項及第872條）

(九) 修正流抵約款為相對禁止規定。（修正條文第873條及第873條之1）

(十) 增訂實行抵押權之效果規定。（修正條文第873條之2）

(十一) 修正抵押物賣得價金之分配次序。（修正條文第874條）

(十二) 增訂共同抵押權之各抵押物賣得價金之分配次序、內部分擔擔保債權金額之計算方式及求償權人或承受權人行使權利之範圍與方式。（修正條文第875條之1至第875條之4）

(十三) 修正法定地上權之規定。（修正條文第876條）十四、為期公平明確，修正物上保證人之求償權規定，並增訂其免責之規定。（修正條文第879條及第879條之1）

(十四) 修正抵押物之代位物不以賠償金為限。（修正條文第881條）

(十五) 增訂最高限額抵押權之定義性規定及擔保範圍。（修正條文第881條之1及第881條之2）

(十六) 為促進最高限額抵押權擔保之功能，增訂最高限額抵押權之抵押權人與抵押人變更債權範圍或其債務人之規定。（修正條文第881條之3）

(十七) 增訂最高限額抵押權所擔保之原債權確定期日之規定。（修正條文第881條之4及第881條之5）

(十八) 增訂最高限額抵押權所擔保債權移轉之效力規定。（修正條文第881條之6）

(十九) 增訂最高限額抵押權之抵押權人或債務人為法人之合併規定，以保障抵押人之權益並減低其責任。（修正條文第881條之7）

(二十) 最高限額抵押權具有一定獨立之經濟價值，且為因應金融資產證券化及債權管理之實務需求，增訂單獨讓與最高限額抵押權之方式及最高限額抵押權之共有。（修正條文第881條之8及第881條之9）

(二一) 共同最高限額抵押權原債權確定事由。（修正條文第881條之10）

(二二) 增訂最高限額抵押權所擔保之原債權確定之事由。（修正條文第881條之11及第881條之12）

(二三) 增訂最高限額抵押權所擔保之原債權確定事由生效後之效力規定。（修正條文第881條之13、第881條之14及第881條之16）

(二四) 增訂最高限額抵押權擔保債權之請求權罹於消滅時效之效力規定。

（修正條文第881條之15）

(二五) 增訂最高限額抵押權準用普通抵押權之規定。（修正條文第881條之17）

(二六) 修正其他抵押權準用普通抵押權及最高限額抵押權之規定。（修正條文第883條）

三、質權章

(一) 關於第一節「動產質權」部分

1. 修正質權之意義及善意取得主體之用語。（修正條文第884條及第886條）
2. 為使質權關係明確,並確保質權之留置作用,增訂質權人亦不得使債務人占有質物之規定。（修正條文第885條）
3. 修正質權擔保債權之範圍,並增訂質權人非經出質人之同意或保存必要,不得使用或出租其質物之規定。（修正條文第887條及第888條）
4. 增訂孳息抵充及質物變賣價金提存之規定。（修正條文第890條及第892條）
5. 配合流抵約款修正為相對禁止規定,增訂準用規定。（修正條文第893條）
6. 增訂質權之消滅事由及質權人喪失質物占有之請求權時效。（修正條文第897條及第898條）
7. 修正質物之代位物規定。（修正條文第899條）
8. 增訂最高限額質權、營業質及準用規定。（修正條文第899條之1及第899條之2）

(二) 關於第二節「權利質權」部分

1. 明定權利質權之意義,並闡明權利質權之設定,除依本節規定外,並應依關於其權利讓與之規定為之。（修正條文第900條及第902條）
2. 明定債權證書之交付非債權質權設定之要件。（修正條文第904條）
3. 依質權標的物內容及其所擔保債權之清償期不同,分別規定其實行方法。（修正條文第905條至第906條之2）
4. 增訂權利質權之質權人得行使一定之權利,使清償期屆至。（修正條文第906條之3）

5. 增訂權利質權之債務人依法為提存或給付時，質權人之通知義務。（修正條文第906條之4）
6. 增訂為質權標的物之債權，其債務人不得主張抵銷之規定，以保障質權人之權益。（修正條文第907條之1）
7. 修正證券質權之設定及增訂背書得記載設定質權意旨之規定。又質權人如有使證券清償期屆至之必要者，並有為通知或依其他方法使其屆至之權利。（修正條文第908條及第909條）
8. 增訂證券質權適用或準用權利質權之相關規定。（修正條文第909條）
9. 增訂證券質權設質後所生證券之效力規定。（修正條文第910條）

四、留置權章

(一) 為期保障社會交易安全，修正留置權之意義及限制。（修正條文第928條至第930條）
(二) 為兼顧債務人或留置物所有人權益，增訂留置物為可分者，仍有不可分性原則之適用。（修正條文第932條）
(三) 增訂留置物存有所有權以外之物權之效力規定。（修正條文第932條之1）
(四) 修正留置權準用質權之規定，並配合刪除現行條文第935條，以期周延。（修正條文第933條）
(五) 修正留置權之實行，包括通知期限、對象及清償主體。（修正條文第936條）
(六) 修正留置權消滅之規定，並配合刪除現行條文第938條（修正條文第937條）
(七) 修正其他留置權之準用規定。（修正條文第939條）

民法物權編部分修正條文對照表
（擔保物權部分）
中華民國96年3月5日；立法院第6屆第5會期第2次會議通過
中華民國96年9月28日施行

立法院三讀通過條文	現行條文	說　明
第六章　抵押權	第六章　抵押權	第六章　抵押權
第一節　普通抵押權		一、新增節名。 二、按最高限額抵押權雖屬抵押權之一種，然其性質上與普通抵押權諸多不同，應屬特殊抵押權，又第八百八十二條及第八百八十三條規定之抵押權亦有別於普通抵押權，為求體系完整，爰分設三節規範普通抵押權、最高限額抵押權及其他抵押權，並於修正條文第八百八十一條之一增訂最高限額抵押權之定義性規定，以示其不同之特性。
第八百六十條　稱普通抵押權者，謂債權人對於債務人或第三人不移轉占有而供其債權擔保之不動產，得就該不動產賣得價金優先受償之權。	第八百六十條　稱抵押權者，謂對於債務人或第三人不移轉占有而供擔保之不動產，得就其賣得價金受清償之權。	抵押權所擔保者為債權，而所受清償者亦其債權，現行規定未標明「債權」，易使人誤解受清償者為抵押權。為避免疑義，爰仿德國民法第一千一百十三條、奧國民法第四百四十七條、韓國民法第三百五十六條，修正本條如上。 又本章將抵押權分為普通抵押權、最高限額抵押權及其他抵押權三節，本條至第八百八十一條為有關普通抵押權之規定。而本條係關於普通抵押權之定義性規定，故仍表明「普通抵押權」等文字。至於本節以下各條規定中所稱之「抵押權」，既規定於同一節內，當然係指「普通抵押權」而言，毋庸逐條修正。

第八百六十一條　抵押權所擔保者為原債權、利息、遲延利息、違約金及實行抵押權之費用。但契約另有約定者，不在此限。 得優先受償之利息、遲延利息、一年或不及一年定期給付之違約金債權，以於抵押權人實行抵押權聲請強制執行前五年內發生及於強制執行程序中發生者為限。	第八百六十一條　抵押權所擔保者為原債權、利息、遲延利息，及實行抵押權之費用。但契約另有訂定者，不在此限。	一、學者通說及實務上見解認為違約金應在抵押權所擔保之範圍內，爰於本條增列之，使擔保範圍更臻明確，並將「訂定」修正為「約定」，改列為第一項。至原債權乃抵押權成立之要件，且為貫徹公示效力，以保障交易安全，連同其利息或遲延利息均應辦理登記，始生物權效力。惟其登記方法及程序應由地政機關配合辦理（最高法院八十四年台上字第一九六七號判例參），併此敘明。 二、為兼顧第三人及抵押權人之權益，並參照本法第一百二十六條關於短期消滅時效之規定，爰增訂第三項，明定得優先受償之利息、遲延利息、一年或不及一年定期給付之違約金債權，以於抵押權人實行抵押權聲請強制執行前五年內發生及於強制執行程序中發生者為限，以免擔保債權範圍擴大。本項所稱「實行抵押權」，包括抵押權人聲請強制執行及聲明參與分配之情形。
第八百六十二條　抵押權之效力，及於抵押物之從物與從權利。 第三人於抵押權設定前，就從物取得之權利，不受前項規定之影響。 以建築物為抵押者，其附加於該建築物而不具獨立性	第八百六十二條　抵押權之效力，及於抵押物之從物與從權利。 第三人於抵押權設定前，就從物取得之權利，不受前項規定之影響	一、第一項未修正。 二、第二項未修正。 三、社會上常有建物上增建、擴建或為其他之附加使成為一物而不具獨立性之情形，如以該建築物為抵押，抵押權是否及於該附加部分？現行法尚無明文規定，易滋疑義。為杜絕爭議，並解決於實行抵押權時法院強制執行程序之困擾，爰增訂第三項，明定無論於抵押權設定前後，附加於該為

之部分，亦為抵押權效力所及。但其附加部分為獨立之物，如係於抵押權設定後附加者，準用第八百七十七條之規定。		抵押之建築物之部分而不具獨立性者，均為抵押權效力所及。如其附加部分為獨立之物，且係於抵押權設定後附加者，準用第八百七十七條之規定。即抵押權人於必要時，得聲請法院將該建築物及其附加物併付拍賣，但就附加物賣得價金，無優先受清償之權，以保障抵押權人、抵押人與第三人之權益，並維護社會整體經濟利益。
第八百六十二條之一　抵押物滅失之殘餘物，仍為抵押權效力所及。抵押物之成分非依物之通常用法而分離成為獨立之動產者，亦同。 前項情形，抵押權人得請求占有該殘餘物或動產，並依質權之規定，行使其權利。		一、本條新增。 二、抵押物滅失致有殘餘物時，例如抵押之建築物因倒塌而成為動產是，從經濟上言，其應屬抵押物之變形物。又抵押物之成分，非依物之通常用法，因分離而獨立成為動產者，例如自抵押建築物拆取之「交趾陶」是，其較諸因抵押物滅失而得受之賠償，更屬抵押物之變形，學者通說以為仍應為抵押權效力所及，始得鞏固抵押權之效用。因現行法尚無明文規定，易滋疑義，為期明確，爰予增訂。三、為期充分保障抵押權人之權益，爰增訂第二項，明定前項情形，抵押權人得請求占有該殘餘物或動產，並依質權之規定，行使其權利。惟如抵押權人不請求占有該殘餘物或動產者，其抵押權自不受影響，併予敘明。
第八百六十三條　抵押權之效力，及於抵押物扣押後自抵押物分離，而得由	第八百六十三條　抵押權之效力，及於抵押物扣押後由抵押物分離之天然孳息。	抵押權設定後，於同一抵押物得設定地上權或成立其他權利（例如租賃、使用借貸），故土地之天然孳息收取權人未必即為抵押人（參照本法第

抵押人收取之天然孳息。		七十條），則抵押物扣押後，由抵押物分離時，如抵押人無收取權者，抵押權之效力，自不及於該分離之天然孳息。至於在抵押權設定之前，抵押物上已設定地上權或成立其他權利者，其天然孳息為抵押權效力所不及，乃屬當然。為明確計，爰將現行條文修正如上，以符實際。
第八百六十六條　不動產所有人設定抵押權後，於同一不動產上，得設定地上權或其他以使用收益為目的之物權，或成立租賃關係。但其抵押權不因此而受影響。 前項情形，抵押權人實行抵押權受有影響者，法院得除去該權利或終止該租賃關係後拍賣之。 不動產所有人設定抵押權後，於同一不動產上，成立第一項以外之權利者，準用前項之規定。	第八百六十六條　不動產所有人，設定抵押權後，於同一不動產上，得設定地上權及其他權利。但其抵押權不因此而受影響。	一、現行條文規定「地上權及其他權利」究何所指，易滋疑義。學者通說及實務上見解均認為除地上權外，包括地役權、典權等用益物權或成立租賃關係。為明確計，爰將上開法文修正為「地上權或其他以使用收益為目的之物權，或成立租賃關係」，並改列為第一項。 二、第一項但書「但其抵押權不因此而受影響」之解釋，學者間意見不一，有謂仍得追及供抵押之不動產而行使抵押權；有謂如因設定他種權利之結果而影響抵押物之賣價者，他種權利歸於消滅。為避免疑義，爰參照司法院院字第一四四六號、釋字第一一九號及釋字第三○四號解釋，增訂第二項，俾於實體法上訂定原則，以為強制執行程序之依據。上述除去其權利拍賣，法院既得依聲請，亦得依職權為之。又上述之權利雖經除去，但在抵押之不動產上，如有地上權等用益權人或經其同意使用之人之建築物者，就該建築物則應依第八百七十七條第二項規定辦理併付拍賣，併予敘明。

		三、不動產所有人，設定抵押權後，於同一不動產上，成立第一項以外之關係，如使用借貸關係者，事所恆有。該等關係為債之關係，在理論上當然不得對抗抵押權，但請求點交時，反須於取得強制執行名義後，始得為之（強制執行法第九十九條第二項規定參照），與前二項情形觀之，有輕重倒置之嫌，且將影響拍賣時應買者之意願，為除去前述弊端，爰增訂第三項準用之規定。
第八百六十九條 以抵押權擔保之債權，如經分割或讓與其一部者，其抵押權不因此而受影響。 前項規定，於債務分割或承擔其一部時適用之。	第八百六十九條 以抵押權擔保之債權，如經分割或讓與其一部者，其抵押權不因此而受影響。 前項規定，於債務分割時適用之。	一、第一項未修正。 二、債務之一部承擔與債務分割同屬債之移轉，均有擔保物權不可分性之用，爰於第二項增訂，以資明確。
第八百七十條之一 同一抵押物有多數抵押權者，抵押權人得以下列方法調整其可優先受償之分配額。但他抵押權人之利益不受影響： 一、為特定抵押權人之利益，讓與其抵押權之次序。 二、為特定後次序抵押權人之利益，拋棄其抵押權之次序。		一、本條新增。 二、抵押權人依其次序所能支配者係抵押物之交換價值，即抵押權人依其次序所得優先受償之分配額。為使抵押權人對此交換價值之利用更具彈性，俾使其投下之金融資本在多數債權人間仍有靈活週轉之餘地，並有相互調整其複雜之利害關係之手段，日本民法第三百七十五條及德國民法第八百八十條均設有抵押權次序讓與之規定，日本民法並及於抵押權次序之拋棄。我國民法就此尚無明文規定，鑑於此項制度具有上述經濟機能，且與抵押人、第三人之權益無影響，而在學說及

三、為全體後次序
　抵押權人之利
　益，拋棄其抵
　押權之次序。
　　前項抵押權次
　序之讓與或拋
　棄，非經登
　記，不生效
　力。並應於登
　記前，通知債
　務人、抵押人
　及共同抵押
　人。
因第一項調整而受
利益之抵押權人，
亦得實行調整前次
序在先之抵押權。
調整優先受償分配
額時，其次序在先
之抵押權所擔保之
債權，如有第三人
之不動產為同一債
權之擔保者，在因
調整後增加負擔之
限度內，以該不動
產為標的物之抵押
權消滅。但經該第
三人同意者，不在
此限。

土地登記實務（參考土地登記規
則第一百十六條規定）上均承認
之。為符實際並期明確，爰增訂
第一項規定，明定抵押權得以
讓與抵押權之次序，或拋棄抵押
權之次序之方法，調整其可優先
受償之分配額。但他抵押權人之
利益不受影響。所謂「特定抵押
權人」，係指因調整可優先受償
分配額而受利益之該抵押權人而
言，不包括其他抵押權人在內。
又其得調整之可優先受償之分配
額，包括全部及一部。其內容包
括學說上所稱抵押權次序之讓與
及拋棄。詳述之：
(一) 次序之讓與
　　次序之讓與係指抵押權人為特
　　定抵押權人之利益，讓與其抵
　　押權之次序之謂，亦即指同一
　　抵押物之先次序或同次序抵押
　　權人，為特定後次序或同次序
　　抵押權人之利益，將其可優先
　　受償之分配額讓與該後次序或
　　同次序抵押權人之謂。此時讓
　　與人與受讓人仍保有原抵押權
　　及次序，讓與人與受讓人仍依
　　其原次序受分配，惟依其次序
　　所能獲得分配之合計金額，由
　　受讓人優先受償，如有剩餘，
　　始由讓與人受償。例如債務人
　　甲在其抵押物上分別有乙、
　　丙、丁第一、二、三次序依次
　　為新台幣（以下同）一百八十
　　萬元、一百二十萬元、六十萬
　　元之抵押權，乙將第一優先次
　　序讓與丁，甲之抵押物拍賣所

| | | 得價金為三百萬元，則丁先分得六十萬元，乙分得一百二十萬元，丙仍為一百二十萬。又如甲之抵押物拍賣所得價金為二百八十萬元，則丁先分得六十萬元，乙分得一百二十萬元，丙分得一百萬元。
(二) 次序之拋棄：有相對拋棄及絕對拋棄兩種，分述如下：
　1. 相對拋棄
　相對拋棄係指抵押權人為特定後次序抵押權人之利益，拋棄其抵押權之次序之謂，亦即指同一抵押物之先次序抵押權人，為特定後次序抵押權人之利益，拋棄其優先受償利益之謂。此時各抵押權人之抵押權歸屬與次序並無變動，僅係拋棄抵押權次序之人，因拋棄次序之結果，與受拋棄利益之抵押權人成為同一次序，將其所得受分配之金額共同合計後，按各人債權額之比例分配之。例如前例，甲之抵押物拍賣所得價金為三百萬元，乙將其第一次序之優先受償利益拋棄予丁，則乙、丁同列於第一、三次序，乙分得一百三十五萬元，丁分得四十五萬元，至丙則仍分得一百二十萬元，不受影響。又如甲之抵押物拍賣所得價金為二百八十萬元，則乙、丁所得分配之債權總額為一百八十萬元（如乙未為拋 |

		棄，則乙之應受分配額為一百八十萬元，丁之應受分配額為零），乙拋棄後，依乙、丁之債權額比例分配（三比一），乙分得一百三十五萬元，丁分得四十五萬元，丙仍分得一百萬元不受影響。
		2. 絕對拋棄絕對拋棄係指抵押權人為全體後次序抵押權人之利益，拋棄其抵押權之次序之謂，亦即指先次序抵押權人並非專為某一特定後次序抵押權人之利益，拋棄優先受償利益之謂。此時後次序抵押權人之次序各依次序昇進，而拋棄人退處於最後之地位，但於拋棄後新設定之抵押權，其次序仍列於拋棄者之後。如為普通債權，不論其發生在抵押權次序拋棄前或後，其次序本列於拋棄者之後，乃屬當然。例如前例，甲之抵押物拍賣所得價金為三百萬元，乙絕對拋棄其抵押權之第一次序，則丙分得一百二十萬元，丁分得六十萬元、乙僅得一百二十萬元。又如甲之抵押物拍賣所得價金為四百八十萬元，戊之抵押權二百萬元成立於乙絕對拋棄其抵押權次序之後，則丙分得一百二十萬元，丁分得六十萬元，乙可分得一百八十萬元，戊分得一百二十萬元。

		三、我國民法關於不動產物權行為採登記生效要件主義（第七百五十八條），前項可優先受償分配額之調整，已涉及抵押權內容之變更，自須辦理登記，始生效力。又抵押權之債務人或抵押人，於提供抵押物擔保之情形，債務人仍得為債務之任意清償；抵押人為有利害關係之人，亦得向抵押權人為清償。於抵押權人調整可優先受償分配額時，如債務人或抵押人不知有調整情形仍向原次序在先之抵押權人清償，自足影響其權益。爰增訂第二項，規定前項可優先受償分配額之調整，非經登記，不生效力。並以通知債務人、抵押人及共同抵押人為其登記要件，以期周延。至於登記時，應檢具已為通知之證明文件，乃屬當然。 四、抵押權人間可優先受償分配額之調整，對各抵押權人之抵押權歸屬並無變動，僅係使因調整而受利益之抵押權人獲得優先分配利益而已。故該受利益之後次序抵押權人亦得實行調整前次序在先之抵押權。惟其相互間之抵押權均須具備實行要件，始得實行抵押權，乃屬當然。例如債務人甲在其抵押物上分別有乙、丙、丁第一、二、三次序之抵押權，乙將第一優先次序讓與丁，如乙、丁之抵押權均具備實行要件時，丁得實行乙之抵押權，聲請拍賣抵押物。爰增訂第三項規定。 五、為同一債權之擔保，於數不動產

		上設定抵押權者，抵押權人本可就各個不動產賣得之價金，受債權全部或一部之清償。如先次序或同次序之抵押權人，因調整可優先受償分配額而喪失其優先受償利益，則必使其他共同抵押人增加負擔，為示公平，除經該第三人即共同抵押人同意外，殊無令其增加負擔之理，爰於第四項明定在因調整後增加負擔之限度內，以該不動產為標的物之抵押權消滅。
第八百七十條之二 　調整可優先受償分配額時，其次序在先之抵押權所擔保之債權有保證人者，於因調整後所失優先受償之利益限度內，保證人免其責任。但經該保證人同意調整者，不在此限。		一、本條新增。 二、抵押權所擔保之債權有保證人者，於保證人清償債務後，債權人對於債務人或抵押人之債權，當然移轉於保證人，該債權之抵押權亦隨同移轉，足見該抵押權關乎保證人之利益甚大。基於誠信原則，債權人不應依自己之意思，使保證人之權益受影響。又先次序抵押權人有較後次序抵押權人優先受償之機會，則次序在先抵押權所擔保債權之保證人代負履行債務之機會較少。如因調整可優先受償分配額而使先次序或同次序之抵押權喪失優先受償利益，將使該保證人代負履行債務之機會大增，對保證人有失公平。故於先次序或同次序之抵押權因調整可優先受償分配額而喪失優先受償之利益時，除經該保證人同意調整外，保證人應於喪失優先受償之利益限度內，免其責任，始為平允。爰仿民法第七百五十一條規定之立法意旨，增訂規定如上。

第八百七十一條　抵押人之行為，足使抵押物之價值減少者，抵押權人得請求停止其行為。如有急迫之情事，抵押權人得自為必要之保全處分。 因前項請求或處分所生之費用，由抵押人負擔。其受償次序優先於各抵押權所擔保之債權。	第八百七十一條　抵押人之行為，足使抵押物之價值減少者，抵押權人得請求停止其行為。如有急迫之情事，抵押權人得自為必要之保全處分。 因前項請求或處分所生之費用，由抵押人負擔。	一、第一項未修正。 二、第二項前段未修正。又因前項請求或處分所生之費用，係由保全抵押物而生，其不僅保全抵押權人之抵押權，亦保全抵押人之財產，對其他債權人均屬有利。故應較諸各抵押權所擔保之債權優先受償，為期明確，爰本項後段增訂之。
第八百七十二條　抵押物之價值因可歸責於抵押人之事由致減少時，抵押權人得定相當期限，請求抵押人回復抵押物之原狀，或提出與減少價額相當之擔保。 抵押人不於前項所定期限內，履行抵押權人之請求時，抵押權人得定相當期限請求債務人提出與減少價額相當之擔保。屆期不提出者，抵押權人得請求清償其債權。	第八百七十二條　抵押物價值減少時，抵押權人得請求抵押人回復抵押物之原狀，或提出與減少價額相當之擔保。 抵押物之價值，因非可歸責於抵押人之事由，致減少者，抵押權人僅於抵押人得受損害賠償之限度內，請求提出擔保。	一、現行條文第一項規定之情形，條文內雖未明定可歸責於抵押人之事由為原因，學者通說以為其與同條第二項比較觀之，應係指因可歸責於抵押人之事由而致價值減少者，爰予明示。又為兼顧抵押人之利益，爰增訂抵押權人請求回復抵押物之原狀或提出擔保時，應定相當期限之規定。 二、抵押人與債務人非同一人時，瑞士民法第八百零九條、德國民法第一千一百三十三條均設有抵押人不應抵押權人之請求為增加擔保或回復原狀時，喪失債務清償期限利益意旨之規定。為更周延保障抵押權人之利益並兼顧債務人之利益，爰參考上開外國立法例，增訂第二項規定。 三、如抵押人即為債務人時，債務人既已受有提出與減少價額相當擔保之請求，抵押權人自無再為第二項後段請求之必要，而得逕行請求清償其債權，以資便捷，爰增訂第三項規定。

抵押人為債務人，抵押權人得不再為前項請求，逕行請求清償其債權。 抵押物之價值因不可歸責於抵押人之事由致減少者，抵押權人僅於抵押人因此所受利益之限度內，請求提出擔保		四、現行條文第二項移列為第四項，並將「『非』可歸責」修正為「『不』可歸責」，以期與民法第二百二十五條、第二百六十六條等條文之用語一致。另抵押權人得請求抵押人提出擔保之範圍不以抵押人所受損害賠償為限，尚應包括不當得利、公法上損失補償等利益，爰將抵押權人僅於抵押人「得受損害賠償」之限度內，請求提出擔保，修正為抵押權人僅得於抵押人「因此所受利益」之限度內，請求提出擔保。
第八百七十三條　抵押權人，於債權已屆清償期，而未受清償者，得聲請法院，拍賣抵押物，就其賣得價金而受清償。	第八百七十三條　抵押權人，於債權已屆清償期，而未受清償者，得聲請法院，拍賣抵押物，就其賣得價金而受清償。 約定於債權已屆清償期，而未為清償時，抵押物之所有權，移屬於抵押權人者，其約定為無效。	一、第一項未修正。 二、現行條文第二項改列為第八百七十三條之一第一項，並酌予修正。
第八百七十三條之一 約定於債權已屆清償期而未為清償時，抵押物之所有權移屬於抵押權人者，非經登記，不得對抗第三人。 抵押權人請求抵押人為抵押物所有權之移轉時，抵押物		一、本條新增。 二、本條為配合條文內容有關流抵契約之規定，原第八百七十三條第二項規定，改列為本條第一項本文，並予修正，另增列第二項及第三項規定。 三、按於抵押權設定時或擔保債權屆清償期前，約定債權已屆清償期，而債務人不為清償時，抵押物之所有權移屬於抵押權人者，

價值超過擔保債權部分，應返還抵押人；不足清償擔保債權者，仍得請求債務人清償。 抵押人在抵押物所有權移轉於抵押權人前，得清償抵押權擔保之債權，以消滅該抵押權。		須經登記，始能成為抵押權之物權內容，發生物權效力，而足以對抗第三人，爰增訂第一項規定。 四、因抵押權旨在擔保債權之優先受償，非使抵押權人因此獲得債權清償以外之利益，故為第一項之流抵約款約定時，抵押權人自負有清算義務，抵押物之價值如有超過債權額者，自應返還抵押人，爰增訂第二項規定。本項並明定抵押物價值估算之基準時點，為抵押權人請求抵押人為抵押物所有權之移轉時，以杜抵押物價值變動之爭議。又計算抵押物之價值時，應扣除增值稅負擔、前次序抵押權之擔保債權額及其他應負擔之相關費用等，自屬當然。 五、於擔保債權清償期屆至後，抵押物所有權移轉於抵押權人前，抵押權及其擔保債權尚未消滅，債務人或抵押人自仍得清償債務，以消滅抵押權，並解免其移轉抵押物所有權之義務，爰增訂第三項規定，俾利適用。
第八百七十三條之二 抵押權人實行抵押權者，該不動產上之抵押權，因抵押物之拍賣而消滅。 前項情形，抵押權所擔保之債權有未屆清償期者，於抵押物拍賣得受清償之範圍內，視為到期。		一、本條新增。 二、抵押權所支配者係抵押物之交換價值，此項價值已因抵押物之拍賣而具體化為一定價金，該價金並已由抵押權人依其優先次序分配完畢，是抵押權之內容已實現，該抵押權及其他抵押權自應歸於消滅。上開見解為學說及執行程序之實務上所採用，復配合強制執行法第九十八條之規定，爰增訂第一項規定，以資明確。

抵押權所擔保之債權未定清償期或清償期尚未屆至,而拍定人或承受抵押物之債權人聲明願在拍定或承受之抵押物價額範圍內清償債務,經抵押權人同意者,不適用前二項之規定。		三、抵押權人依第八百七十三條規定實行抵押權時,其他抵押權所擔保之債權,有未屆清償期之情形者,為貫徹本條第一項原則,兼顧債務人、執行債權人及抵押權人之利益並避免法律關係複雜,俾有助於拍賣之易於實施,爰增訂第二項規定,該其他抵押權於抵押物拍賣得受清償之範圍內,視為到期。 四、拍賣之不動產上存在之抵押權,原則上因拍賣而消滅;但拍定人或承受人聲明承受抵押權及其所擔保之未到期或未定期之債務,經抵押權人同意者,對當事人及拍定人俱屬有利,爰參照強制執行法第九十八條第三項之規定,增訂第三項規定,例外採承受主義,而無本條第一項及第二項規定之適用。又本項所稱之「拍定人」,係專指依強制執行程序拍定抵押物之人;所稱之「承受抵押物之債權人」,係專指依強制執行程序拍賣抵押物,因無人應買或應買人所出之最高價未達拍賣最低價額,依強制執行法第九十一條第一項、第七十一條等規定承受抵押物之債權人而言。併予敘明。
第八百七十四條 抵押物賣得之價金,除法律另有規定外,按各抵押權成立之次序分配之。其次序相同者,依債權額比例分配之。	第八百七十四條 抵押物賣得之價金,按各抵押權人之次序分配之。其次序同者,平均分配之。	一、抵押物賣得價金之分配次序,法律不乏另有規定者,如稅捐稽徵法第六條第一項、強制執行法第二十九條第二項、國民住宅條例第十七條、第二十七條、本法修正條文第八百七十條之一、第八百七十一條第二項等是,為期周延,爰增列「除法律另有規定

		外」一語，以資配合。 二、現行條文中所謂「按各抵押權人之次序」云云，究竟指何種次序而言，又末段「其次序同者，平均分配之」，文義亦不甚明顯，易生爭議，爰予修訂，以期明確。
第八百七十五條之一 　為同一債權之擔保，於數不動產上設定抵押權，抵押物全部或部分分同時拍賣時，拍賣之抵押物中有為債務人所有者，抵押權人應先就該抵押物賣得之價金受償。		一、本條新增。 二、為同一債權之擔保，於數不動產上設定抵押權者，於抵押權人請求就數抵押物或全部抵押物同時拍賣時，如拍賣之抵押物中有為債務人所有者，為期減少物上保證人之求償問題，而又不影響抵押權人之受償利益，宜使抵押權人先就債務人所有而供擔保之該抵押物賣得之價金受償。 三、本條之適用，不限於未限定各個不動產所負擔之金額者；其已限定者，亦同。又共同抵押權制度各國立法例不一，爰於修正條文第八百七十五條之一、第八百七十五條之二、第八百七十五條之三明定各抵押物同時拍賣之情形；第八百七十五條之二及第八百七十五條之四則適用於各抵押物異時拍賣之情形，併予敘明。
第八百七十五條之二 　為同一債權之擔保，於數不動產上設定抵押權者，各抵押物對債權分擔之金額，依下列規定計算之：		一、本條新增。 二、共同抵押權之抵押物不屬同一人所有或抵押物上有後次序抵押權存在時，為期平衡物上保證人與抵押物後次序抵押權人之權益，並利求償權或承受權之行使，宜就各抵押物內部對債權分擔金額之計算方式予以明定，爰增訂第

一、未限定各個不動產所負擔之金額時，依各抵押物價值之比例。 二、已限定各個不動產所負擔之金額時，依各抵押物所限定負擔金額之比例。 三、僅限定部分不動產所負擔之金額時，依各抵押物所限定負擔金額與未限定負擔金額之各抵押物價值之比例。計算前項第二款、第三款分擔金額時，各抵押物所限定負擔金額較抵押物價值為高者，以抵押物之價值為準。		一項規定。如各不動產限定負擔金額之總額超過所擔保之債權總額者，當然依各抵押物所限定負擔金額之比例定之，若未超過總額時，亦應依各抵押物所限定負擔金額計算。 三、依第一項第二款、第三款計算分擔額時，如各抵押物所限定負擔之金額較抵押物之價值為高者，為期平允，宜以抵押物之價值為準，爰增訂第二項規定。
第八百七十五條之三 為同一債權之擔保，於數不動產上設定抵押權者，在抵押物全部或部分同時拍賣，而其賣得價金超過所擔保之債權額時，經拍賣之各抵押物對債		一、本條新增。 二、共同抵押權之抵押權人請求就二以上（包括全部或部分）之抵押物同時拍賣，如其賣得之價金總額超過所擔保之債權總額時，於不影響抵押權人之受償利益下，各抵押物賣得之價金，應如何分配，以清償抵押權人之債權，攸關共同抵押人等之權益。為期減

權分擔金額之計算，準用前條之規定。		少求償或承受問題並利實務運作，宜就該等經拍賣之各抵押物對債權分擔金額之計算方法，予以明定，爰增訂本條準用之規定。例如甲對乙負有六百萬元之債務，由丙、丁、戊分別提供其所有之A、B、C三筆土地設定抵押權於乙，共同擔保上開債權，而均未限定各個不動產所負擔之金額。嗣甲逾期未能清償，乙遂聲請對A、B二地同時拍賣，A地拍賣所得價金為五百萬元，B地拍賣所得價金為三百萬元，於此情形，A地、B地對債權分擔之金額，應準用第八百七十五條之二第一項第一款之規定計算之，故A地對債權之分擔金額為三百七十五萬元（=600×[(500÷300)]），B地對債權之分擔金額則為二百二十五萬元（=600×[300÷(500+300)]）。拍賣抵押物之執行法院，自應按此金額清償擔保債權。又上例中，如分別限定A、B、C三筆土地所負擔之金額為三百萬元、二百萬元、一百萬元，乙聲請對A、B二地同時拍賣，A地拍賣所得價金為五百萬元，B地拍賣所得金為三百萬元，於此情形，A地、B地對債權分擔之金額，則應準用第八百七十五條之二第一項第二款前段之規定計算之，故A地對債權之分擔金額為三百萬元，B地對債權之分擔金額為二百萬元。又上述第一例中，A、B抵押物賣得價金清償債權額均已逾

		其分擔額（第八百七十五條之二第一項第一款參照），此際丙、丁對 C 抵押物可行使第八百七十五條之四第一款所定之權利，自屬當然。
第八百七十五條之四 為同一債權之擔保，於數不動產上設定抵押權者，在各抵押物分別拍賣時，適用下列規定： 一、經拍賣之抵押物為債務人以外之第三人所有，而抵押權人就該抵押物賣得價金受償之債權額超過其分擔額時，該抵押物所有人就超過分擔額之範圍內，得請求其餘未拍賣之其他第三人償還其供擔保抵押物應分擔之部分，並對該第三人之抵押物，以其分擔額為限，承受抵押權人之權利。但不得有害於該抵押權人之利益。		一、本條新增。 二、按共同抵押權之各抵押物內部分擔擔保債權金額之計算方式已於第八百七十五條之二明定。是以，於抵押物異時拍賣時，如抵押權人就其中某抵押物賣得價金受償之債權額超過其分擔額時，即生求償或承受問題，為期公允明確，宜就求償權人或承受權人行使權利之範圍與方式予以明定，爰增訂本條規定，並仿民法第二百八十一條第二項、第三百十二條、第七百四十九條之立法意旨，於各款設但書之規定。又本條第一款雖規定物上保證人間之求償權及承受權，惟基於私法自治原則，當事人仍可以契約為不同約定而排除本款規定之適用。另第二款係規定同一人所有而供擔保之抵押物經拍賣後，該抵押物後次序抵押權人就超過分擔額之範圍內有承受權；本款所稱之「同一人」所有，除債務人所有之抵押物經拍賣之情形外，亦包括物上保證人所有之抵押物經拍賣之情形。至於物上保證人對債務人或對保證人之求償權或承受權，則另規定於第八百七十九條，併此敘明。

二、經拍賣之抵押物為同一人所有，而抵押權人就該抵押物賣得價金受償之債權額超過其分擔額時，該抵押物之後次序抵押權人就超過分擔額之範圍內，對其餘未拍賣之同一人供擔保之抵押物，承受實行抵押權人之權利。但不得有害於該抵押權人之利益。		
第八百七十六條　設定抵押權時，土地及其土地上之建築物，同屬於一人所有，而僅以土地或僅以建築物為抵押者，於抵押物拍賣時，視為已有地上權之設定，其地租、期間及範圍由當事人協議定之。不能協議者，得聲請法院以判決定之。 設定抵押權時，土地及其土地上之建築物，同屬於一人	第八百七十六條　土地及其土地上之建築物，同屬於一人所有，而僅以土地或僅以建築物為抵押者，於抵押物拍賣時，視為已有地上權之設定，其地租由當事人協議定之。協議不諧時，得聲請法院定之。土地及其土地上之建築物，同屬於一人所有，而以土地及建築物為抵押者，如經拍賣，其土地與建築物之	一、於以建築物設定抵押權時，土地業已存在，固無問題，於僅以土地設定抵押權時，建築物是否以當時已存在，始有本條之適用？學說上爭議頗多，參照第八百六十六條、第八百七十七條規定之意旨，避免拍定後建築物無從利用土地致拆除之結果，有害社會經濟發展，似以肯定說為是，實務上亦採相同見解（最高法院五十七年度台上字第一三〇三號判例）。為杜爭議，爰於第一項、第二項「土地及其土地上之建築物」等文字上增列「設定抵押權時」，以期明確。 二、依本條所成立之地上權，為法定地上權。其租金若干，期間長

所有，而以土地及建築物為抵押者，如經拍賣，其土地與建築物之拍定人各異時，適用前項之規定。	拍定人各異時，適用前項之規定。	短，範圍大小均有待當事人協議定之，現行條文僅規定及於「地租」，似有不足，爰修正當事人協議之事項並及於地上權之期間、範圍，而於不能協議時，則聲請法院以判決定之。
第八百七十七條　土地所有人於設定抵押權後，在抵押之土地上營造建築物者，抵押權人於必要時，得於強制執行程序中聲請法院將其建築物與土地併付拍賣。但對於建築物之價金，無優先受清償之權。 前項規定，於第八百六十六條第二項及第三項之情形，如抵押之不動產上，有該權利人或經其同意使用之人之建築物者，準用之。	第八百七十七條　土地所有人，於設定抵押權後，在抵押之土地上營造建築物者，抵押權人於必要時，得將其建築物與土地併付拍賣。但對於建築物之價金，無優先受清償之權。	一、現行條文規定「得將其建築物與土地併付拍賣」，究係指抵押權人僅得聲請執行法院併付拍賣，抑由抵押權人自行併付拍賣？易滋疑義。鑑於「拍賣」，乃執行方法，故宜明定於強制執行程序中由抵押權人聲請執行法院決定之，爰修正第一項如上。 二、為維護抵押權人利益，於不動產抵押後，在該不動產上有用益物權人或經其同意使用之人之建築物者，該權利人使用不動產之權利雖得先依第八百六十六條第二項規定予以除去，惟為兼顧社會經濟及土地用益權人利益，該建築物允應併予拍賣為宜，但建築物拍賣所得價金，抵押權人無優先受償權，爰增訂第二項規定。
第八百七十七條之一 以建築物設定抵押權者，於法院拍賣抵押物時，其抵押物存在所必要之權利得讓與者，應併付拍賣。但抵押權人對於該權利賣得之價金，無優先受清償之權。		一、本條新增。 二、土地與建築物固為各別之不動產，各得單獨為交易之標的，但建築物性質上不能與土地使用權分離而存在，故以建築物設定抵押權，於抵押物拍賣時，其抵押物對土地存在所必要之權利得讓與者，例如地上權、租賃權等是，應併付拍賣，始無害於社會經濟利益（民法債編增訂第四百二十五條之一、第四百

		二十六條之一及最高法院四十八年台上字第一四五七號判例參照）。然該權利非抵押權之標的物，抵押權人對其賣得之價金，不得行使優先權，始為平允，爰增訂本條規定。
第八百七十九條　為債務人設定抵押權之第三人，代為清償債務，或因抵押權人實行抵押權致失抵押物之所有權時，該第三人於其清償之限度內，承受債權人對於債務人之債權。但不得有害於債權人之利益。 債務人如有保證人時，保證人應分擔之部分，依保證人應負之履行責任與抵押物之價值或限定之金額比例定之。抵押物之擔保債權額少於抵押物之價值者，應以該債權額為準。 前項情形，抵押人就超過其分擔額之範圍，得請求保證人償還其應分擔部分。	第八百七十九條　為債務人設定抵押權之第三人，代為清償債務，或因抵押權人實行抵押權致失抵押物之所有權時，依關於保證之規定，對於債務人，有求償權。	一、物上保證人對於債務人之求償權，現行條文規定「依關於保證之規定」。惟其不但涉及物上保證人與債務人之關係，間亦涉及與保證人之關係，頗為複雜，為期周延，宜設有根本解決之明文，爰將現行條文修正為物上保證人代為清償債務，或因抵押權人實行抵押權致失抵押物之所有權時，於其清償之限度內，承受債權人對於債務人之債權。但不得有害於債權人之利益，並改列為第一項。 二、債務人如有保證人時，物上保證人與保證人實質上均係以自己之財產擔保他人之債務，晚近各立法例對普通保證自由主義色彩之干涉漸增，此亦包括保證人範圍之干預及管制，使物上保證與普通保證不應有不同責任範圍。因之，物上保證人於代為清償債務，或因抵押權人實行抵押權致失抵押物之所有權時，自得就超過其應分擔額之範圍內對保證人具有求償權與承受權，即採物上保證人與保證人平等說。為期公允，宜就物上保證人向保證人行使權利之範圍與方式予以明定，爰增訂第二項及第三項規定。而有關保證人應分擔之部分，依

保證人應負之履行責任與抵押物拍賣時之價值或限定之金額比例定之。抵押物之擔保債權額少於抵押物拍賣時之價值者，應以該債權額為準，始為平允。例如甲對乙負有六十萬元之債務，由丙為全額清償之保證人，丁則提供其所有價值三十萬元之土地一筆設定抵押權予乙。嗣甲逾期未能清償，乙遂聲請拍賣丁之土地而受償三十萬元。依本條規定，乙對甲之原有債權中之三十萬元部分，由丁承受；保證人丙就全部債務之應分擔部分為四十萬元（＝60×[60÷(30+60)]），丁就全部債務之應分擔部分則為二十萬元（＝60×[30÷(30+60)]），丁已清償三十萬元，故僅得就超過自己分擔部分對丙求償十萬元。反之，如丁係以其所有價值七十萬元之土地設定抵押權予乙，嗣乙聲請拍賣該土地而其六十萬元債權全額受清償時，保證人丙之分擔額則為三十萬元（＝60×[60÷(60+60)]），丁得向丙求償三十萬元。又前開物上保證人向保證人求償時，應視該保證之性質定之。如為連帶保證或拋棄先訴抗辯權之保證人時，該物上保證人得直接向保證人求償；如為普通保證人，因其有先訴抗辯權，如其主張先訴抗辯權時，該物上保證人則應先向債務人求償，於債務人不能償還時，始得向保證人求償，此乃當然法理。至於保證人對物上保證人之

		承受權部分，則係依民法第七百四十九條規定，其求償權則依其內部關係或類推適用民法第二百八十一條第一項規定定之，併予敘明。
第八百七十九條之一 第三人為債務人設定抵押權時，如債權人免除保證人之保證責任者，於前條第二項保證人應分擔部分之限度內，該部分抵押權消滅。		一、本條新增。 二、物上保證人代為清償債務，或因抵押權人實行抵押權致失抵押物之所有權時，依前條第一項之規定，於其清償之限度內，承受債權人對於債務人之債權。如該債務有保證人時，該物上保證人對之即有求償權。故於債權人免除保證人之保證責任時，該物上保證人原得向保證人求償之權利，即因之受影響。為示公平並期明確，爰增訂本條，明定第三人為債務人設定抵押權時，如債權人免除保證人之保證責任者，於前條第二項保證人應分擔部分之限度內，該部分抵押權消滅。
第八百八十一條　抵押權除法律另有規定外，因抵押物滅失而消滅。但抵押人因滅失得受賠償或其他利益者，不在此限。 抵押權人對於前項抵押人所得行使之賠償或其他請求權有權利質權，其次序與原抵押權同。 給付義務人因故意或重大過失向抵押人為給付者，對於	第八百八十一條　抵押權，因抵押物滅失而消滅。但因滅失得受之賠償金，應按各抵押權人之次序分配之。	一、關於抵押物滅失時，抵押權之效力問題，本法修正草案已增訂第八百六十二條之一，為期周延，爰增訂「除法律另有規定」之除外規定。又現行條文所稱之「賠償金」，易使人誤解為抵押物之代位物僅限於金錢，實則抵押物之代位物，在賠償或其他給付義務人未給付前，抵押人對該義務人僅有給付請求權，給付物並未特定，金錢、動產、不動產或其他財產權均有可能，為避免疑義，爰將「賠償金」修正為「賠償或其他利益」。至抵押物滅失後，如抵押人因滅失得受賠償或

抵押權人不生效力。 抵押物因毀損而得受之賠償或其他利益，準用前三項之規定。		其他利益者，抵押權人所得行使之權利不當然消滅，惟其性質已轉換權利質權，行使之次序已於第二項增設明文，爰刪除現行但書後段次序分配之規定，並作文字調整。 二、抵押權人依物上代位所得行使之擔保權，其性質為何，非無爭議，為期明確，爰增訂第二項，明定係屬權利質權。又此項質權雖係嗣後始發生，然基於抵押權之物上代位性，該質權實為抵押權之代替，故該質權之次序，應與原抵押權同，爰一併明定，以保障抵押權人之權益。 三、抵押物滅失時，依第一項規定之意旨，負賠償或其他給付義務之給付義務人應向抵押權人給付，始為公允。而為涵蓋第一項所稱賠償或其他利益之給付人，乃概括以給付義務人稱之。故給付義務人如因故意或重大過失已向抵押人為給付，對抵押權人不生效力。易言之，抵押權人如請求給付，給付義務人仍負給付之義務，爰增訂第三項。 四、抵押物因毀損而得受之賠償或其他利益，是否亦為抵押物之代位物？現行法尚無明文，易滋疑義，惟學者通說認為其係抵押權之物上代位，為期明確，爰增訂第四項。又本項與修正條文第八百七十二條可同時併存，抵押權人依本項所生之物上代位權與依該條所生之提出擔保請求權，發生請求權競合問題，由抵押權人擇一行使，乃屬當然。

第二節　最高限額抵押權		一、本節新增。 二、最高限額抵押權性質與普通抵押權不同，已如上述，且關於最高限額抵押權之規定已增訂達十七條，爰增訂本節節名。
第八百八十一條之一 　稱最高限額抵押權者，謂債務人或第三人提供其不動產為擔保，就債權人對債務人一定範圍內之不特定債權，在最高限額內設定之抵押權。 　最高限額抵押權所擔保之債權，以由一定法律關係所生之債權或基於票據所生之權利為限。 　基於票據所生之權利，除本於與債務人間依前項一定法律關係取得者外，如抵押權人係於債務人已停止支付、開始清算程序，或依破產法有和解、破產之聲請或有公司重整之聲請，而仍受讓票據者，不屬最高限額抵押權所擔保之債權。但抵押權人不知其情事而受讓者，不在此限。		一、本條新增。 二、實務上行之有年之最高限額抵押權，以抵押人與債權人間約定債權人對於債務人就現有或將來可能發生最高限額內之不特定債權，就抵押物賣得價金優先受償為其特徵，與供特定債權擔保之普通抵押權不同，是其要件宜予明定，俾利適用，爰增訂第一項規定。 三、最高限額抵押權之設定，其被擔保債權之資格有無限制？向有限制說與無限制說二說，鑑於無限制說有礙於交易之安全，爰採限制說，除於第一項規定對於債務人一定範圍內之不特定債權為擔保外，並增訂第二項限制規定，明定以由一定法律關係所生之債權或基於票據所生之權利，始得為最高限額抵押權所擔保之債權（日本民法第三百九十八條之二參考）。所謂一定法律關係，例如買賣、侵權行為等是。至於由一定法律關係所生之債權，當然包括現有及將來可能發生之債權，及因繼續性法律關係所生之債權，自不待言。 四、為避免最高限額抵押權於債務人資力惡化或不能清償債務，而其債權額尚未達最高限額時，任意由第三人處受讓債務人之票據，

		將之列入擔保債權，以經由抵押權之實行，優先受償，而獲取不當利益，致妨害後次序抵押權人或一般債權人之權益，爰仿日本民法第三百九十八條之三第二項，增列第三項明定基於票據所生之權利，列為最高限額抵押權所擔保債權之限制規定，以符公平。
第八百八十一條之二 　最高限額抵押權人就已確定之原債權，僅得於其約定之最高限額範圍內，行使其權利。 　前項債權之利息、遲延利息、違約金，與前項債權合計不逾最高限額範圍者，亦同。		一、本條新增。 二、最高限額抵押權所擔保之債權，其優先受償之範圍須受最高限額之限制，亦即須於最高限額抵押權所擔保之債權確定時，不逾最高限額範圍內之擔保債權，始為抵押權效力所及，爰於第一項明定原債權之限制規定。又本項所稱原債權乃指修正條文第八百八十一條之一第二項約定範圍所生之債權，併予敘明。 三、關於最高限額之約定額度，有債權最高限額及本金最高限額二說，目前實務上採債權最高限額說（最高法院七十五年十一月二十五日第二十二次民事庭會議決議參照），觀諸外國立法例日本民法第三百九十八條之三第一項、德國民法第一千一百九十條第二項、我國動產擔保交易法第十六條第二項亦作相同之規定，本條爰仿之。於第二項規定前項債權之利息、遲延利息或違約金，與前項債權合計不逾最高限額範圍者，始得行使抵押權。又此項利息、遲延利息或違約金，不以前項債權已確定時所發生者

		為限。其於前項債權確定後始發生，但在最高限額範圍內者，亦包括在內，仍為抵押權效力所及。詳言之，於當事人依第八百八十一條之一第二項規定限定一定法律關係後，凡由該法律關係所生債權，均為擔保債權之範圍。直接所生，或與約定之法律關係有相當關連之債權，或是該法律關係交易過程中，通常所生之債權，亦足當之。例如約定擔保範圍係買賣關係所生債權，買賣價金乃直接自買賣關係所生，固屬擔保債權，其他如買賣標的物之登記費用、因價金而收受債務人所簽發或背書之票據所生之票款債權、買受人不履行債務所生之損害賠償請求權亦屬擔保債權，亦包括在內。準此觀之，自約定法律關係所生債權之利息、遲延利息與違約金，自當然在擔保債權範圍之內，因此等債權均屬法律關係過程中，通常所生之債權。惟其均應受最高限額之限制，此即為本條規範意旨所在。 四、至於實行抵押權之費用，依第八百八十一條之十七準用第八百六十一條之規定，亦為抵押權效力所及。因此，不論債權人聲請法院拍賣抵押物（強制執行法第二十九條參照），或依第八百七十八條而用拍賣以外之方法處分抵押物受償，因此所生之費用均得就變價所得之價金優先受償，惟不計入抵押權所擔保債權之最高限額，併予敘明。

第八百八十一條之三 　原債權確定前，抵 　押權人與抵押人得 　約定變更第 　八百八十一條之一 　第二項所定債權之 　範圍或其債務人。 　前項變更無須得後 　次序抵押權人或其 　他利害關係人同 　意。		一、本條新增。 二、原債權未經確定前，最高限額抵 　押權所擔保第八百八十一條之一 　第二項所定債權之範圍或其債務 　人縱有變更，對於後次序抵押權 　人或第三人之利益並無影響，為 　促進最高限額抵押權擔保之功 　能，爰仿日本民法第三百九十八 　條之四第一項、第二項，明定抵 　押權人與抵押人得約定變更之， 　且該項變更，亦無須得後次序抵 　押權人或其他利害關係人之同 　意。又我國民法關於不動產物權 　行為，非如日本民法之採登記對 　抗主義，而係採登記生效要件主 　義，故本條變更自應適用第 　七百五十八條之規定而為登記， 　毋庸如日本民法同條第三項另有 　登記之明文規定。前述變更既限 　於原債權確定前，則在原債權經 　確定後，自不得變更。如有變更 　之約定而經登記者，該登記對於 　登記在前之其他物權人即有無效 　之原因，乃屬當然。
第八百八十一條之四 　最高限額抵押權得 　約定其所擔保原債 　權應確定之期日， 　並得於確定之期日 　前，約定變更之。 　前項確定之期日， 　自抵押權設定時 　起，不得逾三十 　年。逾三十年者， 　縮短為三十年。 　前項期限，當事人		一、本條新增。 二、最高限額抵押權設定時，未必有 　債權存在。惟實行抵押權時， 　所能優先受償之範圍，仍須依實 　際確定之擔保債權定之。故有定 　確定期日之必要，本條即為關於 　原債權確定期日之規定。第一項 　仿日本民法第三百九十八條之六 　第一項，規定該確定期日得由抵 　押權人與抵押人約定之，並得於 　確定之期日前，約定變更之。此 　所謂確定之期日，係指約定之確

得更新之。		定期日而言。 三、為發揮最高限額抵押權之功能，促進現代社會交易活動之迅速與安全，並兼顧抵押權人及抵押人之權益，前項確定期日，不宜過長或太短，參酌我國最高限額抵押權實務現況，應以三十年為當。爰於第二項明定之。又當事人對於此法定之期限，得更新之，以符契約自由原則及社會實際需要，故設第三項規定。
第八百八十一條之五 最高限額抵押權所擔保之原債權，未約定確定之期日者，抵押人或抵押權人得隨時請求確定其所擔保之原債權。 前項情形，除抵押人與抵押權人另有約定外，自請求之日起，經十五日為其確定期日。		一、本條新增。 二、當事人於設定最高限額抵押權時，未約定確定原債權之期日者，為因應金融資產證券化及債權管理之實務需求，爰參酌我國實務見解（最高法院六十六年台上字第一〇九七號判例參照），並仿日本民法第三百九十八條之十九第一項規定，於第一項明定抵押人或抵押權人得隨時請求確定其所擔保之原債權，以符實際需求。 三、對於抵押人或抵押權人請求確定之期日，如另有約定者，自應從其約定。如無約定，為免法律關係久懸不決，宜速確定該期日，爰仿日本民法第三百九十八條之十九第二項規定，於第二項明定自請求之日起經十五日為其確定期日。
第八百八十一條之六 最高限額抵押權所擔保之債權，於原債權確定前讓與他人者，其最高限額		一、本條新增。 二、最高限額抵押權於原債權確定前，與普通抵押之從屬性尚屬有異，為學說及實務上所承認（最高法院七十五年度台上字第一〇

抵押權不隨同移轉。第三人為債務人清償債務者，亦同。 最高限額抵押權所擔保之債權，於原債權確定前經第三人承擔其債務，而債務人免其責任者，抵押權人就該承擔之部分，不得行使最高限額抵押權。		一一號判決參照）。故如僅將擔保債權範圍所生之各個特定債權讓與他人，該債權即脫離擔保之範圍，其最高限額抵押權自不隨同移轉於受讓人。又第三人為債務人清償債務之情形，例如保證人依第七百四十九條為清償或第三人依第三百十二條為清償後，承受債權人之債權時，其最高限額抵押權亦不隨同移轉。日本民法第三百九十八條之七第一項亦有相同之規定，為維護最高限額抵押權之特性，及使其法律關係簡明計，爰於第一項後段明定之。 三、最高限額抵押權所擔保之債權，於原債權確定前，如有第三人承擔債務而債務人免其責任者，基於免責之債務承擔之法理，該承擔部分即脫離擔保之範圍，其最高限額抵押權並不伴隨而往，抵押權人自不得行使最高限額抵押權。爰仿日本民法第三百九十八之七第二項，規定第二項如上。
第八百八十一條之七 原債權確定前，最高限額抵押權之抵押權人或債務人為法人而有合併之情形者，抵押人得自知悉合併之日起十五日內，請求確定原債權。但自合併登記之日起已逾三十日，或抵押人為合併之當事人者，不在此限。		一、本條新增。 二、原債權確定前，最高限額抵押權之抵押權人或債務人為法人時，如有合併之情形，其權利義務，應由合併後存續或另立之法人概括承受。此時，為減少抵押人之責任，爰仿日本民法第三百九十八條之十第一項、第二項、第三項、第五項賦予抵押人請求確定原債權之權，該請求期間自知悉法人合併之日起十五日。又為兼顧抵押權人之權益，如自合併登記之日起已逾三十

有前項之請求者，原債權於合併時確定。合併後之法人，應於合併之日起十五日內通知抵押人，其未為通知致抵押人受損害者，應負賠償責任。 前三項之規定，於第三百零六條或法人分割之情形，準用之。		日，或抵押人即為合併之當事人者，自無保護之必要，而不得由抵押人請求確定原債權，爰設但書規定。 三、抵押人如已為前項之請求，為保障其權益，爰仿日本民法同條第四項，於第二項明定原債權溯及於法人合併時確定。而該合併之時點，應視法人之種類及實際情形，分階段完成各相關法律所規定之合併程序定之。 四、法人之合併，事實上不易得知，為保障抵押人之利益，爰於第三項規定合併之法人，負有通知抵押人之義務；違反義務時，則應依民法等規定負損害賠償責任。 五、原債權確定前，最高限額抵押權之抵押權人或債務人為營業，與他營業依第三百零六條規定合併之情形，事所恆有，且法人亦有分割之情形，例如公司法已增設股份有限公司分割之規定。為期周延，爰仿日本民法第三百九十八條之十之二第三項規定，設第四項規定，於性質不相牴觸之範圍內，準用前三項規定。
第八百八十一條之八 原債權確定前，抵押權人經抵押人之同意，得將最高限額抵押權之全部或分割其一部讓與他人。 原債權確定前，抵押權人經抵押人之		一、本條新增。 二、最高限額抵押權具有一定獨立之經濟價值，且為因應金融資產證券化及債權管理之實務需求，並仿日本民法第三百九十八條之十二第一項規定，明定抵押權人於原債權確定前，經抵押人之同意，得單獨讓與最高限額抵押權，其方式有三：

同意，得使他人成為最高限額抵押權之共有人。		一為全部讓與他人，二為分割其一部讓與他人，三為得使他人成為該抵押權之共有人，爰於第一項明定前二種方式，第二項明定第三種方式。例如抵押人甲提供其所有之不動產設定最高限額抵押權一千萬元於抵押權人乙，嗣乙經甲同意將最高限額抵押權全部，或分割其一部即將最高限額抵押權四百萬元單獨讓與第三人丙，乙、丙成為同一次序之抵押權人；抵押權人乙亦得使他人丙加入成為該抵押權之共有人，乙、丙共享最高限額抵押權之擔保，此時，乙丙共有抵押權呈現之型態有二，其一，丙係單純加入成為共有人；其二，丙係以受讓應有部分之方式成為共有人。嗣後各該當事人實行抵押權時，前者依第八百八十一條之九第一項本文處理；後者則按第八百八十一條之九第一項但書處理。另丙為免受讓之最高限額抵押權無擔保債權存在而歸於確定，丙可與甲依修正條文第八百八十一條之三之規定，為擔保債權範圍或債務人之變更，俾其最高限額抵押權得繼續存在。 三、最高限額抵押權之單獨讓與行為屬物權行為，依民法第七百五十八條規定，應經登記始生效力，此為當然之理，併予敘明。
第八百八十一條之九 　最高限額抵押權為數人共有者，各		一、本條新增。 二、最高限額抵押權得由數人共有，本條第一項規定共有人間優先受

共有人按其債權額比例分配其得優先受償之價金。但共有人於原債權確定前,另有約定者,從其約定。 共有人得依前項按債權額比例分配之權利,非經共有人全體之同意,不得處分。但已有應有部分之約定者,不在此限。		償之內部關係,係按其債權額比例分配價金。但為使共有抵押權人對抵押物交換價值之利用更具彈性,並調整其相互間之利害關係,爰仿日本民法第三百九十八條之十四,設但書規定,於原債權確定前,共有人得於同一次序範圍內另行約定不同之債權額比例或優先受償之順序。所謂原債權確定前之約定,係指共有最高限額抵押權設定時之約定及設定後原債權確定前,各共有人相互間之另為約定。 三、第一項所稱各共有人按債權額分配之比例,性質上即為抵押權準共有人之應有部分,然此項應有部分受該抵押權確定時,各共有人所具有擔保債權金額多寡之影響,乃變動者,與一般之應有部分係固定者有異,若許其自由處分,勢必影響其他共有人之權益,故應經全體共有人之同意,始得為之。但共有人若依第一項但書規定,已為應有部分之約定者,則其應有部分已屬固定,其處分即得回復其自由原則(民法第八百十九條第一項參照),爰設第二項規定。
第八百八十一條之十 為同一債權之擔保,於數不動產上設定最高限額抵押權者,如其擔保之原債權,僅其中一不動產發生確定事由時,各最高限額		一、本條新增。 二、按共同最高限額抵押權,係指為擔保同一債權,於數不動產上設定最高限額抵押權之謂,而設定共同最高限額抵押權之數不動產,如其中一不動產發生確定事由者,其他不動產所擔保之原債權有同時確定之必要,爰仿日本

抵押權所擔保之原債權均歸於確定。		民法第三百九十八條之十七第二項規定，明定如上。又最高限額所擔保之債權範圍（第八百八十一條之一第一、二項參照）、債務人及最高限額均屬同一者時，固屬本條所謂同一債權，至於債務人相同，擔保之債權範圍僅部分相同時，是否為本條適用範圍，則留待學說與實務發展。
第八百八十一條之十一　最高限額抵押權不因抵押權人、抵押人或債務人死亡而受影響。但經約定為原債權確定之事由者，不在此限。		一、本條新增。 二、最高限額抵押權之抵押權人、抵押人或債務人死亡，其繼承人承受被繼承人財產上之一切權利義務，其財產上之一切法律關係，皆因繼承之開始，當然移轉於繼承人（第一千一百四十七條、第一千一百四十八條參照）。故最高限額抵押權不因此而受影響。但當事人另有約定抵押權人、抵押人或債務人之死亡為原債權確定之事由者，本於契約自由原則，自應從其約定，爰增訂本條規定。
第八百八十一條之十二　最高限額抵押權所擔保之原債權，除本節另有規定外，因下列事由之一而確定： 一、約定之原債權確定期日屆至者。 二、擔保債權之範圍變更或因其他事由，致原		一、本條新增。 二、最高限額抵押權，於抵押權設定時，僅約定於一定金額之限度內擔保已發生及將來可能發生之債權而已，至於實際擔保之範圍如何，非待所擔保之原債權確定後不能判斷。惟原債權何時確定？除本節第八百八十一條之四、第八百八十一條之五、第八百八十一條之七第一項至第三項、第八百八十一條之十及第八百八十一條之十一但書等法律

債權不繼續發生者。 三、擔保債權所由發生之法律關係經終止或因其他事由而消滅者。 四、債權人拒絕繼續發生債權，債務人請求確定者。 五、最高限額抵押權人聲請裁定拍賣抵押物，或依第八百七十三條之一之規定為抵押物所有權移轉之請求時，或依第八百七十八條規定訂立契約者。 六、抵押物因他債權人聲請強制執行經法院查封，而為最高限額抵押權人所知悉，或經執行法院通知最高限額抵押權人者。但抵押物之查封經撤銷時，不在此限。		另有規定者外，尚有諸多確定事由，允宜明文規定，俾杜爭議。爰參酌日本民法第三百九十八條之三、同條之二十、最高法院七十六年二月十日民事庭會議決議、八十三年台上字第一○五五號判例、七十五年度台上字第二○九一號判決、司法院七十年十月十四日(70)秘台廳(一)字第○一七○七號函意旨，增訂七款原債權確定之事由。茲詳述之： (一) 最高限額抵押權之當事人雙方約定原債權之確定期日者，於此時點屆至時，最高限額抵押權所擔保之原債權即基於當事人之意思而歸於確定。 (二) 最高限額抵押權本係擔保一定範圍內不斷發生之不特定債權，如因擔保債權之範圍變更或債務人之變更、當事人合意確定最高限額抵押權擔保之原債權等其他事由存在，足致原債權不繼續發生時，最高限額抵押權擔保債權之流動性即歸於停止，自當歸於確定。至所謂「原債權不繼續發生」，係指該等事由，已使原債權確定的不再繼續發生者而言，如僅一時的不繼續發生，自不適用。 (三) 最高限額抵押權所擔保者，乃由一定法律關係所不斷發生之債權，如該法律關係因終止或因其他事由而消滅，

七、債務人或抵押人經裁定宣告破產者。 但其裁定經廢棄確定時，不在此限。 第八百八十一條之五第二項之規定，於前項第四款之情形，準用之。 第一項第六款但書及第七款但書之規定，於原債權確定後，已有第三人受讓擔保債權，或以該債權為標的物設定權利者，不適用之。		則此項債權不再繼續發生，原債權因而確定。 (四) 債權人拒絕繼續發生債權時，例如債權人已表示不再繼續貸放借款或不繼續供應承銷貨物。為保障債務人之利益，允許債務人請求確定原債權。 (五) 抵押權人既聲請裁定拍賣抵押物，或依第八百七十三條之一之規定為抵押物所有權移轉之請求時，或依第八百七十八條規定訂立契約者，足見其已有終止與債務人間往來交易之意思，故宜將之列為原債權確定之事由。 (六) 抵押物因他債權人聲請強制執行而經法院查封，其所負擔保債權之數額，與抵押物拍賣後，究有多少價金可供清償執行債權有關，自有確定原債權之必要。惟確定之時點，實務上（最高法院七十八年度第十七次民事庭會議決議參照）以最高限額抵押權人知悉該事實（例如未經法院通知而由他債權人自行通知最高限額抵押權人是），或經執行法院通知最高限額抵押權人時即告確定。但抵押物之查封經撤銷時，例如強制執行法第十七條後段、第五十條之一第二項、第七十條第五項、第七十一條、第八十條之一第

		一項、第二項，其情形即與根本未實行抵押權無異，不具原債權確定之事由。 (七) 債務人或抵押人不能清償債務，經法院裁定宣告破產者，應即清理其債務，原債權自有確定之必要。但其裁定經廢棄確定時，即與未宣告破產同，不具原債權確定之事由。 三、為期法律關係早日確定，以兼顧抵押權當事人雙方之權益，前項第四款債務人請求確定原債權之期日，宜準用第八百八十一條之五第二項之規定，爰設第二項規定。 四、第三人如於第一項第六款但書或第七款但書事由發生前，受讓最高限額抵押權所擔保之債權或以該債權為標的物設定權利者，因該抵押權已確定，回復其從屬性，是該抵押權自應隨同擔保，惟於該二款但書事由發生後，最高限額抵押權之確定效果消滅，為保護受讓債權或就該債權取得權利之第三人權益，爰參照日本民法第三百九十八條之二十第二項規定，設第三項規定如上。
第八百八十一條之十三　最高限額抵押權所擔保之原債權確定事由發生後，債務人或抵押人得請求抵押權人結算實際發生之債權額，並得就該金		一、本條新增。 二、最高限額抵押權所擔保之原債權於確定事由發生後，其流動性隨之喪失，該抵押權所擔保者由不特定債權變為特定債權，惟其債權額尚未確定，爰賦予債務人或抵押人請求抵押權人結算之權，以實際發生之債權額為準。又原

額請求變更為普通抵押權之登記。但不得逾原約定最高限額之範圍。		債權一經確定，該抵押權與擔保債權之結合狀態隨之確定，此時該最高限額抵押權之從屬性即與普通抵押權完全相同，故債務人或抵押人並得就該金額請求變更為普通抵押權之登記。但抵押權人得請求登記之數額，不得逾原約定最高限額之範圍，俾免影響後次序抵押權人等之權益。
第八百八十一條之十四　最高限額抵押權所擔保之原債權確定後，除本節另有規定外，其擔保效力不及於繼續發生之債權或取得之票據上之權利。		一、本條新增。 二、最高限額抵押權所擔保之原債權一經確定，其所擔保債權之範圍亦告確定。至於其後繼續發生之債權或取得之票據上之權利則不在擔保範圍之內。但本節另有規定者，例如第八百八十一條之二第二項規定，利息、遲延利息、違約金，如於原債權確定後始發生，但在最高限額範圍內者，仍為抵押權效力所及。
第八百八十一條之十五　最高限額抵押權所擔保之債權，其請求權已因時效而消滅，如抵押權人於消滅時效完成後，五年間不實行其抵押權者，該債權不再屬於最高限額抵押權擔保之範圍。		一、本條新增。 二、最高限額抵押權所擔保之不特定債權，如其中一個或數個債權罹於時效消滅者，因有民法第一百四十五條第一項之規定，仍為最高限額抵押權擔保之範圍，該債權倘罹於時效消滅後五年間不實行時，因最高限額抵押權所擔保之債權尚有繼續發生之可能，故最高限額抵押權仍應繼續存在，應無民法第八百八十條之適用，然為貫徹該條規範意旨，明定該債權不屬於最高限額抵押權擔保之範圍，爰設本條規定。

第八百八十一條之十六　最高限額抵押權所擔保之原債權確定後，於實際債權額超過最高限額時，為債務人設定抵押權之第三人，或其他對該抵押權之存在有法律上利害關係之人，於清償最高限額為度之金額後，得請求塗銷其抵押權。		一、本條新增。 二、最高限額抵押權所擔保之原債權確定後，如第三人願代債務人清償債務，既無害於債務人，亦無損於債權人，應無不許之理。為債務人設定抵押權之第三人，例如物上保證人，或其他對該抵押權之存在有法律上利害關係之人，例如後次序抵押權人，於實際債權額超過最高限額時，均僅須清償最高限額為度之金額後，即得請求塗銷抵押權，爰仿日本民法第三百九十八條之二十二，規定本條。又上開利害關係人為清償而抵押權人受領遲延者，自可於依法提存後行之，乃屬當然。惟如債權額低於登記之最高限額，則以清償該債權額即可，自不待言。
第八百八十一條之十七　最高限額抵押權，除第八百六十一條第二項、第八百六十九條第一項、第八百七十條、第八百七十條之一、第八百七十條之二、第八百八十條之規定外，準用關於普通抵押權之規定。		一、本條新增。 二、本條規定最高限額抵押權準用普通抵押權之規定。惟基於最高限額抵押權之最高限額係採取債權最高限額說之規範意旨，係認凡在最高限額範圍內之已確定原債權及其所生之利息、遲延利息與違約金，均應有優先受償權，是利息等債權不應另受第八百六十一條第二項所定五年期間之限制，方屬合理；第八百六十九條第一項、第八百七十條之規定，在最高限額抵押權於第八百八十一條之六第一項、第八百八十一條之八已有特別規定；第八百七十條之一、第八百七十條之二之規定，為避

		免法律關係複雜，於最高限額抵押權不宜準用；第八百八十條之規定，在最高限額抵押權於第八百八十一條之十五已有特別規定，均排除在準用之列。
第三節　其他抵押權		一、新增節名。 二、抵押權種類繁多，除第一節及第二節所列抵押權外，尚有權利抵押、法定抵押權及特別法上所定之抵押權（例如礦業權抵押權、漁業權抵押權），為期周延，爰增訂本節節名。又本節包括第八百八十二條及第八百八十三條，併予指明。
第八百八十三條　普通抵押權及最高限額抵押權之規定，於前條抵押權及其他抵押權準用之。	第八百八十三條　本章抵押權之規定，於前條抵押權，及法定抵押權準用之。	配合本章已分為三節，酌作文字修正，且為期周延，將「法定抵押權」修正為「其他抵押權」，俾使以礦業權、漁業權等為標的物之抵押權或其他特殊抵押權之準用，民法上亦有依據。
第七章　質權	第七章　質權	章名未修正
第一節　動產質權	第一節　動產質權	節名未修正
第八百八十四條　稱動產質權者，謂債權人對於債務人或第三人移轉占有而供其債權擔保之動產，得就該動產賣得價金優先受償之權。	第八百八十四條　稱動產質權者，謂因擔保債權，占有由債務人或第三人移交之動產，得就其賣得價金，受清償之權。	一、質權與抵押權同屬擔保物權之一種，設有質權擔保之債權，債權人就拍賣質物所得之價金受清償時，有優先受清償之權。為期立法體例一致，本條爰仿修正條文第八百六十條，作文字之調整。 二、質權分為動產質權及權利質權二種，本條係關於動產質權之定義性規定，故仍表明「動產質權」等文字。至於本節以下各條規定中所稱之「質權」，既規定於同一節內，當然係指「動產質權」而言，毋庸逐條修正。

第八百八十五條　質權之設定，因供擔保之動產移轉於債權人占有而生效力。 質權人不得使出質人或債務人代自己占有質物。	第八百八十五條　質權之設定，因移轉占有而生效力。 質權人不得使出質人代自己占有質物。	一、現行條文第一項未標明移轉占有之客體及對象，為期明確，爰修正如上。 二、動產質權以占有由債務人或第三人移轉之動產為其成立及存續之要件，故質權人須占有質物，始能保全質權之效力。為使質權之關係明確，並確保質權之留置作用，爰於第二項增列質權人亦不得使債務人代自己占有質物。
第八百八十六條　動產之受質人占有動產，而受關於占有規定之保護者，縱出質人無處分其質物之權利，受質人仍取得其質權。	第八百八十六條質權人占有動產，而受關於占有規定之保護者，縱出質人無處分其質物之權利，質權人仍取得質權。	所謂「質權人」，係指已取得動產質權之人。現行條文援引之「質權人」，既尚未取得質權，而須依善意受質之規定取得之，其用語易滋疑義。為避免混淆，爰仿第八百零一條規定，將「質權人」　正為「受質人」，並作文字整理。
第八百八十七條　質權所擔保者為原債權、利息、遲延利息、違約金、保存質物之費用、實行質權之費用及因質物隱有瑕疵而生之損害賠償。但契約另有約定者，不在此限。 前項保存質物之費用，以避免質物價值減損所必要者為限。	第八百八十七條　質權所擔保者為原債權、利息、遲延利息、實行質權之費用，及因質物隱有瑕疵而生之損害賠償。但契約另有訂定者，不在此限。	一、質權與抵押權同為擔保物權，修正條文第八百六十一條已增列「違約金」為抵押權擔保之範圍，本條亦配合增列。又質權存續中，質物由質權人占有，質權人因保存質物所生之費用，得向出質人請求償還，自亦應為質權擔保之範圍。日本民法第三百四十六條、德國民法第一千二百十條、韓國民法第三百三十四條均有相同之規定，本條爰仿上開立法例修正，並將「訂定」修正為「約定」後，改列為第一項。 二、為兼顧出質人之利益，爰增列第二項，明定保存質物之費用，以避免質物價值減損所必要者為限，始為質權擔保之範圍，例如稅捐、修繕費或其他必要之保存

		費用。至於為避免質物滅失所必要之費用，當然包括在內。又單純之保管費用，例如質物置於倉庫所須支付之倉租等是，若非為避免質物價值減損所必要者，其保管費用自仍應由質權人負擔，不在本項保存費用之內。
第八百八十八條　質權人應以善良管理人之注意，保管質物。 質權人非經出質人之同意，不得使用或出租其質物。但為保存其物之必要而使用者，不在此限。	第八百八十八條質權人應以善良管理人之注意，保管質物。	一、現行條文未修正，改列為第一項。 二、質權為擔保物權而非用益物權，故質權人非經出質人之同意，不得使用或出租其質物。但為保存質物之必要而使用者，例如易生銹之機械，偶而使用之，以防其生銹等是，應得為之。日本民法第三百五十條準用第二百九十八條第二項、韓國民法第三百四十三條準用第三百二十四條第二項均設有明文，本條爰增訂第二項規定。 三、第八百八十九條、第八百九十條所稱之孳息，包括天然孳息及法定孳息，在動產出租後設定質權者，質權人當然得依第八百八十九條規定，收取法定孳息；僅在設定質權後由質權人出租者，依本條第二項規定，應經出質人同意。至於質權人經出質人同意使用或出租其質物，應否支付使用之對價或所收取之租金誰屬，本得由當事人自行約定；又此際，質權人如使用或出租其質物，仍應依第一項之規定，負善良管理人之注意義務，均併此敘明。

第八百八十九條　質權人得收取質物所生之孳息。但契約另有約定者，不在此限。	第八百八十九條　質權人，得收取質物所生之孳息。但契約另有訂定者，不在此限。	契約乃當事人互相表示意思一致之法律行為，現行條文中之「訂定」宜修正為「約定」。
第八百九十條　質權人有收取質物所生孳息之權利者，應以對於自己財產同一之注意收取孳息，並為計算。 前項孳息，先抵充費用，次抵原債權之利息，次抵原債權。 孳息如須變價始得抵充者，其變價方法準用實行質權之規定。	第八百九十條　質權人，有收取質物所生孳息之權利者，應以對於自己財產同一之注意收取孳息，並為計算。 前項孳息，先抵充收取孳息之費用，次抵原債權之利息，次抵原債權。	一、第一項未修正。 二、按保存質物之費用，依第八百八十七條規定，亦在質權擔保之範圍，故第二項謂「前項孳息，先抵充收取孳息之費用」，失之過窄，爰仿第三百二十三條之意旨，將「先抵充收取孳息之費用」修正為「費用」。此所稱「費用」自包括「保存質物及收取孳息之費用」在內。至於質權其餘擔保範圍，諸如違約金、實行質權之費用及因質物隱有瑕疵而生之損害賠償等，應分別依其性質納入本項相關項目定其抵充順序，要屬當然。 三、本條規定之孳息包括天然孳息與法定孳息，其為優先受償效力所及，應無疑義。質權人收取之孳息，非當然可依第二項規定抵充，為期周延，爰增列第三項，明示孳息如須變價始得抵充者，其變價方法準用實行質權之相關規定。
第八百九十二條　因質物有腐壞之虞，或其價值顯有減少，足以害及質權人之權利者，質權人得拍賣質物，以其賣得價金，代充質物。	第八百九十二條　因質物有敗壞之虞，或其價值顯有減少，足以害及質權人之權利者，質權人得拍賣質物，以其賣得價金，代充質物。	一、為期與第八百零六條之用語一致，爰將「敗壞」修正為「腐」。 二、質權人基於占有質物之權，本可占有前項賣得之價金，惟經出質人請求，質權人應將價金提存於法院，德國民法第一千二百十九條第二項第二款定有明文，爰仿

前項情形，如經出質人之請求，質權人應將價金提存於法院。質權人屆債權清償期而未受清償者，得就提存物實行其質權。		上開立法例，增訂第二項。又質權人於屆債權清償期未受清償時，自得取回提存物，實行其質權，以之優先受償。此種提存，係以質權人為提存人，出質人為受取人，附以債權清償始得領取之條件。上述情形，提存法應配合修正，建議主管機關修正之。
第八百九十三條 質權人於債權已屆清償期，而未受清償者，得拍賣質物，就其賣得價金而受清償。 約定於債權已屆清償期而未為清償時，質物之所有權移屬於質權人者，準用第八百七十三條之一之規定。	第八百九十三條 質權人於債權已屆清償期，而未受清償者，得拍賣質物，就其賣得價金而受清償。 約定於債權已屆清償期而未為清償時，質物之所有權移屬於質權人者，其約定為無效。	一、第一項未修正。 二、關於抵押權之流抵約款規定，於第八百七十三條之一修正條文已設有相對之禁止規定，爰修正第二項準用規定，以求立法體例之一致。又第八百七十三條之一第四項規定性質不相同，解釋上當然不在準用之列，併予指明。
第八百九十七條 動產質權，因質權人將質物返還於出質人或交付於債務人而消滅。返還或交付質物時，為質權繼續存在之保留者，其保留無效。	第八百九十七條 動產質權，因質權人返還質物於出質人而消滅。 返還質物時，為質權繼續存在之保留者，其保留無效。	為配合第八百八十五條第二項之修正，本條爰予修正，並作文字整理，合併為一項。
第八百九十八條 質權人喪失其質物之占有，於二年內未請求返還者，其動產質權消滅。	第八百九十八條 質權人喪失其質物之占有，不能請求返還者，其動產質權消滅。	質權人之物上請求權時效如過長，將使法律關係長久處於不確定狀態，有礙社會經濟發展，為從速確定其法律關係，並促進經濟發展，爰明定質權人喪失其質物之占有，未於二年之消滅時效期間內請求返還者，其動產質權消滅。

第八百九十九條　動產質權，因質物滅失而消滅。但出質人因滅失得受賠償或其他利益者，不在此限。 質權人對於前項出質人所得行使之賠償或其他請求權仍有質權，其次序與原質權同。 給付義務人因故意或重大過失向出質人為給付者，對於質權人不生效力。 前項情形，質權人得請求出質人交付其給付物或提存其給付之金錢。 質物因毀損而得受之賠償或其他利益，準用前四項之規定。	第八百九十九條　動產質權，因質物滅失而消滅。如因滅失得受賠償金者，質權人得就賠償金取償。	一、現行條文所稱之「賠償金」，易使人誤解為質物之代位物僅限於賠償之金錢，實則質物之代位物，不以賠償為限，且在賠償或其他給付義務人未給付前，出質人對該義務人有給付請求權，惟給付物並未特定，金錢、動產或其他財產權均有可能，為避免疑義，爰將「賠償金」修正為「賠償或其他利益」。又現行規定後段乃前段之例外規定，爰將「如」字修正為「但」字之但書規定，且因其易令人誤解為一旦質物滅失受有賠償金時，質權人即可就賠償金取償。實則，質物滅失後，如出質人因滅失得受賠償或其他利益者，基於擔保物權之物上代位性，質權人所得行使之權利並不消滅，故仍有質權，且其次序與原質權同。爰將「質權人得就賠償金取償」修正為「質權人對於前項出質人所得行使之賠償或其他請求權仍有質權，其次序與原質權同。」，並改列為第二項。 二、質物滅失時，依第一項及第二項規定之意旨，負賠償或其他給付義務之給付義務人應向質權人給付，始為公允。故給付義務人如因故意或重大過失已向出質人為給付，對質權人不生效力。易言之，質權人如請求給付，給付義務人仍負給付之義務，爰增訂第三項。 三、第三項情形，如所擔保之債權已屆清償期，質權人得請求出質人

		交付其賠償物、給付物或賠償金、給付之金錢；如債權未屆清償期，質權人僅得請求出質人交付其賠償物、給付物或提存其賠償金、給付之金錢，爰增訂第四項。此種提存，係以出質人為提存人，質權人為受取人，附以債權屆期未受清償始得領取之條件，併予指明。 四、質物因毀損而得受之賠償或其他利益，是否亦為質物之代位物？現行法尚無明文，易滋疑義，惟學者通說認為其係質權之物上代位，為期明確，爰增訂第五項準用規定。
第八百九十九條之一 　債務人或第三人得提供其動產為擔保，就債權人對債務人一定範圍內之不特定債權，在最高限額內，設定最高限額質權。 　前項質權之設定，除移轉動產之占有外，並應以書面為之。 　關於最高限額抵押權及第八百八十四條至前條之規定，於最高限額質權準用之。		一、本條新增。 二、基於質權之從屬性，必先有債權發生，始可設定質權，且擔保債權一旦消滅，質權即歸於消滅。長期繼續之交易，須逐筆重新設定質權，對於現代工商業社會講求交易之迅速與安全，不但徒增勞費，造成不便，亦生極大妨害，為彌補上述缺點，實有增訂最高限額質權之必要，爰仿第八百八十一條之一第一項最高限額抵押權之立法體例明定第一項。 三、第二項規定最高限額質權之設定為要式行為。鑑於質權之設定不若抵押權之設定須經登記，為期慎重及法律關係明確化，明定最高限額質權之設定，除須移轉動產之占有以符合質權成立之要件外，尚須以書面為之。 四、關於最高限額抵押權及第八百八

		十四條至前條有關動產質權之規定，依其性質與最高限額質權不相牴觸者，皆在適用之列，第三項爰設準用規定，以期周延。
第八百九十九條之二 質權人係經許可以受質為營業者，僅得就質物行使其權利。出質人未於取贖期間屆滿後五日內取贖其質物時，質權人取得質物之所有權，其所擔保之債權同時消滅。 前項質權，不適用第八百八十九條至第八百九十五條、第八百九十九條、第八百九十九條之一之規定。		一、本條新增。 二、當舖或其他以受質為營業者所設定之質權，通稱為「營業質」。其為一般民眾籌措小額金錢之簡便方法，有其存在之價值。惟民法對於營業質權人與出質人間之權利義務關係，尚無規定，致適用上易滋疑義，為期周延明確，爰增訂本條規定。 三、為便於行政管理，減少流弊，以受質為營業之質權人以經主管機關許可者為限。又鑑於營業質之特性，質權人不得請求出質人清償債務，僅得專就質物行使其權利，即出質人如未於取贖期間屆滿後五日內取贖其質物時，質權人取得質物之所有權，其所擔保之債權同時消滅，爰參酌當舖業法第四條、第二十一條之精神，增訂第一項。 四、營業質雖為動產質權之一種，惟其間仍有不同之處，爰於第二項明定最高限額質權、質權人之孳息收取權、轉質、質權之實行方法、質物之滅失及物上代位性等均不在適用之列。
第二節　權利質權	第二節　權利質權	節名未修正
第九百條　稱權利質權者，謂以可讓與之債權或其他權利為標的物之質權。	第九百條　可讓與之債權或其他權利，均為質權之標的物。	限制物權例如地上權、典權、地役權、抵押權、動產質權等，均有定義規定。為期明確，並期立法體例一致，爰將本條修正為定義規定。

第九百零二條　權利質權之設定，除依本節規定外，並應依關於其權利讓與之規定為之。	第九百零二條　權利質權之設定，除依本節規定外，應依關於其權利讓與之規定為之。	本條規定之原意為權利質權之設定，除依本節規定外，並應依關於其權利讓與之規定。惟現行條文易使人誤解為本節有規定者，僅須依本節之規定，如本節無規定時，始依關於其權利讓與之規定為之，為避免疑義，本條爰修正如上。
第九百零四條　以債權為標的物之質權，其設定應以書面為之。 前項債權有證書者，出質人有交付之義務。	第九百零四條以債權為標的物之質權，其設定應以書面為之。如債權有證書者，並應交付其證書於債權人。	一、現行條文前段改列為第一項，原後段內容則改列為第二項，並作文字修正。 二、證書之交付，學者通說以為依現行規定為債權質權設定之要件，於設質時有證書而不交付不生質權設定之效力。惟按債權證書僅係債權存在之證明方法，且證書之有無，質權人常難以知悉，於無債權證書時，設質以書面為之為已足，債權證書之交付並非成立或生效要件。至於有證書，出質人予以隱瞞時，質權人原屬被欺矇之人，若竟因而使質權設定歸於無效，殊非合理，應以出質人負有交付證書之義務為宜，爰將「如債權有證書者，並應交付其證書於債權人」修正為「前項債權有證書者，出質人有交付之義務。」移列為第二項，俾利適用。
第九百零五條　為質權標的物之債權，以金錢給付為內容，而其清償期先於其所擔保債權之清償期者，質權人得請求債務人提存之，並對提存物行	第九百零五條　為質權標的物之債權，其清償期先於其所擔保債權之清償期者，質權人得請求債務人，提存其為清償之給付物。	一、以債權為質權標的物，其質權之實行，因該債權與其所擔保債權之清償期不同，以及質權標的物之債權與其所擔保債權標的物種類之有異，而各有不同之方法，現行法第九百零五條、第九百零六條，僅就質權標的物債權之清償期與其所擔保債權清償期之先

使其質權。 為質權標的物之債權，以金錢給付為內容，而其清償期後於其所擔保債權之清償期者，質權人於其清償期屆至時，得就擔保之債權額，為給付之請求。		後區分而為規定，並未對質權標的物內容之不同而分別規定，致適用上易滋疑義，為期周延明確，爰就質權標的物債權之內容及其清償期之先後於修正條文第九百零五條、第九百零六條及第九百零六條之一詳為規定其實行方法。 二、本條規定為質權標的物之債權以金錢為給付內容之實行方法。第一項就其清償期先於所擔保債權清償期之實行方法加以規定，質權人不惟得請求債務人提存該金錢，且其質權移存於提存金之返還請求權上，質權人並得對其行使質權（日本民法第三百六十七條第三項參考）。 三、至於質權標的物之債權清償期後於所擔保債權清償期者，質權人自得待質權標的物之債權清償期屆至後，就擔保之債權額，向債務人直接為給付之請求，爰增訂第二項。又此種情形，亦包括二者之清償期同時屆至之情形在內。
第九百零六條　為質權標的物之債權，以金錢以外之動產給付為內容者，於其清償期屆至時，質權人得請求債務人給付之，並對該給付物有質權。	第九百零六條　為質權標的物之債權，其清償期後於其所擔保債權之清償期者，質權人於其清償期屆滿時，得直接向債務人請求給付。如係金錢債權，僅得就自己對於出質人之債權額，為給付之請求。	本條規定為質權標的物之債權，以金錢以外之動產為給付內容之實行方法。不論質權所擔保債權之清償期如何，均須待質權標的物債權之清償期屆至時，質權人始得請求債務人給付該動產，並對該動產有質權（日本民法第三百六十七條第四項參考）。此際，權利質權轉換為動產質權，依動產質權之實行方法實行質權。

第九百零六條之一 　為質權標的物之債權，以不動產物權之設定或移轉為給付內容者，於其清償期屆至時，質權人得請求債務人將該不動產物權設定或移轉於出質人，並對該不動產物權有抵押權。 　前項抵押權應於不動產物權設定或移轉於出質人時，一併登記。		一、本條新增。 二、本條規定為質權標的物之債權，以不動產物權之設定或移轉為給付內容之實行方法。不論質權所擔保債權之清償期如何，均須待質權標的物債權之清償期屆至時，質權人始得請求債務人將該不動產物權設定或移轉於出質人，並對該不動產物權有抵押權（日本民法第三百六十七條第四項、德國民法第一千二百八十七條參考）。俾使質權合法轉換為抵押權，以確保質權人之權益，爰增訂第一項規定。又本條所指「不動產物權」，不包括不能設定抵押權之不動產物權，例如地役權等，乃屬當然。 三、依前項規定而成立者，乃特殊型態之抵押權，固不以登記為生效要件，惟仍宜於該不動產物權設定或移轉於出質人時，一併登記，俾保障交易安全，而杜紛爭，爰增訂第二項規定。此項抵押權之登記，應依申請為之，且無待出質人之同意，地政機關當可於有關法令中作配合規定，併予敘明。
第九百零六條之二 　質權人於所擔保債權清償期屆至而未受清償時，除依前三條之規定外，亦得依第八百九十三條第一項或第八百九十五條之規定實行其質權。		一、本條新增。 二、權利質權之實行方法，第九百零五條至第九百零六條之一已設有明文規定，質權人可否仍依動產質權之規定，實行其權利質權，就第九百零一條規定之文字可能滋生疑義，為期明確，爰增訂本條。不論質權標的物債權之給付內容如何，其清償期如何，僅須

		質權所擔保債權之清償期屆至而未受清償時，除依第九百零五條至第九百零六條之一之規定外，亦得依第八百九十三條第一項或第八百九十五條之規定實行其質權。易言之，質權人不但得依前三條之規定行使權利，亦得拍賣質權標的物之債權或訂立契約、用拍賣以外之方法實行質權，均由質權人自行斟酌選擇之。
第九百零六條之三 　　為質權標的物之債權，如得因一定權利之行使而使其清償期屆至者，質權人於所擔保債權清償期屆至而未受清償時，亦得行使該權利。		一、本條新增。 二、質權以債權為標的物者，本須待供擔保之債權屆清償期後，質權人方得為給付之請求，然若干債權，其清償期之屆至並非自始確定，須待一定權利之行使後，方能屆至，例如未定返還期限之消費借貸債權，貸與人依民法第四百七十八條之規定須定一個月以上之相當期限催告，始得請求返還是。於此情形，質權人之債權已屆清償期，但供擔保之債權因出質人(債權人)未為或不為該一定權利之行使時，質權人能否行使此種權利，非無爭議，為維護其實行權，爰參考德國民法第一千二百八十三條，增訂本條規定，賦予質權人亦得行使該權利。
第九百零六條之四 　　債務人依第九百零五條第一項、第九百零六條、第九百零六條之一為提存或給付時，質權人應通知出質		一、本條新增。 二、債務人依第九百零五條第一項、第九百零六條、第九百零六條之一為提存或給付時，因債權質權依法轉換為動產質權或抵押權，對出質人之權益雖無影響，惟出質人仍為質權標的物之主體，宜

人，但無庸得其同意。		讓其有知悉實際狀況之機會，爰增訂本條，明定質權人應通知出質人，但無庸得其同意。又此項通知，並非債務人依上開規定所為提存或給付之成立或生效要件，如質權人未通知出質人，致出質人受有損害，僅生損害賠償之問題。
第九百零七條之一 為質權標的物之債權，其債務人於受質權設定之通知後，對出質人取得債權者，不得以該債權與為質權標的物之債權主張抵銷。		一、本條新增。 二、權利質權為擔保物權之一種，質權人於一定限度內，對該為標的物之債權，具有收取權能，故對該債權之交換價值，應得為相當之支配，方足以貫徹其擔保機能。出質人與債務人自不得為有害於該權能之行為。爰參照第三百四十條、第九百零二條、第二百九十七條之規定，增訂本條，明示第三債務人不得以受質權設定之通知後所生之債權與為質權標的物之債權抵銷，以保障質權人之權益。
第九百零八條　質權以未記載權利人之有價證券為標的物者，因交付其證券於質權人，而生設定質權之效力。以其他之有價證券為標的物者，並應依背書方法為之。 前項背書，得記載設定質權之意旨。	第九百零八條　質權以無記名證券為標的物者，因交付其證券於質權人，而生設定質權之效力。以其他之有價證券為標的物者，並應依背書方法為之。	一、本條所稱「無記名證券」實係指未記載權利人之證券，與第七百十九條規定無記名證券之定義無關，為避免混淆，爰將「無記名證券」修正為「未記載權利人之有價證券」，並將本條改列為第一項。 二、為謀出質人權益、交易安全之維護及交易成本減少之平衡，並符私法自治原則，爰增訂第二項，前項背書，得記載設定質權之意旨，以期明確。
第九百零九條　質權以未記載權利人之	第九百零九條　質權以無記名證券、票	一、第九百零八條已將「無記名證券」修正為「未記載權利人之有

有價證券、票據、或其他依背書而讓與之有價證券為標的物者，其所擔保之債權，縱未屆清償期，質權人仍得收取證券上應受之給付。如有使證券清償期屆至之必要者，並有為通知或依其他方法使其屆至之權利。債務人亦僅得向質權人為給付。 前項收取之給付，適用第九百零五條第一項或第九百零六條之規定。 第九百零六條之二及第九百零六條之三之規定，於以證券為標的物之質權，準用之。	據、或其他依背書而讓與之證券為標的之物者，其所擔保之債權，縱未屆清償期，質權人仍得收取證券上應受之給付。如有預行通知證券債務人之必要並有為通知之權利，債務人亦僅得向質權人為給付。	價證券」，本條爰配合修正並改列為第一項。 二、現行條文中段規定「如有預行通知證券債務人之必要並有為通知之權利」，其意義為何，甚為隱晦，考其規範意義應係為前段之意旨而設，亦即考量票據等有價證券，必須在特定期間內為收取，以保全證券權利，故賦予質權人於其債權屆清償期前得單獨預先收取證券上之給付。然有價證券中有須先為一定權利之行使，其清償期方能屆至者，例如見票後定期付款之匯票(票據法第六十七條參照)，出質人須先為匯票見票之提示，或約定債權人可提前請求償還之公司債券，出質人須先為提前償還之請求是。此種情況，若有必要時，質權人得否行使該權利，非無爭議，爰參考德國民法第一千二百九十四條規定，予以修正，以杜爭議。又所謂「有為通知或依其他方法使其屆至之權利」，例如須先為匯票提示以計算到期日或通知公司債之發行人提前清償是，併予指明。 三、質權人依第一項收取之給付，其內容有屬金錢者，有金錢以外之動產者，質權人之實行方法，應依第九百零五條第一項或第九百零六條之規定，爰增訂第二項，以期周延。 四、為保障以證券為標的物之質權人之權益，爰增訂第三項準用第九百零六條之二及第九百零六條之三之規定，以利適用。

第九百十條　質權以有價證券為標的物者，其附屬於該證券之利息證券、定期金證券或其他附屬證券，以已交付於質權人者為限，亦為質權效力所及。 附屬之證券，係於質權設定後發行者，除另有約定外，質權人得請求發行人或出質人交付之。	第九百十條　質權以有價證券為標的物者，其附屬於該證券之利息證券、定期金證券或分配利益證券，以已交付於質權人者為限，其質權之效力，及於此等附屬之證券。	一、附屬證券種類眾多，非僅利息證券、定期金證券或分配利益證券三種，爰將「利息證券、定期金證券或分配利益證券」修正為「利息證券、定期金證券或其他附屬證券」，以資涵蓋，並作文字整理，改列為第一項。 二、附屬之證券，如係於質權設定後發行者，是否為質權效力所及？現行法尚無明文規定，易滋疑義。依第九百零一條準用第八百八十九條規定，除契約另有約定外，質權人自得收取質物所生之孳息，亦即質權之效力，應及於證券設質後所生之孳息（最高法院六十三年五月二十八日、六十三年度第三次民庭庭推總會決議(二)參照）。故該附屬之證券如在發行人或出質人占有中，除另有如第八百八十九條但書特別約定者外，質權人自得請求交付之，俾質權人得就此附屬之證券行使權利質權。爰增訂第二項規定。
第九章　留置權	第九章　留置權	章名未修正
第九百二十八條　稱留置權者，謂債權人占有他人之動產，而其債權之發生與該動產有牽連關係，於債權已屆清償期未受清償時，得留置該動產之權。 債權人因侵權行為或其他不法之原因	第九百二十八條　債權人占有屬於其債務人之動產，而具有左列各款之要件者，於未受清償前，得留置之： 一、債權已至清償期者。 二、債權之發生，與該動產有牽連之關係者。	一、限制物權例如地上權、永佃權、地役權、抵押權、動產質權、典權及修正之權利質權等，各該章節之首揭條文皆以定義規定之立法方式為之，為期明確並期立法體例一致，爰將本條修正為定義規定。又留置權在立法例上雖有債權性留置權與物權性留置權之分，且於物權性留置權，或僅留置權能，或併有優先受償權能，各國立法例不一，故有關優

而占有動產者，不適用前項之規定。其占有之始明知或因重大過失而不知該動產非為債務人所有者，亦同。	三、其動產非因侵權行為而占有者。	先受償權能另規定於第九百三十六條，併此敘明。 二、留置權之標的物依現行法規定，以屬於債務人所有者為限，惟觀諸各國民法多規定不以屬於債務人所有者為限，例如瑞士民法第八百九十五條第三項、日本民法第二百九十五條第一項、韓國民法第三百二十條第一項等是，為期更能保障社會交易安全及貫徹占有之公信力，且事實上易常有以第三人之物作為留置對象，爰仿上開外國立法例，將「債務人之動產」修正為「他人之動產」。又所稱「動產」，解釋上當然包括有價證券在內，不待明文。 三、為維護公平原則，法律不允許債權人以侵權行為或其他不法原因取得留置權。又債權人占有動產之始明知或因重大過失而不知該動產非為債務人所有，如允許其取得留置權，將與民法動產所有權或質權之善意取得（第八百零一條、第八百八十六條）之精神有違，爰增訂第二項排除規定。
第九百二十九條　商人間因營業關係而占有之動產，與其因營業關係所生之債權，視為有前條所定之牽連關係。	第九百二十九條　商人間因營業關係而占有之動產，及其因營業關係所生之債權，視為有前條所定之牽連關係。	占有動產與因營業關係所生之債權，二者合一，始得視為有前條所定之牽連關係，現行條文規定「及」字不妥，爰修正為「與」字。
第九百三十條　動產之留置，違反公共秩序或善良風俗者，不得為之。其	第九百三十條　動產之留置，如違反公共秩序或善良風俗者，不得為之。其	現行條文規定「…如違反公共秩序或善良風俗者，…」既有「如」，又有「者」，似嫌累贅，爰刪除「如」字，以期簡鍊。又所謂「與債權人所

與債權人應負擔之義務或與債權人債務人間之約定相牴觸者，亦同。	與債權人所承擔之義務或與債務人於交付動產前或交付時所為之指示相牴觸者，亦同。	承擔之義務相牴觸者」，係指債權人如留置所占有之動產，即與其應負擔之義務相違反而言，例如物品運送人，負有於約定或其他相當期間內，將物品運送至目的地之義務，運送人卻主張託運人之運費未付，而扣留其物，不為運送者。所謂「與債務人於交付動產前或交付時所為之指示相牴觸者」，其本質為契約義務，現行規定易使人誤解為債務人之一方行為，且債務人事後所為之指示，如為債權人所接受者，已成為契約內容之一部，法律似無特予排除之理，例如債務人將汽車交債權人修理，於交付時言明汽車修復後，須交由債務人試用數日，認為滿意，始給付修理費者，債權人於汽車修畢後，仍以債務人之修理費未付而留置汽車，即屬適例。為期明確並避免誤解，本條爰修正如上。
第九百三十二條 債權人於其債權未受全部清償前，得就留置物之全部，行使其留置權。但留置物為可分者，僅得依其債權與留置物價值之比例行使之。	第九百三十二條 債權人於其債權未受全部清償前，得就留置物之全部，行使其留置權。	按留置權因係擔保物權，自具有不可分性。惟留置權之作用乃在實現公平原則，過度之擔保，反失公允，爰仿民法第六百四十七條意旨，增設但書規定，以兼顧保障債務人或留置物所有人之權益。
第九百三十二條之一 留置物存有所有權以外之物權者，該物權人不得以之對抗善意之留置權人。		一、本條新增。 二、留置物存有所有權以外物權之情形，事所恆有，例如留置物上存有質權等是。物權之優先效力，本依其成立之先後次序定之。惟留置權人在債權發生前已占有留置物，如其為善意者，應獲更周

		延之保障，該留置權宜優先於其上之其他物權，爰仿動產擔保交易法第二十五條，增訂本條規定。至留置物所有人於債權人之債權受清償前，本不得請求返還留置物之占有，要乃留置權之本質，自不生本條所謂對抗之問題，並予敘明。
第九百三十三條　第八百八十八條至第八百九十條及第八百九十二條之規定，於留置權準用之。	第九百三十三條　債權人應以善良管理人之注意，保管留置物。	留置權與質權同為擔保物權，均以占有動產促使債務人清償其債務為目的。故質權存續中質權人對質物之保管義務、使用或出租之限制、孳息收取權及有腐敗之虞時之變價權，在留置權本應準用。本條現行條文僅規定債權人對留置物之保管義務，有欠周延，爰修正為概括之準用規定。又因第九百二十八條之修正及準用修正條文第八百八十八條第二項之結果，留置物之使用或出租之同意，係指經留置物所有人之同意而言，併予敘明。
第九百三十五條（刪除）	第九百三十五條　債權人得收取留置物所生之孳息，以抵償其債權。	一、本條刪除。 二、現行規定已併入第九百三十三條修正條文，本條爰予刪除。
第九百三十六條　債權人於其債權已屆清償期而未受清償者，得定一個月以上之相當期限，通知債務人，聲明如不於其期限內為清償時，即就其留置物取償；留置物為第三人所有或存有其他物權而為債權	第九百三十六條　債權人於其債權已屆清償期而未受清償者，得定六個月以上之相當期限，通知債務人，聲明如不於其期限內為清償時，即就其留置物取償。債務人不於前項期限內為清償者，債	一、現代社會資訊發達，交通便捷，一切講求快速，現行條文第一項規定債權人通知債務人清償之期限為「六個月以上」，對於債權已屆清償期而未為清償之債務人，保障過寬，將使留置權之實行耗費時日，對長期負保管責任之債權人，未免過苛，且有違現代工商社會之講求效率，為期早日免除債權人之責任並符實際，上開期限爰修正為「一個月以

人所知者，應併通知之。

債務人或留置物所有人不於前項期限內為清償者，債權人得準用關於實行質權之規定，就留置物賣得之價金優先受償，或取得其所有權。

不能為第一項之通知者，於債權清償期屆至後，經過六個月仍未受清償時，債權人亦得行使前項所定之權利。

權人得依關於實行質權之規定，拍賣留置物，或取得其所有權。

不能為第一項之通知者，於債權清償期屆滿後，經過二年仍未受清償時，債權人亦得行使前項所定之權利。

上」。又為配合修正條文第九百二十八條第一項及第九百三十二條之一之增訂，留置物如為第三人所有或存有其他物權而為債權人所知者，債權人應一併通知之，以維護其權益，爰增訂後段規定。

二、第三人之動產既得為留置權之標的物，該第三人自得以利害關係人之地位清償債務（民法第三百十一條參照），爰於第二項增列「留置物所有人」亦為清償之主體。又留置權之實行方法，不限於拍賣留置物，以訂約取得留置物之所有權、訂約以拍賣以外之方法處分留置物，應無不可（第八百九十五條準用第八百七十八條），另外有關權利質權之實行方法，與留置權性質不相牴觸者，亦在適用之列（第九百零五條、第九百零六條、第九百零六條之二）。而依留置權為擔保物權之本質，留置權人就留置物賣得之價金得優先受償，或取得其所有權，爰依上述意旨將第二項修正如上。

三、現行條文第三項規定未為清償之期限為「二年」，亦嫌過長，爰修正為「六個月」，修正理由與第一項同。

第九百三十七條　債務人或留置物所有人為債務之清償，已提出相當之擔保者，債權人之留置權消滅。

第九百三十七條　債務人為債務之清償，已提出相當之擔保者，債權人之留置權消滅。

一、配合第九百二十八條之修正，爰將本條「債務人」一詞修正為「債務人或留置物所有人」，俾前後一貫，並符實際。

二、第二項增列留置權消滅原因準用質權規定，係因留置權與質權均

第八百九十七條至第八百九十九條之規定於留置權準用之。		屬動產擔保物權，其目的係由債權人占有債務人或第三人所有之動產，以確保債務之受償，二者性質近似之故，是以本項之增設並不排除質權之其他相關規定仍得類推適用。
第九百三十八條（刪除）	第九百三十八條　留置權因占有之喪失而消滅。	一、本條刪除。 二、現行條文已併入第九百三十七條第二項修正條文，本條爰予刪除。
第九百三十九條　本章留置權之規定，於其他留置權準用之。但其他留置權另有規定者，從其規定。	第九百三十九條　法定留置權，除另有規定外，準用本章之規定。	留置權之成立，無不由於法定者，本條所稱「法定留置權」，用語欠當，實指本章以外之「其他留置權」而言，為期明確，爰予修正並作文字整理。

貳、第三編物權編

1. 民國18年11月30日公布，民國84年01月16日修正，民國96年3月28日修正擔保物權部分條文同年9月28日施行。
2. 民國98年1月23日總統華總一義字第09800018501號令修正，同年7月23日施行。
3. 民國99年2月3日總統華總一義字第 09900022461號令修正；並自公布後六個月施行。

第一章　通則

第一章　通則

第757條　物權除依法律或習慣外，不得創設。

第758條　不動產物權，依法律行為而取得、設定、喪失及變更者，非經登記，不生效力。

前項行為，應以書面為之。

第759條　　因繼承、強制執行、徵收、法院之判決或其他非因法律行為，
於登記前已取得不動產物權者，應經登記，始得處分其物權。

第759-1條　不動產物權經登記者，推定登記權利人適法有此權利。
因信賴不動產登記之善意第三人，已依法律行為為物權變動之
登記者，其變動之效力，不因原登記物權之不實而受影響。

第760條　　（刪除）

第761條　　動產物權之讓與，非將動產交付，不生效力。但受讓人已占有
動產者，於讓與合意時，即生效力。
讓與動產物權，而讓與人仍繼續占有動產者，讓與人與受讓人
間，得訂立契約，使受讓人因此取得間接占有，以代交付。
讓與動產物權，如其動產由第三人占有時，讓與人得以對於第
三人之返還請求權，讓與於受讓人，以代交付。

第762條　　同一物之所有權及其他物權，歸屬於一人者，其他物權因混同
而消滅。但其他物權之存續，於所有人或第三人有法律上之利
益者，不在此限。

第763條　　所有權以外之物權，及以該物權為標的物之權利，歸屬於一人
者，其權利因混同而消滅。
前條但書之規定，於前項情形準用之。

第764條　　物權除法律另有規定外，因拋棄而消滅。
前項拋棄，第三人有以該物權為標的物之其他物權或於該物權
有其他法律上之利益者，非經該第三人同意，不得為之。
拋棄動產物權者，並應拋棄動產之占有。

第二章　所有權

第一節　通則

第765條　　所有人，於法令限制之範圍內，得自由使用、收益、處分其所
有物，並排除他人之干涉。

第766條　　物之成分及其天然孳息，於分離後，除法律另有規定外，仍屬
於其物之所有人。

第767條　　所有人對於無權占有或侵奪其所有物者，得請求返還之。對於

妨害其所有權者，得請求除去之。有妨害其所有權之虞者，得請求防止之。

前項規定，於所有權以外之物權，準用之。

第768條　以所有之意思，十年間和平、公然、繼續占有他人之動產者，取得其所有權。

第768-1條　以所有之意思，五年間和平、公然、繼續占有他人之動產，而其占有之始為善意並無過失者，取得其所有權。

第769條　以所有之意思，二十年間和平、公然、繼續占有他人未登記之不動產者，得請求登記為所有人。

第770條　以所有之意思，十年間和平、公然、繼續占有他人未登記之不動產，而其占有之始為善意並無過失者，得請求登記為所有人。

第771條　占有人有下列情形之一者，其所有權之取得時效中斷：

一、變為不以所有之意思而占有。

二、變為非和平或非公然占有。

三、自行中止占有。

四、非基於自己之意思而喪失其占有。但依第九百四十九條或第九百六十二條規定，回復其占有者，不在此限。

依第七百六十七條規定起訴請求占有人返還占有物者，占有人之所有權取得時效亦因而中斷。

第772條　前五條之規定，於所有權以外財產權之取得，準用之。於已登記之不動產，亦同。

第二節　不動產所有權

第773條　土地所有權，除法令有限制外，於其行使有利益之範圍內，及於土地之上下。如他人之干涉，無礙其所有權之行使者，不得排除之。

第774條　土地所有人經營事業或行使其所有權，應注意防免鄰地之損害。

第775條　土地所有人不得妨阻由鄰地自然流至之水。

自然流至之水為鄰地所必需者，土地所有人縱因其土地利用之必要，不得妨阻其全部。

第776條　土地因蓄水、排水、或引水所設之工作物、破潰、阻塞，致損
　　　　　害及於他人之土地，或有致損害之虞者，土地所有人應以自己
　　　　　之費用，為必要之修繕、疏通或預防。但其費用之負擔，另有
　　　　　習慣者，從其習慣。

第777條　土地所有人不得設置屋簷、工作物或其他設備，使雨水或其他
　　　　　液體直注於相鄰之不動產。

第778條　水流如因事變在鄰地阻塞，土地所有人得以自己之費用，為必
　　　　　要疏通之工事。但鄰地所有人受有利益者，應按其受益之程
　　　　　度，負擔相當之費用。
　　　　　前項費用之負擔，另有習慣者，從其習慣。

第779條　土地所有人因使浸水之地乾涸，或排泄家用或其他用水，以至
　　　　　河渠或溝道，得使其水通過鄰地。但應擇於鄰地損害最少之處
　　　　　所及方法為之。
　　　　　前項情形，有通過權之人對於鄰地所受之損害，應支付償金。
　　　　　前二項情形，法令另有規定或另有習慣者，從其規定或習慣。
　　　　　第一項但書之情形，鄰地所有人有異議時，有通過權之人或異
　　　　　議人得請求法院以判決定之。

第780條　土地所有人因使其土地之水通過，得使用鄰地所有人所設置之
　　　　　工作物。但應按其受益之程度，負擔該工作物設置及保存之費
　　　　　用。

第781條　水源地、井、溝渠及其他水流地之所有人得自由使用其水。但
　　　　　法令另有規定或另有習慣者，不在此限。

第782條　水源地或井之所有人對於他人因工事杜絕、減少或污染其水
　　　　　者，得請求損害賠償。如其水為飲用或利用土地所必要者，並
　　　　　得請求回復原狀；其不能為全部回復者，仍應於可能範圍內回
　　　　　復之。
　　　　　前項情形，損害非因故意或過失所致，或被害人有過失者，法
　　　　　院得減輕賠償金額或免除之。

第783條　土地所有人因其家用或利用土地所必要，非以過鉅之費用及勞
　　　　　力不能得水者，得支付償金，對鄰地所有人請求給與有餘之
　　　　　水。

第784條　水流地對岸之土地屬於他人時，水流地所有人不得變更其水流

或寬度。

兩岸之土地均屬於水流地所有人者，其所有人得變更其水流或寬度。但應留下游自然之水路。

前二項情形，法令另有規定或另有習慣者，從其規定或習慣。

第785條　水流地所有人有設堰之必要者，得使其堰附著於對岸。但對於因此所生之損害，應支付償金。

對岸地所有人於水流地之一部屬於其所有者，得使用前項之堰。但應按其受益之程度，負擔該堰設置及保存之費用。

前二項情形，法令另有規定或另有習慣者，從其規定或習慣。

第786條　土地所有人非通過他人之土地，不能設置電線、水管、瓦斯管或其他管線，或雖能設置而需費過鉅者，得通過他人土地之上下而設置之。但應擇其損害最少之處所及方法為之，並應支付償金。

依前項之規定，設置電線、水管、瓦斯管或其他管線後，如情事有變更時，他土地所有人得請求變更其設置。

前項變更設置之費用，由土地所有人負擔。但法令另有規定或另有習慣者，從其規定或習慣。

第七百七十九條第四項規定，於第一項但書之情形準用之。

第787條　土地因與公路無適宜之聯絡，致不能為通常使用時，除因土地所有人之任意行為所生者外，土地所有人得通行周圍地以至公路。

前項情形，有通行權人應於通行必要之範圍內，擇其周圍地損害最少之處所及方法為之；對於通行地因此所受之損害，並應支付償金。

第七百七十九條第四項規定，於前項情形準用之。

第788條　有通行權人於必要時，得開設道路。但對於通行地因此所受之損害，應支付償金。

前項情形，如致通行地損害過鉅者，通行地所有人得請求有通行權人以相當之價額購買通行地及因此形成之畸零地，其價額由當事人協議定之；不能協議者，得請求法院以判決定之。

第789條　因土地一部之讓與或分割，而與公路無適宜之聯絡，致不能為通常使用者，土地所有人因至公路，僅得通行受讓人或讓與人

或他分割人之所有地。

數宗土地同屬於一人所有，讓與其一部或同時分別讓與數人，而與公路無適宜之聯絡，致不能為通常使用者，亦同。

前項情形，有通行權人，無須支付償金。

第790條　土地所有人得禁止他人侵入其地內。但有下列情形之一，不在此限：

一、他人有通行權者。

二、依地方習慣，任他人入其未設圍障之田地、牧場、山林刈取雜草，採取枯枝枯幹，或採集野生物，或放牧牲畜者。

第791條　土地所有人，遇他人之物品或動物偶至其地內者，應許該物品或動物之占有人或所有人入其地內，尋查取回。

前項情形，土地所有人受有損害者，得請求賠償。於未受賠償前，得留置其物品或動物。

第792條　土地所有人因鄰地所有人在其地界或近旁，營造或修繕建築物或其他工作物有使用其土地之必要，應許鄰地所有人使用其土地。但因而受損害者，得請求償金。

第793條　土地所有人於他人之土地、建築物或其他工作物有瓦斯、蒸氣、臭氣、煙氣、熱氣、灰屑、喧囂、振動及其他與此相類者侵入時，得禁止之。但其侵入輕微，或按土地形狀、地方習慣，認為相當者，不在此限。

第794條　土地所有人開掘土地或為建築時，不得因此使鄰地之地基動搖或發生危險，或使鄰地之建築物或其他工作物受其損害。

第795條　建築物或其他工作物之全部，或一部有傾倒之危險，致鄰地有受損害之虞者，鄰地所有人，得請求為必要之預防。

第796條　土地所有人建築房屋非因故意或重大過失逾越地界者，鄰地所有人如知其越界而不即提出異議，不得請求移去或變更其房屋。但土地所有人對於鄰地因此所受之損害，應支付償金。

前項情形，鄰地所有人得請求土地所有人，以相當之價額購買越界部分之土地及因此形成之畸零地，其價額由當事人協議定之；不能協議者，得請求法院以判決定之。

第796-1條　土地所有人建築房屋逾越地界，鄰地所有人請求移去或變更時，法院得斟酌公共利益及當事人利益，免為全部或一部之移

去或變更。但土地所有人故意逾越地界者，不適用之。

前條第一項但書及第二項規定，於前項情形準用之。

第796-2條　前二條規定，於具有與房屋價值相當之其他建築物準用之。

第797條　土地所有人遇鄰地植物之枝根有逾越地界者，得向植物所有人，請求於相當期間內刈除之。

植物所有人不於前項期間內刈除者，土地所有人得刈取越界之枝根，並得請求償還因此所生之費用。

越界植物之枝根，如於土地之利用無妨害者，不適用前二項之規定。

第798條　果實自落於鄰地者，視為屬於鄰地所有人。但鄰地為公用地者，不在此限。

第799條　稱區分所有建築物者，謂數人區分一建築物而各專有其一部，就專有部分有單獨所有權，並就該建築物及其附屬物之共同部分共有之建築物。

前項專有部分，指區分所有建築物在構造上及使用上可獨立，且得單獨為所有權之標的者。共有部分，指區分所有建築物專有部分以外之其他部分及不屬於專有部分之附屬物。

專有部分得經其所有人之同意，依規約之約定供區分所有建築物之所有人共同使用；共有部分除法律另有規定外，得經規約之約定供區分所有建築物之特定所有人使用。

區分所有人就區分所有建築物共有部分及基地之應有部分，依其專有部分面積與專有部分總面積之比例定之。但另有約定者，從其約定。

專有部分與其所屬之共有部分及其基地之權利，不得分離而為移轉或設定負擔。

第799-1條　區分所有建築物共有部分之修繕費及其他負擔，由各所有人按其應有部分分擔之。但規約另有約定者，不在此限。

前項規定，於專有部分經依前條第三項之約定供區分所有建築物之所有人共同使用者，準用之。

規約之內容依區分所有建築物之專有部分、共有部分及其基地之位置、面積、使用目的、利用狀況、區分所有人已否支付對價及其他情事，按其情形顯失公平者，不同意之區分所有人得

於規約成立後三個月內，請求法院撤銷之。

區分所有人間依規約所生之權利義務，繼受人應受拘束；其依其他約定所生之權利義務，特定繼受人對於約定之內容明知或可得而知者，亦同。

第799-2條　同一建築物屬於同一人所有，經區分為數專有部分登記所有權者，準用第七百九十九條規定。

第800條　第七百九十九條情形，其專有部分之所有人，有使用他專有部分所有人正中宅門之必要者，得使用之。但另有特約或另有習慣者，從其特約或習慣。

因前項使用，致他專有部分之所有人受損害者，應支付償金。

第800-1條　第七百七十四條至前條規定，於地上權人、農育權人、不動產役權人、典權人、承租人、其他土地、建築物或其他工作物利用人準用之。

第三節　動產所有權

第801條　動產之受讓人占有動產，而受關於占有規定之保護者，縱讓與人無移轉所有權之權利，受讓人仍取得其所有權。

第802條　以所有之意思，占有無主之動產者，除法令另有規定外，取得其所有權。

第803條　拾得遺失物者應從速通知遺失人、所有人、其他有受領權之人或報告警察、自治機關。報告時，應將其物一併交存。但於機關、學校、團體或其他公共場所拾得者，亦得報告於各該場所之管理機關、團體或其負責人、管理人，並將其物交存。

前項受報告者，應從速於遺失物拾得地或其他適當處所，以公告、廣播或其他適當方法招領之。

第804條　依前條第一項為通知或依第二項由公共場所之管理機關、團體或其負責人、管理人為招領後，有受領權之人未於相當期間認領時，拾得人或招領人應將拾得物交存於警察或自治機關。

警察或自治機關認原招領之處所或方法不適當時，得再為招領之。

第805條　遺失物自通知或最後招領之日起六個月內，有受領權之人認領時，拾得人、招領人、警察或自治機關，於通知、招領及保管

之費用受償後，應將其物返還之。

有受領權之人認領遺失物時，拾得人得請求報酬。但不得超過其物財產上價值十分之三；其不具有財產上價值者，拾得人亦得請求相當之報酬。

前項報酬請求權，因六個月間不行使而消滅。

第一項費用之支出者或得請求報酬之拾得人，在其費用或報酬未受清償前，就該遺失物有留置權；其權利人有數人時，遺失物占有人視為為全體權利人占有。

第805-1條　有下列情形之一者，不得請求前條第二項之報酬：

一、在公眾得出入之場所或供公眾往來之交通設備內，由其管理人或受僱人拾得遺失物。

二、拾得人違反通知、報告或交存義務或經查詢仍隱匿其拾得之事實。

第806條　拾得物易於腐壞或其保管需費過鉅者，招領人、警察或自治機關得為拍賣或逕以市價變賣之，保管其價金。

第807條　遺失物自通知或最後招領之日起逾六個月，未經有受領權之人認領者，由拾得人取得其所有權。警察或自治機關並應通知其領取遺失物或賣得之價金；其不能通知者，應公告之。

得人於受前項通知或公告後三個月內未領取者，其物或賣得之價金歸屬於保管地之地方自治團體。

第807-1條　遺失物價值在新臺幣五百元以下者，拾得人應從速通知遺失人、所有人或其他有受領權之人。其有第八百零三條第一項但書之情形者，亦得依該條第一項但書及第二項規定辦理。

前項遺失物於下列期間未經有受領權之人認領者，由拾得人取得其所有權或變賣之價金：

一、自通知或招領之日起逾十五日。

二、不能依前項規定辦理，自拾得日起逾一個月。

第八百零五條至前條規定，於前二項情形準用之。

第808條　發見埋藏物而占有者，取得其所有權。但埋藏物係在他人所有之動產或不動產中發見者，該動產或不動產之所有人與發見人，各取得埋藏物之半。

第809條　發見之埋藏物足供學術、藝術、考古或歷史之資料者，其所有

權之歸屬，依特別法之規定。

第810條　拾得漂流物、沈沒物或其他因自然力而脫離他人占有之物者，準用關於拾得遺失物之規定。

第811條　動產因附合而為不動產之重要成分者，不動產所有人，取得動產所有權。

第812條　動產與他人之動產附合，非毀損不能分離，或分離需費過鉅者，各動產所有人，按其動產附合時之價值，共有合成物。
　　　　　前項附合之動產，有可視為主物者，該主物所有人，取得合成物之所有權。

第813條　動產與他人之動產混合，不能識別，或識別需費過鉅者，準用前條之規定。

第814條　加工於他人之動產者，其加工物之所有權，屬於材料所有人。但因加工所增之價值顯逾材料之價值者，其加工物之所有權屬於加工人。

第815條　依前四條之規定，動產之所有權消滅者，該動產上之其他權利，亦同消滅。

第816條　因前五條之規定而受損害者，得依關於不當得利之規定，請求償還價額。

第四節　共有

第817條　數人按其應有部分，對於一物有所有權者，為共有人。
　　　　　各共有人之應有部分不明者，推定其為均等。

第818條　各共有人，除契約另有約定外，按其應有部分，對於共有物之全部，有使用收益之權。

第819條　各共有人，得自由處分其應有部分。
　　　　　共有物之處分、變更、及設定負擔，應得共有人全體之同意。

第820條　共有物之管理，除契約另有約定外，應以共有人過半數及其應有部分合計過半數之同意行之。但其應有部分合計逾三分之二者，其人數不予計算。
　　　　　依前項規定之管理顯失公平者，不同意之共有人得聲請法院以裁定變更之。
　　　　　前二項所定之管理，因情事變更難以繼續時，法院得因任何共

有人之聲請，以裁定變更之。

共有人依第一項規定為管理之決定，有故意或重大過失，致共有人受損害者，對不同意之共有人連帶負賠償責任。

共有物之簡易修繕及其他保存行為，得由各共有人單獨為之。

第821條　各共有人對於第三人，得就共有物之全部為本於所有權之請求。但回復共有物之請求，僅得為共有人全體之利益為之。

第822條　共有物之管理費及其他負擔，除契約另有約定外，應由各共有人按其應有部分分擔之。

共有人中之一人，就共有物之負擔為支付，而逾其所應分擔之部分者，對於其他共有人得按其各應分擔之部分，請求償還。

第823條　各共有人，除法令另有規定外，得隨時請求分割共有物。但因物之使用目的不能分割或契約訂有不分割之期限者，不在此限。

前項約定不分割之期限，不得逾五年；逾五年者，縮短為五年。但共有之不動產，其契約訂有管理之約定時，約定不分割之期限，不得逾三十年；逾三十年者，縮短為三十年。

前項情形，如有重大事由，共有人仍得隨時請求分割。

第824條　共有物之分割，依共有人協議之方法行之。

分割之方法不能協議決定，或於協議決定後因消滅時效完成經共有人拒絕履行者，法院得因任何共有人之請求，命為下列之分配：

一、以原物分配於各共有人。但各共有人均受原物之分配顯有困難者，得將原物分配於部分共有人。

二、原物分配顯有困難時，得變賣共有物，以價金分配於各共有人；或以原物之一部分分配於各共有人，他部分變賣，以價金分配於各共有人。

以原物為分配時，如共有人中有未受分配，或不能按其應有部分受分配者，得以金錢補償之。

以原物為分配時，因共有人之利益或其他必要情形，得就共有物之一部分仍維持共有。

共有人相同之數不動產，除法令另有規定外，共有人得請求合併分割。

共有人部分相同之相鄰數不動產，各該不動產均具應有部分之共有人，經各不動產應有部分過半數共有人之同意，得適用前項規定，請求合併分割。但法院認合併分割為不適當者，仍分別分割之。

變賣共有物時，除買受人為共有人外，共有人有依相同條件優先承買之權，有二人以上願優先承買者，以抽籤定之。

第824-1條　共有人自共有物分割之效力發生時起，取得分得部分之所有權。

應有部分有抵押權或質權者，其權利不因共有物之分割而受影響。但有下列情形之一者，其權利移存於抵押人或出質人所分得之部分：

一、權利人同意分割。

二、權利人已參加共有物分割訴訟。

三、權利人經共有人告知訴訟而未參加。

前項但書情形，於以價金分配或以金錢補償者，準用第八百八十一條第一項、第二項或第八百九十九條第一項規定。

前條第三項之情形，如為不動產分割者，應受補償之共有人，就其補償金額，對於補償義務人所分得之不動產，有抵押權。

前項抵押權應於辦理共有物分割登記時，一併登記，其次序優先於第二項但書之抵押權。

第825條　各共有人，對於他共有人因分割而得之物，按其應有部分，負與出賣人同一之擔保責任。

第826條　共有物分割後，各分割人應保存其所得物之證書。

共有物分割後，關於共有物之證書，歸取得最大部分之人保存之，無取得最大部分者，由分割人協議定之，不能協議決定者，得聲請法院指定之。

各分割人，得請求使用他分割人所保存之證書。

第826-1條　不動產共有人間關於共有物使用、管理、分割或禁止分割之約定或依第八百二十條第一項規定所為之決定，於登記後，對於應有部分之受讓人或取得物權之人，具有效力。其由法院裁定所定之管理，經登記後，亦同。

動產共有人間就共有物為前項之約定、決定或法院所為之裁

定，對於應有部分之受讓人或取得物權之人，以受讓或取得時知悉其情事或可得而知者為限，亦具有效力。

共有物應有部分讓與時，受讓人對讓與人就共有物因使用、管理或其他情形所生之負擔連帶負清償責任。

第827條　依法律規定、習慣或法律行為，成一公同關係之數人，基於其公同關係，而共有一物者，為公同共有人。

前項依法律行為成立之公同關係，以有法律規定或習慣者為限。

各公同共有人之權利，及於公同共有物之全部。

第828條　公同共有人之權利義務，依其公同關係所由成立之法律、法律行為或習慣定之。

第八百二十條、第八百二十一條及第八百二十六條之一規定，於公同共有準用之。

公同共有物之處分及其他之權利行使，除法律另有規定外，應得公同共有人全體之同意。

第829條　公同關係存續中，各公同共有人，不得請求分割其公同共有物。

第830條　公同共有之關係，自公同關係終止，或因公同共有物之讓與而消滅。

公同共有物之分割，除法律另有規定外，準用關於共有物分割之規定。

第831條　本節規定，於所有權以外之財產權，由數人共有或公同共有者準用之。

第三章　地上權

第一節　普通地上權

第832條　稱普通地上權者，謂以在他人土地之上下有建築物或其他工作物為目的而使用其土地之權。

第833條　（刪除）

第833-1條　地上權未定有期限者，存續期間逾二十年或地上權成立之目的已不存在時，法院得因當事人之請求，斟酌地上權成立之目

的、建築物或工作物之種類、性質及利用狀況等情形，定其存續期間或終止其地上權。

第833-2條　以公共建設為目的而成立之地上權，未定有期限者，以該建設使用目的完畢時，視為地上權之存續期限。

第834條　地上權無支付地租之約定者，地上權人得隨時拋棄其權利。

第835條　地上權定有期限，而有支付地租之約定者，地上權人得支付未到期之三年分地租後，拋棄其權利。

地上權未定有期限，而有支付地租之約定者，地上權人拋棄權利時，應於一年前通知土地所有人，或支付未到期之一年分地租。

因不可歸責於地上權人之事由，致土地不能達原來使用之目的時，地上權人於支付前二項地租二分之一後，得拋棄其權利；其因可歸責於土地所有人之事由，致土地不能達原來使用之目的時，地上權人亦得拋棄其權利，並免支付地租。

第835-1條　地上權設定後，因土地價值之昇降，依原定地租給付顯失公平者，當事人得請求法院增減之。

未定有地租之地上權，如因土地之負擔增加，非當時所得預料，仍無償使用顯失公平者，土地所有人得請求法院酌定其地租。

第836條　地上權人積欠地租達二年之總額，除另有習慣外，土地所有人得定相當期限催告地上權人支付地租，如地上權人於期限內不為支付，土地所有人得終止地上權。地上權經設定抵押權者，並應同時將該催告之事實通知抵押權人。

地租之約定經登記者，地上權讓與時，前地上權人積欠之地租應併同計算。受讓人就前地上權人積欠之地租，應與讓與人連帶負清償責任。

第一項終止，應向地上權人以意思表示為之。

第836-1條　土地所有權讓與時，已預付之地租，非經登記，不得對抗第三人。

第836-2條　地上權人應依設定之目的及約定之使用方法，為土地之使用收益；未約定使用方法者，應依土地之性質為之，並均應保持其得永續利用。

第836-3條　地上權人違反前條第一項規定，經土地所有人阻止而仍繼續為之者，土地所有人得終止地上權。地上權經設定抵押權者，並應同時將該阻止之事實通知抵押權人。

第837條　地上權人，縱因不可抗力，妨礙其土地之使用，不得請求免除或減少租金。

第838條　地上權人得將其權利讓與他人或設定抵押權。但契約另有約定或另有習慣者，不在此限。

前項約定，非經登記，不得對抗第三人。

地上權與其建築物或其他工作物，不得分離而為讓與或設定其他權利。

第838-1條　土地及其土地上之建築物，同屬於一人所有，因強制執行之拍賣，其土地與建築物之拍定人各異時，視為已有地上權之設定，其地租、期間及範圍由當事人協議定之；不能協議者，得請求法院以判決定之。其僅以土地或建築物為拍賣時，亦同。

前項地上權，因建築物之滅失而消滅。

第839條　地上權消滅時，地上權人得取回其工作物。但應回復土地原狀。

地上權人不於地上權消滅後一個月內取回其工作物者，工作物歸屬於土地所有人。其有礙於土地之利用者，土地所有人得請求回復原狀。

地上權人取回其工作物前，應通知土地所有人。土地所有人願以時價購買者，地上權人非有正當理由，不得拒絕。

第840條　地上權人之工作物為建築物者，如地上權因存續期間屆滿而消滅，地上權人得於期間屆滿前，定一個月以上之期間，請求土地所有人按該建築物之時價為補償。但契約另有約定者，從其約定。

土地所有人拒絕地上權人前項補償之請求或於期間內不為確答者，地上權之期間應酌量延長之。地上權人不願延長者，不得請求前項之補償。

第一項之時價不能協議者，地上權人或土地所有人得聲請法院裁定之。土地所有人不願依裁定之時價補償者，適用前項規

　　　　　　定。

　　　　　　依第二項規定延長期間者，其期間由土地所有人與地上權人協
　　　　　　議定之；不能協議者，得請求法院斟酌建築物與土地使用之利
　　　　　　益，以判決定之。

　　　　　　前項期間屆滿後，除經土地所有人與地上權人協議者外，不適
　　　　　　用第一項及第二項規定。

第841條　　地上權不因建築物或其他工作物之滅失而消滅。

第二節　　區分地上權

第841-1條　稱區分地上權者，謂以在他人土地上下之一定空間範圍內設定
　　　　　　之地上權。

第841-2條　區分地上權人得與其設定之土地上下有使用、收益權利之人，
　　　　　　約定相互間使用收益之限制。其約定未經土地所有人同意者，
　　　　　　於使用收益權消滅時，土地所有人不受該約定之拘束。

　　　　　　前項約定，非經登記，不得對抗第三人。

第841-3條　法院依第八百四十條第四項定區分地上權之期間，足以影響第
　　　　　　三人之權利者，應併斟酌該第三人之利益。

第841-4條　區分地上權依第八百四十條規定，以時價補償或延長期間，足
　　　　　　以影響第三之權利時，應對該第三人為相當之補償。補償之數
　　　　　　額以協議定之；不能協議時，得聲請法院裁定之。

第841-5條　同一土地有區分地上權與以使用收益為目的之物權同時存在
　　　　　　者，其後設定物權之權利行使，不得妨害先設定之物權。

第841-6條　區分地上權，除本節另有規定外，準用關於普通地上權之規
　　　　　　定。

第四章　　（刪除）

第842條　　（刪除）
第843條　　（刪除）
第844條　　（刪除）
第845條　　（刪除）
第846條　　（刪除）

第847條　　（刪除）
第848條　　（刪除）
第849條　　（刪除）
第850條　　（刪除）

第四章之一　農育權

第850-1條　稱農育權者，謂在他人土地為農作、森林、養殖、畜牧、種植
　　　　　　竹木或保育之權。
　　　　　　農育權之期限，不得逾二十年；逾二十年者，縮短為二十年。
　　　　　　但以造林、保育為目的或法令另有規定者，不在此限。

第850-2條　農育權未定有期限時，除以造林、保育為目的者外，當事人得
　　　　　　隨時終止之。
　　　　　　前項終止，應於六個月前通知他方當事人。
　　　　　　第八百三十三條之一規定，於農育權以造林、保育為目的而未
　　　　　　定有期限者準用之。

第850-3條　農育權人得將其權利讓與他人或設定抵押權。但契約另有約定
　　　　　　或另有習慣者，不在此限。
　　　　　　前項約定，非經登記不得對抗第三人。
　　　　　　農育權與其農育工作物不得分離而為讓與或設定其他權利。

第850-4條　農育權有支付地租之約定者，農育權人因不可抗力致收益減少
　　　　　　或全無時，得請求減免其地租或變更原約定土地使用之目的。
　　　　　　前項情形，農育權人不能依原約定目的使用者，當事人得終止
　　　　　　之。
　　　　　　前項關於土地所有人得行使終止權之規定，於農育權無支付地
　　　　　　租之約定者，準用之。

第850-5條　農育權人不得將土地或農育工作物出租於他人。但農育工作物
　　　　　　之出租另有習慣者，從其習慣。
　　　　　　農育權人違反前項規定者，土地所有人得終止農育權。

第850-6條　農育權人應依設定之目的及約定之方法，為土地之使用收益；
　　　　　　未約定使用方法者，應依土地之性質為之，並均應保持其生產
　　　　　　力或得永續利用。

農育權人違反前項規定，經土地所有人阻止而仍繼續為之者，土地所有人得終止農育權。農育權經設定抵押權者，並應同時將該阻止之事實通知抵押權人。

第850-7條　農育權消滅時，農育權人得取回其土地上之出產物及農育工作物。

第八百三十九條規定，於前項情形準用之。

第一項之出產物未及收穫而土地所有人又不願以時價購買者，農育權人得請求延長農育權期間至出產物可收穫時為止，土地所有人不得拒絕。但延長之期限，不得逾六個月。

第850-8條　農育權人得為增加土地生產力或使用便利之特別改良。

農育權人將前項特別改良事項及費用數額，以書面通知土地所有人，土地所有人於收受通知後不即為反對之表示者，農育權人於農育權消滅時，得請求土地所有人返還特別改良費用。但以其現存之增價額為限。

前項請求權，因二年間不行使而消滅。

第850-9條　第八百三十四條、第八百三十五條第一項、第二項、第八百三十五條之一至第八百三十六條之一、第八百三十六條之二第二項規定，於農育權準用之。

第五章　不動產役權

第851條　稱不動產役權者，謂以他人不動產供自己不動產通行、汲水、採光、眺望、電信或其他以特定便宜之用為目的之權。

第851-1條　同一不動產上有不動產役權與以使用收益為目的之物權同時存在者，其後設定物權之權利行使，不得妨害先設定之物權。

第852條　不動產役權因時效而取得者，以繼續並表見者為限。

前項情形，需役不動產為共有者，共有人中一人之行為，或對於共有人中一人之行為，為他共有人之利益，亦生效力。

向行使不動產役權取得時效之各共有人為中斷時效之行為者，對全體共有人發生效力。

第853條　不動產役權不得由需役不動產分離而為讓與，或為其他權利之標的物。

第854條　　不動產役權人因行使或維持其權利,得為必要之附隨行為。但應擇於供役不動產損害最少之處所及方法為之。

第855條　　不動產役權人因行使權利而為設置者,有維持其設置之義務;其設置由供役不動產所有人提供者,亦同。
　　　　　　供役不動產所有人於無礙不動產役權行使之範圍內,得使用前項之設置,並應按其受益之程度,分擔維持其設置之費用。

第855-1條　供役不動產所有人或不動產役權人因行使不動產役權之處所或方法有變更之必要,而不甚妨礙不動產役權人或供役不動產所有人權利之行使者,得以自己之費用,請求變更之。

第856條　　需役不動產經分割者,其不動產役權為各部分之利益仍為存續。但不動產役權之行使,依其性質祇關於需役不動產之一部分者,僅就該部分仍為存續。

第857條　　供役不動產經分割者,不動產役權就其各部分仍為存續。但不動產役權之行使,依其性質祇關於供役不動產之一部分者,僅對於該部分仍為存續。

第858條　　（刪除）

第859條　　不動產役權之全部或一部無存續之必要時,法院因供役不動產所有人之請求,得就其無存續必要之部分,宣告不動產役權消滅。
　　　　　　不動產役權因需役不動產滅失或不堪使用而消滅。

第859-1條　不動產役權消滅時,不動產役權人所為之設置,準用第八百三十九條規定。

第859-2條　第八百三十四條至第八百三十六條之三規定,於不動產役權準用之。

第859-3條　基於以使用收益為目的之物權或租賃關係而使用需役不動產者,亦得為該不動產設定不動產役權。
　　　　　　前項不動產役權,因以使用收益為目的之物權或租賃關係之消滅而消滅。

第859-4條　不動產役權,亦得就自己之不動產設定之。

第859-5條　第八百五十一條至第八百五十九條之二規定,於前二條準用之。

第六章　抵押權

第一節　普通抵押權

第860條　稱普通抵押權者，謂債權人對於債務人或第三人不移轉占有而供其債權擔保之不動產，得就該不動產賣得價金優先受償之權。

第861條　抵押權所擔保者為原債權、利息、遲延利息、違約金及實行抵押權之費用。但契約另有約定者，不在此限。
　　　　　得優先受償之利息、遲延利息、一年或不及一年定期給付之違約金債權，以於抵押權人實行抵押權聲請強制執行前五年內發生及於強制執行程序中發生者為限。

第862條　抵押權之效力，及於抵押物之從物與從權利。
　　　　　第三人於抵押權設定前，就從物取得之權利，不受前項規定之影響。
　　　　　以建築物為抵押者，其附加於該建築物而不具獨立性之部分，亦為抵押權效力所及。但其附加部分為獨立之物，如係於抵押權設定後附加者，準用第八百七十七條之規定。

第862-1條　抵押物滅失之殘餘物，仍為抵押權效力所及。抵押物之成分非依物之通常用法而分離成為獨立之動產者，亦同。
　　　　　前項情形，抵押權人得請求占有該殘餘物或動產，並依質權之規定，行使其權利。

第863條　抵押權之效力，及於抵押物扣押後自抵押物分離，而得由抵押人收取之天然孳息。

第864條　抵押權之效力，及於抵押物扣押後抵押人就抵押物得收取之法定孳息。但抵押權人，非以扣押抵押物之事情，通知應清償法定孳息之義務人，不得與之對抗。

第865條　不動產所有人，因擔保數債權，就同一不動產，設定數抵押權者，其次序依登記之先後定之。

第866條　不動產所有人設定抵押權後，於同一不動產上，得設定地上權或其他以使用收益為目的之物權，或成立租賃關係。但其抵押權不因此而受影響。

前項情形，抵押權人實行抵押權受有影響者，法院得除去該權利或終止該租賃關係後拍賣之。

不動產所有人設定抵押權後，於同一不動產上，成立第一項以外之權利者，準用前項之規定。

第867條　不動產所有人設定抵押權後，得將不動產讓與他人。但其抵押權不因此而受影響。

第868條　抵押之不動產如經分割，或讓與其一部，或擔保一債權之數不動產而以其一讓與他人者，其抵押權不因此而受影響。

第869條　以抵押權擔保之債權，如經分割或讓與其一部者，其抵押權不因此而受影響。

前項規定，於債務分割或承擔其一部時適用之。

第870條　抵押權不得由債權分離而為讓與，或為其他債權之擔保。

第870-1條　同一抵押物有多數抵押權者，抵押權人得以下列方法調整其可優先受償之分配額。但他抵押權人之利益不受影響：

一、為特定抵押權人之利益，讓與其抵押權之次序。

二、為特定後次序抵押權人之利益，拋棄其抵押權之次序。

三、為全體後次序抵押權人之利益，拋棄其抵押權之次序。

前項抵押權次序之讓與或拋棄，非經登記，不生效力。並應於登記前，通知債務人、抵押人及共同抵押人。

因第一項調整而受利益之抵押權人，亦得實行調整前次序在先之抵押權。

調整優先受償分配額時，其次序在先之抵押權所擔保之債權，如有第三人之不動產為同一債權之擔保者，在因調整後增加負擔之限度內，以該不動產為標的物之抵押權消滅。但經該第三人同意者，不在此限。

第870-2條　調整可優先受償分配額時，其次序在先之抵押權所擔保之債權有保證人者，於因調整後所失優先受償之利益限度內，保證人免其責任。但經該保證人同意調整者，不在此限。

第871條　抵押人之行為，足使抵押物之價值減少者，抵押權人得請求停止其行為。

如有急迫之情事，抵押權人得自為必要之保全處分。

因前項請求或處分所生之費用，由抵押人負擔。其受償次序優

　　　　　　先於各抵押權所擔保之債權。

第872條　抵押物之價值因可歸責於抵押人之事由致減少時，抵押權人得定相當期限，請求抵押人回復抵押物之原狀，或提出與減少價額相當之擔保。

　　　　　　抵押人不於前項所定期限內，履行抵押權人之請求時，抵押權人得定相當期限請求債務人提出與減少價額相當之擔保。屆期不提出者，抵押權人得請求清償其債權。

　　　　　　抵押人為債務人時，抵押權人得不再為前項請求，逕行請求清償其債權。

　　　　　　抵押物之價值因不可歸責於抵押人之事由致減少者，抵押權人僅於抵押人因此所受利益之限度內，請求提出擔保。

第873條　抵押權人，於債權已屆清償期，而未受清償者，得聲請法院，拍賣抵押物，就其賣得價金而受清償。

第873-1條　約定於債權已屆清償期而未為清償時，抵押物之所有權移屬於抵押權人者，非經登記，不得對抗第三人。

　　　　　　抵押權人請求抵押人為抵押物所有權之移轉時，抵押物價值超過擔保債權部分，應返還抵押人；不足清償擔保債權者，仍得請求債務人清償。

　　　　　　抵押人在抵押物所有權移轉於抵押權人前，得清償抵押權擔保之債權，以消滅該抵押權。

第873-2條　抵押權人實行抵押權者，該不動產上之抵押權，因抵押物之拍賣而消滅。

　　　　　　前項情形，抵押權所擔保之債權有未屆清償期者，於抵押物拍賣得受清償之範圍內，視為到期。

　　　　　　抵押權所擔保之債權未定清償期或清償期尚未屆至，而拍定人或承受抵押物之債權人聲明願在拍定或承受之抵押物價額範圍內清償債務，經抵押權人同意者，不適用前二項之規定。

第874條　抵押物賣得之價金，除法律另有規定外，按各抵押權成立之次序分配之。

　　　　　　其次序相同者，依債權額比例分配之。

第875條　為同一債權之擔保，於數不動產上設定抵押權，而未限定各個不動產所負擔之金額者，抵押權人得就各個不動產賣得之價

金，受債權全部或一部之清償。

第875-1條 為同一債權之擔保，於數不動產上設定抵押權，抵押物全部或部分同時拍賣時，拍賣之抵押物中有為債務人所有者，抵押權人應先就該抵押物賣得之價金受償。

第875-2條 為同一債權之擔保，於數不動產上設定抵押權者，各抵押物對債權分擔之金額，依下列規定計算之：

一、未限定各個不動產所負擔之金額時，依各抵押物價值之比例。

二、已限定各個不動產所負擔之金額時，依各抵押物所限定負擔金額之比例。

三、僅限定部分不動產所負擔之金額時，依各抵押物所限定負擔金額與未限定負擔金額之各抵押物價值之比例。

計算前項第二款、第三款分擔金額時，各抵押物所限定負擔金額較抵押物價值為高者，以抵押物之價值為準。

第875-3條 為同一債權之擔保，於數不動產上設定抵押權者，在抵押物全部或部分同時拍賣，而其賣得價金超過所擔保之債權額時，經拍賣之各抵押物對債權分擔金額之計算，準用前條之規定。

第875-4條 為同一債權之擔保，於數不動產上設定抵押權者，在各抵押物分別拍賣時，適用下列規定：

一、經拍賣之抵押物為債務人以外之第三人所有，而抵押權人就該抵押物賣得價金受償之債權額超過其分擔額時，該抵押物所有人就超過分擔額之範圍內，得請求其餘未拍賣之其他第三人償還其供擔保抵押物應分擔之部分，並對該第三人之抵押物，以其分擔額為限，承受抵押權人之權利。但不得有害於該抵押權人之利益。

二、經拍賣之抵押物為同一人所有，而抵押權人就該抵押物賣得價金受償之債權額超過其分擔額時，該抵押物之後次序抵押權人就超過分擔額之範圍內，對其餘未拍賣之同一人供擔保之抵押物，承受實行抵押權人之權利。但不得有害於該抵押權人之利益。

第876條 設定抵押權時，土地及其土地上之建築物，同屬於一人所有，而僅以土地或僅以建築物為抵押者，於抵押物拍賣時，視為已

有地上權之設定，其地租、期間及範圍由當事人協議定之。不能協議者，得聲請法院以判決定之。

設定抵押權時，土地及其土地上之建築物，同屬於一人所有，而以土地及建築物為抵押者，如經拍賣，其土地與建築物之拍定人各異時，適用前項之規定。

第877條　　土地所有人於設定抵押權後，在抵押之土地上營造建築物者，抵押權人於必要時，得於強制執行程序中聲請法院將其建築物與土地併付拍賣。但對於建築物之價金，無優先受清償之權。

前項規定，於第八百六十六條第二項及第三項之情形，如抵押之不動產上，有該權利人或經其同意使用之人之建築物者，準用之。

第877-1條　以建築物設定抵押權者，於法院拍賣抵押物時，其抵押物存在所必要之權利得讓與者，應併付拍賣。但抵押權人對於該權利賣得之價金，無優先受清償之權。

第878條　　抵押權人於債權清償期屆滿後，為受清償，得訂立契約，取得抵押物之所有權或用拍賣以外之方法，處分抵押物，但有害於其他抵押權人之利益者，不在此限。

第879條　　為債務人設定抵押權之第三人，代為清償債務，或因抵押權人實行抵押權致失抵押物之所有權時，該第三人於其清償之限度內，承受債權人對於債務人之債權。但不得有害於債權人之利益。

債務人如有保證人時，保證人應分擔之部分，依保證人應負之履行責任與抵押物之價值或限定之金額比例定之。抵押物之擔保債權額少於抵押物之價值者，應以該債權額為準。

前項情形，抵押人就超過其分擔額之範圍，得請求保證人償還其應分擔部分。

第879-1條　第三人為債務人設定抵押權時，如債權人免除保證人之保證責任者，於前條第二項保證人應分擔部分之限度內，該部分抵押權消滅。

第880條　　以抵押權擔保之債權，其請求權已因時效而消滅，如抵押權人，於消滅時效完成後，五年間不實行其抵押權者，其抵押權消滅。

第881條　抵押權除法律另有規定外，因抵押物滅失而消滅。但抵押人因滅失得受賠償或其他利益者，不在此限。

前抵押權人對於前項抵押人所得行使之賠償或其他請求權有權利質權，其次序與原抵押權同。

給付義務人因故意或重大過失向抵押人為給付者，對於抵押權人不生效力。

抵押物因毀損而得受之賠償或其他利益，準用前三項之規定。

第二節　最高限額抵押權

第881-1條　稱最高限額抵押權者，謂債務人或第三人提供其不動產為擔保，就債權人對債務人一定範圍內之不特定債權，在最高限額內設定之抵押權。

最高限額抵押權所擔保之債權，以由一定法律關係所生之債權或基於票據所生之權利為限。

基於票據所生之權利，除本於與債務人間依前項一定法律關係取得者外，如抵押權人係於債務人已停止支付、開始清算程序，或依破產法有和解、破產之聲請或有公司重整之聲請，而仍受讓票據者，不屬最高限額抵押權所擔保之債權。但抵押權人不知其情事而受讓者，不在此限。

第881-2條　最高限額抵押權人就已確定之原債權，僅得於其約定之最高限額範圍內，行使其權利。

前項債權之利息、遲延利息、違約金，與前項債權合計不逾最高限額範圍者，亦同。

第881-3條　原債權確定前，抵押權人與抵押人得約定變更第八百八十一條之一第二項所定債權之範圍或其債務人。

前項變更無須得後次序抵押權人或其他利害關係人同意。

第881-4條　最高限額抵押權得約定其所擔保原債權應確定之期日，並得於確定之期日前，約定變更之。

前項確定之期日，自抵押權設定時起，不得逾三十年。逾三十年者，縮短為三十年。

前項期限，當事人得更新之。

第881-5條　最高限額抵押權所擔保之原債權，未約定確定之期日者，抵押人或抵押權人得隨時請求確定其所擔保之原債權。

前項情形，除抵押人與抵押權人另有約定外，自請求之日起，經十五日為其確定期日。

第881-6條　最高限額抵押權所擔保之債權，於原債權確定前讓與他人者，其最高限額抵押權不隨同移轉。第三人為債務人清償債務者，亦同。

最高限額抵押權所擔保之債權，於原債權確定前經第三人承擔其債務，而債務人免其責任者，抵押權人就該承擔之部分，不得行使最高限額抵押權。

第881-7條　原債權確定前，最高限額抵押權之抵押權人或債務人為法人而有合併之情形者，抵押人得自知悉合併之日起十五日內，請求確定原債權。但自合併登記之日起已逾三十日，或抵押人為合併之當事人者，不在此限。

有前項之請求者，原債權於合併時確定。

合併後之法人，應於合併之日起十五日內通知抵押人，其未為通知致抵押人受損害者，應負賠償責任。

前三項之規定，於第三百零六條或法人分割之情形，準用之。

第881-8條　原債權確定前，抵押權人經抵押人之同意，得將最高限額抵押權之全部或分割其一部讓與他人。

原債權確定前，抵押權人經抵押人之同意，得使他人成為最高限額抵押權之共有人。

第881-9條　最高限額抵押權為數人共有者，各共有人按其債權額比例分配其得優先受償之價金。但共有人於原債權確定前，另有約定者，從其約定。

共有人得依前項按債權額比例分配之權利，非經共有人全體之同意，不得處分。但已有應有部分之約定者，不在此限。

第881-10條　為同一債權之擔保，於數不動產上設定最高限額抵押權者，如其擔保之原債權，僅其中一不動產發生確定事由時，各最高限額抵押權所擔保之原債權均歸於確定。

第881-11條　最高限額抵押權不因抵押權人、抵押人或債務人死亡而受影響。但經約定為原債權確定之事由者，不在此限。

第881-12條　最高限額抵押權所擔保之原債權，除本節另有規定外，因下列
　　　　　　事由之一而確定：
　　　　　　一、約定之原債權確定期日屆至者。
　　　　　　二、擔保債權之範圍變更或因其他事由，致原債權不繼續發生
　　　　　　　　者。
　　　　　　三、擔保債權所由發生之法律關係經終止或因其他事由而消滅
　　　　　　　　者。
　　　　　　四、債權人拒絕繼續發生債權，債務人請求確定者。
　　　　　　五、最高限額抵押權人聲請裁定拍賣抵押物，或依第
　　　　　　　　八百七十三條之一之規定為抵押物所有權移轉之請求時，
　　　　　　　　或依第八百七十八條規定訂立契約者。
　　　　　　六、抵押物因他債權人聲請強制執行經法院查封，而為最高限
　　　　　　　　額抵押權人所知悉，或經執行法院通知最高限額抵押權人
　　　　　　　　者。但抵押物之查封經撤銷時，不在此限。
　　　　　　七、債務人或抵押人經裁定宣告破產者。但其裁定經廢棄確定
　　　　　　　　時，不在此限。
　　　　　　第八百八十一條之五第二項之規定，於前項第四款之情形，準
　　　　　　用之。
　　　　　　第一項第六款但書及第七款但書之規定，於原債權確定後，已
　　　　　　有第三人受讓擔保債權，或以該債權為標的物設定權利者，不
　　　　　　適用之。
第881-13條　最高限額抵押權所擔保之原債權確定事由發生後，債務人或抵
　　　　　　押人得請求抵押權人結算實際發生之債權額，並得就該金額請
　　　　　　求變更為普通抵押權之登記。但不得逾原約定最高限額之範
　　　　　　圍。
第881-14條　最高限額抵押權所擔保之原債權確定後，除本節另有規定外，
　　　　　　其擔保效力不及於繼續發生之債權或取得之票據上之權利。
第881-15條　最高限額抵押權所擔保之債權，其請求權已因時效而消滅，如
　　　　　　抵押權人於消滅時效完成後，五年間不實行其抵押權者，該債
　　　　　　權不再屬於最高限額抵押權擔保之範圍。
第881-16條　最高限額抵押權所擔保之原債權確定後，於實際債權額超過最
　　　　　　高限額時，為債務人設定抵押權之第三人，或其他對該抵押權

之存在有法律上利害關係之人，於清償最高限額為度之金額後，得請求塗銷其抵押權。

第881-17條　最高限額抵押權，除第八百六十一條第二項、第八百六十九條第一項、第八百七十條、第八百七十條之一、第八百七十條之二、第八百八十條之規定外，準用關於普通抵押權之規定。

第三節　其他抵押權

第882條　地上權、農育權及典權，均得為抵押權之標的物。

第883條　普通抵押權及最高限額抵押權之規定，於前條抵押權及其他抵押權準用之。

第七章　質權

第一節　動產質權

第884條　稱動產質權者，謂債權人對於債務人或第三人移轉占有而供其債權擔保之動產，得就該動產賣得價金優先受償之權。

第885條　質權之設定，因供擔保之動產移轉於債權人占有而生效力。
　　　　質權人不得使出質人或債務人代自己占有質物。

第886條　動產之受質人占有動產，而受關於占有規定之保護者，縱出質人無處分其質物之權利，受質人仍取得其質權。

第887條　質權所擔保者為原債權、利息、遲延利息、違約金、保存質物之費用、實行質權之費用及因質物隱有瑕疵而生之損害賠償。但契約另有約定者，不在此限。
　　　　前項保存質物之費用，以避免質物價值減損所必要者為限。

第888條　質權人應以善良管理人之注意，保管質物。
　　　　質權人非經出質人之同意，不得使用或出租其質物。但為保存其物之必要而使用者，不在此限。

第889條　質權人得收取質物所生之孳息。但契約另有約定者，不在此限。

第890條　質權人有收取質物所生孳息之權利者，應以對於自己財產同一之注意收取孳息，並為計算。
　　　　前項孳息，先抵充費用，次抵原債權之利息，次抵原債權。

孳息如須變價始得抵充者，其變價方法準用實行質權之規定。

第891條　質權人於質權存續中，得以自己之責任，將質物轉質於第三人。其因轉質所受不可抗力之損失，亦應負責。

第892條　因質物有腐壞之虞，或其價值顯有減少，足以害及質權人之權利者，質權人得拍賣質物，以其賣得價金，代充質物。
前項情形，如經出質人之請求，質權人應將價金提存於法院。
質權人屆債權清償期而未受清償者，得就提存物實行其質權。

第893條　質權人於債權已屆清償期，而未受清償者，得拍賣質物，就其賣得價金而受清償。
約定於債權已屆清償期而未為清償時，質物之所有權移屬於質權人者，準用第八百七十三條之一之規定。

第894條　前二條情形質權人應於拍賣前，通知出質人。但不能通知者，不在此限。

第895條　第八百七十八條之規定，於動產質權準用之。

第896條　動產質權，所擔保之債權消滅時，質權人應將質物返還於有受領權之人。

第897條　動產質權，因質權人將質物返還於出質人或交付於債務人而消滅。返還或交付質物時，為質權繼續存在之保留者，其保留無效。

第898條　質權人喪失其質物之占有，於二年內未請求返還者，其動產質權消滅。

第899條　動產質權，因質物滅失而消滅。但出質人因滅失得受賠償或其他利益者，不在此限。
質權人對於前項出質人所得行使之賠償或其他請求權仍有質權，其次序與原質權同。
給付義務人因故意或重大過失向出質人為給付者，對於質權人不生效力。
前項情形，質權人得請求出質人交付其給付物或提存其給付之金錢。
質物因毀損而得受之賠償或其他利益，準用前四項之規定。

第899-1條　債務人或第三人得提供其動產為擔保，就債權人對債務人一定範圍內之不特定債權，在最高限額內，設定最高限額質權。

前項質權之設定，除移轉動產之占有外，並應以書面為之。

關於最高限額抵押權及第八百八十四條至前條之規定，於最高限額質權準用之。

第899-2條　質權人係經許可以受質為營業者，僅得就質物行使其權利。出質人未於取贖期間屆滿後五日內取贖其質物時，質權人取得質物之所有權，其所擔保之債權同時消滅。

前項質權，不適用第八百八十九條至第八百九十五條、第八百九十九條、第八百九十九條之一之規定。

第二節　權利質權

第900條　稱權利質權者，謂以可讓與之債權或其他權利為標的物之質權。

第901條　權利質權，除本節有規定外，準用關於動產質權之規定。

第902條　權利質權之設定，除依本節規定外，並應依關於其權利讓與之規定為之。

第903條　為質權標的物之權利，非經質權人之同意，出質人不得以法律行為，使其消滅或變更。

第904條　以債權為標的物之質權，其設定應以書面為之。

前項債權有證書者，出質人有交付之義務。

第905條　為質權標的物之債權，以金錢給付為內容，而其清償期先於其所擔保債權之清償期者，質權人得請求債務人提存之，並對提存物行使其質權。

為質權標的物之債權，以金錢給付為內容，而其清償期後於其所擔保債權之清償期者，質權人於其清償期屆至時，得就擔保之債權額，為給付之請求。

第906條　為質權標的物之債權，以金錢以外之動產給付為內容者，於其清償期屆至時，質權人得請求債務人給付之，並對該給付物有質權。

第906-1條　為質權標的物之債權，以不動產物權之設定或移轉為給付內容者，於其清償期屆至時，質權人得請求債務人將該不動產物權設定或移轉於出質人，並對該不動產物權有抵押權。

前項抵押權應於不動產物權設定或移轉於出質人時,一併登記。

第906-2條　質權人於所擔保債權清償期屆至而未受清償時,除依前三條之規定外,亦得依第八百九十三條第一項或第八百九十五條之規定實行其質權。

第906-3條　為質權標的物之債權,如得因一定權利之行使而使其清償期屆至者,質權人於所擔保債權清償期屆至而未受清償時,亦得行使該權利。

第906-4條　債務人依第九百零五條第一項、第九百零六條、第九百零六條之一為提存或給付時,質權人應通知出質人,但無庸得其同意。

第907條　　為質權標的物之債權,其債務人受質權設定之通知者,如向出質人或質權人一方為清償時,應得他方之同意。他方不同意時,債務人應提存其為清償之給付物。

第907-1條　為質權標的物之債權,其債務人於受質權設定之通知後,對出質人取得債權者,不得以該債權與為質權標的物之債權主張抵銷。

第908條　　質權以未記載權利人之有價證券為標的物者,因交付其證券於質權人,而生設定質權之效力。以其他之有價證券為標的物者,並應依背書方法為之。

　　　　　前項背書,得記載設定質權之意旨。

第909條　　質權以未記載權利人之有價證券、票據、或其他依背書而讓與之有價證券為標的物者,其所擔保之債權,縱未屆清償期,質權人仍得收取證券上應受之給付。如有使證券清償期屆至之必要者,並有為通知或依其他方法使其屆至之權利。債務人亦僅得向質權人為給付。

　　　　　前項收取之給付,適用第九百零五條第一項或第九百零六條之規定。

　　　　　第九百零六條之二及第九百零六條之三之規定,於以證券為標的物之質權,準用之。

第910條　　質權以有價證券為標的物者,其附屬於該證券之利息證券、定期金證券或其他附屬證券,以已交付於質權人者為限,亦為質

權效力所及。

附屬之證券，係於質權設定後發行者，除另有約定外，質權人得請求發行人或出質人交付之。

第八章　典權

第911條　稱典權者，謂支付典價在他人之不動產為使用、收益，於他人不回贖時，取得該不動產所有權之權。

第912條　典權約定期限不得逾三十年，逾三十年者縮短為三十年。

第913條　典權之約定期限不滿十五年者，不得附有到期不贖即作絕賣之條款。

典權附有絕賣條款者，出典人於典期屆滿不以原典價回贖時，典權人即取得典物所有權。

絕賣條款非經登記，不得對抗第三人。

第914條　（刪除）

第915條　典權存續中，典權人得將典物轉典或出租於他人。但另有約定或另有習慣者，依其約定或習慣。

典權定有期限者，其轉典或租賃之期限，不得逾原典權之期限，未定期限者，其轉典或租賃，不得定有期限。

轉典之典價，不得超過原典價。

土地及其土地上之建築物同屬一人所有，而為同一人設定典權者，典權人就該典物不得分離而為轉典或就其典權分離而為處分。

第916條　典權人對於典物因轉典或出租所受之損害，負賠償責任。

第917條　典權人得將典權讓與他人或設定抵押權。

典物為土地，典權人在其上有建築物者，其典權與建築物，不得分離而為讓與或其他處分。

第917-1條　典權人應依典物之性質為使用收益，並應保持其得永續利用。

典權人違反前項規定，經出典人阻止而仍繼續為之者，出典人得回贖其典物。典權經設定抵押權者，並應同時將該阻止之事實通知抵押權人。

第918條　出典人設定典權後，得將典物讓與他人。但典權不因此而受影響。

第919條　出典人將典物出賣於他人時，典權人有以相同條件留買之權。
　　　　前項情形，出典人應以書面通知典權人。典權人於收受出賣通知後十日內不以書面表示依相同條件留買者，其留買權視為拋棄。
　　　　出典人違反前項通知之規定而將所有權移轉者，其移轉不得對抗典權人。

第920條　典權存續中，典物因不可抗力致全部或一部滅失者，就其滅失之部分，典權與回贖權，均歸消滅。
　　　　前項情形，出典人就典物之餘存部分，為回贖時，得由原典價扣除滅失部分之典價。其滅失部分之典價，依滅失時滅失部分之價值與滅失時典物之價值比例計算之。

第921條　典權存續中，典物因不可抗力致全部或一部滅失者，除經出典人同意外，典權人僅得於滅失時滅失部分之價值限度內為重建或修繕。原典權對於重建之物，視為繼續存在。

第922條　典權存續中，因典權人之過失，致典物全部或一部滅失者，典權人於典價額限度內，負其責任。但因故意或重大過失，致滅失者，除將典價抵償損害外，如有不足，仍應賠償。

第922-1條　因典物滅失受賠償而重建者，原典權對於重建之物，視為繼續存在。

第923條　典權定有期限者，於期限屆滿後，出典人得以原典價回贖典物。
　　　　出典人於典期屆滿後，經過二年，不以原典價回贖者，典權人即取得典物所有權。

第924條　典權未定期限者，出典人得隨時以原典價回贖典物。但自出典後經過三十年不回贖者，典權人即取得典物所有權。

第924-1條　經轉典之典物，出典人向典權人為回贖之意思表示時，典權人不於相當期間向轉典權人回贖並塗銷轉典權登記者，出典人得於原典價範圍內，以最後轉典價逐向最後轉典權人回贖典物。
　　　　前項情形，轉典價低於原典價者，典權人或轉典權人得向出典人請求原典價與轉典價間之差額。出典人並得為各該請求權人提存其差額。
　　　　前二項規定，於下列情形亦適用之：

一、典權人預示拒絕塗銷轉典權登記。

二、典權人行蹤不明或有其他情形致出典人不能為回贖之意思表示。

第924-2條　土地及其土地上之建築物同屬一人所有，而僅以土地設定典權者，典權人與建築物所有人間，推定在典權或建築物存續中，有租賃關係存在；其僅以建築物設定典權者，典權人與土地所有人間，推定在典權存續中，有租賃關係存在；其分別設定典權者，典權人相互間，推定在典權均存續中，有租賃關係存在。

前項情形，其租金數額當事人不能協議時，得請求法院以判決定之。

依第一項設定典權者，於典權人依第九百十三條第二項、第九百二十三條第二項、第九百二十四條規定取得典物所有權，致土地與建築物各異其所有人時，準用第八百三十八條之一規定。

第925條　出典人之回贖，應於六個月前通知典權人。

第926條　出典人於典權存續中，表示讓與其典物之所有權於典權人者，典權人得按時價找貼，取得典物所有權。

前項找貼，以一次為限。

第927條　典權人因支付有益費用，使典物價值增加，或依第九百二十一條規定，重建或修繕者，於典物回贖時，得於現存利益之限度內，請求償還。

第八百三十九條規定，於典物回贖時準用之。

典物為土地，出典人同意典權人在其上營造建築物者，除另有約定外，於典物回贖時，應按該建築物之時價補償之。出典人不願補償者，於回贖時視為已有地上權之設定。

出典人願依前項規定為補償而就時價不能協議時，得聲請法院裁定之；其不願依裁定之時價補償者，於回贖時亦視為已有地上權之設定。

前二項視為已有地上權設定之情形，其地租、期間及範圍，當事人不能協議時，得請求法院以判決定之。

第九章　留置權

第928條　稱留置權者，謂債權人占有他人之動產，而其債權之發生與該動產有牽連關係，於債權已屆清償期未受清償時，得留置該動產之權。

債權人因侵權行為或其他不法之原因而占有動產者，不適用前項之規定。

其占有之始明知或因重大過失而不知該動產非為債務人所有者，亦同。

第929條　商人間因營業關係而占有之動產，與其因營業關係所生之債權，視為有前條所定之牽連關係。

第930條　動產之留置，違反公共秩序或善良風俗者，不得為之。其與債權人應負擔之義務或與債權人債務人間之約定相牴觸者，亦同。

第931條　債務人無支付能力時，債權人縱於其債權未屆清償期前，亦有留置權。

債務人於動產交付後，成為無支付能力，或其無支付能力於交付後始為債權人所知者，其動產之留置，縱有前條所定之牴觸情形，債權人仍得行使留置權。

第932條　債權人於其債權未受全部清償前，得就留置物之全部，行使其留置權。但留置物為可分者，僅得依其債權與留置物價值之比例行使之。

第932-1條　留置物存有所有權以外之物權者，該物權人不得以之對抗善意之留置權人。

第933條　第八百八十八條至第八百九十條及第八百九十二條之規定，於留置權準用之。

第934條　債權人因保管留置物所支出之必要費用，得向其物之所有人，請求償還。

第935條　（刪除）

第936條　債權人於其債權已屆清償期而未受清償者，得定一個月以上之相當期限，通知債務人，聲明如不於其期限內為清償時，即就其留置物取償；留置物為第三人所有或存有其他物權而為債權

人所知者，應併通知之。

債務人或留置物所有人不於前項期限內為清償者，債權人得準用關於實行質權之規定，就留置物賣得之價金優先受償，或取得其所有權。

不能為第一項之通知者，於債權清償期屆至後，經過六個月仍未受清償時，債權人亦得行使前項所定之權利。

第937條　債務人或留置物所有人為債務之清償，已提出相當之擔保者，債權人之留置權消滅。

第八百九十七條至第八百九十九條之規定，於留置權準用之。

第938條　（刪除）

第939條　本章留置權之規定，於其他留置權準用之。但其他留置權另有規定者，從其規定。

第一〇章　占有

第940條　對於物有事實上管領之力者，為占有人。

第941條　地上權人、農育權人、典權人、質權人、承租人、受寄人，或基於其他類似之法律關係，對於他人之物為占有者，該他人為間接占有人。

第942條　受僱人、學徒、家屬或基於其他類似之關係，受他人之指示，而對於物有管領之力者，僅該他人為占有人。

第943條　占有人於占有物上行使之權利，推定其適法有此權利。

前項推定，於下列情形不適用之：

一、占有已登記之不動產而行使物權。

二、行使所有權以外之權利者，對使其占有之人。

第944條　占有人推定其為以所有之意思，善意、和平、公然及無過失占有。

經證明前後兩時為占有者，推定前後兩時之間，繼續占有。

第945條　占有依其所由發生之事實之性質，無所有之意思者，其占有人對於使其占有之人表示所有之意思時起，為以所有之意思而占有。其因新事實變為以所有之意思占有者，亦同。

使其占有之人非所有人，而占有人於為前項表示時已知占有物之所有人者，其表示並應向該所有人為之。

第946條 前二項規定，於占有人以所有之意思占有變為以其他意思而占有，或以其他意思之占有變為以不同之其他意思而占有者，準用之。

第946條 占有之移轉，因占有物之交付而生效力。
前項移轉，準用第七百六十一條之規定。

第947條 占有之繼承人或受讓人，得就自己之占有或將自己之占有與其前占有人之占有合併，而為主張。
合併前占有人之占有而為主張者，並應承繼其瑕疵。

第948條 以動產所有權，或其他物權之移轉或設定為目的，而善意受讓該動產之占有者，縱其讓與人無讓與之權利，其占有仍受法律之保護。但受讓人明知或因重大過失而不知讓與人無讓與之權利者，不在此限。
動產占有之受讓，係依第七百六十一條第二項規定為之者，以受讓人受現實交付且交付時善意為限，始受前項規定之保護。

第949條 占有物如係盜贓、遺失物或其他非基於原占有人之意思而喪失其占有者，原占有人自喪失占有之時起二年以內，得向善意受讓之現占有人請求回復其物。
依前項規定回復其物者，自喪失其占有時起，回復其原來之權利。

第950條 盜贓、遺失物或其他非基於原占有人之意思而喪失其占有之物，如現占有人由公開交易場所，或由販賣與其物同種之物之商人，以善意買得者，非償還其支出之價金，不得回復其物。

第951條 盜贓、遺失物或其他非基於原占有人之意思而喪失其占有之物，如係金錢或未記載權利人之有價證券，不得向其善意受讓之現占有人請求回復。

第951-1條 第九百四十九條及第九百五十條規定，於原占有人為惡意占有者，不適用之。

第952條 善意占有人於推定其為適法所有之權利範圍內，得為占有物之使用、收益。

第953條 善意占有人就占有物之滅失或毀損，如係因可歸責於自己之事由所致者，對於回復請求人僅以滅失或毀損所受之利益為限，負賠償之責。

第954條　善意占有人因保存占有物所支出之必要費用，得向回復請求人
　　　　　請求償還。
　　　　　但已就占有物取得孳息者，不得請求償還通常必要費用。
第955條　善意占有人，因改良占有物所支出之有益費用，於其占有物現
　　　　　存之增加價值限度內，得向回復請求人，請求償還。
第956條　惡意占有人或無所有意思之占有人，就占有物之滅失或毀損，
　　　　　如係因可歸責於自己之事由所致者，對於回復請求人，負賠償
　　　　　之責。
第957條　惡意占有人，因保存占有物所支出之必要費用，對於回復請求
　　　　　人，得依關於無因管理之規定，請求償還。
第958條　惡意占有人，負返還孳息之義務。其孳息如已消費，或因其過
　　　　　失而毀損，或怠於收取者，負償還其孳息價金之義務。
第959條　善意占有人自確知其無占有本權時起，為惡意占有人。
　　　　　善意占有人於本權訴訟敗訴時，自訴狀送達之日起，視為惡意
　　　　　占有人。
第960條　占有人，對於侵奪或妨害其占有之行為，得以己力防禦之。
　　　　　占有物被侵奪者，如係不動產，占有人得於侵奪後，即時排除
　　　　　加害人而取回之；如係動產，占有人得就地或追蹤向加害人取
　　　　　回之。
第961條　依第九百四十二條所定對於物有管領力之人，亦得行使前條所
　　　　　定占有人之權利。
第962條　占有人，其占有被侵奪者，得請求返還其占有物；占有被妨害
　　　　　者，得請求除去其妨害；占有有被妨害之虞者，得請求防止其
　　　　　妨害。
第963條　前條請求權，自侵奪或妨害占有或危險發生後，一年間不行使
　　　　　而消滅。
第963-1條　數人共同占有一物時，各占有人得就占有物之全部，行使第
　　　　　九百六十條或第九百六十二條之權利。
　　　　　依前項規定，取回或返還之占有物，仍為占有人全體占有。
第964條　占有，因占有人喪失其對於物之事實上管領力而消滅。但其管
　　　　　領力僅一時不能實行者，不在此限。
第965條　數人共同占有一物時，各占有人就其占有物使用之範圍，不得

　　　　　　互相請求占有之保護。

第966條　　財產權，不因物之占有而成立者，行使其財產權之人，為準占
　　　　　　有人。

　　　　　　本章關於占有之規定，於前項準占有準用之。

參、民法物權編地上權章條文修正對照表（99年）

中華民國99年2月3日總統華總一義字第09900022461號令公布

修正條文	現行條文	說明
第三章　地上權	第三章　地上權	章名未修正
第一節　普通地上權		一、新增節名。 二、按區分地上權雖屬地上權之一種，惟區分地上權性質及效力仍有其特殊性，故為求體系完整，爰仿質權章，分設二節規範普通地上權及區分地上權，並於修正條文第八百四十一條之一增訂區分地上權之定義性規定，以示其不同之特性。
第八百三十二條稱普通地上權者，謂以在他人土地之上下有建築物或其他工作物為目的而使用其土地之權。	第八百三十二條稱地上權者，謂以在他人土地之上有建築物，或其他工作物，或竹木為目的而使用其土地之權。	一、本章將地上權分為普通地上權及區分地上權二節，本條至第八百四十一條為有關普通地上權之規定。而本條係關於普通地上權之定義性規定，故仍表明「普通地上權」之文字。至於本節以下各條規定中所稱之「地上權」，既規定於同一節內，當然係指「普通地上權」而言。 二、本編已增訂第四章之一「農育權」，其內容包括以種植竹木為目的，在他人之土地為使用、收益之情形。 為避免地上權與農育權之內容重複，爰將本條「或竹木」三字刪除，俾地上權之使用土地目的僅

		限於有建築物或其他工作物。又當事人間為上開目的約定已構成地上權之內容，地政機關於辦理登記時，宜將該設定目的予以配合登記。 三、地上權之範圍依現行條文規定「…以在他人土地上…」等文字觀之，易使人誤解為僅限於在土地之上設定，惟學者通說及實務上見解均認為在土地上空或地下均得設定。為避免疑義，爰將「土地上」修正為「土地之上下」，以期明確。
第八百三十三條（刪除）	第八百三十三條第七百七十四條至第七百九十八條之規定，於地上權人間，或地上權人與土地所有人間，準用之。	一、本條刪除。 二、現行條文準用規定，已在修正條文第八百條之一作概括規定，本條已無規定必要，爰予刪除。
第八百三十三條之一 地上權未定有期限者，存續期間逾二十年或地上權成立之目的已不存在時，法院得因當事人之請求，斟酌地上權成立之目的、建築物或工作物之種類、性質及利用狀況等情形，定其存續期間或終止其地上權。		一、本條新增。 二、地上權雖未定有期限，但非有相當之存續期間，難達土地利用之目的，不足以發揮地上權之社會機能。又因科技進步，建築物或工作物之使用年限有日漸延長趨勢，為發揮經濟效用，兼顧土地所有人與地上權人之利益，爰明定土地所有人或地上權人均得於逾二十年後，請求法院斟酌地上權成立之目的、建築物或工作物之各種狀況而定地上權之存續期間；或於地上權成立之目的不存在時，法院得終止其地上權。又此項請求係變更原物權之內容，性質上為形成之訴，應以形成判決為之。若地上權經設定抵押權

		者，法院得依民事訴訟法第六十七條之一規定告知參加訴訟，以保障抵押權人之權益，併予敘明。
第八百三十三條之二 以公共建設為目的而成立之地上權，未定有期限者，以該建設使用目的完畢時，視為地上權之存續期限。		一、本條新增。 二、按以公共建設（例如大眾捷運、高速鐵路等）為目的而成立之地上權，原即難以定其使用年限，爰增訂本條明定以公共建設為目的而成立之地上權，以該建設使用目的完畢時，視為其存續期限。
第八百三十四條地上權無支付地租之約定者，地上權人得隨時拋棄其權利。	第八百三十四條地上權未定有期限者，地上權人得隨時拋棄其權利。 但另有習慣者，不在此限。 前項拋棄，應向土地所有人以意思表示為之。	一、無支付地租之地上權，無論是否定有期限，地上權人拋棄其權利，對於土地所有人有利而無害，爰將現行條文第一項以地上權人未定有期限者，地上權人始得隨時拋棄權利之限制規定加以修正。又從保障土地所有人之利益言，縱有不同之習慣，亦無規定之必要，爰將該項但書刪除。 二、現行條文第二項牽涉拋棄之方式，不僅為地上權之問題，其他限制物權亦有之，且現行條文第七百六十四條已有概括規定，爰予刪除。
第八百三十五條地上權定有期限，而有支付地租之約定者，地上權人得支付未到期之三年分地租後，拋棄其權利。 地上權未定有期限，而有支付地租之約定者，地上權人拋棄權利時，應於一年前通	第八百三十五條有支付地租之訂定者，其地上權人拋棄權利時，應於一年前通知土地所有人，或支付未到支付期之一年分地租。	一、支付地租而定有期限之地上權，於地上權人拋棄其權利時，對土地所有人而言，較諸支付地租而未定有期限之地上權人拋棄權利之影響為大，為保障其利益，爰修正第一項，明定地上權人須支付未到期之三年分地租後，始得拋棄其權利。至殘餘之地上權期限不滿三年者，即無此項規定之適用，僅應支付殘餘期間之地

知土地所有人，或支付未到期之一年分地租。 因不可歸責於地上權人之事由，致土地不能達原來使用之目的時，地上權人於支付前二項地租二分之一後，得拋棄其權利；其因可歸責於土地所有人之事由，致土地不能達原來使用之目的時，地上權人亦得拋棄其權利，並免支付地租。		租，自不待言。 二、支付地租而未定有期限之地上權人，應於一年前通知土地所有人，或支付未到期之一年分地租後，始得拋棄其權利，爰增訂第二項。 三、地上權旨在充分使用土地，如因不可歸責於地上權人之事由，致不能達原來使用土地之目的時，應許地上權人拋棄其權利。 惟如仍依前二項規定始得拋棄，未免過苛，為兼顧土地所有人及地上權人雙方之利益，其危險應由雙方平均負擔。至土地所有人因負有消極容忍地上權人使用土地之義務，是以如因可歸責於土地所有人之事由，致不能達地上權原來使用土地之目的時，地上權人已無法行使權利，此際應許其免支付地租，無條件拋棄地上權，始為公允，爰增訂第三項。
第八百三十五條之一 地上權設定後，因土地價值之昇降，依原定地租給付顯失公平者，當事人得請求法院增減之。 未定有地租之地上權，如因土地之負擔增加，非當時所得預料，仍無償使用顯失公平者，土地所有人得請求法院酌定其地租。		一、本條新增。 二、土地之價值，在社會經濟有變遷之情形下，常多變動，如於地上權設定後，因土地價值之昇降，地上權人給付原定地租，依一般觀念顯然不公平者，為保障雙方當事人之權益，並避免爭議，爰增訂第一項，由當事人提起民事訴訟，請求法院以判決增減其地租，以期允當。 三、原未訂有地租之地上權，如因土地所有人就土地之租稅及其他費用等負擔增加，而非設定地上權當時所得預料者，如仍令土地所有人單獨負擔，顯失公平，基於情事變更法則，土地所有人亦得

		提起民事訴訟，請求法院酌定地租，爰增訂第二項。
第八百三十六條地上權人積欠地租達二年之總額，除另有習慣外，土地所有人得定相當期限催告地上權人支付地租，如地上權人於期限內不為支付，土地所有人得終止地上權。地上權經設定抵押權者，並應同時將該催告之事實通知抵押權人。 地租之約定經登記者，地上權讓與時，前地上權人積欠之地租應併同計算。受讓人就前地上權人積欠之地租，應與讓與人連帶負清償責任。 第一項終止，應向地上權人以意思表示為之。	第八百三十六條地上權人積欠地租達二年之總額者，除另有習慣外，土地所有人，得撤銷其地上權。 前項撤銷，應向地上權人以意思表示為之。	一、依現行條文第一百十四條規定，法律行為經撤銷者，視為自始無效。惟本條所謂撤銷地上權，並無溯及效力，僅係向將來發生消滅效力，其性質應為終止權，爰將本條「撤銷」二字修正為「終止」。又地上權人積欠地租達二年之總額，土地所有人終止地上權前，仍應踐行定期催告程序，以兼顧地上權人之利益，最高法院六十八年台上字第七七七號判例著有明文，為明確計，爰以明文規定之。其地上權經設定抵押權者，為保障抵押權人之權益，爰增訂土地所有人於催告地上權人時，應同時將催告之事實通知抵押權人，俾抵押權人得以利害關係人之身分代位清償，使地上權不被終止。土地所有人如違反本條規定不予通知時，則對抵押權人因此所受之損害，應負損害賠償之責。 二、地上權有地租之約定經登記者，因該地租已為地上權之內容，具有物權效力。地上權讓與時，受讓人即應合併計算讓與人所欠租額，並與其連帶負清償責任，以保障土地所有人之權益。 惟受讓人就前地上權人積欠之地租清償後，得否向該前地上權人求償，則依其內部關係定之。如地租之約定未經登記者，則僅發生債之關係，地上權讓與時，該地租債務並不當然由受讓人承擔，爰增訂第二項。

		三、現行條文第二項移列為第三項，並將「撤銷」二字修正為「終止」。
第八百三十六條之一 土地所有權讓與時，已預付之地租，非經登記，不得對抗第三人。		一、本條新增。 二、地上權有地租之約定，而其預付地租之事實經登記者，方能發生物權效力，足以對抗第三人，故土地及地上權之受讓人或其他第三人（例如抵押權人），當受其拘束，爰增訂本條。至於未經登記者，僅發生債之效力，地上權人仍應向受讓人支付地租，惟其得向讓與人請求返還該預付部分，無待明文。
第八百三十六條之二 地上權人應依設定之目的及約定之使用方法，為土地之使用收益；未約定使用方法者，應依土地之性質為之，並均應保持其得永續利用。 前項約定之使用方法，非經登記，不得對抗第三人。		一、本條新增。 二、土地是人類生存之重要資源，土地之物盡其用與其本質維護，俾得永續利用，應力求其平衡，爰增設第一項（瑞士民法第七百六十八條、第七百六十九條、日本民法第二百七十一條、魁北克民法第一千一百二十條、義大利民法第九百七十二條第一項第一款、第一千零六十七條第一項、德國民法第一千零二十條第一項參照）。地上權人使用土地不僅應依其設定之目的及約定之方法為之，且應保持土地之本質，不得為使其不能回復原狀之變更、過度利用或戕害其自我更新能力，以維護土地資源之永續利用。 三、若地上權有約定之使用方法者，其約定須經登記，方能構成地上權之內容，發生物權效力，足以對抗第三人，故土地及地上權之受讓人或其他第三人（例如抵押

		權人），當受其拘束，爰增訂第二項。
第八百三十六條之三 地上權人違反前條第一項規定，經土地所有人阻止而仍繼續為之者，土地所有人得終止地上權。地上權經設定抵押權者，並應同時將該阻止之事實通知抵押權人。		一、本條新增。 二、地上權人使用土地如有違反前條第一項規定之情事者，應使土地所有人有阻止之權。如經阻止而仍繼續為之者，並使其有終止地上權之權，以維護土地資源之永續性及土地所有人之權益，爰仿現行條文第四百三十八條之立法體例，增訂前段規定。若地上權經設定抵押權者，為保障抵押權人之權益，爰參酌修正條文第八百三十六條第一項規定，增訂土地所有人於阻止地上權人時，應同時將該阻止之事實通知抵押權人之規定。
第八百三十八條地上權人得將其權利讓與他人或設定抵押權。但契約另有約定或另有習慣者，不在此限。 前項約定，非經登記，不得對抗第三人。 地上權與其建築物或其他工作物，不得分離而為讓與或設定其他權利。	第八百三十八條地上權人，得將其權利讓與他人。但契約另有訂定或另有習慣者，不在此限。	一、地上權為財產權之一種，依其性質，地上權人原則上得自由處分其權利，亦得以其權利設定抵押權，以供擔保債務之履行。 為周延計，爰增列地上權人得以其權利設定抵押權，並將現行條文之「訂定」修正為「約定」後，改列為第一項。 二、前項約定經登記者，方能發生物權效力，足以對抗第三人，故土地及地上權之受讓人或其他第三人（例如抵押權人），當受其拘束，爰增訂第二項。 三、地上權之社會作用，係在調和土地與地上物間之使用關係，建築物或其他工作物通常不能脫離土地而存在，兩者必須相互結合，方能發揮其經濟作用。故地上權與其建築物或其他工作物之讓與

		或設定其他權利，應同時為之，以免地上物失其存在之權源，有違地上權設置之目的，爰增訂第三項。
第八百三十八條之一 土地及其土地上之建築物，同屬於一人所有，因強制執行之拍賣，其土地與建築物之拍定人各異時，視為已有地上權之設定，其地租、期間及範圍由當事人協議定之；不能協議者，得請求法院以判決定之。 其僅以土地或建築物為拍賣時，亦同。 前項地上權，因建築物之滅失而消滅。		一、本條新增。 二、土地及其土地上之建築物，同屬於一人所有，宜將土地及其建築物，併予查封、拍賣，為強制執行法第七十五條第三項、辦理強制執行事件應行注意事項四十（七）所明定。如未併予拍賣，致土地與其建築物之拍定人各異時，因無從期待當事人依私法自治原則洽定土地使用權，為解決基地使用權問題，自應擬制當事人有設定地上權之意，以避免建築物被拆除，危及社會經濟利益，爰明定此時視為已有地上權之設定。惟其地租、期間及範圍，宜由當事人協議定之；如不能協議時，始請求法院以判決定之。 如土地及其土地上之建築物同屬一人所有，執行法院僅就土地或建築物拍賣時，依前述同一理由，亦宜使其發生法定地上權之效力，爰增訂第一項。 三、法定地上權係為維護土地上之建築物之存在而設，而該建築物於當事人協議或法院判決所定期間內滅失時，即無保護之必要（最高法院八十五年台上字第四四七號判例參照），爰增訂第二項，以杜爭議。
第八百三十九條地上權消滅時，地上權人	第八百三十九條地上權消滅時，地上權人	一、為配合現行條文第八百三十二條之修正，爰將現行條文「及竹

得取回其工作物。但應回復土地原狀。 地上權人不於地上權消滅後一個月內取回其工作物者，工作物歸屬於土地所有人。其有礙於土地之利用者，土地所有人得請求回復原狀。 地上權人取回其工作物前，應通知土地所有人。土地所有人願以時價購買者，地上權人非有正當理由，不得拒絕。	得取回其工作物及竹木，但應回復土地原狀。 前項情形，土地所有人以時價購買其工作物，或竹木者，地上權人不得拒絕。	木」、「或竹木」三字刪除，並將現行條文第二項調移列為第三項，並酌作文字修正。 二、地上權消滅時，地上權人有取回其工作物之權利。惟地上權人如不欲行使取回權時，工作物究應如何處理？現行法尚無明文規定，易滋疑義。 而該物如有礙土地之利，為兼顧土地所有人之權益，土地所有人得請求地上權人回復原狀，爰增訂第二項。 三、為促使土地所有人早日知悉地上權人是否行使取回權，爰修正第三項，明定地上權人取回其工作物前，有通知土地所有人之義務。又依現行條文第二項規定，土地所有人行使購買權時，地上權人有無拒絕之權？學者間見解不一，為兼顧當事人雙方之利益及參考修正條文第九百十九條、日本民法第二百六十九條第一項但書規定，爰於第三項明定土地所有人行使購買權時，地上權人非有正當理由，不得拒絕，以期明確。
第八百四十條地上權人之工作物為建築物者，如地上權因存續期間屆滿而消滅，地上權人得於期間屆滿前，定一個月以上之期間，請求土地所有人按該建築物之時價為補償。但契約另有約定者，從其約定。	第八百四十條地上權人之工作物為建築物者，如地上權因存續期間屆滿而消滅，土地所有人，應按該建築物之時價為補償。但契約另有訂定者，從其訂定。 土地所有人，於地上權存續期間屆滿前，	一、地上權人之工作物為建築物者，如地上權因存續期間屆滿而歸消滅，究由土地所有人購買該建築物，抑或延長地上權期間，宜儘速確定，俾該建築物能繼續發揮其社會經濟功能，爰於第一項增列「地上權人得於期間屆滿前，定一個月以上之期間，請求土地所有人按該建築物之時價為補償」之規定，並將但書中之「訂

土地所有人拒絕地上權人前項補償之請求或於期間內不為確答者，地上權之期間應酌量延長。地上權人不願延長者，不得請求前項之補償。 第一項之時價不能協議者，地上權人或土地所有人得聲請法院裁定之。土地所有人不願依裁定之時價補償者，適用前項規定。 依第二項規定延長期間者，其期間由土地所有人與地上權人協議定之；不能協議者，得請求法院斟酌建築物與土地使用之利益，以判決定之。 前項期間屆滿後，除經土地所有人與地上權人協議者外，不適用第一項及第二項規定。	得請求地上權人，於建築物可得使用之期限內，延長地上權之期間。地上權人拒絕延長者，不得請求前項之補償。	定」修正為「約定」。至於地上權人所定一個月以上期間之末日，不得在地上權存續期間屆滿之日之後，是乃當然之理。 二、為維持建築物之社會經濟功能，兼顧地上權人之利益，並迅速確定其法律關係，爰於第二項增訂「土地所有人拒絕地上權人前項補償之請求或於期間內不為確答者，地上權之期間應酌量延長之」之規定，使地上權期間當然接續原存續期間而延長，僅生應延長期間之長短問題。 三、如土地所有人願按該建築物之時價補償，由地上權人與土地所有人協議定之；於不能協議時，地上權人或土地所有人得聲請法院為時價之裁定。 如土地所有人不願依裁定之時價補償時，適用第二項規定酌量延長地上權之期間，爰增訂第三項。至於上述聲請法院為時價之裁定，性質上係非訟事件（如同非訟事件法第一百八十二條第一項有關收買股份價格之裁定）。 四、依第二項規定地上權應延長期間者，其延長之期間為何，亦由土地所有人與地上權人協議定之；於不能協議時，土地所有人或地上權人得請求法院斟酌建築物與土地使用之利益，以判決酌定延長期間，爰增訂第四項。又此項請求，應依民事訴訟程序行之，性質上係形成之訴，法院酌定期間之判決，為形成判決。 五、依第四項延長期間，以一次為

		限，故於延長之期間屆滿後，不再適用第一項及第二項規定，俾免地上權期間反覆綿延；但如土地所有人與地上權人另達成協議延長地上權期間者，當尊重其協議，爰增訂第五項。 六、至地上權非因存續期間屆滿而消滅者，因建築物屬工作物之一種，應回歸修正條文第八百三十九條之適用，要屬當然，併予指明。
第八百四十一條地上權不因建築物或其他工作物之滅失而消滅。	第八百四十一條地上權不因工作物或竹木之滅失而消滅。	為配合現行條文第八百三十二條之修正，爰於「工作物」上增列「建築物或其他」等文字，並將「或竹木」三字刪除。
第二節　區分地上權		一、本節新增。 二、區分地上權與普通地上權不同，已於本章第一節為說明，且關於區分地上權之規定已增訂六條，為使地上權章之體系更為完整，爰增訂本節節名。
第八百四十一條之一稱區分地上權者，謂以在他人土地上下之一定空間範圍內設定之地上權。		一、本條新增。 二、由於人類文明之進步，科技與建築技術日新月異，土地之利用已不再侷限於地面，而逐漸向空中與地下發展，由平面化而趨於立體化，遂產生土地分層利用之結果，有承認土地上下一定空間範圍內設定地上權之必要。爰仿日本民法第二百六十九條之二第一項之立法例，增訂「區分地上權」之定義性規定。
第八百四十一條之二區分地上權人得與其設定之土地上下有使用、收益權利之人，		一、本條新增。 二、區分地上權呈現垂直鄰接狀態，具有垂直重力作用之特性，與平面相鄰關係不同。

約定相互間使用收益之限制。其約定未經土地所有人同意者，於使用收益權消滅時，土地所有人不受該約定之拘束。 前項約定，非經登記，不得對抗第三人。		為解決區分地上權人與就其設定範圍外上下四周之該土地享有使用、收益權利之人相互間之權利義務關係，爰於第一項前段明定得約定相互間使用收益之限制。此項限制，包括限制土地所有人對土地之使用收益，例如約定土地所有人於地面上不得設置若干噸以上重量之工作物或區分地上權人工作物之重量範圍等是。又與土地所有人約定時，土地所有權人自應受該約定之拘束，僅於與其他使用權人約定時，始發生該約定是否須經土地所有人同意及對其發生效力與否之問題，爰增訂後段規定。至所謂使用收益權，包括區分地上權與普通地上權均屬之。 三、又前項約定經登記者，方能發生物權效力，足以對抗第三人，故土地及地上權之受讓人或其他第三人（例如抵押權人），當受其拘束，爰增訂第二項。
第八百四十一條之三 法院依第八百四十條第四項定區分地上權之期，足以影響第三人之權利者，應併斟酌該第三人之利益。		一、本條新增。 二、區分地上權如為第三人之權利標的或第三人有使用收益權者，法院依修正條文第八百四十條第四項定該地上權延長之期間時，勢必影響該第三人之權利，為兼顧該第三人之權益，法院應併斟酌其利益，以期允當。
第八百四十一條之四 區分地上權依第八百四十條規定，以時價補償或延長期間，足以影響第三人		一、本條新增。 二、區分地上權之工作物為建築物，依修正條文第八百四十條規定以時價補償或延長期間，足以影響第三人之權利時，例如同意設定

之權利時，應對該第三人為相當之補償。補償之數額以協議定之；不能協議時，得聲請法院裁定之。		區分地上權之第三人或相鄰之區分地上權人，其權利原處於睡眠狀態或受限制之情況下，將因上開情形而受影響等是，基於公平原則，應由土地所有人或區分地上權人對該第三人為相當之補償。補償之數額宜由當事人以協議方式行之；如不能協議時，始聲請法院裁定，此裁定性質上屬非訟事件。
第八百四十一條之五同一土地有區分地上權與以使用收益為目的之物權同時存在者，其後設定物權之權利行使，不得妨害先設定之物權。		一、本條新增。 二、基於區分地上權係就土地分層立體使用之特質，自不宜拘泥於用益物權之排他效力，是土地所有人於同一土地設定區分地上權後，宜許其得再設定用益物權（包括區分地上權），反之，亦然，以達土地充分利用之目的。此際，同一不動產上用益物權與區分地上權同時存在，自應依設定時間之先後，定其優先效力，亦即後設定之區分地上權或其他用益物權不得妨害先設定之其他用益物權或區分地上權之權利行使。又區分地上權（或用益物權）若係獲得先存在之用益物權（或區分地上權）人之同意而設定者，後設定之區分地上權（或用益物權）則得優先於先物權行使權利，蓋先物權人既已同意後物權之設定，先物權應因此而受限制。再所謂同一土地，乃指同一範圍內之土地，要屬當然，併予敘明。

修正條文	現行條文	說　明
第八百四十一條之六 區分地上權，除本節 另有規定外，準用關 於普通地上權之規 定。		一、本條新增。 二、關於普通地上權之規定，依其性 質與區分地上權不相牴觸者，皆 在適用之列，爰設準用規定，以 期周延。

肆、民法物權編不動產役權章條文修正對照表 （99年）

中華民國99年2月3日總統華總一義字第09900022461號令公布

修正條文	現行條文	說　明
第五章　不動產役權	第五章　地役權	本章需役及供役客體已從土地擴張至 其他不動產，為使章名名實相符，爰 將本章章名由地役權修正為不動產役 權，其他相關條文併配合調整之。
第八百五十一條　稱 不動產役權者，謂以 他人不動產供自己不 動產通行、汲水、採 光、眺望、電信或其 他以特定便宜之用為 目的之權。	第八百五十一條　稱 地役權者，謂以他人 土地供自己土地便宜 之用之權。	一、地役權之現行規定係以供役地供 需役地便宜之用為內容。惟隨社 會之進步，不動產役權之內容變 化多端，具有多樣性，現行規定 僅限於土地之利用關係已難滿足 實際需要。為發揮不動產役權之 功能，促進土地及其定著物之利 用價值，爰將「土地」修正為 「不動產」。 二、不動產役權係以他人之不動產承 受一定負擔以提高自己不動產利 用價值之物權，具有以有限成本 實現提升不動產資源利用效率之 重要社會功能，然因原規定「便 宜」一詞過於抽象及概括，不僅 致社會未能充分利用，且登記上 又僅以「地役權」登記之，而無 便宜之具體內容，無從發揮公示

		之目的，爰明文例示不動產役權之便宜類型，以利社會之運用，並便於地政機關為便宜具體內容之登記。又法文所稱「通行、汲水」係積極不動產役權便宜類型之例示，凡不動產役權人得於供役不動產為一定行為者，均屬之；至「採光、眺望」則為消極不動產役權便宜類型之例示，凡供役不動產所有人對需役不動產負有一定不作為之義務，均屬之。至「其他以特定便宜之用為目的」，則除上述二種類型以外之其他類型，例如「電信」依其態樣可能是積極或消極，或二者兼具，均依其特定之目的定其便宜之具體內容。不動產役權便宜之具體內容屬不動產役權之核心部分，基於物權之公示原則以及為保護交易之安全，地政機關自應配合辦理登記，併予指明。
第八百五十一條之一同一不動產上有不動產役權與以使用收益為目的之物權同時存在者，其後設定物權之權利行使，不得妨害先設定之物權。		一、本條新增。二、不動產役權多不具獨占性，宜不拘泥於用益物權之排他效力，俾使物盡其用，爰增訂本條。準此，不動產所有人於其不動產先設定不動產役權後，無須得其同意，得再設定用益物權（包括不動產役權），反之，亦然。此際，同一不動產上用益物權與不動產役權同時存在，自應依設定時間之先後，定其優先效力，亦即後設定之不動產役權或其他用益物權不得妨害先設定之其他用益物權或不動產役權之權利行使。又不動產役權（或用益物

		權）若係獲得先存在之用益物權（或不動產役權）人之同意而設定者，後設定之不動產役權（或用益物權）則得優先於先物權行使權利，蓋先物權既已同意後物權之設定，先物權應因此而受限制。再所謂同一不動產，乃指同一範圍內之不動產，要屬當然，併予敘明。
第八百五十二條 不動產役權因時效而取得者，以繼續並表見者為限。 前項情形，需役不動產為共有者，共有人中一人之行為，或對於共有人中一人之行為，為他共有人之利益，亦生效力。 向行使不動產役權取得時效之各共有人為中斷時效之行為者，對全體共有人發生效力。	第八百五十二條 地役權以繼續並表見者為限，因時效而取得。	一、現行條文移列為第一項，並作文字修正。 二、需役不動產為共有者，可否因時效而取得不動產役權？再者，如數人共有需役不動產，其中部分需役不動產所有人終止通行，其餘需役不動產所有人是否因此而受影響？現行法尚無明文規定，易滋疑義。鑑於共有人間利害攸關，權利與共，爰仿日本民法第二百八十四條規定，增訂第二項，明定「共有人中一人之行為，或對於共有人中一人之行為，為他共有人之利益，亦生效力」。又本項中之「行為」係包括「作為」及「不作為」，亦屬當然。 三、為對供役不動產所有人之衡平保護，如部分需役不動產共有人因行使不動產役權時效取得進行中者，則供役不動產所有人為時效中斷之行為時，僅需對行使不動產役權時效取得進行中之各共有人為之，不需擴及未行使之其他共有人，即對全體共有人發生效力；準此，中斷時效若非對行使不動產役權時效取得之共有人為

		之，自不能對他共有人發生效力，爰參照前開日本民法第二百八十四條第二項規定，增訂第三項。
第八百五十三條 不動產役權不得由需役不動產分離而為讓與，或為其他權利之標的物。	第八百五十三條 地役權不得由需役地分離而為讓與，或為其他權利之標的物。	配合章名修正。
第八百五十四條 不動產役權人因行使或維持其權利，得為必要之附隨行為。但應擇於供役不動產損害最少之處所及方法為之。	第八百五十四條 地役權人，因行使或維持其權利得為必要之行為。但應擇於供役地損害最少之處所及方法為之。	不動產役權人為遂行其權利之目的，於行使其不動產役權或維持其不動產役權起見，有另須為必要行為之時，學者有稱此必要行為為「附隨不動產役權」，並認為其與「主不動產役權」同其命運。故此必要行為非指行使不動產役權之行為，乃行使不動產役權以外之另一概念，如汲水不動產役權於必要時，得為埋設涵管或通行之附隨行為，即其適例。 因此，為期立法之明確，並杜爭端，爰於「必要行為」增列「附隨」二字。
第八百五十五條 不動產役權人因行使權利而為設置者，有維持其設置之義務。其設置由供役不動產所有人提供者，亦同。供役不動產所有人於無礙不動產役權行使之範圍內，得使用前項之設置，並應按其受益之程度，分擔維持其設置之費用。	第八百五十五條 地役權人，因行使權利而為設置者，有維持其設置之義務。供役地所有人，得使用前項之設置。但有礙地役權之行使者，不在此限。前項情形，供役地所有人，應按其受益之程度，分擔維持其設置之費用。	一、為行使不動產役權而須使用工作物者，該工作物有由不動產役權人設置者；亦有由供役不動產所有人提供者。在該設置如由供役不動產所有人提供之情形，因其係為不動產役權人之利益，自應由不動產役權人負維持其設置之義務，始為平允，爰增訂第一項後段。又不動產役權人既有維持其設置之義務，自係以自己費用為之，自屬當然。 二、現行條文第二項及第三項，合併規定為第二項，俾求文字簡潔。

第八百五十五條之一 供役不動產所有人或 不動產役權人因行使 不動產役權之處所或 方法有變更之必要， 而不甚礙不動產役權 人或供役不動產所有 人權利之行使者，得 以自己之費用，請求 變更之。		一、本條新增。 二、設定不動產役權時，雖定有行使 不動產役權之處所或方法，惟供 役不動產所有人或不動產役權人 認有變更之必要時，有無請求變 更之權？現行法尚無明文規定， 學者通說採肯定見解。基於誠信 原則，如其變更不甚妨礙不動產 役權人或供役不動產所有人權利 之行使，應許其有此請求權。爰 參考德國民法第一千零二十三 條、瑞士民法第七百四十二條立 法例，明定供役不動產所有人或 不動產役權人得以自己之費用請 求變更不動產役權人行使權利之 處所或方法，以期明確。
第八百五十六條　需 役不動產經分割者， 其不動產役權為各部 分之利益仍為存續。 但不動產役權之行 使，依其性質祇關於 需役不動產之一部分 者，僅就該部分仍為 存續。	第八百五十六條　需 役地經分割者，其地 役權，為各部分之利 益，仍為存續。但地 役權之行使，依其性 質，祇關於需役地之 一部分者，僅就該部 分仍為存續。	配合章名修正，並為標點符號之整 理。
第八百五十七條　供 役不動產經分割者， 不動產役權就其各部 分仍為存續。但不動 產役權之行使，依其 性質祇關於供役不動 產之一部分者，僅對 於該部分仍為存續。	第八百五十七條　供 役地經分割者，地役 權，就其各部分，仍 為存續。但地役權之 行使，依其性質，祇 關於供役地之一部分 者，僅對於該部分仍 為存續。	配合章名修正，並為標點符號之整 理。

第八百五十八條（刪除）	第八百五十八條 第七百六十七條之規定，於地役權準用之。	一、本條刪除。 二、為配合現行條文第七百六十七第二項增列準用規定，本條爰予刪除。
第八百五十九條 不動產役權之全部或一部無存續之必要時，法院因供役不動產所有人之請求，得就其無存續必要之部分，宣告不動產役權消滅。 不動產役權因需役不動產滅失或不堪使用而消滅。	第八百五十九條 地役權無存續之必要時，法院因供役地所有人之聲請，得宣告地役權消滅。	一、不動產役權因情事變更致一部無存續必要之情形，得否依本條規定請求法院宣告不動產役權消滅，法無明文，易滋疑義，為期明確，爰於本條增列不動產役權之一部無存續必要時，供役不動產所有人亦得請求法院就其無存續必要之部分，宣告不動產役權消滅，俾彈性運用，以符實際，並改列為第一項。又不動產役權原已支付對價者，不動產役權消滅時，不動產役權人得依不當得利之規定，向供役不動產所有人請求返還超過部分之對價，乃屬當然，不待明定。 二、不動產役權於需役不動產滅失或不堪使用時，是否仍須依本條第一項向法院請求宣告不動產役權消滅，學說上有不同意見。為免爭議，爰增訂第二項，明定上開情形其不動產役權當然消滅，毋待法院為形成判決之宣告。
第八百五十九條之一 不動產役權消滅時，不動產役權人所為之設置，準用第八百三十九條規定。		一、本條新增。 二、不動產役權消滅時，不動產役權人有無回復原狀之義務，以及其與供役不動產所有人間就不動產役權有關之設置，權利義務關係如何？現行法尚無如修正條文第八百五十條之七農育權準用修正條文第八百三十九條地上權之規定，適用上易滋疑義，爰參酌學者意見並斟酌實際需要，增訂準

		用規定。又本條之「設置」，係指不動產役權人為行使不動產役權而為之設置，應屬當然。
第八百五十九條之二 第八百三十四條至第八百三十六條之三規定，於不動產役權準用之。		一、本條新增。 二、不動產役權與地上權均使用他人土地之物，性質近似，爰增訂本條。
第八百五十九條之三 基於以使用收益為目的之物權或租賃關係而使用需役不動產者，亦得為該不動產設定不動產役權。 前項不動產役權，因以使用收益為目的之物權或租賃關係之消滅而消滅。		一、本條新增。 二、為發揮不動產役權之功能，增進土地及其定著物之價值，爰增訂第一項，得設定不動產役權之人，不限於需役不動產之所有人，地上權人、其他基於以使用收益為目的之物權或租賃關係而使用需役不動產者，亦得為之。 三、前項之不動產役權乃基於以使用收益為目的之物權或租賃關係而使用需役不動產者為自己使用需役不動產之利益而設定，其設定又無須得到土地所有人之同意，是以，該不動產役權之存續自應與原得使用需役不動產之權利同，爰增訂第二項，使其隨原權利消滅而歸於消滅。
第八百五十九條之四 不動產役權，亦得就自己之不動產設定之。		一、本條新增。 二、按現行供役不動產僅限於對他人土地設定之，若供役不動產為需役不動產所有人所有，所有人本得在自己所有之不動產間，自由用益，尚無設定不動產役權之必要，且有權利義務混同之問題，是自己不動產役權承認與否，學說上不無爭議。然而隨社會進步，不動產資源有效運用之型態，日新月異，為提高不動產之

		價值，就大範圍土地之利用，對各宗不動產，以設定自己不動產役權方式，預為規劃，即可節省嗣後不動產交易之成本，並維持不動產利用關係穩定。例如建築商開發社區時，通常日後對不動產相互利用必涉及多數人，為建立社區之特殊風貌，預先設計建築之風格，並完整規劃各項公共設施，此際，以設定自己不動產役權方式呈現，遂有重大實益。對於自己不動產役權，德國學說及實務見解亦予以承認。為符合社會脈動，使物盡其用，並活絡不動產役權之運用，爰增設自己不動產役權之規定（瑞士民法第七百三十三條規定參照），以利適用。
第八百五十九條之五第八百五十一條至第八百五十九條之二規定，於前二條準用之。		一、本條新增。 二、基於以使用收益為目的之物權或租賃關係而使用需役不動產者，為該不動產設定之不動產役權，以及自己不動產役權，除不動產役權之設定人及設定客體與一般不動產役權有異者外，於性質不相牴觸之情形下，仍得準用一般不動產役權之規定，爰增訂本條。

伍、民法物權編施行法

1. 民國98年01月23日總統華總一義字第09800018511號令修正公布第4、11、13條條文；增訂第8-1～8-5條條文；同年7月23日施行。
2. 民國99年02月03日總統華總一義字第09900022471號令增訂公布第13-1、13-2條條文；並自公布後六個月施行。

第1條　　　物權在民法物權編施行前發生者，除本施行法有特別規定，不適用民法物權編之規定；其在修正施行前發生者，除本施行法有特別規定外，亦不適用修正施行後之規定。

第2條　　　民法物權編所定之物權，在施行前發生者，其效力自施行之日起，依民法物權編之規定。

第3條　　　民法物權編所規定之登記，另以法律定之。
　　　　　　物權於未能依前項法律登記前，不適用民法物權編關於登記之規定。

第4條　　　民法物權編施行前，依民法物權編之規定，消滅時效業已完成，或其時效期間尚有殘餘不足一年者，得於施行之日起，一年內行使請求權。但自其時效完成後，至民法物權編施行時，已逾民法物權編所定時效期間二分之一者，不在此限。
　　　　　　前項規定，於依民法物權編修正施行後規定之消滅時效業已完成，或其時效期間尚有殘餘不足一年者，準用之。

第5條　　　民法物權編施行前，無時效性質之法定期間已屆滿者，其期間為屆滿。
　　　　　　民法物權編施行前已進行之期間，依民法物權編所定之無時效性質之法定期間，於施行時尚未完成者，其已經過之期間與施行後之期間，合併計算。
　　　　　　前項規定，於取得時效準用之。

第6條　　　前條規定，於民法物權編修正施行後所定無時效性質之法定期間準用之。
　　　　　　但其法定期間不滿一年者，如在修正施行時尚未屆滿，其期間自修正施行之日起算。

第7條　　　民法物權編施行前占有動產而具備民法第七百六十八條之條件者，於施行之日取得其所有權。

第8條　　　民法物權編施行前占有不動產而具備民法第七百六十九條或第七百七十條之條件者，自施行之日起，得請求登記為所有人。

第8-1條　　修正之民法第七百八十二條規定，於民法物權編修正施行前水源地或井之所有人，對於他人因工事杜絕、減少或污染其水，而得請求損害賠償或並得請求回復原狀者，亦適用之。

第8-2條　　修正之民法第七百八十八條第二項規定，於民法物權編修正施

行前有通行權人開設道路，致通行地損害過鉅者，亦適用之。但以未依修正前之規定支付償金者為限。

第8-3條　修正之民法第七百九十六條及第七百九十六條之一規定，於民法物權編修正施行前土地所有人建築房屋逾越地界，鄰地所有人請求移去或變更其房屋時，亦適用之。

第8-4條　修正之民法第七百九十六條之二規定，於民法物權編修正施行前具有與房屋價值相當之其他建築物，亦適用之。

第8-5條　同一區分所有建築物之區分所有人間為使其共有部分或基地之應有部分符合修正之民法第七百九十九條第四項規定之比例而為移轉者，不受修正之民法同條第五項規定之限制。

民法物權編修正施行前，區分所有建築物之專有部分與其所屬之共有部分及其基地之權利，已分屬不同一人所有或已分別設定負擔者，其物權之移轉或設定負擔，不受修正之民法第七百九十九條第五項規定之限制。

區分所有建築物之基地，依前項規定有分離出賣之情形時，其專有部分之所有人無基地應有部分或應有部分不足者，於按其專有部分面積比例計算其基地之應有部分範圍內，有依相同條件優先承買之權利，其權利並優先於其他共有人。

前項情形，有數人表示優先承買時，應按專有部分比例買受之。但另有約定者，從其約定。

區分所有建築物之專有部分，依第二項規定有分離出賣之情形時，其基地之所有人無專有部分者，有依相同條件優先承買之權利。

前項情形，有數人表示優先承買時，以抽籤定之。但另有約定者，從其約定。

區分所有建築物之基地或專有部分之所有人依第三項或第五項規定出賣基地或專有部分時，應在該建築物之公告處或其他相當處所公告五日。優先承買權人不於最後公告日起十五日內表示優先承買者，視為拋棄其優先承買權。

第9條　依法得請求登記為所有人者，如第三條第一項所定之登記機關尚未設立，於得請求登記之日，視為所有人。

第10條　民法物權編施行前，占有動產，而具備民法第八百零一條或第

八百八十六條之條件者，於施行之日，取得其所有權或質權。

第11條　民法物權編施行前，拾得遺失物、漂流物或沈沒物，而具備民法第八百零三條及第八百零七條之條件者，於施行之日，取得民法第八百零七條所定之權利。

第12條　民法物權編施行前，依民法第八百零八條或第八百十一條至第八百十四條之規定，取得所有權者，於施行之日，取得其所有權。

第13條　民法物權編施行前，以契約訂有共有物不分割之期限者，如其殘餘期限，自施行日起算，較民法第八百二十三條第二項所定之期限為短者，依其期限，較長者，應自施行之日起，適用民法第八百二十三條第二項規定。

　　　　修正之民法第八百二十三條第三項規定，於民法物權編修正施行前契約訂有不分割期限者，亦適用之。

第13-1條　修正之民法第八百三十三條之一規定，於民法物權編中華民國九十九年一月五日修正之條文施行前未定有期限之地上權，亦適用之。

第13-2條　民法物權編中華民國九十九年一月五日修正之條文施行前發生之永佃權，其存續期限縮短為自修正施行日起二十年。

　　　　前項永佃權仍適用修正前之規定。

　　　　第一項永佃權存續期限屆滿時，永佃權人得請求變更登記為農育權。

第14條　修正之民法第八百七十五條之一至第八百七十五條之四之規定，於抵押物為債務人以外之第三人所有，而其上之抵押權成立於民法物權編修正施行前者，亦適用之。

　　　　修正之民法第八百七十五條之四第二款之規定，於其後次序抵押權成立於民法物權編修正施行前者，亦同。

第15條　修正之民法第八百七十九條關於為債務人設定抵押權之第三人對保證人行使權利之規定，於民法物權編修正施行前已成立保證之情形，亦適用之。

第16條　民法物權編施行前，以抵押權擔保之債權，依民法之規定，其請求權消滅時效已完成者，民法第八百八十條所規定抵押權之消滅期間，自施行日起算。但自請求權消滅時效完成後，至施

行之日已逾十年者，不得行使抵押權。

第17條　　修正之民法第八百八十一條之一至第八百八十一條之十七之規定，除第八百八十一條之一第二項、第八百八十一條之四第二項、第八百八十一條之七之規定外，於民法物權編修正施行前設定之最高限額抵押權，亦適用之。

第18條　　修正之民法第八百八十三條之規定，於民法物權編修正施行前以地上權或典權為標的物之抵押權及其他抵押權，亦適用之。

第19條　　民法第八百九十二條第一項及第八百九十三條第一項所定之拍賣質物，除聲請法院拍賣者外，在拍賣法未公布施行前，得照市價變賣，並應經公證人或商業團體之證明。

第20條　　民法物權編修正前關於質權之規定，於當舖或其他以受質為營業者，不適用之。

第21條　　修正之民法第九百零六條之一之規定，於民法物權編修正施行前為質權標的物之債權，其清償期已屆至者，亦適用之。

第22條　　民法物權編施行前，定有期限之典權，依舊法規得回贖者，仍適用舊法規。

第23條　　修正之民法第九百三十二條之一之規定，於民法物權編修正施行前留置物存有所有權以外之物權者，亦適用之。

第24條　　本施行法自民法物權編施行之日施行。
　　　　　民法物權編修正條文及本施行法修正條文，自公布後六個月施行。

陸、民法物權編施行法修正條文對照表（配合擔保物權部分）

民法物權編施行法修正條文對照表（配合擔保物權部分）
中華民國96年3月5日；中華民國96年9月28日施行

立法院三讀通過條文	現行條文	說　明
第一條　物權在民法物權編施行前發生者，除本施行法有特別規定外，不適	第一條　民法物權編施行前發生之物權，除本施行法有特別規定外，不適	不溯及既往，乃法律適用之基本原則。如認其事項有溯及適用之必要者，即應於施行法中明白規定，方能有所依據。本法現行條文，即係本此

用民法物權編之規定；其在修正施行前發生者，除本施行法有特別規定外，亦不適用修正施行後之規定。	用民法物權編之規定。	原則而設，應予維持。關於民法物權編修正施行前發生之物權，除施行法有特別規定外，亦不適用修正施行後之規定，爰參照民法總則、親屬、繼承各編修正施行後施行法第一條之體例，增列本條後段規定，並調整前段文字。
第二條 民法物權編所定之物權，在施行前發生者，其效力自施行之日起，依民法物權編之規定。	第二條 民法物權編所定之物權，在施行前發生者，其效力自施行之日起，依民法物權編之規定。	本條未修正。
第三條 民法物權編所規定之登記，另以法律定之。 物權於未能依前項法律登記前，不適用民法物權編關於登記之規定。	第三條 民法物權編所規定之登記，另以法律定之。 物權於未能依前項法律登記前，不適用民法物權編關於登記之規定。	本條未修正。
第四條 民法物權編施行前，依民法物權編之規定，消滅時效業已完成，或其時效期間尚有殘餘不足一年者，得於施行之日起，一年內行使請求權。但自其時效完成後，至民法物權編施行時，已逾民法物權編所定時效期間二分之一者，不在此限。	第四條 民法物權編施行前，依民法物權編之規定，消滅時效業已完成，或其時效期間尚有殘餘不足一年者，得於施行之日起，一年內行使請求權。但自其時效完成後，至民法物權編施行時，已逾民法物權編所定時效期間二分之一者，不在此限。	本條未修正。

第五條　民法物權編施行前，無時效性質之法定期間已屆滿者，其期間為屆滿。 民法物權編施行前已進行之期間，依民法物權編所定之無時效性質之法定期間，於施行時尚未完成者，其已經過之期間與施行後之期間，合併計算。 前項規定，於取得時效準用之。	第五條　民法物權編施行前，無時效性質之法定期間已屆滿者，其期間為屆滿。 民法物權編施行前已進行之期間，依民法物權編所定之無時效性質之法定期間，於施行時尚未完成者，其已經過之期間與施行後之期間，合併計算。前項規定，於取得時效準用之。	本條未修正。
第六條　前條規定，於民法物權編修正施行後所定無時效性質之法定期間準用之。但其法定期間不滿一年者，如在修正施行時尚未屆滿，其期間自修正施行之日起算		一、本條新增。 二、修正之民法物權編就無時效性質之法定期間，亦有增訂者，如新增之民法第八百八十一條之五第二項（十五日）、第八百八十一條之十五（五年）及修正之第九百三十六條第一項（一個月）、第三項（六個月）等是，則此等規定應如何適用，宜有明文。爰參考現行條文第五條之立法意旨增訂如上。至新增之民法第八百八十一條之四第二項之三十年及第八百八十一條之七之十五日與三十日，雖亦均屬無時效性質之法定期間，惟因本施行法修正條文第十七條已就之另作規定，是以此等無時效性質之法定期間無本條之適用，併予敘明。

第七條　民法物權編施行前占有動產而具備民法第七百六十八條之條件者，於施行之日取得其所有權。	第六條　民法物權編施行前占有動產而具備民法第七百六十八條之條件者，於施行之日取得其所有權。	一、條次變更。 二、本條為現行條文第六條移列，內容未修正。
第八條　民法物權編施行前占有不動產而具備民法第七百六十九條或第七百七十條之條件者，自施行之日起，得請求登記為所有人。	第七條　民法物權編施行前占有不動產而具備民法第七百六十九條或第七百七十條之條件者，自施行之日起，得請求登記為所有人。	一、條次變更。 二、本條為現行條文第七條移列，內容未修正。
第九條　依法得請求登記為所有人者，如第三條第一項所定之登記機關尚未設立，於得請求登記之日，視為所有人。	第八條　依法得請求登記為所有人者，如第三條第一項所定之登記機關尚未設立，於得請求登記之日，視為所有人。	一、條次變更。 二、本條為現行條文第八條移列，內容未修正。
第十條　民法物權編施行前，占有動產，而具備民法第八百零一條或第八百八十六條之條件者，於施行之日，取得其所有權或質權。	第九條　民法物權編施行前，占有動產，而具備民法第八百零一條或第八百八十六條之條件者，於施行之日，取得其所有權或質權。	一、條次變更。 二、本條為現行條文第九條移列，內容未修正。

第十一條　民法物權編施行前，拾得遺失物、漂流物或沈沒品，而具備民法第八百零三條及第八百零七條之條件者，於施行之日，取得民法第八百零七條所定之權利。	第十條　民法物權編施行前，拾得遺失物、漂流物或沈沒品，而具備民法第八百零三條及第八百零七條之條件者，於施行之日，取得民法第八百零七條所定之權利。	一、條次變更。 二、本條為現行條文第十條移列，內容未修正。
第十二條　民法物權編施行前，依民法第八百零八條或第八百十一條至第八百十四條之規定，取得所有權者，於施行之日，取得其所有權。	第十一　條民法物權編施行前，依民法第八百零八條或第八百一十一條至第八百一十四條之規定，取得所有權者，於施行之日，取得其所有權。	一、條次變更。 二、現行條文關於「第八百一十一條」及「第八百一十四條」之用語，應修正為「第八百十一條」及「第八百十四條」，以求法律用語一致。
第十三條　民法物權編施行前，以契約訂有共有物不分割之期限者，如其殘餘期限，自施行日起算，較民法第八百二十三條第二項所定之期限為短者，依其期限，較長者，應自施行之日起，適用民法第八百二十三條第二項之規定。	第十二條　民法物權編施行前，以契約訂有共有物不分割之期限者，如其殘餘期限，自施行日起算，較民法第八百二十三條第二項所定之期限為短者，依其期限，較長者，應自施行之日起，適用民法第八百二十三條第二項之規定。	一、條次變更。 二、本條為現行條文第十二條移列，內容未修正。
第十四條　修正之民法第八百七十五條之一至第八百七十五條之四之規定，於抵押物為債務人以外之第		一、本條新增。 二、關於共同抵押權之各抵押物內部間就擔保債權應否有其分擔額一節，現行法未明文規定，而目前實務有關共同抵押人除得向債務人求償外，對於共同抵押人相互

三人所有，而其上之抵押權成立於民法物權編修正施行前者，亦適用之。

修正之民法第八百七十五條之四第二款之規定，於其後次序抵押權成立於民法物權編修正施行前者，亦同。

間有無求償權及承受權，見解不一。惟依修正之民法第八百七十五條之一規定，抵押權人應先就債務人所有而供擔保之該抵押物賣得之價金優先受償，以期減少求償。而修正之民法第八百七十五條之二、第八百七十五條之三及第八百七十五條之四等規定，共同抵押權之各抵押物內部間就擔保債權金額有其應分擔之部分，且共同抵押人間並有求償權及承受權。而第三人以自己之所有物，為債務人設定抵押權者，其法律地位與保證人類似，與共同保證人應連帶負保證責任頗相類同，故學說上認有類推適用連帶債務相關規定之餘地，即依現行法第二百八十一條及第七百四十九條等規定解釋適用，亦可獲得相同結論。為期明確並符合共同抵押權法理及兼顧其他抵押物所有人之利益，爰增訂第一項，明定修正之民法第八百七十五條之一至第八百七十五條之四之規定，於抵押物為債務人以外之第三人所有，而其上之抵押權成立於民法物權編修正施行前者，亦適用之。

三、修正之民法第八百七十五條之四第二款係規定債務人所有而供擔保之抵押物經拍賣後，其後次序抵押權人之求償權及承受，現行法亦未明文規定，且目前實務上見解不一，為期明確及符合共同抵押權法理，爰增訂第二項，明定

		修正之民法第八百七十五條之四第二款之規定，於其後次序抵押權成立於民法物權編修正施行前，亦適用之。
第十五條　修正之民法第八百七十九條關於為債務人設定抵押權之第三人對保證人行使權利之規定，於民法物權編修正施行前已成立保證之情形，亦適用之。		一、本條新增。 二、依現行民法第七百四十九條之規定，保證人向債權人為清償後，債權人對於主債務人之債權，於其清償之限度內，移轉與保證人。故如該債權另有抵押權為之擔保時，保證人於其清償之限度內，亦得行使該抵押權，使其債權受清償。反之，如物上保證人向債權人為清償後，對保證人是否具有求償權與承受權，實務見解不一，有採否定說者，認物保應優先於人保負，亦即，物上保證人於清償債務後，不得對保證人求償；亦有採物上保證與保證人平等說者。而修正之民法第八百七十九條之規定，物上保證人於清償債務後，對保證人有求償權與承受權，即採物上保證與保證人平等說。查物保與人保何者優先，於學說及實務上爭議已久，晚近各立法例對普通保證自由主義色彩之干涉漸增，此亦包括保證人範圍之干預及管制，使物上保證與普通保證不應有不同責任範圍之考量。是以，修正之民法第八百七十九條關於為債務人設定抵押權之第三人對保證人行使權利之規定，於保證人權益並無重大影響，亦未破壞當事人之信賴利益。為符合公平原則，宜明定於民法物權編修正施行前

		已成立保證之情形，亦適用該條關於為債務人設定抵押權之第三人對保證人行使權利之規定。
第十六條　民法物權編施行前，以抵押權擔保之債權，依民法之規定，其請求權消滅時效已完成者，民法第八百八十條所規定抵押權之消滅期間，自施行日起算。 但自請求權消滅時效完成後，至施行之日已逾十年，不得行使抵押權。	第十三條　民法物權編施行前，以抵押權擔保之債權，依民法之規定，其請求權消滅時效已完成者，民法第八百八十條所規定抵押權之消滅期間，自施行日起算。 但自請求權消滅時效完成後，至施行之日已逾十年者，不得行使抵押權。	一、條次變更。 二、本條為現行條文第十三條移列，內容未修正。
第十七條　修正之民法第八百八十一條之一至第八百八十一條之十七之規定，除第八百八十一條之一第二項、第八百八十一條之四第二項、第八百八十一條之七之規定外，於民法物權編修正施行前設定之最高限額抵押權，亦適用之。		一、本條新增。 二、最高限額抵押權於民法物權編修正施行前已於實務上行之多年，最高法院並著有若干判例，惟就最高限額抵押權擔保債權之範圍、處分、確定及實行等尚未能為周延規範。為此，修正之民法第八百八十一條之一至第八百八十一條之十七有關最高限額抵押權之規定，除第八百八十一條之一第二項就被擔保債權之資格予以限制之規定、第八百八十一條之四第二項有關原債權確定之期日不得逾三十年之規定、第八百八十一條之七有關抵押權人或債務人為法人而有合併之情形，及抵押權人或債務人為營業而與其他營業有合併情形等規定外，於民法物權編修正

		施行前設定之最高限額抵押權，亦宜適用，俾求明確，爰增訂本條規定。
第十八條 修正之民法第八百八十三條之規定，於民法物權編修正施行前以地上權或典權為標的物之抵押權及其他抵押權，亦適用之。		一、本條新增。 二、修正之民法第八百八十三條有關準用普通抵押權及最高限額抵押權之規定，於民法物權編修正施行前以地上權或典權為標的物之抵押權及其他抵押權，亦宜適用，俾求周延，爰增訂本條規定。
第十九條 民法第八百九十二條第一項及第八百九十三條第一項所定之拍賣質物，除聲請法院拍賣者外，在拍賣法未公布施行前，得照市價變賣，並應經公證人或商業團體之證明。		一、本條新增。 二、質權人因有民法第八百九十二條第一項及第八百九十三條第一項所定之情形，得逕行拍賣質物，在拍賣法未公布施行前，得否照市價變賣？現行法未明文規定，惟實務上見解（司法院院字第九八○號解釋）認得照市價變賣。為期明確並昭公信，爰明定在拍賣法未公布施行前，得照市價變賣，並應經依公證法規定之公證人或與拍賣物相關之商業團體之證明。
第二十條 民法物權編修正前關於質權之規定，於當舖或其他以受質為營業者，不適用之。	第十四條 民法物權編關於質權之規定，於當舖或其他以受質為營業者，不適用之。	一、條次變更。 二、當舖或其他以受質為營業者所設定之質權，通稱為「營業質」，修正之民法第八百九十九條之二已予增訂，並就其得適用動產質權之範圍予以明定，本條爰配合修正。
第二十一條 修正之民法第九百零六條之一之規定，於民法物權編修正施行前為質權標的物之		一、本條新增。 二、修正之民法第九百零六條之一有關為質權標的物之債權，以不動產物權之設定或移轉為給付內容之實行方法之規定，於民法物權

債權，其清償期已屆至者，亦適用之。		編修正施行前為質權標的物之此種債權，其清償期已屆至者，依法理該權利質權本即得轉換為不動產抵押權，爰明定亦宜適用。爰增訂本條規定。又本條係專就為質權標的物之債權，其清償期在修正施行前屆至之情形而設，蓋如其清償期在修正施行後始屆至，本即有修正之民法第九百零六條之一規定之適用，毋庸另予明定。併予敘明。
第二十二條　民法物權編施行前，定有期限之典權，依舊法規得回贖者，仍適用舊法規。	第十五條　民法物權編施行前，定有期限之典權，依舊法規得回贖者，仍適用舊法規。	一、條次變更。 二、本條為現行條文第十五條移列，內容未修正。
第二十三條　修正之民法第九百三十二條之一之規定，於民法物權編修正施行前留置物存有所有權以外之物權者，亦適用之。		一、本條新增。 二、留置物存有所有權以外之物權者，依修正之民法第九百三十二條之一之規定，該物權人不得以之對抗善意之留置權人。此一增訂，於民法物權編修正施行前留置物存有所有權以外之物權之情形，亦宜適用，俾保障善意留置權人之權益，爰增訂本條規定。
第二十四條　本施行法自民法物權編施行之日施行。 民法物權編修正條文及本施行法修正條文自公布後六個月施行。		一、條次變更。 二、現行條文未修正，改列為第一項。 三、民法物權編修正條文及本施行法修正條文之施行日期，宜有明文，並為地政機關預留準備期間，爰增訂第二項規定。

柒、民法物權編地上權章施行法修正對照表

中華民國99年2月3日華總一義字第09900022471號令公布

修正條文	現行條文	說明
第十三條之一　修正之民法第八百三十三條之一規定，於民法物權編中華民國九十九年一月五日修正之條文施行前未定有期限之地上權，亦適用之。		一、本條新增。 二、依民法第八百三十三條之一修正意旨，於民法物權編修正施行前未定有期限之地上權，亦宜適用，爰增訂本條。

捌、最高法院判例

一、裁判字號：30年上字第2040號

要旨：民法第757條規定：物權，除本法或其他法律有規定外，不得創設。此所謂法律，按之採用物權限定主義之本旨，係指成文法而言，不包括習慣在內。故依地方習慣房屋之出租人出賣房屋時，承租人得優先承買者，惟於租賃契約當事人間有以之為契約內容之意思時，發生債之效力，不能由是創設有物權效力之先買權。

二、裁判字號：38年台上第269號

要旨：上訴人主張訟爭房屋伊有先買權，無非以本院18年上字第153號判例為其依據。第查依民法第757條之規定，承租人對於租用之房屋既不得依習慣取得有物權效力之先買權，自難援用民法物權編施行前之上項判例，以排斥該條之適用。

三、裁判字號：22年上字第1084號

要旨：民法物權編關於登記之規定，在物權未能依該編施行法第3條所稱之

法律登記前，不適用之。故在此時期依法律行為設定不動產物權者，該法律行為成立時即生效力，不以登記為其效力發生要件。惟在不動產登記條例已施行之區域，非經登記仍不得對抗第三人。

四、裁判字號：28年上字第1313號

要旨：在土地法關於登記之部分施行前設定抵押權者，依民法物權編施行法第3條，不適用民法第758條之規定，自不以登記為發生效力之要件，雖其設定在該地方施行不動產登記條例之後，依同條例第3條、第5條不得以其設定對抗第三人，而在當事人間究已發生抵押權設定之效力，不因嗣後土地法關於登記部分之施行而受影響。被上訴人甲在土地法關於登記之部分施行前，為被上訴人乙向上訴人設定抵押權，自不能僅以其在土地法關於登記部分施行後未經登記，即適用民法第758條之規定，認為無效。

五、裁判字號：28年上字第533號

要旨：不動產所有權之移轉，不以交付該不動產為其效力發生要件，此就民法第758條與第761條之規定，對照觀之自明。

六、裁判字號：32年上字第2055號

要旨：不動產之買受人雖未支付價金，而依物權法之規定，出賣人移轉所有權於買受人之法律行為已生效力者，自不能因買受人尚未交付價金，即謂其所有權未曾取得。

七、裁判字號：32年上字第573號

要旨：不動產所有權之移轉，不以交付該不動產為其效力發生要件，此就民法第758條與第761條之規定對照觀之自明。故在物權未能依民法物權編施行法第3條所稱之法律登記前，移轉不動產所有權之約，只須依民法第760條之規定，訂立書面即可發生效力。

八、裁判字號：40年台上字第1235號

要旨：被上訴人於受讓系爭房屋時，已含有受讓出租人對於承租人之一切權

利之意思,其因此繼承出租人之地位,對於承租人行使其權利,不因登記之未完畢完畢而影響。

九、裁判字號:40年台上字第1242號

要旨:台灣光復後,政府機關因代表國家接收日產房屋所取得之物權,與依法律行為而取得者有別,自無民法第758條之適用。

十、裁判字號:40年台上字第127號

要旨:被上訴人未將其所有權移轉登記於他人,縱令其與他人已有買賣之債權契約,然其在物權尚未消滅以前,以自己名義起訴,亦非法所不許。

十一、裁判字號:40年台上字第1912號

要旨:國家機關代表國庫接收敵偽不動產,係基於國家之權力關係而為接收,並非依法律行為而取得不動產所有權,依民法第758條之反面解釋,既無須登記已能發生取得所有權之效力,自得本其所有權對抗一般人,不能因接收前所有權之取得未經登記,而謂其仍無對抗第三人之效力。

十二、裁判字號:41年台上字第1039號

要旨:自己建築之房屋,與依法律行為而取得者有別,縱使不經登記,亦不在民法第758條所謂非經登記不生效力之列。

十三、裁判字號:41年台上字第180號

要旨:當事人買賣不動產,如因買賣時地方淪陷無合法之登記機關,致不能為登記者,其買賣契約之書面成立時,即發生物權移轉之效力。

十四、裁判字號:41年台上字第386號

要旨:物權之設定、移轉,依當時台灣所適用之法律,僅須當事人之意思表示即生效力,所有權取得人雖未為所有權取得之登記,亦可為取得所有權之主張。

十五、裁判字號：43年台上字第790號

要旨：不動產物權依法律行為而取得、設定、喪失及變更者，非經登記不生
　　　效力，為民法第758條所明定，同法施行法第3條第2項所謂物權未能
　　　依前項法律登記前，不適用民法物權編關於登記之規定，乃指未施行
　　　登記之區域而言，若在土地法關於登記已施行之區域，自非經登記不
　　　生效力，要無該條項之適用。

十六、裁判字號：44年台上字第266號

要旨：土地所有權移轉登記與土地之交付係屬兩事，前者為所有權生效要
　　　件，後者為收益權行使要件。行使土地之收益權，以先經交付為前
　　　提，並不限於有償之買賣契約，即無償之贈與契約，亦包括在內。

十七、裁判字號：49年台上字第24號

要旨：得為預告登記之保全者，係以土地權利之移轉、消滅或其內容次序之
　　　變更為標的之請求權，與民法第758條所定因法律行為而取得不產物
　　　權非經登記不生效力之情形不同，故上訴人就系爭房屋執有上開預告
　　　登記之通知書，亦難謂有排除強制執行之權利存在。

十八、裁判字號：52年台上字第1485號

要旨：系爭土地於日據時期既經日軍徵收作為軍用機場用地，並已對上訴人
　　　付清價款，依當時適用之日本民法，其所有權即已移轉於日軍。上訴
　　　人於本省光復後隱匿徵收情形，向主管官署矇混聲請辦理所有權登
　　　記，當時既非系爭土地之真正權利人，則縱使業經登記完畢取得所有
　　　權狀，亦無從確定其權利。而且國家權利之取得又係基於戰勝國之權
　　　力關係所為之接收，並非由於法律行為，依民法第758條之反面解
　　　釋，自無須登記即發生取得所有權之效力。上訴人顯不得再以日軍就
　　　系爭土地未辦理所有權移轉登記，而謂系爭土地之所有權仍屬於上訴
　　　人，被上訴人不得請求塗銷就系爭土地所為之所有權登記。

十九、裁判字號：59年台上字第1534號

要旨：不動產所有權之移轉，不以交付該不動產為其效力發生要件，不動產之買受人雖未受交付，而依物權法之規定，出賣人移轉所有權於買受人之法律行為已生效力者，自不能因買受人尚未交付即謂其所有權未曾取得，又不動產之重複買賣，以先辦妥所有權移轉登記者，應受法律之保護。

二十、裁判字號：62年台上字第2414號

要旨：不動產物權依法律行為而取得者，非經登記不生效力，為民法第758條所明定。此項規定，並不因不動產為違章建築而有例外。

二一、裁判字號：69年台上字第720號

要旨：民法第425條所定所有權讓與不破租賃之原則，應以所有權移轉業已生效為其要件。不動產所有權依法律行為移轉者，非經登記，不生效力，原審既認定系爭房屋未為保存登記，縱令屬於郭某所有，於出租後贈與被上訴人，無從辦理所有權移轉登記，自難認被上訴人已取得系爭房屋之所有權，應無民法第425條規定之適用。

二二、裁判字號：43年台上字第1016號

要旨：不動產物權因法院之判決而取得者，不以須經登記為生效要件，固為民法第759條之所明定。惟此之所謂判決，係僅指依其宣告足生物權法上取得某不動產物權效果之力，恆有拘束第三人之必要，而對於當事人以外之一切第三人亦有效力者（形成力亦稱創效力）而言，惟形成判決（例分割共有物之判決）始足當之，不包含其他判決在內。

二三、裁判字號：51年台上字第133號

要旨：因繼承原因於登記前已取得不動產物權者，非經登記，不得處分其物權，固為民法第759條所明定。惟該條之登記並無期間之限制，繼承人先與第三人成立移轉不動產所有權之債權契約，並於完成登記後以之移轉登記於受讓其權利之第三人，究非法所不許。

二四、裁判字號：51年台上第2641號

要旨：共有物之分割，經分割形成判決確定者，即生共有關係終止及各自取
　　　得分得部分所有權之效力。共有人對於他共有人分得之部分，既喪失
　　　共有權利，則其占有，除另有約定外，即難謂有何法律上之原因。

二五、裁判字號：69年台上第1012號

要旨：分割共有物，性質上為處分行為，依民法第759條規定，共有不動產
　　　之共有人中有人死亡時，於其繼承人未為繼承登記以前，固不得分割
　　　共有物。惟上訴人因被上訴人劉某就系爭建地尚未辦理繼承登記，依
　　　法不得為物權之處分。於本件訴訟中，請求劉某等辦理繼承登記，並
　　　合併對劉某等及其餘被上訴人為分割共有物之請求，不但符合訴訟經
　　　濟原則，抑與民法第759條及強制執行法第130條規定之旨趣無違。

二六、裁判字號：74年台上第2024號

要旨：民法第759條所謂未經登記不得處分其物權，係指物權處分行為而
　　　言。繼承人簡甲、簡乙代表全體繼承人出賣系爭土地，所訂買賣契約
　　　僅屬債權行為。訂約時，即令繼承人未辦畢繼承登記亦不生違反民法
　　　第759條規定，而使債權契約成為無效之問題。

二七、裁判字號：22年上字第21號

要旨：不動產物權之移轉，未以書面為之者，固不生效力，惟當事人間約定
　　　一方以其不動產之物權移轉於他方，他方支付價金之買賣契約已成立
　　　者，出賣人即負有成立移轉物權之書面，使買受人取得該不動產物權
　　　之義務。

二八、裁判字號：31年上字第3256號

要旨：不動產物權之移轉或設定，應以書面為之，此項書面得不由本人自
　　　寫，但必須親自簽名或蓋章，其以指印、十字或其他符號代簽名者，
　　　應經二人簽名證明，否則法定方式有欠缺，依法不生效力。

二九、裁判字號：57年台上字第1436號

要旨：不動產物權之移轉，應以書面為之，其移轉不動產物權書面未合法成立，固不能生移轉之效力。惟關於買賣不動產之債權契約，乃非要式行為，若雙方就其移轉之不動產及價金業已互相同意，則其買賣契約即為成立。出賣不動產之一方，自應負交付該不動產並使他方取得該不動產所有權之義務，買受人若取得出賣人協同辦理所有權移轉登記之確定判決，則得單獨聲請登記取得所有權，移轉不動產物權書面之欠缺，即因之而補正。

三十、裁判字號：44年台上第828號

要旨：買賣標的物之利益及危險，自交付時起，由買受人負擔，固為民法第373條所明定。但該條所謂交付，並非以現實交付為限，亦可準照同法第946條第2項、第761條第3項規定，讓與返還請求權以代交付。

三一、裁判字號：45年台上第406號

要旨：被上訴人占有之房屋既經上訴人向原所有人合法買受，並經出賣人將該占有物之返還請求權讓與於上訴人，則除被上訴人在該房屋上有另權利外，上訴非不得向之請求交屋。

三二、裁判字號：46年台上第64號

要旨：系爭房屋於兩造訂主買賣契約之前，既由被上訴人本於租賃關係而占有，則依民法第946條準用同法第761條第1項但書之規定，被上訴人就系爭房屋自買賣契約成立之日起，即已接受上訴人之交付，依同法第373條，該屋之利益由此當然歸屬被上訴人。乃上訴人猶謂原有租賃關係並未消滅，基於出租人地位請求被上訴人支付租金，顯非正當。

三三、裁判字號：48年台上第611號

要旨：系爭房屋上訴人於買受後，出租與原出賣人居住，則依民法第946條第2項準用第761條第2項之規定，既已取得間接占有以代交付，即應以租賃契約成立之日期，為系爭房屋移轉占有之日期。

三四、裁判字號：70年台上第4771號

要旨：依民法第761條第1項前段規定，動產物權之讓與，非將動產交付，不生效力，此之所謂交付，非以現實交付為限，如依同條第1項但書及第2項、第3項規定之簡易交付，占有改定及指示交付，亦發生交付之效力，此項規定於汽車物權之讓與，亦有適用。

三五、裁判字號：74年台上第2322號

要旨：民法第758條規定，不動產物權依法律行為而喪失者，非經登記不生效力。拋棄對於不動產公同共有之權利者，亦屬依法律行為喪失不動產物權之一種，如未經依法登記，仍不生消滅其公同共有權利之效果。

三六、裁判字號：27年抗第820號

要旨：物權有排他性，在同一標的物上，不能同時成立兩個以上互不相容之物權。故同一不動產設定兩個互不相容之同種物權者，惟其在先之設定為有效。

三七、裁判字號：30年上第121號

要旨：所有權之讓與人與受讓人，於不違反公益之程度，所訂禁止受讓人處分所有權之特約，固應認為有效，但僅於當事人間發生債之關係，不能發生物權的效力。

三八、裁判字號：29年上字第1678號

要旨：物之構成部分，除法律有特別規定外，不得單獨為物權之標的物。未與土地分離之樹木，依民法第66條第2項之規定，為土地之構成部分，與同條第1項所稱之定著物為獨立之不動產者不同。故土地所有人保留未與土地分離之樹木，而將土地所有權讓與他人時，僅對於受讓人有砍伐樹木之權利，不得對於更自受讓人受讓所有權之第三人，主張其有獨立之樹木所有權。

三九、裁判字號：28年上第2301號

要旨：民法第125條所稱之請求權，包含所有物返還請求權在內，此項請求
權之消滅時效完成後，雖占有人之取得時效尚未完成，占有人亦得拒
絕返還。

四十、裁判字號：30年上第2203號

要旨：強制執行中拍賣之不動產為第三人所有者，其拍賣為無效。所有權人
於執行終結後，亦得提起回復所有權之訴請求返還，法院判令返還
時，原發管業證書當然失其效力，法院自得命其繳銷，業經司法院院
字第578號解釋在案。至強制執行法第98條規定拍賣之不動產，買受
人自領得執行法院所發給權利移轉證書之日起，取得該不動產所有
權，係指拍賣之不動產本得為強制執行之標的物者而言，若不動產屬
於第三人所有，而不應為強制執行之標的物者，即應依上開解釋辦
理。

四一、裁判字號：72年台上第938號

要旨：買賣契約僅有債之效力，不得以之對抗契約以外之第三人。本件上訴
人雖向訴外人林某買受系爭土地，惟在林某將系爭土地之所有權移轉
登記與上訴人以前，既經執行法院查封拍賣，由被上訴人標買而取得
所有權，則被上訴人基於所有權請求上訴人返還所有物，上訴人即不
得以其與林某間之買賣關係，對抗被上訴人。

四二、裁判字號：83年台上第3243號

要旨：買賣契約僅有債之效力，不得以之對抗契約以外之第三人。因此在二
重買賣之場合，出賣人如已將不動產之所有權移轉登記與後買受人，
前買受人縱已占有不動產，後買受人仍得基於所有權請求前買受人返
還所有物，前買受人即不得以其與出賣人間之買賣關係，對抗後買受
人。

四三、裁判字號：85年台上第389號

要旨：按消滅時效完成，僅債務人取得拒絕履行之抗辯權，得執以拒絕給付
而已，其原有之法律關係並不因而消滅。在土地買賣之情形，倘出賣
人已交付土地與買受人，雖買受人之所有權移轉登記請求權之消滅時
效已完成，惟其占有土地既係出賣人本於買賣之法律關係所交付，即
具有正當權源，原出賣人自不得認係無權占有而請求返還。

四四、裁判字號：26年上第442號

要旨：民法第770條所定十年之取得時效，雖以占有之始善意並無過失為要
件，而民法第769條所定二十年之取得時效，則無以此為要件之明
文。且民法第770條特設短期取得時效，係以增此要件為其唯一理
由，其他關於期間以外之要件，仍與民法第769條所定者無異，則
二十年之取得時效，不以此為要件，實甚明瞭。故以所有之意思二十
年間和平繼續占有他人未登記之不動產者，縱令占有之始為惡意，或
雖係善意而有過失，亦得請求登記為所有人。

四五、裁判字號：32年上第110號

要旨：取得時效係於他人物上取得所有權之方法，在自己物上固無取得時效
之可言，惟公同共有物之所有權。屬於公同共有人之全體，非各公同
共有人對於公同共有物均有一個單獨所有權。如公同共有人中之一人
以單獨所有之意思占有公同共有之不動產，即係民法第769條所謂占
有他人之不動產。

四六、裁判字號：60年台上第4195號

要旨：未登記之土地無法聲請為取得地上權之登記，故依民法第772條準用
同法第769條及第770條主張依時效而取得地上權時，顯然不以占有他
人未登記之土地為必要。苟以行使地上權之意思，二十年間和平繼續
公然在他人地上有建築物或其他工作物或竹木者，無論該他人土地已
否登記，均得請求登記為地上權人。

四七、裁判字號：64年台上第2552號

要旨：地上權為一種物權，主張取得時效之第一要件須為以行使地上權之意思而占有，若依其所由發生之事實之性質，無行使地上權之意思者，非有變為以行使地上權之意思而占有之情事，其取得時效，不能開始進行。上訴人占有系爭土地之始，即係基於承租人之意思而非基於行使地上權之意思，嗣後亦非有民法第945條所定變為以地上權之意思而占有，自不能本於民法第772條準用同法第769條之規定，請求登記為地上權人。

四八、裁判字號：68年台上第1584號

要旨：占有他人未登記之不動產而具備民法第769條或第770條所定要件者，性質上係由一方單獨聲請地政機關為所有權之登記，並無所謂登記義務人之存在，亦無從以原所有人為被告，訴由法院逕行判決予以准許，此就所有權取得時效之第一要件須以所有之意思，於他人未登記之不動產上而占有，暨依土地法第54條規定旨趣參互推之，實至明瞭。

四九、裁判字號：83年台上第3252號

要旨：占有他人之土地，依民法第772條準用第769條、第770條規定主張依時效取得地上權者，土地所有人固不負擔同意占有人登記為地上權人之義務。然占有人若依土地登記規則第113條規定，由其一方申請登記為地上權人，經登記機關受理，在公告期間，土地所有人提出異議者，登記機關應依土地法第59條第2項規定予以調處；不服調處者，應於接到調處通知後十五日內向司法機關訴請處理。調處結果，若對占有人不利，占有人對土地所有人提起之訴訟，即得請求該所有人容忍其辦理地上權登記，以排除土地所有人之異議，使登記程序之障礙除去，俾完成地上權登記。

五十、裁判字號：89年台上第949號

要旨：森林係指林地及其群生竹、木之總稱。森林以國有為原則。森林所有權及所有權以外之森林權利，除依法登記為公有或私有者外，概屬國

有。森林法第3條及該法施行細則第2條定有明文。未依法登記為公有或私有之林地，既概屬國有，則不論國家已否辦理登記，均不適用關於取得時效之規定，俾達國土保安長遠利益之目標，並符保育森林資源，發揮森林公益及經濟效用之立法意旨（森林法第1條及第5條參照），自無民法第769條、第770條取得時效規定之適用。

五一、裁判字號：68年台上第3308號

要旨：占有為一種單純事實，故占有人本於民法第772條準用第770條取得時效規定，請求登記為地上權人時，性質上並無所謂登記義務人存在，無從以原所有人為被告，訴請命其協同辦理該項權利登記，僅能依土地法規定程序，向該管市縣地政機關而為聲請。

五二、裁判字號：60年台上第1677號

要旨：上訴人主張因時效而取得地役權，既未依法請求登記為地役權人，自不能本於地役權之法律關係，而向被上訴人有所請求。

五三、裁判字號：65年台上第2558號

要旨：系爭土地既係水利用地（排水溝間堤防用地），依法免於為所有權之編號登記，上訴人自無從因時效之完成而取得及請求登記其地上權。

五四、裁判字號：68年台上第2994號

要旨：依占有事實完成時效而取得通行地役權者，固非不可請求地政機關登記為通行地役權人，但不動產所有人尚無協同請求登記之義務，其未登記為地役權人，尤不能本於地役權之法律關係對土地所有人有所請求。

五五、裁判字號：48年台上第1457號

要旨：土地與房屋為各別之不動產，各得單獨為交易之標的，且房屋性質上不能與土地使用權分離而存在，亦即使用房屋必須使用該房屋之地基，故土地及房屋同屬一人，而將土地及房屋分開同時或先後出賣，其間雖無地上權設定，然除有特別情事，可解釋為當事人之真意，限

於賣屋而無基地之使用外，均應推斷土地承買人默許房屋承買人繼續使用土地。

五六、裁判字號：63年台上第766號

要旨：房屋與基地同屬一人所有，先後或同時出賣與二人時，房屋在性質上不能與基地使用權分離而存在，於此情形，應認基地買受人於買受之初，即有默認房屋買受人有權繼續使用基地而成立租賃關係，併得請求辦理地上權登記。

五七、裁判字號：53年台上第2996號

要旨：民法第787條第1項所謂土地與公路無適宜之聯絡，致不能為通常之使用，其情形不以土地絕對不通公路為限，即土地雖非絕對不通公路，因其通行困難以致不能為通常之使用時，亦應許其通行周圍地以至公路。

五八、裁判字號：57年台上第901號

要旨：系爭土地原屬兩造共有，分割後上訴人所有土地既為他人之地所圍繞，以致不通於公路，如上訴人出賣與訴外人部分之土地全無隙地可供其通行，而被上訴人之土地係與上訴人之土地相鄰接，且屬原共有地之一部因分割取得其所有權，按諸民法第787條及第789條之規定，自不能謂上訴人無通行被上訴人土地以至公路之權利。

五九、裁判字號：85年台上第1781號

要旨：土地因與公路無適宜之聯絡，致不能為通常之使用者，土地所有人得通行周圍地以至公路，民法第787條第1項前段定有明文。其立法意旨在於調和土地相鄰之關係，以全其土地之利用，故明定周圍地所有人負有容忍通行之義務。惟如土地嗣後與公路已有適宜之聯絡，而能為通常之使用者，周圍地所有人自無須繼續容忍其通行，土地所有人不得再主張通行周圍地。

六十、裁判字號：28年上第634號

要旨：民法第796條所謂土地所有人建築房屋逾越疆界，係指土地所有人在
　　　其自己土地建築房屋，僅其一部分逾越疆界者而言。若其房屋之全部
　　　建築於他人之土地，則無同條之適用。

六一、裁判字號：45年台上第931號

要旨：土地所有人建築房屋逾越疆界者，鄰地所有人如知其越界而不即提出
　　　異議，不得請求移去或變更其建築物，固為民法第796條前段之所明
　　　定。惟主張鄰地所有人知其越界而不即提出異議者，應就此項事實負
　　　舉證之責任。

六二、裁判字號：58年台上第120號

要旨：所謂越界建築，係指土地所有人建築房屋，逾越疆界者而言。至於因
　　　越界而占用之土地，究為鄰地之一部抑或全部，在所不問。

六三、裁判字號：59年台上第1799號

要旨：民法第796條所謂越界建築，其建築物必為房屋，苟屬非房屋構成部
　　　分之牆垣、豬欄、狗舍或屋外之簡陋廚廁，尚不能謂有該條之適用。

六四、裁判字號：62年台上第1112號

要旨：牆垣非房屋構成部分，如有越界建築，不論鄰地所有人是否知情而不
　　　即提出異議，要無民法第796條之適用。上訴人之圍牆既確有越界情
　　　事，縱令占地無幾，被上訴人亦無容忍之義務，即非不得請求拆除。

六五、裁判字號：52年台上第1056號

要旨：民法第800條所稱前條情形，係指第799條所謂「數人區分一建築物而
　　　各有其一部者」之情形而言，樓房之分層所有，即屬該條所揭情形之
　　　一種，其正中宅門雖非共同部分，仍有第800條之適用。至第800條所
　　　謂有使用他人正中宅門之必要者，係指依客觀事實有使用之必要者而
　　　言，如非使用他人之正中宅門，即無從通行出外者，自包含在內。

六六、裁判字號：31年上第1904號

要旨：動產之受讓人占有動產，而有民法第948條規定之情形者，依同法第801條之規定，縱讓與人無移轉所有權之權利，受讓人仍取得其所有權。

六七、裁判字號：56年台上第2346號

要旨：上訴人主張對系爭房屋曾加以裝修，縱屬真實，然其所購買之磚、瓦、塑膠板等，既因附合於債務人之不動產而成為系爭不動產之成分，無單獨所有權存在，亦自無足以排除強制執行之權利。

六八、裁判字號：51年台上第3495號

要旨：共有，乃數人共同享受一所有權，故各共有人本其所有權之作用，對於共有物之全部均有使用收益權。惟其使用收益權應按其應有部分而行使，不得損及他共有人之利益，若有侵害，則與侵害他人之所有權同。被侵害之他共有人，自得依侵權行為之規定，而行使其損害賠償請求權。

六九、裁判字號：55年台上第1949號

要旨：民法第818條所定各共有人按其應有部分，對於共有物之全部有使用收益之權。係指各共有人得就共有物全部，於無害他共有人之權利限度內，可按其應有部分行使用益權而言。故共有人如逾越其應有部分之範圍使用收益時，即係超越其權利範圍而為使用收益，其所受超過利益，要難謂非不當得利。

七十、裁判字號：57年台上第2387號

要旨：分別共有之各共有人，按其應有部分對於共有物之全部有使用收益之權，所謂應有部分，係指分別共有人得行使權利之比例，而非指共有物之特定部分，因此分別共有之各共有人，得按其應有部分之比例，對於共有物之全部行使權利。至於共有物未分割前，各共有人實際上劃定範圍使用共有物者，乃屬一種分管性質，與共有物之分割不同。

七一、裁判字號：62年台上第1803號

要旨：各共有人按其應有部分，對於共有物之全部雖有使用收益之權。惟共有人對共有物之特定部分使用收益，仍須徵得他共有人全體之同意，非謂共有人得對共有物之全部或任何一部有自由使用收益之權利。如共有人不顧他共有人之利益，而就共有物之全部或一部任意使用收益，即屬侵害他共有人之權利。

七二、裁判字號：17年上第1014號

要旨：共有人中一人或數人未經全體共有人同意，專擅處分共有物者，其處分行為固不生移轉物權之效力。惟法律行為之同意不必限於行為時為之，若於事前預示，或事後追認者，不得謂為無效。

七三、裁判字號：17年上第684號

要旨：共有財產非得共有人全體同意，自不能擅為處分。

七四、裁判字號：20年上第1740號

要旨：共有物之處分固應得共有人全體之同意，但共有人之一人自由處分其應有部分，原非法所不許。

七五、裁判字號：22年上第805號

要旨：債權人就債務人與人共有之物，只得扣押債務人之應有部分，不得扣押共有物之全部或一部。

七六、裁判字號：33年上第3768號

要旨：共有人原得自由處分其應有部分，共有人間縱為相反之約定，對於第三人亦不生效力。

七七、裁判字號：67年台上第949號

要旨：土地法已於64年7月24日修正公布施行，依其第34條之1第1項前段規定共有土地之處分、變更，以共有人過半數及其應有部分合計過半數

即可行之，非必須共有人全體同意，上訴人將共有之墓地變更使用種菜建屋，如在該法修正之後，且已獲過半數共有人及應有部分合計過半數同意，即無適用民法第819條第2項餘地。

七八、裁判字號：69年台上第2403號

要旨：假處分之效力，僅在禁止債務人就特定財產自由處分，並不排除法院之強制執行，亦不能因此而阻礙共有人請求法院分割共有物之權能。且依強制執行法第51條第2項之規定，實施查封後，債務人就查封物所為移轉、設定負擔或其他有礙執行效果之行為，僅對債權人不生效力。而裁判分割，係由法院依職權為之。既於查封之效力無礙，殊無於實施假處分之後，不准分割之法律上理由。

七九、裁判字號：28年上第2361號

要旨：依民法第821條之規定，各共有人對於第三人，得就共有物之全部，為本於所有權之請求，此項請求權既非必須由共有人全體共同行使，則以此為標的之訴訟，自無由共有人全體共同提起之必要。所謂本於所有權之請求權，係指民法第767條所規定之物權的請求權而言，故對於無權占有或侵奪共有物者，請求返還共有物之訴，得由共有人中之一人單獨提起，惟依民法第821條但書之規定，應求為命被告向共有人全體返還共有物之判決而已。

八十、裁判字號：41年台上第611號

要旨：各共有人對於第三人，得就共有物之全部，為本於所有權之請求，固為民法第821條所明定，惟對於無權占有或侵奪共有物者，請求返還共有物之訴，依同法條但書之規定，並參照司法院院字第1950號解釋，應求為命被告向共有人全體返還共有物之判決，不得請求僅向自己返還。

八一、裁判字號：84年台上第339號

要旨：各共有人對於第三人，得就共有物之全部為本於所有權之請求，但回復共有物之請求，僅得為共有人全體之利益為之，民法第821條定有

明文。倘共有人中之一人起訴時，在聲明中請求應將共有物返還於共有人全體，即係為共有人全體利益請求，無須表明全體共有人之姓名。

八二、裁判字號：29年上第1529號

要旨：共有物分割請求權為分割共有物之權利，非請求他共有人同為分割行為之權利，其性質為形成權之一種並非請求權，民法第125條所謂請求權，自不包含共有物分割請求權在內。

八三、裁判字號：48年台上第1065號

要旨：共有人於與其他共有人訂立共有物分割或分管之特約後，縱將其應有部分讓與第三人，其分割或分管契約，對於受讓人仍繼續存在。

八四、裁判字號：58年台上第2431號

要旨：共有道路，除請求分割之共有人，願就其分得部分土地為他共有人設定地役權外，原則上不得分割。原審以系爭共有道路，因該土地之使用目的，不能分割，駁回上訴人分割之請求，於法尚無違誤。

八五、裁判字號：67年台上第3131號

要旨：提起分割共有物之訴，參與分割之當事人，以共有人為限。請求分割之共有物，如為不動產，共有人之應有部分各為若干，以土地登記總簿登記者為準，雖共有人已將其應有部分讓與他人，在辦妥所有權移轉登記前，受讓人仍不得以共有人之身分，參與共有物之分割。

八六、裁判字號：72年台上第2642號

要旨：債務人就查封物所為移轉、設定負擔或其他有礙執行效果之行為，依強制執行法第51條第2項規定，僅對於債權人不生效力而已，並非絕對無效；裁判分割，既係法院基於公平原則，決定適當之方法分割共有物，自不發生有礙執行效果之問題，債權人即不得對之主張不生效力；且債務人之應有部分，經實施查封以後，因裁判分割，其權利即集中於分割後之特定物，此為債務人原有權利在型態上之變更，當為

查封效力之所及，於假處分亦無影響。

八七、裁判字號：81年台上第2688號

要旨：各共有人得隨時請求分割共有物，為民法第823條第1項前段所明定，此項規定，旨在消滅物之共有狀態，以利融通與增進經濟效益。不動產共有人協議分割後，其辦理分割登記請求權之消滅時效完成，共有人中有為消滅時效完成之抗辯而拒絕給付者，該協議分割契約既無從請求履行，協議分割之目的無由達成，於此情形，若不許裁判分割，則該不動產共有之狀態將永無消滅之可能，揆諸分割共有物之立法精神，自應認為得請求裁判分割。

八八、裁判字號：29年上第1792號

要旨：裁判上定共有物分割之方法時，分配原物與變賣之而分配價金，孰為適當，法院本有自由裁量之權，不受任何共有人主張之拘束。

八九、裁判字號：49年台上第2569號

要旨：共有人因共有物分割之方法不能協議決定，而提起請求分割共有物之訴，應由法院依民法第824條命為適當之分配，不受任何共有人主張之拘束，即不得以原告所主張分割方法之不當，遽為駁回分割共有物之訴之判決。

九十、裁判字號：69年台上第1831號

要旨：分割共有物，以消滅共有關係為目的。法院裁判分割共有土地時，除因該土地內部分土地之使用目的不能分割（如為道路）或部分共有人仍願維持其共有關係，應就該部分土地不予分割或准該部分共有人成立新共有關係外，應將土地分配於各共有人單獨所有。

九一、裁判字號：50年台上第919號

要旨：共有物分割之方法不能協議決定者，法院得由任何共有人之聲請，命為以原物分配於各共有人，或變賣原物為價金之分配，此等分割方法之判決一經確定，則各共有人對他共有人因分割而取得之物，按其應

有部分，即應負與出賣人同一之擔保義務。不得於判決確定後，再行主張使用已久，交還困難，以圖翻異。

九二、裁判字號：30年上第202號

要旨：繼承人有數人時，在分割遺產前，各繼承人對於遺產全部為公同共有，民法第1151條定有明文。被上訴人自不得在分割遺產前，主張遺產中之特定部分，由其個人承受。

九三、裁判字號：37年上第6419號

要旨：民法第819條第1項所謂各共有人得自由處分其應有部分云云，係指分別共有，即同法第817條規定數人按其應有部分，對於一物有所有權者而言，其依同法第827條第1項基於公同關係而共有一物者，依同條第2項之規定，各公同共有人之權利，既係及於公同共有物之全部，則各該共有人自無所謂有其應有部分，從而公同共有人中之一人如無法律或契約之根據，亦未得其他公同共有人之同意，而就公同共有物為處分，自屬全部無效。

九四、裁判字號：71年台上第5051號

要旨：買賣並非處分行為，故公同共有人中之人，未得其他公同共有人之同意，出賣公同共有物，應認為僅對其他公同共有人不生效力，而在締約當事人間非不受其拘束。苟被上訴人簽立之同意書，果為買賣，縱出賣之標的為公同共有土地，而因未得其他公同共有人之同意，對其他公同共有人不生效力。惟在其與上訴人間既非不受拘束，而如原審認定之事實，該土地其後又已因分割而由被上訴人單獨取得，則上訴人請求被上訴人就該土地辦理所有權移轉登記，尚非不應准許。

九五、裁判字號：74年台上第748號

要旨：繼承人共同出賣公同共有之遺產，其所取得之價金債權，仍為公同共有，並非連帶債權。公同共有人受領公同共有債權之清償，應共同為之，除得全體公同共有人之同意外，無由其中一人或數人單獨受領之權。

九六、裁判字號：37年上第7357號

要旨：公同關係存續中，各公同共有人不得請求分割公同共有物，在民法第829條固定有明文。但此項公同關係之存續既非不可終止，則公同共有人中之一人或數人於訴訟外或於起訴時，以訴狀向其他公同共有人表示終止公同關係之意思，而請求分割公同共有物，在審理事實之法院，自應審認其所為終止公同關係之意思表示是否正當，能否認為已有合法之終止，為適當之裁判，如可認終止為合法，則其公同關係已不復存續，即無適用民法第829條之餘地。

九七、裁判字號：37年上第7366號

要旨：(一) 請求分割公同共有物之訴，為固有之必要共同訴訟，應由同意分割之公同共有人全體一同起訴，並以反對分割之其他公同共有人全體為共同被告，於當事人適格始無欠缺。

(二) 被上訴人起訴以上訴人某子某丑為被告，請求分割公同共有物，其訴訟標的對於共同訴訟之各人必須合一確定，共同被告某子對於第一審判決雖未提起上訴，但依民事訴訟法第56條第1項第1款之規定，上訴人某丑提起第二審上訴，係有利於共同訴訟人之行為，其效力及於全體，原審於判決書內竟未併列某子為上訴人，自嫌疏誤。

九八、裁判字號：18年上第651號

要旨：地上權為物權之一種，依法得以對抗第三人，無論業主更換何人，當然得以存在，不受影響。

九九、裁判字號：48年台上第928號

要旨：地上權係以在他人土地上有建築物，或其他工作物，或竹木為目的而使用其土地之權，其以有建築物為目的者，並不禁止先設定地上權，然後在該地上進行建築，且地上權之範圍，不以建築物或其他工作物等本身占用之土地為限，其周圍之附屬地，如房屋之庭院，或屋後之空地等，如在設定之範圍內，不得謂無地上權之存在。

一〇〇、裁判字號：70年台上第3678號

要旨：法律關係定有存續期間者，於期間屆滿時消滅，期滿後，除法律有更新規定外，並不當然發生更新之效果，地上權並無如民法第451條之規定，其期限屆滿後自不生當然變更為不定期限之效果，因而應解為定有存續期間之地上權於期限屆滿時，地上權當然消滅。

一〇一、裁判字號：85年台上第447號

要旨：民法第876條第1項規定之法定地上權，係為維護土地上建築物之存在而設，則於該建築物滅失時，其法定地上權即應隨之消滅，此與民法第832條所定之地上權，得以約定其存續期限，於約定之地上權存續期限未屆至前，縱地上之工作物或竹木滅失，依同法第841條規定其地上權仍不因而消滅者不同。

一〇二、裁判字號：42年台上第142號

要旨：地上權之存續期間，在民法或其他法律並未設有最短期間之限制，故當事人之約定，不能不認為有效。

一〇三、裁判字號：21年上第476號

要旨：地上權於有民法第836條所定情形時，土地所有人雖得撤銷之，而其設定地上權之物權契約，要無請求解除之可言。

一〇四、裁判字號：68年台上第777號

要旨：建築房屋基地之出租人，以承租人積欠租金額達二年以上為原因，終止租賃契約，仍應依民法第440條第1項規定，定相當期限催告承租人支付租金，必承租人於其期限內不為支付者，始得終止租賃契約，非謂一有承租人欠租達二年以上之事實，出租人即得隨時終止租賃契約，對於地上權人之保護，不宜較土地承租人為薄，故土地所有人以地上權人積欠地租達二年之總額為原因，依民法第836條第1項規定，撤銷其地上權，仍應類推適用民法第440條第1項之規定，踐行定期催告程序。

一〇五、裁判字號：32年上第2588號

要旨：地上權因存續期間屆滿而消滅者，除契約另有訂定外，地上權人固得依民法第840條第1項，請求土地所有人按建築物之時價為補償，但地上權因拋棄而消滅者，不在同條項規定之列，地上權人自無請求土地所有人收買建築物之權。

一〇六、裁判字號：79年台上第2623號

要旨：民法第840條第1項規定：地上權人之工作物為建築物者，如地上權因存續期間屆滿而消滅，土地所有人應按該建築物之時價為補償。與被上訴人請求塗銷地上權登記係屬二事，互無對價關係，上訴人不得執此為拒絕塗銷地上權登記之理由。

一〇七、裁判字號：21年上第1520號

要旨：土地所有人將其土地所有權讓與於他人時，永佃權並不因此而受影響。

一〇八、裁判字號：28年上第996號

要旨：永佃權，在民法上有得為抵押權標的物之明文，而無得為典權標的物之規定，永佃權人就其永佃權設定典權自屬無效。惟當事人之真意，係在基於買賣契約讓與永佃權，而其買賣契約訂明出賣人得返還其受領之價金，買回永佃權者，雖誤用出典之名稱，亦應認為出賣人於買賣契約保留買回之權利。

一〇九、裁判字號：32年上第2305號

要旨：民法第845條第1項所謂將土地出租於他人，係指將土地基於租賃契約交與他人為使用收益而言，其僅訂有租賃契約，而未將土地交與他人使用收益者，尚不得謂已違反第1項之規定。

一一〇、裁判字號：19年上第794號

要旨：通行地役權，如係因設定行為而取得，其通行於他人之土地，是否出

於必要情形，則在所不問。

一一一、裁判字號：54年台上第698號

要旨：地役權係以他人土地之利用為其目的，而得直接支配該土地之一種不動產物權，性質上僅為限制他人土地所有權之作用，而存在於他人所有土地之上，故有繼續並表見利用他人土地之情形，即可因時效而取得地役權，並不以他人所有未經登記之土地為限。

一一二、裁判字號：18年上第1624號

要旨：有抵押權之債權人，雖可就抵押物之賣得價金優先受償，然不能因其設有抵押權，即謂清償債務應以抵押物為限。

一一三、裁判字號：19年上第746號

要旨：(一) 債權之附有擔保者，債權人固得就擔保物行使權利，然並非其義務。故債權人如要求現款清償，債務人即不得以應先就擔保物行使權利為抗辯。

(二) 法院裁判應以當事人聲明之範圍為限，若當事人所不聲明之事項，自不能以法院漏未裁判為理由主張不服。

一一四、裁判字號：22年上第252號

要旨：抵押權人就抵押物之賣得價金，有優先於他債權人而受清償之權，此在民法第860條雖無優先字樣，而依民法第874條及第877條但書之規定，甚為明顯。

一一五、裁判字號：49年台上第235號

要旨：不動產之所有權狀，不過為權利之證明文件，並非權利之本身，不能為擔保物權之標的。如不動產所有人同意以其所有權狀交與他人擔保借款，自係就該不動產設定抵押權，而非就所有權狀設定質權。

一一六、裁判字號：62年台上第776號

要旨：最高額抵押與一般抵押不同，最高額抵押係就將來應發生之債權所設

定之抵押權,其債權額在結算前並不確定,實際發生之債權額不及最高額時,應以其實際發生之債權額為準。

一一七、裁判字號:66年台上第1097號

要旨:所謂最高限額之抵押契約,係指所有人提供抵押物,與債權人訂立在一定金額之限度內,擔保現在已發生及將來可能發生之債權之抵押權設定契約而言。此種抵押權所擔保之債權,除訂約時已發生之債權外,即將來發生之債權,在約定限額之範圍內,亦為抵押權效力所及。雖抵押權存續期間內已發生之債權,因清償或其他事由而減少或消滅,原訂立之抵押契約依然有效,嗣後在存續期間內陸續發生之債權,債權人仍得對抵押物行使權利。此種抵押契約如未定存續期間,其性質與民法第754條第1項所定就連續發生之債務為保證而未定有期間之保證契約相似,類推適用同條項規定,抵押人固得隨時通知債權人終止抵押契約,對於終止契約後發生之債務,不負擔保責任。反之,此種抵押契約定有存續期間者,訂立契約之目的,顯在擔保存續期間內所發生之債權,凡在存續期間所發生之債權,皆為抵押權效力所及,於存續期間屆滿前所發生之債權,債權人在約定限額範圍內,對於抵押物均享有抵押權,除債權人拋棄為其擔保之權利外,自無許抵押人於抵押權存續期間屆滿前,任意終止此種契約。縱令嗣後所擔保之債權並未發生,僅債權人不得就未發生之債權實行抵押權而已,非謂抵押人得於存續期間屆滿前終止契約而享有請求塗銷抵押權設定登記之權利。

一一八、裁判字號:70年台上第453號

要旨:不動產抵押權之設定,固應以書面為之。但當事人約定設定不動產抵押權之債權契約,並非要式行為。若雙方就其設定已互相同意,則同意設定抵押權之一方,自應負使他方取得該抵押權之義務。又口頭約定設定抵押權時,若為有償行為,當不因債務人以後為履行義務,補訂書面抵押權設定契約及辦理抵押權設定登記,而使原有償之抵押權設定行為變為無償行為。原審所持相反之見解,尚有未合。

一一九、裁判字號：71年台抗第306號

要旨：抵押權人聲請拍賣抵押物，在一般抵押，因必先有被擔保之債權存在，而後抵押權始得成立，故只須抵押權已經登記，且登記之債權已屆清償期而未受清償，法院即應准許之。惟最高限額抵押，抵押權成立時，可不必先有債權存在，縱經登記抵押權，因未登記已有被擔保之債權存在，如債務人或抵押人否認先已有債權存在，或於抵押權成立後，曾有債權發生，而從抵押權人提出之其他文件為形式上之審查，又不能明瞭是否有債權存在時，法院自無由准許拍賣抵押物。

一二〇、裁判字號：72年台上第2432號

要旨：抵押權為不動產物權，非經登記，不生效力，抵押權人僅能依設定登記之內容行使權利，是抵押債務人究為何人，應以設定登記之內容為準。

一二一、裁判字號：83年台上第1055號

要旨：最高限額抵押契約定有存續期間者，其期間雖未屆滿，然若其擔保之債權所由生之契約已合法終止或因其他事由而消滅，且無既存之債權，而將來亦確定不再發生債權，其原擔保之存續期間內所可發生之債權，已確定不存在，依抵押權之從屬性，應許抵押人請求抵押權人塗銷抵押權設定登記。

一二二、裁判字號：84年台上第1967號

要旨：抵押權所擔保之債權，其種類及範圍，屬於抵押權之內容，依法應經登記，始生物權之效力，但如因內容過於冗長，登記簿所列各欄篇幅不能容納記載，可以附件記載，作為登記簿之一部分。因此關於最高限額抵押權所擔保之債權，雖未記載於土地登記簿，然於聲請登記時提出之最高限額抵押權設定契約書，有該項債權之記載者，此契約書既作為登記簿之附件，自為抵押權效力所及。

一二三、裁判字號：85年台上第2065號

要旨：所謂最高限額抵押權者，乃為預定抵押物應擔保債權之最高限額所設定之抵押權。如所預定擔保之債權非僅限於本金，而登記為本金最高限額新台幣若干元，其約定利息、遲延利息及約定擔保範圍內之違約金，固為抵押權效力之所及，但仍受最高限額之限制，故其約定利息、遲延利息及違約金連同本金合併計算，如超過該限額者，其超過部分即無優先受償之權。

一二四、裁判字號：47年台上第535號

要旨：抵押權所擔保之債權，原可由契約當事人自行訂定，此觀民法第861條但書之規定自明。故契約當事人如訂定以將來可發生之債權為被擔保債權，自非法所不許。

一二五、裁判字號：50年台抗第55號

要旨：系爭抵押權設定契約所擔保之債權，不僅限於借款本金，即借額以外之違約金亦在其內，而有違約金約定者，不問其作用為懲罰抑為損害賠償額之預定，除其金額過高，經訴由法院依民法第252條規定減至相當之數額外，債務人要應照約履行，不得以約定之違約金超過法定利率甚多，為拒絕債權人聲請拍賣抵押物之藉口。

一二六、裁判字號：73年台抗第239號

要旨：抵押權所擔保債權之範圍，應包括遲延利息在內，且不以登記為必要。

一二七、裁判字號：63年台上第1240號

要旨：參照民法第865條規定，就同一不動產設定數抵押權者，其次序依登記（即抵押權生效）之先後定之之法意，被上訴人之法定抵押權，雖無須登記，但既成立生效在先，其受償順序自應優先於上訴人嗣後成立生效之設定抵押權。

一二八、裁判字號：60年台上第4615號

要旨：抵押人於抵押權設定後，與第三人訂立租約，致影響於抵押權者，對
於抵押權人雖不生效，但執行法院倘不依聲請或依職權認為有除去該
影響抵押權之租賃關係之必要，而為有租賃關係存在之不動產拍賣，
並於拍賣公告載明有租賃關係之事實，則該租賃關係非但未被除去，
且已成為買賣（拍賣）契約內容之一部。無論應買人投標買得或由債
權人承受，依繼受取得之法理，其租賃關係對應買人或承受人當然繼
續存在。

一二九、裁判字號：74年台抗第227號

要旨：執行法院認抵押人於抵押權設定後，與第三人訂立之租約，致影響於
抵押權者，得依聲請或職權除去其租賃關係，依無租賃狀態逕行強制
執行。執行法院所為此種除去租賃關係之處分，性質上係強制執行方
法之一種，當事人或第三人如有不服，應依強制執行法第12條規定，
向執行法院聲明異議，不得逕行對之提起抗告。

一三〇、裁判字號：86年台抗第588號

要旨：抵押權為擔保物權，不動產所有人設定抵押權後，於同一不動產上，
固仍得為使用收益，但如影響於抵押權者，對於抵押權人不生效力。
故土地所有人於設定抵押權後，在抵押之土地上營造建築物，並將該
建築物出租於第三人，致影響於抵押權者，抵押權人自得聲請法院除
去該建築物之租賃權，依無租賃狀態將該建築物與土地併付拍賣。

一三一、裁判字號：22年上第2117號

要旨：抵押權人僅得就抵押物之賣得價金優先受償，不得阻止抵押人讓與其
所有權。故抵押人之他債權人就抵押物聲請強制執行時，抵押權人僅
得行使優先受償之權利，不得據以訴請阻止執行。

一三二、裁判字號：74年台抗第431號

要旨：不動產所有人設定抵押權後，將不動產讓與他人者，依民法第867條
但書規定，其抵押權不因此而受影響，抵押權人得本於追及其物之效

力實行抵押權。系爭不動產既經抵押人讓與他人而屬於受讓之他人所有，則因實行抵押權而聲請法院裁定准許拍賣該不動產時，自應列受讓之他人為相對人。

一三三、裁判字號：82年台上第3153號

要旨：抵押之不動產如經分割，或讓與其一部者，其抵押權不因此而受影響，民法第868條定有明文。故抵押之不動產雖讓與為數人所共有，抵押權人對於受讓抵押物之各人之應有部分，仍得就全部債權行使權利，受讓抵押物應有部分之人，不得僅支付與受讓部分相當之金額，而免其責任。

一三四、裁判字號：19年上第945號

要旨：抵押權人於債務人不履行債務時，雖得就抵押物上行使抵押權，然究不過得就抵押物主張優先受償而已。如不經過相當程序，不能逕將該抵押物之所有權移轉於債權人，縱令當事人於設定抵押權時，曾以特約聲明債權屆期不償即移轉所有權，其約定亦應認為無效。

一三五、裁判字號：52年台抗第128號

要旨：質權與抵押權均屬擔保物權，抵押權人依民法第873條第1項規定，得聲請法院拍賣抵押物，而以法院所為許可強制執行之裁定為執行名義，至質權人依民法第893條第1項規定，本可拍賣質物不經強制執行，惟質權人不自行拍賣而聲請法院拍賣質物，則法院自亦應為許可強制執行之裁定。

一三六、裁判字號：55年台抗第616號

要旨：承攬人就承攬關係所生之債權，對於其工作所附之定作人之不動產有抵押權，承攬人果有因承攬關係取得對定作人之債權，在未受償前，自得聲請法院拍賣定作人之不動產。惟承攬人有無因承攬關係取得對定作人之債權，非如設有抵押權登記之被擔保債權，得逕依國家機關作成之登記文件證明確有債權，則定作人有無債務自無從遽行斷定，從而如定作人就債權之發生或存在有爭執時，仍應由承攬人提起確認

之訴，以保護定作人之利益，此與實行經登記之抵押權時，債務人就抵押關係有爭執者，應由債務人提起確認之訴，不能作同一解釋。

一三七、裁判字號：58年台抗第524號

要旨：聲請拍賣抵押物，原屬非訟事件，只須其抵押權已經依法登記，並依登記之清償期業已屆滿而未受清償時，法院即應為許可拍賣之裁定，至實際上之清償期有無變更，本非所問。倘當事人就此有爭執時，不妨提起訴訟以求解決，殊不容依抗告程序聲明不服。

一三八、裁判字號：59年台上第2353號

要旨：兩造所訂擔保借款契約，倘係設定抵押權性質，則抵押權人為受清償，亦僅得於債權清償期屆滿後，與抵押人訂立取得抵押物所有權之契約。茲兩造在清償期未屆滿前，預為債務人如屆期未為清償時，抵押物之所有權移屬於抵押權人之約定，難謂非民法第873條第2項所規定之流質契約。

一三九、裁判字號：52年台上第1693號

要旨：上訴人既係就同一債權之擔保，於數不動產上設定抵押權，復未限定各個不動產所負擔之金額，是上訴人因設定抵押權所提供之兩筆土地，均須擔保債權之全部，在債權未全部受償前，尚不生抵押權部分消滅之效力。

一四〇、裁判字號：57年台上第1303號

要旨：民法第876條第1項之法定地上權，須以該建築物於土地設定抵押時業已存在，並具相當之經濟價值為要件。系爭甲部分房屋，既足認係建築於設定抵押權之後，於抵押權設定當時尚未存在，系爭乙部分豬舍，雖建於設定抵押權之前，但其價值無幾，雖予拆除，於社會經濟亦無甚影響，均不能視為上開法條中，可成立法定地上權之建築物。

一四一、裁判字號：89年台抗第352號

要旨：民法第877條係為保護抵押權人之利益，及社會之經濟而設之規定，

故於土地抵押後，在其上營造之建築物，雖非土地所有人所建，但於抵押權實行時，該建築物若與抵押之土地已歸一人所有，則為貫徹上開立法目的，宜解為有該條之適用，得於必要時，將土地抵押後，在其上營造之建築物，與該土地併付拍賣。

一四二、裁判字號：22年上第3866號

要旨：抵押物全部或一部滅失時，抵押權雖因而消滅或減縮其範圍。但抵押權所擔保之債權，並不因而消滅或減縮其範圍。

一四三、裁判字號：29年滬上第106號

要旨：民法第888條所謂善良管理人之注意，即依交易上一般觀念，認為有相當知識經驗及誠意之人所用之注意，已盡此注意與否，應依抽象之標準定之，其質權人有無盡此注意之能力。在所不問。

一四四、裁判字號：49年台上第2211號

要旨：民法第893條之規定，只謂質權人於債權屆期未受清償時，有拍賣質物優先受償之權利，並非認其必須負有拍賣之義務。故質權人就質物行使權利或逕向債務人請求清償，仍有選擇之自由，要無因拋棄質權，而債權亦歸於消滅之理。

一四五、裁判字號：52年台抗第128號

要旨：質權與抵押權均屬擔保物權，抵押權人依民法第873條第1項規定，得聲請法院拍賣抵押物，而以法院所為許可強制執行之裁定為執行名義，至質權人依民法第893條第1項規定，本可拍賣質物不經強制執行，惟質權人不自行拍賣而聲請法院拍賣質物，則法院自亦應為許可強制執行之裁定。

一四六、裁判字號：60年台上第4335號

要旨：依民法第902條規定，權利質權之設定，除有特別規定外，應依關於其權利讓與之規定為之。此為質權設定之通則，對債權質權及證券質權俱有其適用，上訴人雖主張其依民法第908條證券質權設定之要

件，其出質人已將被上訴人公司發行之記名股票交付於上訴人，並依背書方法為之，但關於公司法第165條第1項對記名股票轉讓之規定於設定權利質權自亦有其適用，故非將質權人之本名或名稱記載於股票，並將質權人之本名或名稱及住所記載於公司股東名簿，不得以其設質對抗公司。

一四七、裁判字號：64年台上第684號

要旨：依民法第904條規定，以債權為標的物之質權，固應以書面設定之，然書面之形式，法未明定其一定之格式，由出質人與質權人同意將設定權利質權之意旨，載明於書面者，即為已足。

一四八、裁判字號：56年台抗第444號

要旨：股票為有價證券，得為質權之標的，其以無記名式股票設定質權者，因股票之交付而生質權之效力，其以記名式股票設定質權者，除交付股票外，並應依背書方法為之。

一四九、裁判字號：81年台上第299號

要旨：(一) 房屋與基地同屬一人所有者，其所有人設定典權之書面，雖無基地字樣，但使用房屋必須使用該房屋之基地，除有特別情事可解釋當事人之真意僅以房屋為典權標的外，應解為基地亦在出典之列。

(二) 轉典為典權之再設定，轉典權亦為物權之一種，原典權人於取得典物所有權後，轉典權人之權利，仍有效存在。此際原典權人對於轉典權人言，其地位與出典人無異，而轉典權人對於原典權人取得之權利，亦與典權人相同。從而出典人及原典權人均逾期不回贖時，轉典權人即取得典物之所有權。

一五○、裁判字號：29年上第1795號

要旨：民法第923條第2項所定二年之期間，為回贖權之除斥期間，此項期間經過時，回贖權絕對消滅，不得因當事人之行為使之回復。如其取得典物所有權之典權人，與出典人約定出典人支付與原典價同額之價金

時，即將該物之所有權移轉於出典人，其契約固非無效，然此為別一法律關係，並非使出典人已經喪失之回贖權因此回復。

一五一、裁判字號：39年台上第1052號

要旨：典權人因支付有益費用使典物價值增加者，依民法第927條之規定，於典物回贖時，得於現存利益之限度內請求償還。該條既不以支出有益費用先經出典人同意為償還請求權之發生要件，自不因未得出典人之同意影響償還請求權之行使。

一五二、裁判字號：60年台上第3669號

要旨：依民法第929條之規定，商人間因營業關係所生之債權，與因營業關係而占有之動產，即可視為有牽連關係而成立留置權。縱其債權與占有，係基於不同關係而發生，且無任何因果關係，亦無不可。

一五三、裁判字號：18年抗第101號

要旨：占有人對於占有之標的物有事實上之管領力，除真正所有權人得對之提起返還所有權之訴外，非他人所能干涉。

一五四、裁判字號：42年台上第922號

要旨：以占有被侵奪為原因請求返還占有物，惟占有人始得為之。所謂占有人，係指對於物有事實上管領之力者而言，此觀民法第962條、第940條之規定自明。

一五五、裁判字號：44年台上第721號

要旨：強制執行法第15條，所謂就執行標的物有足以排除強制執行之權利者，係指對於執行標的物有所有權、典權、留置權、質權存在情形之一者而言。占有，依民法第940條之規定，不過對於物有事實上管領之力，自不包含在內。

一五六、裁判字號：43年台上第176號

要旨：租賃物交付後，承租人於租賃關係存續中，有繼續占有其物而為使用

收益之權利。故其占有被侵奪時，承租人自得對於無權占有之他人，行使其占有物返還請求權，此就民法第423條、第941條及第962條等規定觀之甚明。

一五七、裁判字號：29年上第378號

要旨：確認土地所有權存在之訴，原告就所有權存在之事實，固有舉證之責任。惟原告如為占有該土地而行使所有權之人，應依民法第943條推定其適法有所有權者，依民事訴訟法第281條之規定，除被告有反證外，原告即無庸舉證。

一五八、裁判字號：53年台上第2149號

要旨：占有乃對於物有事實上管領力之一種狀態，占有人主張時效上之利益，必其占有並未間斷，始得就占有開始之日起連續計算，故後占有人以前占有人之占有時間合併計算者，亦必後占有人為前占有人之合法繼承人時（包括一般繼承與特定繼承），始得為之。

一五九、裁判字號：40年台上第704號

要旨：占有物非盜贓，亦非遺失物，其占有並具有民法第948條所定應受法律保護之要件者，所有人即喪失其物之回復請求權，此觀民法第949條之規定自明。至所謂盜贓，較諸一般贓物之意義為狹，係以竊盜、搶奪、或強盜等行為，奪取之物為限，不包含因侵占所得之物在內。

一六〇、裁判字號：44年台上第100號

要旨：依民法第944條第1項之規定，占有人推定其為善意占有者，除上訴人有反證足以證明上開推定事實並非真實外，即不能空言否認被上訴人之善意占有，依同法第951條規定，盜贓或遺失物如係金錢或無記名證券，不得向其善意占有人請求回復。

一六一、裁判字號：42年台上第1213號

要旨：善意占有人，依推定其為適法所有之權利，得為占有物之使用及收益，固為民法第952條所明定。惟此項規定，於有同法第958條、第

959條所定之情形時，不適用之。故善意占有人如於本權訴訟敗訴時，自其訴訟繫屬發生之日起，即視為惡意占有人，仍應負返還占有物孳息之義務。

一六二、裁判字號：46年台上第478號

要旨：占有被侵奪，請求回復占有，須先證明原有占有之事實。

玖、土地登記規則第五章、第六章、第七章、第十二章

1. 民國95年6月19日內政部內授中辦地字第0950725073號令修正發布，民國98年7月6日內政部內授中辦地字第0980724788號令修正發布同年7月23日施行）

2. 民國96年7月31日內政部內授中辦地字第0960726956號令修正發布，；並自96年9月28日施行。

3. 民國98年7月6日內政部內授中辦地字第0980724788號令修正發布；除第39條自98年11月23日施行外，其餘條文自98年7月23日施行。

4. 民國99年6月28日內政部內授中辦地字第0990724793號令修正發布；並自99年8月3日施行。

5. 中華民國99年6月28日內政部內授中辦地字第09907247935號令修正。

6. 中華民國100年12月12日內政部內授中辦地字第1000726272號令修正發布第94、95條條文；並自100年12月15日施行中華民國100年12月16日行政院院臺規字第1000109431號，自101年1月1日起改由「行政執行分署」管轄。

第五章　標示變更登記

第85條　土地總登記後，因分割、合併、增減、地目變更及其他標示之變更，應為標示變更登記。

第86條　一宗土地之部分合併於他土地時，應先行申請辦理分割。

第87條　一宗土地之部分已設定地上權、永佃權、不動產役權、典權或農育權者，於辦理分割登記時，應先由土地所有權人會同他項

權利人申請勘測確定權利範圍及位置後為之。但設定時已有勘測位置圖且不涉及權利位置變更者，不在此限。

第88條　二宗以上所有權人不同之土地辦理合併時，各所有權人之權利範圍依其協議定之。

設定有地上權、永佃權、不動產役權、典權、耕作權或農育權之土地合併時，應先由土地所有權人會同他項權利人申請他項權利位置圖勘測。但設定時已有勘測位置圖且不涉及權利位置變更者，不在此限。

前項他項權利於土地合併後仍存在於合併前原位置之上，不因合併而受影響。

設定有抵押權之土地合併時，該抵押權之權利範圍依土地所有權人與抵押權人之協議定之。

第89條　申請建物基地分割或合併登記，涉及基地號變更者，應同時申請基地號變更登記。建物與基地所有權人不同時，得由基地所有權人代為申請或由登記機關查明後逕為辦理變更登記。

前項登記，除建物所有權人申請登記者外，登記機關於登記完畢後，應通知建物所有權人換發或加註建物所有權狀。

第90條　設定有他項權利之土地申請分割或合併登記，於登記完畢後，應通知他項權利人換發或加註他項權利證明書。

第91條　因土地重劃辦理權利變更登記時，應依據地籍測量結果釐正後之重劃土地分配清冊重造土地登記簿辦理登記。

土地重劃前已辦竣登記之他項權利，於重劃後繼續存在者，應按原登記先後及登記事項轉載於重劃後分配土地之他項權利部，並通知他項權利人。

重劃土地上已登記之建物未予拆除者，應逕為辦理基地號變更登記。

第92條　因地籍圖重測確定，辦理變更登記時，應依據重測結果清冊重造土地登記簿辦理登記。

建物因基地重測標示變更者，應逕為辦理基地號變更登記。

重測前已設定他項權利者，應於登記完畢後通知他項權利人。

第六章　所有權變更登記

第93條　　土地總登記後，土地所有權移轉、分割、合併、增減或消滅時，應為變更登記。

第94條　　區分所有建物之共有部分，除法令另有規定外，應隨同各相關專有部分及其基地權利為移轉、設定或限制登記。

第95條　　部分共有人就共有土地全部為處分、變更及設定地上權、農育權、不動產役權或典權申請登記時，登記申請書及契約書內，應列明全體共有人，及於登記申請書備註欄記明依土地法第三十四條之一第一項至第三項規定辦理。並提出他共有人應得對價或補償已受領或已提存之證明文件。但其無對價或補償者，免予提出。

　　　　　依前項申請登記時，契約書及登記申請書上無須他共有人簽名或蓋章。

第96條　　區分所有建物，數人共有一專有部分，部分共有人依土地法第三十四條之一規定就該專有部分連同其基地權利之應有部分為處分、變更或設定負擔時，其基地共有人，指該專有部分之全體共有人；其基地權利之應有部分，指該專有部分之全體共有人所持有之基地權利應有部分。

第97條　　申請土地權利移轉登記時，依民法物權編施行法第八條之五第三項、第五項、土地法第三十四條之一第四項、農地重劃條例第五條第二款、第三款或文化資產保存法第二十八條規定之優先購買權人已放棄優先購買權者，應附具出賣人之切結書，或於登記申請書適當欄記明優先購買權人確已放棄其優先購買權，如有不實，出賣人願負法律責任字樣。

　　　　　依民法第四百二十六條之二、第九百十九條、土地法第一百零四條、第一百零七條、耕地三七五減租條例第十五條或農地重劃條例第五條第一款規定，優先購買權人放棄或視為放棄其優先購買權者，申請人應檢附優先購買權人放棄優先購買權之證明文件；或出賣人已通知優先購買權人之證件並切結優先購買權人接到出賣通知後逾期不表示優先購買，如有不實，願負法律責任字樣。

依前二項規定申請之登記，於登記完畢前，優先購買權人以書面提出異議並能證明確於期限內表示願以同樣條件優先購買或出賣人未依通知或公告之條件出賣者，登記機關應駁回其登記之申請。

第98條　土地法第三十四條之一第四項規定，於區分所有建物之專有部分連同其基地應有部分之所有權一併移轉與同一人所有之情形，不適用之。

第99條　因徵收或照價收買取得土地權利者，直轄市、縣(市)地政機關應於補償完竣後一個月內，檢附土地清冊及已收受之權利書狀，囑託登記機關為所有權登記，或他項權利之塗銷或變更登記。

第100條　依據法院判決申請共有物分割登記者，部分共有人得提出法院確定判決書及其他應附書件，單獨為全體共有人申請分割登記，登記機關於登記完畢後，應通知他共有人。其所有權狀應俟登記規費繳納完畢後再行繕發。

第100-1條　依民法第八百二十四條第三項規定申請共有物分割登記時，共有人中有應受金錢補償者，申請人應就其補償金額，對於補償義務人所分得之土地，同時為應受補償之共有人申請抵押權登記。但申請人提出應受補償之共有人已受領或為其提存之證明文件者，不在此限。

前項抵押權次序優先於第一百零七條第一項但書之抵押權；登記機關於登記完畢後，應將登記結果通知各次序抵押權人及補償義務人。

第101條　（刪除）

第102條　土地權利移轉、設定，依法須申報土地移轉現值者，於申報土地移轉現值後，如登記義務人於申請登記前死亡時，得僅由權利人敘明理由，檢附載有義務人死亡記事之戶籍謄本及其他有關之證明文件，單獨申請登記。

登記權利人死亡時，得由其繼承人為權利人，敘明理由提出契約書及其他有關證件會同義務人申請登記。

前二項規定於土地權利移轉、設定或權利內容變更，依法無須申報土地移轉現值，經訂立書面契約，依法公證或申報契稅、

贈與稅者，準用之。

第103條　破產管理人就破產財團所屬土地申請權利變更登記時，除依第三十四條規定辦理外，應提出破產管理人、監查人之資格證明文件與監查人之同意書或法院之證明文件。

第104條　法人或寺廟在未完成法人設立登記或寺廟登記前，取得土地所有權或他項權利者，得提出協議書，以其籌備人公推之代表人名義申請登記。其代表人應表明身分及承受原因。

登記機關為前項之登記，應於登記簿所有權部或他項權利部其他登記事項欄註記取得權利之法人或寺廟籌備處名稱。

第一項之協議書，應記明於登記完畢後，法人或寺廟未核准設立或登記者，其土地依下列方式之一處理：

一、申請更名登記為已登記之代表人所有。

二、申請更名登記為籌備人全體共有。

第一項之法人或寺廟在未完成法人設立登記或寺廟登記前，其代表人變更者，已依第一項辦理登記之土地，應由該法人或寺廟籌備人之全體出具新協議書，辦理更名登記。

第105條　共有物分割應先申請標示變更登記，再申辦所有權分割登記。但無須辦理標示變更登記者，不在此限。

第106條　數宗共有土地併同辦理共有物分割者，不以同一地段、同一登記機關為限。

第107條　分別共有土地，部分共有人就應有部分設定抵押權者，於辦理共有物分割登記時，該抵押權按原應有部分轉載於分割後各宗土地之上。但有下列情形之一者，該抵押權僅轉載於原設定人分割後取得之土地上：

一、抵押權人同意分割。

二、抵押權人已參加共有物分割訴訟。

三、抵押權人經共有人告知訴訟而未參加。

前項但書情形，原設定人於分割後未取得土地者，申請人於申請共有物分割登記時，應同時申請該抵押權之塗銷登記。登記機關於登記完畢後，應將登記結果通知該抵押權人。

第七章　他項權利登記

第108條　於一宗土地內就其特定部分申請設定地上權、不動產役權、典權或農育權登記時，應提出位置圖。

前二項位置圖應先向該管登記機關申請土地複丈。

因主張時效完成，申請地上權、不動產役權或農育權登記時，應提出占有範圍位置圖。

第108-1條　申請地上權或農育權設定登記時，登記機關應於登記簿記明設定之目的及範圍；並依約定記明下列事項：

一、存續期間。

二、地租及其預付情形。

三、權利價值。

四、使用方法。

五、讓與或設定抵押權之限制。

前項登記，除第五款外，於不動產役權設定登記時準用之。

第108-2條　不動產役權設定登記得由需役不動產之所有權人、地上權人、永佃權人、典權人、農育權人、耕作權人或承租人會同供役不動產所有權人申請之。

申請登記權利人為需役不動產承租人者，應檢附租賃關係證明文件。

前項以地上權、永佃權、典權、農育權、耕作權或租賃關係使用需役不動產而設定不動產役權者，其不動產役權存續期間，不得逾原使用需役不動產權利之期限。

第一項使用需役不動產之物權申請塗銷登記時，應同時申請其供役不動產上之不動產役權塗銷登記。

第109條　不動產役權設定登記時，應於供役不動產登記簿之他項權利部辦理登記，並於其他登記事項欄記明需役不動產之地、建號及使用需役不動產之權利關係；同時於需役不動產登記簿之標示部其他登記事項欄記明供役不動產之地、建號。

前項登記，需役不動產屬於他登記機關管轄者，供役不動產所在地之登記機關應於登記完畢後，通知他登記機關辦理登記。

第109-1條　申請典權設定登記時，登記機關應於登記簿記明其設定之範圍

及典價；並依約定記明下列事項：

一、存續期間。

二、絕賣條款。

三、典物轉典或出租之限制。

第110條　　（刪除）

第111條　　申請為抵押權設定之登記，其抵押人非債務人時，契約書及登記申請書應經債務人簽名或蓋章。

第111-1條　申請普通抵押權設定登記時，登記機關應於登記簿記明擔保債權之金額、種類及範圍；契約書訂有利息、遲延利息之利率、違約金或其他擔保範圍之約定者，登記機關亦應於登記簿記明之。

第112條　　以不屬同一登記機關管轄之數宗土地權利為共同擔保設定抵押權時，除第三條第三項另有規定外，應訂立契約分別向土地所在地之登記機關申請登記。

第113條　　抵押權設定登記後，另增加一宗或數宗土地權利共同為擔保時，應就增加部分辦理抵押權設定登記，並就原設定部分辦理抵押權內容變更登記。

第114條　　以數宗土地權利為共同擔保，經設定抵押權登記後，就其中一宗或數宗土地權利，為抵押權之塗銷或變更時，應辦理抵押權部分塗銷及抵押權內容變更登記。

第114-1條　以數宗土地權利為共同擔保，申請設定抵押權登記時，已限定各宗土地權利應負擔之債權金額者，登記機關應於登記簿記明之；於設定登記後，另為約定或變更限定債權金額申請權利內容變更登記者，亦同。

　　　　　　前項經變更之土地權利應負擔債權金額增加者，應經後次序他項權利人及後次序抵押權之共同抵押人同意。

第114-2條　以一宗或數宗土地權利為擔保之抵押權，因擔保債權分割而申請抵押權分割登記，應由抵押權人會同抵押人及債務人申請之。

第115條　　同一土地權利設定數個抵押權登記後，其中一抵押權因債權讓與為變更登記時，原登記之權利先後，不得變更。

　　　　　　抵押權因增加擔保債權金額申請登記時，除經後次序他項權利

人及後次序抵押權之共同抵押人同意辦理抵押權內容變更登記外，應就其增加金額部分另行辦理設定登記。

第115-1條 申請最高限額抵押權設定登記時，登記機關應於登記簿記明契約書所載之擔保債權範圍。

前項申請登記時，契約書訂有原債權確定期日之約定者，登記機關應於登記簿記明之；於設定登記後，另為約定或於確定期日前變更約定申請權利內容變更登記者，亦同。

前項確定期日之約定，自抵押權設定時起，不得逾三十年。其因變更約定而申請權利內容變更登記者，自變更之日起，亦不得逾三十年。

第115-2條 最高限額抵押權因原債權確定事由發生而申請變更為普通抵押權時，抵押人應會同抵押權人及債務人就結算實際發生之債權額申請為權利內容變更登記。

前項申請登記之債權額，不得逾原登記最高限額之金額。

第116條 同一標的之抵押權因次序變更申請權利變更登記，應符合下列各款規定：

一、因次序變更致先次序抵押權擔保債權金額增加時，其有中間次序之他項權利存在者，應經中間次序之他項權利人同意。

二、次序變更之先次序抵押權已有民法第八百七十條之一規定之次序讓與或拋棄登記者，應經該次序受讓或受次序拋棄利益之抵押權人同意。

前項登記，應由次序變更之抵押權人會同申請；申請登記時，申請人並應於登記申請書適當欄記明確已通知債務人、抵押人及共同抵押人，並簽名。

第116-1條 同一標的之普通抵押權，因次序讓與申請權利內容變更登記者，應由受讓人會同讓與人申請；因次序拋棄申請權利內容變更登記者，得由拋棄人單獨申請之。

前項申請登記，申請人應提出第三十四條及第四十條規定之文件，並提出已通知債務人、抵押人及共同抵押人之證明文件。

第117條 承攬人依民法第五百十三條規定申請為抵押權登記或預為抵押權登記，除應提出第三十四條及第四十條規定之文件外，並應

提出建築執照或其他建築許可文件，會同定作人申請之。但承攬契約經公證者，承攬人得單獨申請登記，登記機關於登記完畢後，應將登記結果通知定作人。

承攬人就尚未完成之建物，申請預為抵押權登記時，登記機關應即暫編建號，編造建物登記簿，於他項權利部辦理登記。

第117-1條　申請抵押權設定登記時，契約書訂有於債權已屆清償期而未為清償時，抵押物之所有權移屬於抵押權人之約定者，登記機關應於登記簿記明之；於設定登記後，另為約定或變更約定申請權利內容變更登記者，亦同。

抵押權人依前項約定申請抵押物所有權移轉登記時，應提出第三十四條及第四十條規定之文件，並提出擔保債權已屆清償期之證明，會同抵押人申請之。

前項申請登記，申請人應於登記申請書適當欄記明確依民法第八百七十三條之一第二項規定辦理，並簽名。

第117-2條　質權人依民法第九百零六條之一第一項規定代位申請土地權利設定或移轉登記於出質人時，應提出第三十四條、第四十條規定之文件及質權契約書，會同債務人申請之。

前項登記申請時，質權人應於登記申請書適當欄記明確已通知出質人並簽名，同時對出質人取得之該土地權利一併申請抵押權登記。

前二項登記，登記機關於登記完畢後，應將登記結果通知出質人。

第118條　土地總登記後，因主張時效完成申請地上權登記時，應提出以行使地上權意思而占有之證明文件及占有土地四鄰證明或其他足資證明開始占有至申請登記時繼續占有事實之文件。

前項登記之申請，經登記機關審查證明無誤應即公告。

公告期間為三十日，並同時通知土地所有權人。

土地所有權人在前項公告期間內，如有異議，依土地法第五十九條第二項規定處理。

四項規定，於因主張時效完成申請不動產役權、農育權登記時準用之。

第十二章　其他登記（土地使用收益限制約定登記之條文）

第155-2條　區分地上權人與設定之土地上下有使用、收益權利之人，就相互間使用收益限制之約定事項申請登記時，登記機關應於該區分地上權及與其有使用收益限制之物權其他登記事項欄記明收件年月日字號及使用收益限制內容詳土地使用收益限制約定專簿。

前項約定經土地所有權人同意者，登記機關並應於土地所有權部其他登記事項欄辦理登記；其登記方式準用前項規定。

第155-3條　登記機關依前二條規定辦理登記後，應就其約定、決定或法院裁定之文件複印裝訂成共有物使用管理專簿或土地使用收益限制約定專簿，提供閱覽或申請複印，並準用土地法第七十九條之二規定計收閱覽費或複印工本費。

第155-4條　依第一百五十五條之一或第一百五十五條之二規定登記之內容，於登記後有變更或塗銷者，申請人應檢附登記申請書、變更或同意塗銷之文件向登記機關提出申請。

前項申請為變更登記者，登記機關應將收件年月日字號、變更事項及變更年月日，於登記簿標示部或該區分地上權及與其有使用收益限制之物權所有權部或他項權利部其他登記事項欄註明；申請為塗銷登記者，應將原登記之註記塗銷。

前項登記完畢後，登記機關應將登記申請書件複印併入共有物使用管理專簿或土地使用收益限制約定專簿。

拾、時效取得地上權登記審查要點

中華民國99年12月29日內政部內授中辦地字第0990726264號令修正第3點、第6點、第7點、第11點、第12點、第13點、第14點、第15點、第16點、第17點、第18點

第1點　占有人申請時效取得地上權登記，應合於民法有關時效取得之規定，並依土地登記規則第一百十八條辦理。

第2點　占有人就土地之全部或一部申請時效取得地上權登記時，應先

就占有範圍申請測繪位置圖。

第3點　占有人占有土地有下列情形之一者，不得申請時效取得地上權登記：

(一) 屬土地法第十四條第一項規定不得私有之土地。

(二) 使用違反土地使用管制法令。

(三) 屬農業發展條例第三條第十一款所稱之耕地。

(四) 其他依法律規定不得主張時效取得。

第4點　占有人占有之始，須有意思能力。如為占有之移轉，具有權利能力者得為占有之主體。

第5點　以戶籍謄本為占有事實證明文件申請登記者，如戶籍謄本有他遷記載時，占有人應另提占有土地四鄰之證明書或公證書等文件。

第6點　占有土地四鄰之證明人，於占有人開始占有時及申請登記時，需繼續為該占有地附近土地之使用人、所有權人或房屋居住者，且於占有人占有之始應有行為能力。

數人占有同筆土地，各占有人間不得互為占有事實之證明人。

第一項證明人除符合土地登記規則第四十一條第二款、第六款及第十款規定之情形者外，應親自到場，並依同規則第四十條規定程序辦理。

第7點　占有人申請登記時，應填明土地所有權人之現住址及登記簿所載之住址，如土地所有權人死亡者，應填明其繼承人及該繼承人之現住址，並應檢附土地所有權人或繼承人之戶籍謄本。若確實證明在客觀上不能查明土地所有權人之住址，或其繼承人之姓名、住址或提出戶籍謄本者，由申請人於登記申請書備註欄切結不能查明之事實。

土地所有權人為祭祀公業、寺廟或神明會，申請書內應載明管理者之姓名、住址。如其管理者已死亡或不明者，應檢附向各該主管機關查復其派下或信徒（會員）申報登錄或管理者備查之文件。如經查復無上開文件者，視為客觀上不能查明管理者之姓名、住址，申請書無須填明管理者之姓名、住址。

無人承認繼承之土地，應依民法第一千一百七十七條、第一千一百七十八條第二項、臺灣地區與大陸地區人民關係條例

第六十七條之一第一項或第六十八條第一項規定選任遺產管理人，並於申請書內填明遺產管理人之姓名、住址。

第8點　占有人占有公有土地申請時效取得地上權登記，無土地法第二十五條之適用。

第9點　占有人具備地上權取得時效之要件後，於申請取得地上權登記時，不因占有土地所有權人之移轉或限制登記而受影響。

第10點　占有人占有時效之期間悉依其主張，無論二十年或十年，均予受理。

第11點　占有人主張與前占有人之占有時間合併計算者，須為前占有人之繼承人或受讓人。

前項所稱受讓人指因法律行為或法律規定而承受前占有人之特定權利義務者。

第12點　有下列情形之一者，占有時效中斷：

(一) 土地所有權人或管理者，已向占有人收取占有期間損害賠償金，占有人亦已於占有時效日期未完成前繳納。

(二) 占有時效未完成前，土地所有權人或管理者對占有人提起排除占有之訴。

(三) 占有人有民法第七百七十二條準用第七百七十一條第一項所列取得時效中斷之事由。

第13點　登記機關受理時效取得地上權登記案件，經審查無誤後，應即公告三十日，並同時通知土地所有權人或管理者。土地經限制登記者，並應通知囑託機關或預告登記請求權人。

前項通知，應以書面為之。

第一項申請登記案件審查結果涉有私權爭執者，應依土地登記規則第五十七條第一項第三款規定以書面敘明理由駁回之。

第14點　土地所有權人或管理者得於第十三點規定之公告期間內，檢具證明文件，以書面向該管登記機關提出異議；經審查屬土地權利爭執者，應依土地法第五十九條規定，移送直轄市或縣（市）主管機關調處。

第15點　申請時效取得地上權登記案件於登記機關審查中或公告期間，土地所有權人或管理者提出已對申請人之占有向法院提起拆屋還地訴訟或確定判決文件聲明異議時，如登記機關審認占有申

請人已符合時效取得要件，因該訴訟非涉地上權登記請求權有無之私權爭執，不能做為該時效取得地上權登記申請案件准駁之依據，仍應依有關法令規定續予審查或依職權調處；倘土地所有權人提出足以認定申請案有不合時效取得要件之文件聲明異議時，應以依法不應登記為由駁回其登記申請案件或作為調處結果。

第16點　　第一點、第二點、第四點至第七點、第十點及第十一點之規定，於申請時效取得所有權登記時，準用之。

第17點　　第一點、第二點、第四點、第六點至第十四點之規定，於申請時效取得農育權或不動產役權登記時，準用之。

第18點　　（刪除）

拾壹、大眾捷運系統工程使用土地上空或地下處理及審核辦法

（中華民國100年9月19日交通部交路字第1000007990號令，內政部台內地字第1000182283號令修正）

第1條　　本辦法依大眾捷運法（以下簡稱本法）第十九條第五項規定訂定之。

第2條　　大眾捷運系統主管機關於確定捷運工程需穿越公、私有土地之上空或地下時，應將穿越部分使用之空間範圍，以適當之圖說公告之。前項穿越部分之空間範圍，穿越土地之上空者，以捷運工程構造物之外緣加六公尺為使用邊界；穿越土地之地下者，以捷運工程構造物之外緣加三公尺為使用邊界。但捷運工程構造物之外緣在本法第十八條規定之公共使用土地內者，以捷運工程構造物之外緣為使用邊界。

第3條　　前條第一項之公告，應以公告牌公告於穿越土地附近適當場所，並張貼於當地鄉（鎮、市、區）公所公告欄，其公告期間為三十日，應登報周知公告之日期及地點。前條第一項空間範圍之圖說，主管機關應置於適當處所，免費供公眾查閱。

第4條　　　主管機關為辦理捷運系統工程穿越使用土地相關事項，得授權主管機關所屬之工程建設機構（以下簡稱需地機構）執行之。

第5條　　　需地機構應將確定使用之空間範圍及界線之劃分，測繪於捷運系統改良物之平面圖、立面圖及剖面圖上。剖面圖應加測高程，其基準自平均海水面為零公尺起算，並自水準點引測之。

第6條　　　需地機構應於依第二條規定公告期滿後，豎立路線中心樁或邊界樁，計算座標，並檢送空間範圍公告圖說、樁位座標表、樁位圖及有關資料送請當地直轄市或縣（市）地政機關據以辦理地籍逕為分割、測量及登記。

前項穿越空間範圍位於都市土地者，准照都市計畫樁測定及管理辦法有關規定自行測定都市計畫樁位，並將有關資料及測量成果送請都市計畫樁測定機關檢查校正完竣後，準用該辦法第七條規定辦理。

第7條　　　大眾捷運系統工程穿越之空間範圍有設定地上權之必要者，需地機構應通知土地所有人或管理人及他項權利人進行協議設定地上權；如經通知未參與協議、協議不成立或未於協議成立後約定期限內辦理設定地上權者，即視為協議不成立。

第8條　　　依前條協議不成立者，需地機構應報請主管機關徵收地上權。

前項擬徵收之穿越部分，已依都市計畫程序註明捷運系統工程穿越於計畫圖上者，都市計畫主管機關應核發無妨礙都市計畫證明文件；未依都市計畫程序辦理者，由都市計畫主管機關會同有關機關現地勘查有無妨礙都市計畫，並將會勘紀錄連同徵收計畫書一併報核。

第9條　　　大眾捷運系統工程穿越之空間範圍無設定地上權之必要者，應由需地機構通知土地所有人或管理人領取補償費同時副知他項權利人，並列冊送交管轄土地登記機關，於土地登記簿標示部註明「捷運系統工程穿越地」。

依前項規定應領補償費，而未於通知期限內具領者，需地機構應再限期通一次，仍不具領者，提存法院。

第10條　　　地上權之補償除第十一條及第十二條情形者外，應依下列規定辦理：

一、穿越土地之上空為：

公告土地現值總額×穿越地上高度補償率（如附表一）＝地上權補償費

二、穿越土地之下方為：

公告土地現值總額×穿越地下深度補償率（如附表二）＝地上權補償費

需穿越同一土地之上空及地下者，不適用本辦法之規定。

第一項補償之土地屬私有者，應比照當地直轄市或縣（市）政府徵收土地之加成補償標準補償之。

附表一　穿越地上高度補償率表

捷運工程構造物之下緣距地表高度	地上權補償率
0公尺－未滿九公尺	七〇％
九公尺－未滿十五公尺	五〇％
十五公尺－未滿二十一公尺	三〇％
二十一公尺－未滿三十公尺	一五％
三十公尺以上	一〇％

註一：

1. 捷運工程構造物之下緣距地表高度係以需地機構依第五條測繪之縱剖面圖上，於軌道中心線處自地表起算至捷運工程構造物最下緣之高度為準。

2. 於同一筆土地內捷運工程構造物之最下緣穿越不同補償率之高度時，應分別計算補償。

3. 在同一剖面上穿越地上高度跨越表內二種以上高度者，以補償率較高者計算補償。

附表二　穿越地下深度補償率表

捷運工程構造物之上緣距地表之深度	地上權補償率
0公尺以上－未滿十三公尺	五〇％
十三公尺－未滿十六公尺	四〇％
十六公尺－未滿二十公尺	三〇％
二十公尺－未滿二十四公尺	二〇％
二十四公尺－未滿二十八公尺	一〇％
二十八公尺以上	五％

註一：

1. 捷運工程構造物之上緣距地表深度係以需地機構依第五條測繪之縱

　　　　　　剖面圖上，於軌道中心線處自地表起算至捷運工程構造物最上緣之
　　　　　　深度為準。

　　　2. 於同一筆土地內捷運工程構造物之最上緣穿越不同補償率之深度
　　　　　　時，應分別計算補償。

　　　3. 於地面以明挖方式向下施工者，其地上權補償率依地下深度〇公尺
　　　　　　之標準計算。

　　　4. 在同一剖面上穿越地下深度跨越表內二種以上深度者，以補償率較
　　　　　　高者計算補償。

第11條　　大眾捷運系統工程穿越下列土地之一者，其補償標準依第十條
　　　　　　規定補償費之百分之五十補償之：

　　　一、依第九條第一項規定註記之土地。

　　　二、配合捷運系統建設，其地面可計入法定空地者。

　　　三、捷運系統及其相關設施使用樓地板面積部分經免計樓地板
　　　　　　面積者。

　　　　　　大眾捷運系統工程穿越經與土地所有人協議同意無償提供設定
　　　　　　地上權或註記之土地者，依其協議辦理。

第12條　　大眾捷運系統工程因施工需要使用本法第十八條規定之公有土
　　　　　　地者，不適用第六條至第十一條、第十三條至第二十二條規
　　　　　　定。

第13條　　大眾捷運系統工程穿越需取得地上權之土地，於捷運工程進行
　　　　　　穿越時仍存在並定著於土地有牆壁及頂蓋之合法建築物，或領
　　　　　　有建造執照施工中建築物，依下列基準計算補償：

　　　一、穿越地下深度未滿十三公尺者，發給建築物造價百分之
　　　　　　九十之補償費。

　　　二、穿越地下深度十三公尺至未滿二十四公尺者，發給建築物
　　　　　　造價百分之六十五之補償費。

　　　三、穿越地下深度達二十四公尺以上者，發給建築物造價百分
　　　　　　之四十之補償費。

　　　　　　前項建築物位於依第九條第一項規定註記之土地者，其補償依
　　　　　　前項規定基準之百分之五十計算之。

　　　　　　前二項建築物造價依當地主管機關所定之建築物造價基準計算
　　　　　　之。

第一項及第二項之建築物，需地機構得與其所有人協議不予補償。

第一項建築物同一戶被穿越所賸餘之樓地板面積未達該戶面積三分之一，或面積達三分之一而在三十平方公尺以下者，得併入計算補償，補償之面積依捷運工程細部設計圖量取及現場核對計算之。

穿越土地上之土地改良物需一併拆遷時，其補償應依當地直轄市或縣（市）政府辦理公共工程用地拆遷補償規定辦理，並應將第一項、第二項及第五項之建築物穿越補償費予以扣除。

第14條　大眾捷運系統工程穿越需取得地上權者，依本辦法計算之補償費經歸戶後，低於新臺幣二千元者，以二千元計算補償；需於土地登記簿註記者之補償費歸戶後，低於新臺幣一千元者，以一千元計算補償。

第15條　被徵收取得地上權之土地設定有他項權利者，土地所有人於領取補償費時，應會同他項權利人或檢附債務清償證明、他項權利塗銷證明文件或他項權利人同意所有人領款之同意書辦理。

第16條　依本法辦理之地上權登記，除其他法令另有規定者外，依下列規定辦理：

一、協議設定地上權者，應由需地機構檢具相關文件囑託管轄土地登記機關辦理地上權設定登記或辦理他項權利內容變更或塗銷登記。

二、依本法徵收取得之地上權，直轄市或縣（市）主管機關應於補償完竣後三十日內囑託管轄土地登記機關辦理地上權登記。已登記之他項權利與地上權登記空間範圍重疊者，直轄市或縣（市）主管機關應一併囑託管轄土地登記機關辦理他項權利內容變更或塗銷登記。

三、穿越土地之上空者，於附表一補償率對應之級距自低限為起點以上全部登記地上權；穿越土地之地下者，以附表二補償率對應之級距自淺限為起點以下全部登記地上權。

第17條　依本法第二十條第二項規定，土地所有人因無法附建防空避難設備所受之損害，需地機構應依下列公式予以補償：

無法附建部分投影於水平面之面積×公告土地現值×地下深度

補償率×％＝無法附建部分之補償費。

前項所稱地下深度補償率係指無法附建部分之上緣距地表之深度依附表二之補償率，扣除該土地已依第十條及第十一條補償之補償率。

第一項補償，應比照當地直轄市或縣(市)政府徵收土地之加成標準補償之。關於應予補償無法附建之防空避難設備，依建築法第一百零二條之一規定由起造人繳納代金者，應由需地機構代為繳納，但以依第三條規定公告期滿後，第一次新建或增建且以公告期滿當日之建築技術規則規定所應附建之防空避難設備面積為限，超過部分由起造人自行繳納。

第18條　依本法第二十條第二項，土地所有人因無法附建法定停車空間，需地機構無法於適當地點興建或購置停車場所替代者，需地機構應依前條第一項至第三項規定計算補償土地所有人所受之損害。

前項應予補償無法附建之法定停車空間，依建築法第一百零二條之一規定由起造人繳納代金者，應由需地機構代為繳納，但以依第三條規定公告期滿後，第一次新建或增建且以公告期滿當日之土地使用管制規定應附設之停車位數為限，超過部分由起造人自行繳納。

第19條　凡建築基地含有大眾捷運系統地區穿越需註記或取得地上權之土地，為適當補償土地所有人、占有人或使用人之損失，得依下列規定增加新建樓地板面積：

一、穿越之捷運隧道全部進入該建築基地所在之街廓內，且該建築基地被穿越部分符合下列規定者，得增加之樓地板面積為基地面積乘以該基地法定容積之百分之三十。

二、穿越之捷運隧道未全部進入該建築基地街廓內者：

(一) 建築基地所在之整體街廓被捷運隧道沿建築線方向穿越，且該建築基地被穿越部分符合下列規定者，由被隧道穿越之道路邊緣起算，以隧道穿越各該建築基地最大深度之五倍範圍之土地，該部分土地容積得予增加為法定容積之百分之三十。該隧道穿越各該建築基地最大深度值之五倍未達三十公尺者，以三十公尺

計。

(二) 建築基地所在街廓之部分被捷運隧道沿建築線方向穿越者，由被隧道穿越之道路邊緣起算，以隧道穿越各該建築基地最大深度之五倍範圍之內之土地，該部分土地容積得予增加為法定容積之百分之三十，該隧道穿越各該建築基地最大深度值之五倍未達三十公尺者，以三十公尺計。

前項第一款、第二款圖例中所稱捷運穿越隧道寬度，係指隧道結構體外緣之垂直投影兩側各加三公尺之寬度。如非屬上述穿越情形者，由主管機關會同當地都市計畫、建築主管機關認定之。

第一項被大眾捷運系統地上穿越之建築基地，如符合其他法令之容積獎勵者，得同時適用之，但各地區之都市計畫對建築基地被捷運系統地下穿越之土地另訂有容積增加規定者，從其規定，不適用本條之規定。

第20條　土地所有人依本法第十九條第三項規定請求徵收土地所有權時，應於大眾捷運系統工程施工之日起至完工後一年內，以申請書敘明不能為相當使用之理由，向主管機關提出申請，逾期不予受理，其徵收補償，依有關規定辦理。

前項土地所有人於申請期間內有建築計畫者，其徵收土地所有權之申請書應於建築申報開工日前提出申請。

有下列情形之一者，為第一項所稱因大眾捷運系統之穿越致不能為相當之使用：

一、依法建築使用時，為保護捷運系統工程之安全，致可建之容積小於規定之基準容積，經需地機構會同當地建築主管機關認定者。

二、無法附建足夠之法定停車空間或防空避難空間，經需地機構會同當地建築主管機關認定者。

三、其他不能為相當使用之情形經需地機構會同當地都市計畫、建築及地政相關主管機關勘查認定確屬捷運工程之穿越所致者。

前項第一款及第二款之土地所有人如有支出必要設計費用者，

需地機構應予合理之補償。

第一項申請徵收土地上之土地改良物除法律另有規定外，應一併辦理徵收。其改良物為區分所有建築物時，得僅徵收申請人所有及持分共同使用部分。

第21條　依本辦法補償之土地被徵收時，除第十七條第三項及第十八條第二項所列情形外，土地所有人依本辦法取得之對價，應在徵收土地補償金額內扣除。

第22條　大眾捷運系統工程使用土地之上空或地下因施工圍籬致營業用建築物主要出入通道寬度減少為未滿二公尺者，依下列規定發給營業損失補償。

一、同工程累計圍籬期間達三年以上者，依當地直轄市或縣（市）政府舉辦公共工程拆遷補償辦法規定之營業損失補償費全額發給。

二、累計未滿三年者按月數比例計算，其未滿一個月部分，以一個月計算。

前項營業損失補償營業人向需地機構提出申請後，需地機構應於每年十二月底計算及發放當年度應發給之營業損失補償，屬前項第一款者發至滿三年期間之營業損失補後不再發給。

第23條　大眾捷運系統工程於中華民國八十九年十二月三十日本辦法修正施行前，已依施行前規定補償完竣者，不適用本辦法修正後之補償等規定。

大眾捷運系統工程於中華民國一百年九月十九日本辦法修正施行前，已依施行前規定就捷運穿越用地之土地及建築物之補償基準公開辦理說明會者，其補償適用修正施行前之規定。

第24條　本辦法自發布日施行。

拾貳、獎勵民間參與交通建設使用土地上空或地下處理及審核辦法

中華民國84年12月20日交通部（84）交路發字第8435號令

第1條　本辦法依獎勵民間參與交通建設條例（以下簡稱本條例）第19條第3項規定訂定。

第2條　本條例所獎勵之交通建設工程需穿越公、私有土地之上空或地下，主管機關應將需穿越之空間範圍圖說送請當地直轄市或縣（市）政府公告之。

前項之公告，應公告於穿越土地上或附近適當場所，並張貼於當地鄉（鎮、市、區）公所公告欄，公告期間為三十日。

第3條　經主管機關核准投資興建本條例所獎勵交通建設之民間機構（以下簡稱民間機構）應將確定使用之空間範圍及界線之劃分，測繪於本條例所獎勵交通建設改良物平面圖、立面圖及剖面圖上。剖面圖應加測高程，其基準自平均海平面為零公尺起算，並自水準點引測之。

第4條　民間機構應於依第2條規定公告期滿後，豎立路線中心樁或邊界樁，計算座標，並檢送空間範圍公告圖說、樁位座標表、樁位圖及有關資料送請主管機關核轉當地直轄市或縣（市）地政機關據以辦理地籍逕為分割、測量及登記。

前項穿越空間範圍位於都市土地者，准照都市計畫樁測定及管理辦法有關規定自行測定都市計畫樁位，並將有關資料及測量成果送請都市計畫樁測定機關檢查校正完竣後，準用該辦法第7條規定辦理。

第5條　民間機構應於依前條規定辦理地籍分割、登記後，將需穿越之空間範圍通知公、私有土地、建築物所有權人或管理機關及他項權利人進行協議設定地上權，如通知兩次均未答覆、協議兩次均未成立或未於協議成立後約定期限內辦理設定地上權者，即視為協議不成立。

第6條　依前項協議不成立者，民間機構應報請主管機關徵收地上權。

前項徵收之穿越部分，已依都市計畫程序註明路線穿越於計畫圖上者，都市計畫主管機關應核發無妨礙都市計畫證明；未依都市計畫程序辦理者，由都市計畫主管機關會同有關機關會勘後，以會勘紀錄代替有無妨礙都市計畫證明文件。

第7條　徵收地上權之補償非屬第8條情形者，應依下列規定辦理：

一、穿越土地之上空為：

公告土地現值總額×穿越地上高度補償率（如附表一）地上權補償費。

二、穿越土地之下方為：

公告土地現值總額×穿越地下深度補償率（如附表二）地上權補償費。

前項補償，應比照當地直轄市或縣（市）政府徵收土地之加成補償標準加發之。

附表一　穿越地上高度補償率表

地上高度	地上權補償率
0m～未滿6m	50%
6m～未滿12m	40%
12m～未滿18m	30%
18m～未滿24m	20%
24m～未滿30m	10%
30m以上	5%

註：1. 穿越地上高度係以民間機構依第3條測繪之縱剖面圖上，於所獎勵交通建設之構造物中心線處自地表起算至該構造物最下緣之高度為準。

2. 在同一縱剖面上穿越地上高度跨越表內二種以上高度者，以補償率較高者計算補償。

3. 於同一筆土地穿越不同補償率之高度時，應分別計算合計補償。

附表二　穿越地下深度補償率表

地下深度	地上權補償率
0m～未滿6m	15%
6m～未滿12m	11%

12m～未滿18m	8%
18m以上	5%

註：1. 穿越地下深度係以民間機構依第3條測繪之縱剖面圖上，於所
獎勵交通建設之構造物中心線處自地表起算至該構造物最上緣
之深度為準。

2. 在同一縱剖面上穿越地下深度跨越表內二種以上深度者，以補
償率較高者計算補償。

3. 於同一筆土地內穿越不同補償率之深度時，應分別計算合計補
償。

第8條　　穿越下列土地之一，其徵收地上權補償標準依第7條規定計算之
地上權補償費50%補償之。

一、配合本條例所獎勵之交通建設，其地面可計入法定空地
者。

二、本條例所獎勵之交通建設及其相關設施使用樓地板面積部
分經免計樓地板面積者。

第9條　　穿越依都市計畫法第42條所指之公共設施用地尚未徵收前，仍
依本辦法規定補償，惟將來徵收時應將已依本辦法補償之地上
權補償費扣除之。

第10條　　徵收取得之地上權範圍內之建築物及其他改良物，如需一併拆
遷時，其補償應依土地所屬地區辦理公共工程用地徵收有關補
償規定辦理。

第11條　　被徵收取得地上權之土地設定有他項權利者，土地所有權人於
領取補償費時，應會同他項權利人或檢附債務清償證明、他項
權利塗銷證明文件或他項權利人同意所有權人領款之同意書辦
理。

第12條　　依本條例徵收取得之地上權，直轄市或縣（市）政府地政機關
應於補償完竣後三十日內囑託管轄土地登記機關辦理地上權登
記。

已設定之他項權利與前項徵收之地上權空間範圍重疊者，直轄
市或縣（市）政府地政機關應一併囑託管轄土地登記機關辦理
他項權利內容變更或塗銷登記。

第13條　　土地所有權人依本條例第19條第2項規定請求徵收土地所有權

時，應以申請書敘明不能為相當使用之理由，向主管機關提出申請。

第14條　本辦法自發布日施行。

附表一　穿越地上高度補償率表

工程構造物之下緣距地表之高度	地上權補償率
○公尺以上未滿九公尺	七十%
九公尺以上未滿十五公尺	五十%
十五公尺以上未滿二十一公尺	三十%
二十一公尺以上未滿三十公尺	十五%
三十公尺以上	十%

註：

1. 工程構造物之下緣距地表高度係以民間機構依第五條測繪之縱剖面圖上，自地表起算至工程構造物最下緣之高度為準。
2. 於同一筆土地內工程構造物之最下緣穿越不同補償率之高度時，應分別計算補償。
3. 在同一橫剖面上穿越地上高度跨越表內二種以上高度者，以補償率較高者計算補償。

附表二　穿越地下深度補償率表

工程構造物之上緣距地表之深度	地上權補償率
○公尺以上未滿十三公尺	五十%
十三公尺以上未滿十六公尺	四十%
十六公尺以上未滿二十公尺	三十%
二十公尺以上未滿二十四公尺	二十%
二十四公尺以上未滿二十八公尺	十%
二十八公尺以上	五%

註：

1. 工程構造物之上緣距地表深度係以民間機構依第五條測繪之縱剖面圖上，自地表起算至工程構造物最上緣之深度為準。
2. 於同一筆土地內工程構造物之最上緣穿越不同補償率之深度時，應分別計算補償。
3. 於地面以明挖方式向下施工者，其地上權補償率依地下深度０公尺之標準計算。
4. 在同一橫剖面上穿越地下深度跨越表內二種以上深度者，以補償率較高者計算補償。

拾參、促進民間參與交通建設與觀光遊憩重大設施使用土地上空或地下處理及審核辦法

（民國92年09月04日交通部交路發字第092B00071號令、內政部台內地字第0920067912號令會銜訂定發布全文15條；並自發布日施行）

第1條　本辦法依促進民間參與公共建設法（以下簡稱本法）第18條第3項規定訂定之。

第2條　民間機構辦理本法第3條第1項第1款交通建設及第7款觀光遊憩重大設施者，適用本辦法之規定。

第3條　民間機構應於確定工程需穿越公、私有土地之上空或地下時，將穿越部分使用之空間範圍，以適當之圖說函請主辦機關公告之。

前項穿越部分需用之空間範圍，以民間機構建設必需之範圍為限。

第4條　前條第1項之公告，主辦機關應函送當地直轄市、縣（市）政府及鄉（鎮、市、區）公所張貼於公告欄，並由民間機構將公告以公告牌公告於穿越土地附近適當場所，其公告期間為三十日，並應登報周知公告之日期及地點。

民間機構應將前條第1項空間範圍之公告，連同第5條規定之圖說，置於建設工程坐落之村（里）辦公處所，於公告期間免費供公眾查閱。

第5條　民間機構應將確定使用之空間範圍及界線之劃分，測繪於工程改良物之平面圖、立面圖及剖面圖上。剖面圖應加測高程，其基準自平均海水面為零公尺起算，並自水準點引測之。

第6條　民間機構應於依第四條規定公告期滿後，豎立路線中心樁或邊界樁，計算座標。

經主辦機關核定有辦理地籍逕為分割、測量及登記之必要者，應檢送空間範圍公告圖說、樁位座標表、樁位圖及有關資料函請主辦機關核轉當地直轄市或縣（市）地政機關據以辦理。

前項穿越空間範圍位於都市土地者，准照都市計畫樁測定及管

理辦法有關規定自行測定都市計畫樁位，並將有關資料及測量成果送請都市計畫樁測定機關檢查校正完竣後，準用該辦法第7條規定辦理。

第7條　工程需穿越公、私有土地之上空或地下者，民間機構應通知土地所有權人或管理人及他項權利人進行協議設定地上權，如經通知後未參與協議、協議後未成立或未於協議成立後約定期限內辦理設定地上權者，民間機構應依本法第18條第1項之規定辦理。

第8條　前條擬徵收之穿越部分，已依都市計畫程序註明建設工程穿越於計畫圖上者，都市計畫主管機關應核發無妨礙都市計畫證明文件；未依都市計畫程序辦理者，由主辦機關檢送地籍、地號及相關文件會同都市計畫主管機關現地勘查有無妨礙都市計畫，並將會勘紀錄連同徵收計畫書一併報核。

第9條　地上權之補償除屬第10條情形者及依協議無須以現金補償之土地依其協議辦理外，應依下列規定辦理：

一、穿越土地之上空為：

地上權補償費等於公告土地現值總額乘以穿越地上高度補償率（如附表一）。

二、穿越土地之下方為：

地上權補償費等於公告土地現值總額乘以穿越地下深度補償率（如附表二）。

需穿越同一土地之上空及地下者不適用本辦法之規定。

第一項補償之土地屬私有者，應比照當地直轄市或縣（市）政府徵收土地之加成補償標準補償之。

第10條　工程穿越下列土地之一者，其補償標準依第9條規定補償費之50%補償之：

一、配合建設工程，其地面可計入法定空地者。

二、建設工程及其相關設施使用樓地板面積部分經免計樓地板面積者。

第11條　被徵收取得地上權之土地設定有他項權利者，土地所有權人於領取補償費時，應會同他項權利人或檢附債務清償證明、他項權利塗銷證明文件或他項權利人同意所有人領款之同意書辦

理。

第12條　依本法辦理之地上權登記，除其他法令另有規定者外，依下列
　　　　規定辦理：

　　　　一、協議設定地上權者，應由民間機構檢具相關文件向管轄土
　　　　　　地登記機關辦理地上權設定登記或辦理他項權利內容變更
　　　　　　或塗銷登記。

　　　　二、依本法徵收取得之地上權，直轄市或縣（市）政府應於補
　　　　　　償完竣後三十日內囑託管轄土地登記機關辦理地上權登
　　　　　　記。已登記之他項權利與地上權登記空間範圍重疊者，直
　　　　　　轄市或縣（市）政府應一併囑託管轄土地登記機關辦理他
　　　　　　項權利內容變更或塗銷登記。

　　　　三、穿越土地之上空者，於附表一補償率對應之級距自低限為
　　　　　　起點以上部分全部登記地上權；穿越土地之地下者，以附
　　　　　　表二補償率對應之級距自淺限為起點以下部分全部登記地
　　　　　　上權。

第13條　土地所有權人依本法第18條第2項規定請求徵收土地所有權時，
　　　　應於施工之日起至開始營運後一年內以書面敘明因公共建設路
　　　　線之穿越不能為相當使用之理由，向主辦機關提出申請，逾期
　　　　不予受理，其徵收補償，依有關規定辦理。

　　　　有下列情形之一者，為前項所稱因工程之穿越致不能為相當之
　　　　使用：

　　　　一、依法建築使用時，為保護建設工程之安全，致可建之容積
　　　　　　小於規定之基準容積，經主辦機關會同當地建築主管機關
　　　　　　認定者。

　　　　二、無法附建足夠之法定停車空間或防空避難設備，經主辦機
　　　　　　關會同當地建築主管機關認定者。

　　　　三、其他不能為相當使用之情況經主辦機關會同當地都市計
　　　　　　畫、建築管理、地政及相關主管機關勘查認定確屬建設工
　　　　　　程之穿越所致者。

　　　　前項第1款及第2款之土地所有權人如有支出必要設計費用者，
　　　　主辦機關應予合理之補償。

　　　　第1項申請徵收土地上之土地改良物除法律另有規定外，應一併

　　　　　辦理徵收。其改良物為區分所有建築物時，得僅徵收申請人所
　　　　　有及持分共同使用部分。

第14條　　依本辦法補償之土地被徵收時，土地所有權人依本辦法取得之
　　　　　對價，應在徵收補償地價內扣除之。

第15條　　本辦法自發布日施行。

拾肆、中央機關辦理區段徵收土地標售標租及設定地上權辦法

（中華民國91年01月25日內政部(91)台內中地字第09100838270號令發布）

第1條　　本辦法依土地徵收條例（以下簡稱本條例）第44條第6項規定訂
　　　　　定之。

第2條　　本辦法所稱區段徵收土地係指本條例第44條第1項第5款規定得
　　　　　予標售、標租或設定地上權之可供建築土地。

第3條　中央機關辦理區段徵收土地之標售、標租或設定地上權時，應依本辦
　　　　　法以公開招標方式為之。其公告事項如下：
　　　　　一、依據。
　　　　　二、土地坐落及面積。
　　　　　三、土地使用分區及其使用管制。
　　　　　四、土地開發建設期限。
　　　　　五、租賃或設定地上權期限。
　　　　　六、投標資格。
　　　　　七、受理投標期間。
　　　　　八、標售、標租或地上權權利金底價。
　　　　　九、押標金金額。
　　　　　一〇、領取投標須知、標單時間及地點。
　　　　　一一、投標應備書件。
　　　　　一二、開標時間及場所。
　　　　　一三、價款、租金、租賃擔保金、地上權權利金、地租之繳交
　　　　　　　　期限及方式。

一四、土地點交方式及期限。

一五、其他必要事項。

前項公告至少於受理申請投標期間之始日前十五日為之。

第1項公告事項，除自公告之日起於機關門首連續公告五日外，應另公告於當地直轄市或縣（市）政府、鄉（鎮、市、區）公，或標售、標租或設定地上權土地所在地之公共場所，並刊登政府公報或新聞紙。

第4條　　標售、標租或設定地上權之押標金，依下列規定估定之：

一、標售押標金不得低於標售底價10%。

二、標租押標金不得低於年租金底價15%。

三、設定地上權押標金不得低於地上權權利金底價15%。

第5條　　標售、標租或設定地上權之底價，依下列規定估定之：

一、標售底價依本條例第44條第4項規定估定之。

二、標租底價以年租金為準，不得低於前款所估定底價8%。

三、設定地上權權利金之底價，不得低於第1款所估定底價30%。

第6條　　標租土地租金應隨同消費者物價指數逐年調整。

租賃擔保金金額不得低於每年調整後之年租金。

第7條　　開標時，以投標價金最高價者為得標人。如最高價有二標以上時，以抽籤方式決定之，抽籤結果未得標者為候補得標人。

決標後，得標人之押標金不予發還，逕予抵充價款、租金、租賃擔保金或地上權權利金。

第8條　　得標人未於規定期限內繳清土地價款或簽訂契約者，視為拋棄得標權利，除不予退還押標金外，招標機關得通知候補得標人遞補之，無候補得標人時，由次高價投標人照最高標價取得得標權，或重新公告辦理標售、標租或設定地上權。

第9條　　決標後，未得標者之押標金應無息退還。但標價低於公告之標售、標租或地上權權利金底價者，所繳押標金不予退還。

第10條　　辦理標售、標租或設定地上權，經公告招標二人無人投標或廢標者，得酌減底價，再行公告辦理標售、標租或設定地上權；酌減數額不得逾20%。

經依前項重行公告辦理標售、標租或設定地上權，仍無人投標

或廢標者，得以重行公告之底價再行酌減至多20%，並重行辦理標售、標租或設定地上權。

經依前項辦理公告招標仍無人投標或廢標者，得檢討調整該土地使用分區及使用管制，並依本條例第44條第4項及本辦法規定重新辦理標售、標租或設定地上權。

第11條　設定地上權應收取地租，地租之收取標準按訂約當期土地公告地價年息5%計收。

前項地租，於公告地價調整時，隨同調整。

第12條　標售土地得標人繳清全部土地價款後，招標機關應依下列規定辦理：

一、土地已完成地籍整理者，招標機關應於得標人繳清土地價款之日起三十日內提供申請登記所需文件，由得標人會同招標機關申請土地所有權移轉登記；招標機關並應以現況辦理點交，製作點交紀錄；其土地之面積，應以土地登記簿記載者為準。

二、土地尚未完成地籍整理者，招標機關應於得標人繳清土地價款之日起三十日內核發土地使用權同意書，供得標人申請相關證照使用，並以現況辦理點交，製作點交紀錄。土地完成地籍整理後，招標機關應配合提供申請登記所需文件，由得標人會同招標機關申請土地所有權移轉登記。

依前項第2款辦理所有權移轉登記之土地，其土地登記簿登記之面積如與公告標售面積不符時，得約定自完成登記之日起三個月內就二者面積差額，按得標金額比例，無息多退少補。

第1項辦理土地所有權移轉登記及其他相關費用，應約定由得標人負擔。

第13條　招標機關應於標租土地得標人得標後三十日內，與得標人簽訂租賃契約。

租賃契約書應載明下列事項：

一、雙方當事人。

二、土地坐落及面積。

三、租賃期限。

四、土地使用限制。

五、租金金額、繳款方式及期限。

六、租金調整方式。

七、未依約繳交租金之處理方式。

八、租賃擔保金之調整及繳退方式。

九、租賃期滿後，土地返還及地上物處理方式。

一〇、保證人及其連帶保證責任。

一一、違約事項及罰則。

一二、特約事項。

標租土地之面積，應以土地登記簿記載之面積為準，土地登記簿記載之面積如與公告標租面積不符時，仍應以原標租金額計算租金，得標人不得要求退補。

租賃契約訂定後，雙方應會同向土地所在地之管轄法院辦理公證；招標機關並應以現況辦理點交，製作點交紀錄。得標人要求鑑界者，招標機關應會同辦理。

第14條　招標機關應於設定地上權得標人得標後三十日內，與得標人簽訂設定地上權契約。地上權契約書應載明下列事項：

一、雙方當事人。

二、土地坐落及面積。

三、地上權存續期間。

四、土地使用限制。

五、地上權移轉或設定他項權利之限制。

六、地上權權利金金額、繳款方式及期限。

七、地租金額、繳款方式及期限。

八、地租調整方式。

九、地上權消滅後，土地返還及地上物處理方式。

一〇、違約事項及罰則。

一一、特約事項。

設定地上權土地之面積，應以土地登記簿記載之面積為準，土地登記簿記載之面積如與公告招標面積不符時，仍應以原標地上權金額計算權利金，得標人不得要求退補。

地上權設定契約簽訂後，由得標人會同招標機關申請地上權設定登記；地上權設定登記後，招標機關應以現況辦理點交，製

作點交紀錄。得標人要求鑑界者，招標機關應會同辦理。

第15條　　租賃或地上權契約書應載明租賃或地上權存續期間，有下列情形之一者，得終止租約或撤銷地上權，已繳交之租金及權利金不得要求退還：

一、承租人或地上權人未依約定繳交租金或地租金額達二年以上之總額。

二、承租人或地上權人未依都市計畫及其他法令規定使用土地。

三、承租人或地上權人將土地或地上權出租或出借供他人建築使用。

四、其他依法令規定或契約約定終止或撤銷原因發生。

第16條　　第6條至第9條及第11條至第14條規定，涉及參與投標人之權利、義務事項，應於招標文件內載明。

第17條　　本辦法自發布日施行。

拾伍、大陸地區人民在臺灣地區取得設定或移轉不動產物權許可辦法

1. 民國91年08月08日內政部台內地字第0910071523號令發布，民國98年6月30日內政部台內地字第0980125283號令修正並施行。

2. 民國99年06月23日內政部台內地字第0990120322號令修正發布第4、6-1條條文；並增訂第9-1條條文。

第1條　　本辦法依臺灣地區與大陸地區人民關係條例（以下簡稱本條例）第六十九條第二項規定訂定之。

第2條　　大陸地區人民、法人、團體或其他機構，或其於第三地區投資之公司（以下簡稱陸資公司）申請在臺灣地區取得、設定或移轉不動產物權，有下列情形之一者，應不予許可：

一、依土地法第十七條第一項各款所定之土地。

二、依國家安全法及其施行細則所劃定公告一定範圍之土地。

三、依要塞堡壘地帶法所劃定公告一定範圍之土地。

四、各港口地帶，由港口主管機關會同國防部及所在地地方政
府所劃定一定範圍之土地。

五、其他經中央目的事業主管機關劃定應予禁止取得之土地。

第3條　　　大陸地區人民、法人、團體或其他機構，或陸資公司申請在臺
灣地區取得、設定或移轉不動產物權，有下列情形之一者，得
不予許可：

一、影響國家重大建設者。

二、涉及土地壟斷投機或炒作者。

三、影響國土整體發展者。

四、其他經中央目的事業主管機關認為足以危害國家安全或社
會安定之虞者。

第4條　　　符合下列情形之一者，得為不動產登記之權利主體：

一、大陸地區人民。但現擔任大陸地區黨務、軍事、行政或具
政治性機關（構）、團體之職務或為成員者，不得取得或
設定不動產物權。

二、經依本條例許可之大陸地區法人、團體或其他機構。

三、經依公司法認許之陸資公司。

第5條　　　依本辦法所檢附大陸地區製作之文書，應先經由行政院設立或
指定之機構或委託之民間團體予以驗證。

第6條　　　大陸地區人民取得、設定或移轉不動產物權，應填具申請書，
並檢附下列文件，向該管直轄市或縣（市）政府申請審核：

一、申請人身分證明文件。

二、依前條規定經驗證之證明文件。

三、其他經內政部規定應提出之文件。

直轄市或縣（市）政府為前項之審核通過後，應併同取得、設
定或移轉不動產權利案件簡報表，報請內政部許可。

第6-1條　　大陸地區人民取得供住宅用不動產所有權，於登記完畢後滿三
年，始得移轉。但因繼承、強制執行、徵收或法院之判決而移
轉者，不在此限。

取得前項供住宅用不動產，於登記完畢後三年內，不得辦理土
地權利移轉之預告登記。

第7條　　　大陸地區法人、團體或其他機構，或陸資公司，為供下列業務

需要，得取得、設定或移轉不動產物權：

一、業務人員居住之住宅。

二、從事工商業務經營之廠房、營業處所或辦公場所。

三、其他因業務需要之處所。

依前項所定業務需要申請取得、設定或移轉不動產物權者，應填具申請書，並檢附下列文件，向該管直轄市或縣（市）政府申請審核：

一、第四條第二款或第三款規定之資格證明文件。

二、依第五條規定經驗證之證明文件。

三、其他經內政部規定應提出之文件。

直轄市或縣（市）政府為前項之審核通過後，應併同取得、設定或移轉不動產權利案件簡報表，報請內政部許可。

第8條　　（刪除）

第9條　　大陸地區法人、團體或其他機構，或陸資公司，從事有助於臺灣地區整體經濟或農牧經營之投資，經中央目的事業主管機關同意後，得申請取得、設定或移轉不動產物權。

依前項規定申請取得、設定或移轉不動產物權者，應填具申請書，並檢附下列文件，向該管直轄市或縣（市）政府申請審核：

一、第四條第二款或第三款規定之資格證明文件。

二、依第五條規定經驗證之證明文件。

三、中央目的事業主管機關同意之文件。

四、其他經內政部規定應提出之文件。

直轄市或縣（市）政府為前項之審核通過後，應併同取得、設定及移轉權利案件簡報表，報請內政部許可。

第一項所稱整體經濟之投資，指下列各款投資：

一、觀光旅館、觀光遊樂設施及體育場館之開發或經營。

二、住宅及大樓之開發或經營。

三、工業廠房之開發或經營。

四、工業區及工商綜合區之開發或經營。

五、其他經中央目的事業主管機關公告投資項目之開發或經營。

第一項所稱農牧經營之投資，指符合行政院農業委員會公告之農業技術密集與資本密集類目及標準之投資。

第9-1條　大陸地區人民來臺投資許可辦法之投資人，從事該辦法之投資行為，應依該辦法之規定，經經濟部許可後，始得申請取得、設定或移轉不動產物權。

第10條　依前條第一項規定申請中央目的事業主管機關同意時，其投資計畫涉及二以上中央目的事業主管機關者，申請人應依其投資事業之主要計畫案，向該管中央目的事業主管機關申請；該管中央目的事業主管機關無法判定者，由行政院指定之。

第11條　中央目的事業主管機關得視發展現況及產業需求，訂定各類用地總量管制基準，作為准駁之依據，並於核准後列冊管理。

第12條　中央目的事業主管機關同意第九條第一項規定之申請案後，應函復申請人，並函知土地所在地之直轄市或縣（市）政府；未經核准者，應敘明理由函復申請人。

前項同意函之內容，應敘明下列事項：

一、申請案件經同意後，應依第九條第二項規定之程序辦理。

二、申請取得之土地，其使用涉及環境影響評估、水土保持、土地使用分區與用地變更及土地開發者，仍應依相關法令規定及程序辦理。

第13條　依第六條、第七條或第九條規定取得、設定或移轉之不動產物權，內政部及直轄市或縣（市）政府，應列冊管理。

第14條　內政部為第六條、第七條或第九條規定之許可時，必要時得邀集有關機關審查之。

內政部為第六條或第七條規定之許可時，得訂定一定金額、一定面積及總量管制，作為准駁之依據。

第15條　依第六條、第七條或第九條規定取得、設定或移轉不動產物權，應由申請人檢附內政部許可文件及土地登記規則第三十四條規定之文件，向不動產所在地之地政機關辦理登記。

地政機關於登記完畢後，應將登記結果，副知內政部及不動產所在地直轄市或縣（市）政府；第九條所定案件登記結果，並應副知中央目的事業主管機關。

第16條　大陸地區法人、團體或其他機構，或陸資公司依第九條規定取

得或設定不動產物權，應依核定之投資計畫期限及用途使用；其因故未能依核定期限使用者，應敘明原因，向中央目的事業主管機關申請同意展期。

中央目的事業主管機關，應定期稽查其取得、設定不動產物權後之使用情形，並依下列方式處理：

一、未依核定期限使用者，應通知內政部廢止其許可，並由內政部通知直轄市、縣（市）政府限期令其於二年內出售。

二、與核准計畫用途使用情形不符之情事者，應予制止，通知內政部廢止其許可，並由內政部通知直轄市或縣（市）政府限期令其於一年內出售。

三、有違反土地使用分區管制相關法令規定之使用者，應予制止，通知內政部廢止其許可，並由內政部通知直轄市、縣（市）政府限期令其於六個月內出售

第17條　屆期未依前條第二項規定出售之不動產物權，由土地所在地之直轄市或縣（市）政府逕為標售，所得價款發還原權利人；其土地上有改良物者，得併同標售。

前項標售之處理程序、價款計算、異議處理及其他應遵行事項，準用依土地法第二十條第四項所定之標售辦法辦理。

第18條　（刪除）

第19條　本辦法所定申請書、表格式，由內政部定之。

第20條　本辦法自發布日施行。

本辦法修正條文施行日期，由內政部定之。

拾陸、臺北市區段徵收土地標售標租及設定地上權辦法

1. 中華民國94年10月20日臺北市政府（94）府法三字第09426211800號令訂定發布。

2. 中華民國101年8月3日臺北市政府（101）府法三字第10132148100號令修正發布第4條、第6條、第7條、第14條、第17條至第21條條文

第1條　　　臺北市政府（以下簡稱本府）為辦理臺北市（以下簡稱本市）區段徵收土地標售、標租及設定地上權，特依土地徵收條例（以下簡稱本條例）第四十四條第六項規定訂定本辦法。

第2條　　　本辦法所稱區段徵收土地，指本條例第四十四條第一項第五款規定得予標售、標租或設定地上權之可供建築土地。

第3條　　　本市區段徵收土地採行標售、標租或設定地上權方式之選擇，應依程序報由本府核定。

第4條　　　辦理本市區段徵收土地之標售、標租或設定地上權時，應以公開招標方式為之。

　　　　　　公開招標公告得依標售、標租或設定地上權方式之不同，載明下列事項：

　　　　　　一、依據。
　　　　　　二、土地坐落、面積。
　　　　　　三、土地使用分區及其使用管制。
　　　　　　四、土地開發建設期限。
　　　　　　五、租賃或設定地上權期限。
　　　　　　六、投標資格。
　　　　　　七、受理投標期間。
　　　　　　八、標售、標租或地上權權利金底價。
　　　　　　九、押標金金額。
　　　　　　十、領取投標須知、標單時間及地點。
　　　　　　十一、投標應備書件。
　　　　　　十二、開標時間及場所。
　　　　　　十三、價款、租金、租賃擔保金、地上權權利金、地租之繳交期限及方式。
　　　　　　十四、土地點交方式及期限。
　　　　　　十五、其他必要事項。

　　　　　　前項公告期間不得少於十四日，除於本府及土地所在地之區公所公告欄或土地所在地之公共場所公告外，並應於本府地政局網站公告或刊登新聞紙。

第5條　　　標售、標租或設定地上權之押標金，其金額依下列規定估定之：

一、標售押標金不得低於標售底價百分之十。

二、標租押標金不得低於年租金底價百分之二十五。

三、設定地上權押標金不得低於地上權權利金底價百分之十五。

第6條　標售、標租或設定地上權之底價，其金額依下列規定估定之：

一、標售底價依本條例第四十四條第四項規定估定之。

二、標租底價以年租金為準，不得低於前款所估定底價百分之八。

三、設定地上權權利金之底價，不得低於第一款所估定底價百分之三十。

第7條　租賃擔保金之金額為決標後年租金之百分之二十五。

第8條　開標時，以投標價金最高價者為得標人。最高價有二標以上時，以當場增加之金額最高者為得標人；無人增加價額者，以公開抽籤方式決定之。抽籤結果未得標者為候補得標人。

決標後，得標人之押標金不予發還，逕予抵充價款、租金、租賃擔保金或地上權權利金。

第9條　得標人未於規定期限內繳清應繳金額或簽訂契約者，除因不可歸責於得標人之事由，經本府准其展延期限者外，視為拋棄得標權利，其已繳納之押標金不予退還，本府並得通知候補得標人遞補之。無候補得標人時，由次高價投標人照最高標價取得得標權，並限期繳納應繳納之金額；次高價投標人不同意依最高標價取得得標權或逾期未表示同意時，由本府重新公告辦理標售、標租或設定地上權。

第10條　決標後，未得標者之押標金應無息退還。但標價低於公告之標售、標租或地上權權利金底價者，所繳押標金退還半數。

得標人未在限期內辦妥貸款或繳足價款者，視同放棄得標權利，已繳價款在得標金額百分之三十範圍內，不予發還，並悉數繳交臺北市實施平均地權基金。

第11條　辦理標售、標租或設定地上權，經公告招標二次無人投標或廢標者，得酌減底價，重新公告辦理。但酌減數額不得逾底價百分之二十。

重新公告辦理標售、標租或設定地上權，仍無人投標或廢標

　　　　　　　時，得以前次公告之底價再行酌減至多百分之二十，並重行辦理標售、標租或設定地上權。

第12條　　設定地上權除收取權利金外，並應依契約約定收取地租。

第13條　　本府應於標售土地之得標人繳清土地價款之日起三十日內核發權利移轉證明書，並提供申請登記所需文件，派員會同得標人申請土地所有權移轉登記。

　　　　　　　標售土地之移轉面積以土地登記面積為準。但投標須知另有規定者，從其規定。

　　　　　　　本府應於辦竣前項登記後十日內通知所有權人辦理現況點交土地，製作點交紀錄。

　　　　　　　辦理土地所有權移轉登記及其他相關費用，應由得標人負擔。

第14條　　標租土地得標人應於得標後三十日內，與本府簽訂租賃契約。

　　　　　　　標租土地租賃契約書應載明下列事項：

一、雙方當事人。

二、土地坐落及面積。

三、租賃期限。

四、土地使用限制。

五、租金金額、繳款方式及期限。

六、租金調整方式。

七、稅捐及規費負擔。

八、未依約繳交租金之處理方式。

九、租賃擔保金之調整及繳退方式。

十、租賃期滿後，土地返還及地上物處理方式。

十一、保證人及其連帶保證責任。

十二、違約事項及罰則。

十三、特約事項。

　　　　　　　標租土地之面積，應以土地登記簿記載之面積為準。

　　　　　　　標租土地租賃契約簽訂後，雙方應會同向土地所在地之管轄法院辦理公證；本府並應以現況辦理點交，製作點交紀錄。得標人要求鑑界者，本府應會同辦理。

　　　　　　　辦理公證及鑑界所需費用，由得標人負擔。

第15條　　標租土地承租人不得以本租約之租賃權作為設定權利質權或其

　　　　　　他類似使用。

　　　　　　承租人不得要求就租賃土地設定地上權。

第16條　　　標租土地租期屆滿或終止租約時，租賃關係消滅。除契約另有
　　　　　　約定外，承租人應依本府指定時間，將承租土地回復原狀點交
　　　　　　本府。

　　　　　　承租人無賠償責任或給付義務者，其所繳租賃擔保金於點交後
　　　　　　十日內無息返還承租人。

第17條　　　設定地上權得標人應於得標後三十日內，與本府簽訂設定地上
　　　　　　權契約。

　　　　　　設定地上權契約書應載明下列事項：

　　　　　　一、雙方當事人。

　　　　　　二、土地坐落及面積。

　　　　　　三、地上權存續期間。

　　　　　　四、土地使用限制。

　　　　　　五、地上權移轉或設定他項權利之限制。

　　　　　　六、地上權權利金金額、繳款方式及期限。

　　　　　　七、地租金額、繳款方式及期限。

　　　　　　八、地租調整方式。

　　　　　　九、稅捐及規費負擔。

　　　　　　十、地上權消滅後，土地返還及地上物處理方式。

　　　　　　十一、違約事項及罰則。

　　　　　　十二、特約事項。

　　　　　　設定地上權之土地面積，應以土地登記簿記載之面積為準。

　　　　　　設定地上權契約簽訂後，由得標人會同本府申請地上權設定登
　　　　　　記；地上權設定登記後，本府應以現況辦理點交，製作點交紀
　　　　　　錄。得標人要求鑑界者，本府應會同辦理。

　　　　　　地上權設定登記及鑑界所需費用，由得標人負擔。

第18條　　　租賃或設定地上權契約書應載明有下列情形之一者，本府得終
　　　　　　止契約，並塗銷地上權登記，其已繳之租金、租賃擔保金或權
　　　　　　利金、地租不予退還：

　　　　　　一、承租人或地上權人未依約定繳交租金或地租金額達二年以
　　　　　　　　上之總額。

二、地上權人未於契約約定期限內繳清權利金。

三、承租人或地上權人未依都市計畫或其他法令規定使用土地。

四、承租人或地上權人將土地或地上權出租或出借供他人建築使用。

五、其他可歸責於承租人或地上權人之事由，依法令規定或契約約定終止契約。

因都市計畫或其他法令變更致不能達到原租賃或設定地上權之目的等不可歸責於承租人或地上權人之事由，本府得終止契約，並塗銷地上權登記。承租人或地上權人已繳交之租金或權利金、地租應按契約存續期間計算，溢繳部分及租賃擔保金應無息退還承租人或地上權人。

第19條　地上權存續期間，地上權人不得讓與或以信託方式移轉地上權或地上建物之全部或一部。但經受讓人承諾繼受原設定地上權契約之各項權利義務，並願一併受讓地上權及地上建物之一部或全部，且報經本府核准者，不在此限。

第20條　地上權存續期間，地上權人將地上權或地上建物辦理抵押權設定，應符合下列規定，並經本府同意：

一、抵押權人以依銀行法組織登記經營銀行業務之機構或依法設立之信用合作社或保險公司為限。

二、地上權應連同地上建物共同擔保辦理抵押權設定。但地上無已登記之建物時，不在此限。

三、僅就地上權設定抵押權者，地上權人應承諾於地上建物完成建築及辦竣所有權第一次登記後三個月內，辦理擔保物增加之抵押權內容變更登記，使地上權連同地上建物共同抵押擔保。

四、以地上權或地上建物供擔保之債權額度，按地上權人向抵押權人申請授信，經抵押權人核發授信核定通知書或其他足以證明文件所核貸之金額為限。以二者共同擔保者，以二者合計之核貸金額為限。

五、抵押權契約書約定之抵押權存續期間末日及債權清償日期，不得在地上權存續期間末日之後。

六、抵押權契約書約定之抵押權存續期間末日及債權清償日
期，距地上權期限屆滿之日不滿五年者，抵押權人應承諾
於地上權消滅後，不論債權是否已獲得清償，均拋棄其於
建物之抵押權。

第21條　本辦法自發布日施行。

拾柒、新北市辦理區段徵收取得可供建築土地出售出租及設定地上權辦法

（中華民國100年2月18日新北市政府北府法規字第1000106520號令訂定發
布全文11條；並自發布日施行）

第1條　　　新北市政府（以下簡稱本府）為辦理土地徵收條例（以下簡稱
本條例）
第四十四條第一項第五款所定實施區段徵收取得可供建築土地
（以下簡稱區段徵收土地）標售、標租及設定地上權事宜，依
同條第六項規定，訂定本辦法。

第2條　　　區段徵收土地之出售、出租或設定地上權，應以公開招標方式
為之。
前項招標之標的、投標資格、權利義務事項、決定之程序及相
關招標資訊，應於本府、招標標的所在地之地政事務所及區公
所公告，並登載於本府土地招標資訊網站或本府所在地新聞
紙。

第3條　　　前條第一項招標，以出價最高者得標。但為促進區段徵收土地
之開發、引進民間資金與技術或因其他實際需要，得準用政府
採購法第五十二條第一項第三款及第五十六條規定，採最有利
標方式決標。

第4條　　　區段徵收土地出售、出租之招標，應訂定底價。其估定依下列
規定為之：
一、出售：依本條例第四十四條第四項規定估定之。必要時，
得重為估定。

二、出租：年租金以前款估定底價百分之四為準。但得視開發
成本、市場行情或相關因素調整之。

第5條 區段徵收土地設定地上權，應收取權利金及地租。其招標應訂
定底價。權利金之底價，不得低於前條第一款所估定底價百分
之三十。

前項地租，不得低於訂約當期土地公告地價年息百分之五；並
應依公告地價之變動，調整之。

第6條 區段徵收土地出售、出租或設定地上權之招標，應收取押標
金。其估定依下列規定為之：

一、出售：不得低於標售底價百分之十。

二、出租：不得低於年租金底價百分之十。

三、設定地上權：不得低於地上權權利金底價百分之十。

第7條 押標金於決標後，應無息返還未得標者；於得標者，應抵充為
價款、租金或權利金之一部。

第8條 前條得標之人，未於規定期限內繳清土地價款或簽訂契約者，
除有不可歸責事由，或經本府核准展延繳納或簽約期限者外，
視為拋棄得標權利，其已繳納之押標金不予退還。如另有損
害，並得請求賠償。

第9條 有下列情形之一者，本府得終止租約或撤銷地上權：

一、積欠租金或地租達二年之總額者。

二、未依都市計畫及其他法規規定使用土地者。

三、將土地出租或出借供他人建築使用者。

四、有法規規定或契約約定終止或撤銷事由者。

五、因法規或都市計畫變更，致不能達租賃或設定地上權目的
者。

租約或地上權因前項第一款至第四款而終止或撤銷者，已繳之
租金或權利金、地租不予退還；其因前項第五款而終止或撤銷
者，終止或撤銷後始到期之預繳租金或權利金、地租，應無息
退還。

租約或地上權依第一項第五款終止或撤銷者，承租人或地上權
人不得向本府為損害賠償之請求。

第10條 區段徵收土地出售、出租或設定地上權之招標程序、契約應載

　　　　　　明事項及其他相關規定，由本府另定之。

第11條　　　本辦法自發布日施行。

拾捌、水利事業穿越私有土地之上空或地下地上權徵收補償辦法

（中華民國92年06月25日經濟部經水字第09204607670號令、內政部台內地字第0920072500號令會銜訂定發布）

第1條　　　本辦法依土地徵收條例（以下簡稱本條例）第57條第4項規定訂定之。

第2條　　　本辦法所稱水利事業為水利法第3條規定之事業。

第3條　　　地上權之補償費，應依下列規定辦理：

　　　　　　一、穿越土地之上空者：

　　　　　　地上權補償費等於徵收補償地價乘以穿越地上高度補償率（如附表一）乘以空間因素。

附表一　穿越地上高度補償率表

工程構造物之下緣距地表之高度	地上權補償率
〇公尺｜未滿九公尺	七十％
九公尺｜未滿十五公尺	五十％
十五公尺｜未滿二十一公尺	三十％
二十一公尺｜未滿三十公尺	十五％
三十公尺以上	十％

註：1. 於同一筆土地內，工程構造物縱剖面之最下緣距地表高度跨越二種以上級距時，應分別計算補償。

　　2. 在工程構造物同一橫剖面之下緣距地表之高度跨越二種以上級距者，以補償率較高者計算補償。

　　　　　　二、穿越土地之下方者：

　　　　　　地上權補償費等於徵收補償地價乘以穿越地下深度補償率（如附表二）乘以空間因素。

附表二　穿越地下深度補償率表

工程構造物之上緣距地表之深度	地上權補償率
〇公尺—未滿十三公尺	五十%
十三公尺—未滿十六公尺	四十%
十六公尺—未滿二十公尺	三十%
二十公尺—未滿二十四公尺	二十%
二十四公尺—未滿二十八公尺	十%
大於二十八公尺	五%

註：1. 於同一筆土地內，工程構造物縱剖面之最上緣距地表深度跨越
二種以上級距時，應分別計算補償。

2. 在工程構造物同一橫剖面之上緣距地表之深度跨越二種以上級
距者，以補償率較高者計算補償。

前項空間因素為地上權設定空間範圍之縱深乘以10%；地上權
設定空間範圍之縱深，在穿越土地之上空，指地上權設定空間
上緣距地表之高度扣除下緣距地表之高度；在穿越土地之下
方，指地上權設定空間下緣距地表之深度扣除上緣距地表之深
度，以公尺為單位，採無條件進位法取整數計算；其大於10公
尺者，不採計空間因素。

穿越土地之土地改良物需一併拆遷時，其補償比照本條例徵收
土地改良物之規定辦理。

第4條　　本辦法自發布日施行。

拾玖、交通事業穿越私有土地之上空或地下地上權徵收補償辦法

（中華民國91年09月24日交通部交總發字第091B000080號令、內政部台內
地字第0910061677號令會銜訂定發布）

第1條　　本辦法依土地徵收條例（以下簡稱本條例）第57條第4項規定訂
定之。

第2條　　本辦法適用於依本條例第3條第2款興辦之交通事業。但其他法
令另有規定者，從其規定。

第3條　　　需用土地人因興辦交通事業，依本條例第57條第1項規定，就需用之空間範圍徵收取得地上權者，其需用空間範圍，以事業必需之範圍為限。

第4條　　　地上權之徵收補償費，依下列規定計算之：

一、穿越土地之上空者：

地上權補償費等於徵收補償地價乘以穿越地上高度補償率（如附表一）

附表一　穿越地上高度補償率表

工程構造物之下緣距地表高度	地上權補償率
0 公尺以上未滿九公尺	七〇%
九公尺以上未滿十五公尺	五〇%
十五公尺以上未滿二十一公尺	三〇%
二十一公尺以上未滿三十公尺	一五%
三十公尺以上	一〇%

註：1. 工程構造物之下緣距地表高度係以需用土地人依需用空間範圍及界線測繪之縱剖面圖上，於結構中心線處自地表起算至工程構造物最下緣之高度為準。

　　2. 於同一筆土地內工程構造物之下緣距地表高度跨越不同補償級距時，應分別計算補償。

　　3. 在同一橫剖面上工程構造物之下緣距地表高度分屬二種以上級距者，以補償率較高者計算補償。

二、穿越土地之下方者：

地上權補償費等於徵收補償地價乘以穿越地下深度補償率（如附表二）

附表二　穿越地下深度補償率表

工程構造物之上緣距地表之深度	地上權補償率
0公尺以上未滿十三公尺	五〇%
十三公尺以上未滿十六公尺	四〇%
十六公尺以上未滿二十公尺	三〇%
二十公尺以上未滿二十四公尺	二〇%
二十四公尺以上	五%

註：1. 工程構造物之上緣距地表深度係以需用土地人依需用空間範圍及界線測繪之縱剖面圖上，於結構中心線處自地表起算至工程構造物最上緣之深度為準。
　　2. 於同一筆土地內工程構造物之上緣距地表深度跨越不同補償級距時，應分別計算補償。
　　3. 於地面以明挖方式向下施工者，其地上權補償率依地下深度0公尺之標準計算。
　　4. 在同一橫剖面上工程構造物之上緣距地表深度分屬二種以上級距者，以補償率較高者計算補償。

　　　　穿越土地之土地改良物需一併拆遷時，其補償比照本條例徵收土地改良物之規定辦理。

第5條　　交通事業依本條例徵收取得之地上權，除其他法令另有規定者外，穿越土地之上空者，於附表一補償率對應之級距自低限為起點以上全部登記地上權；穿越土地之地下者，以附表二補償率對應之級距自淺限為起點以下全部登記地上權。

第6條　　本辦法自發布日施行。

國家圖書館出版品預行編目資料

地上權、不動產役權、抵押權之物權法律
解析暨登記實務／黃志偉著.
--三版.—臺北市：五南，2013.04
面；　公分
ISBN 978-957-11-7012-1（平裝）
1.地上權　2.地役權　3.抵押權　4.物權法
584.22　　　　　　　　　　　102002055

1K18

地上權、不動產役權、抵押權之物權法律解析暨登記實務

作　　　者 ― 黃志偉(301.4)

發 行 人 ― 楊榮川

總 編 輯 ― 王翠華

主　　　編 ― 劉靜芬

責任編輯 ― 游雅淳

封面設計 ― P.Design視覺企劃

出 版 者 ― 五南圖書出版股份有限公司

地　　　址：106台北市大安區和平東路二段339號4樓

電　　　話：(02)2705-5066　傳　　　真：(02)2706-6100

網　　　址：http://www.wunan.com.tw

電子郵件：wunan@wunan.com.tw

劃撥帳號：01068953

戶　　　名：五南圖書出版股份有限公司

台中市駐區辦公室/台中市中區中山路6號

電　　　話：(04)2223-0891　傳　　　真：(04)2223-3549

高雄市駐區辦公室/高雄市新興區中山一路290號

電　　　話：(07)2358-702　傳　　　真：(07)2350-236

法律顧問　林勝安律師事務所　林勝安律師

出版日期　2007年11月初版一刷
　　　　　2010年10月二版一刷
　　　　　2013年 4 月三版一刷
　　　　　2015年 3 月三版二刷

定　　　價　新臺幣600元